GERENSUODESHUI
FAGUIHUIBIAN

个人所得税法规汇编
2019年版

主编：李兵兵 杨志超 东莞市东城会计学会
副主编：刘帅 王岗 瞿波 刘元春

图书在版编目（CIP）数据

个人所得税法规汇编（2019年版）/李兵兵，杨志超，东莞市东城会计学会主编．—北京：经济管理出版社，2019.5
ISBN 978 – 7 – 5096 – 6347 – 9

Ⅰ.①个… Ⅱ.①李… ②杨… ③东… Ⅲ.①个人所得税—税法—汇编—中国—2019 Ⅳ.①D922.222.9

中国版本图书馆 CIP 数据核字（2019）第 068506 号

组稿编辑：杨国强
责任编辑：杨国强　张瑞军
责任印制：黄章平
责任校对：张晓燕

出版发行：经济管理出版社
　　　　　（北京市海淀区北蜂窝 8 号中雅大厦 A 座 11 层　100038）
网　　址：www.E – mp.com.cn
电　　话：(010) 51915602
印　　刷：三河市延风印装有限公司
经　　销：新华书店
开　　本：720mm×1000mm/16
印　　张：33.75
字　　数：643 千字
版　　次：2019 年 6 月第 1 版　2019 年 6 月第 1 次印刷
书　　号：ISBN 978 – 7 – 5096 – 6347 – 9
定　　价：58.00 元

·版权所有　翻印必究·
凡购本社图书，如有印装错误，由本社读者服务部负责调换。
联系地址：北京阜外月坛北小街 2 号
电话：(010) 68022974　　邮编：100836

前　言

　　本书的作者都是奋战在财税一线的资深人士，有多年扎根在财税服务领域的注册会计师、注册税务师，也有多年担任大型集团公司的财务高管。因为对税法知识的共同热爱，大家迅速达成了编辑整理《个人所得税法规汇编》的共识。通过群策群力、取长补短，经过几个月的努力，最终完成了《个人所得税法规汇编》（2019年版）一书的整理编辑工作。

　　个人所得税是一个以个人为纳税义务人的税种，与每个个人的收入息息相关。个人所得税自1799年诞生于英国以来，在200多年的时间内在全球迅速发展，到目前为止许多国家尤其是发达国家都确立了其主体税种的地位。在我国，个人所得税还是一个年轻的税种，我国从1980年才开始实施个人所得税法。2018年，全国一般公共预算收入183352亿元，其中个人所得税收入为13872亿元，仅占7.57%，占比处于较低水平。

　　近年来，为了进一步改善民生、激发市场主体活力，国家实施了一系列减税降费的措施。2018年新修订的个人所得税法，实行了综合与分类相结合的个人所得税制度，提高了基本扣除项目免除额，首次设立了六项专项附加扣除，8000万纳税人无须缴纳个人所得税，新个人所得税法实施的3个月，减税近1000亿元。2019年我国将实施更大规模的减税降费，4月1日开始降增值税税率、5月1日开始降社保费率，全年预计减税20000亿元。在减税降费的同时，随着大数据时代的到来、社会信用体系建设的不断加强、征管手段的更加完善，未来对个人、对企业的税收征管将会更加严格，个人所得税作为一个重要的税种将真正地登上我们的税收大舞台。

　　工欲善其事，必先利其器。学习好个人所得税法，是提高税收遵从、规避税收风险的前提。我们注意到，近些年来，随着互联网的普及，广大税务干部、财务工作者、纳税人早已习惯了通过电脑查阅文件、通过微信公众号阅读文章。但上述阅读方式存在一个很大的弊端就是获取的知识都是碎片式的，所涉内容不够全面、系统。本书系统整理了现行有效的个人所得税法规，以法规汇编的形式呈现在读者面前。本书主要突出了以下四个特点：

　　一是政策的全面性。本书收录了自1980年个人所得税法实施以来，截至

个人所得税法规汇编（2019年版）

2019年3月31日现行有效的个人所得税法规文件，包括了征管类、综合类、税收优惠类、所得项目类以及涉外个人所得税等规定。我们通过多个法规库进行交叉比对，并与国家税务总局的法规库进行比较，力求做到现行有效的个人所得税法规、文件能全面收录。

二是政策的有效性。我们认真核实了每个文件的有效性，对于部分失效的文件进行注释，并标注出部分失效的文件依据；对于有明确失效依据的文件则未纳入汇编。

三是政策的连续性。我们按照发文时间先后分别对文件加注了顺序号。其中，对规范性文件按照发文年份排序，并在各年份中按照发文机关、文件类型、文件顺序号先后进行排列。

四是政策的实用性。2018年，我国对个人所得税法进行了大的修订，但目前法规库中仍存在一部分已被新规定涵盖或替代，或者调整对象已消失、工作任务已完成，或者适用期已过但仍标注为有效的文件。本次我们编入本书的文件更多注重实体条款的解析及应用，对上述不太适用但仍为有效的文件，以及其他一些属于征管程序、宣传口径、年收入12万申报等实质已不适用的文件，在书中以第三部分《目前尚未废止但未列入本书的税收政策目录》进行了列示，以节约篇幅。

我们编辑本书的目的在于方便税务干部、财务工作者以及纳税人进一步熟悉和掌握个人所得税有关法规和税收政策，更好地学习与宣传个人所得税法，本书可作为学习与掌握个人所得税法的实用型工具书。我们相信，通过对本书的深入学习，将有助于您对现行的个人所得税制度有更全面、系统的认识。

近年来，我国税收制度改革步伐加快，个人所得税法规也在不断变化。由于税收法规的时效性要求较高，税务干部、财务工作者和纳税人在具体运用法规时请以现行有效文件为准。

同时，由于我们水平有限，本书难免也会有疏漏或不当之处，恳请读者朋友们批评与指正。

目 录

第一部分 法律法规

1 中华人民共和国个人所得税法

   2018年8月31日 主席令第9号 ································· 3

2 国务院关于修改《对储蓄存款利息所得征收个人所得税的实施办法》的决定

   2007年7月20日 中华人民共和国国务院令第502号 ················· 9

3 中华人民共和国个人所得税法实施条例

   2018年12月18日 中华人民共和国国务院令第707号 ················ 11

4 国务院关于印发《个人所得税专项附加扣除暂行办法》的通知

   2018年12月13日 国发〔2018〕41号 ····························· 18

第二部分 规范性文件

1 个体工商户个人所得税计税办法

   2014年12月27日 国家税务总局令2014年第35号 ··················· 25

2 财政部关于外国来华工作人员缴纳个人所得税问题的通知

   1980年11月24日 财税字〔1980〕189号 ···························· 31

3 财政部 国家税务总局关于征收个人所得税几个问题的批复

   1980年11月24日 财税外字〔1980〕48号 ···························· 32

4　财政部关于华侨从海外汇入赡养家属的侨汇等免征个人所得税问题的通知

　　1980年10月28日　财税外字〔1980〕196号 …………………… 33

5　财政部　税务总局关于对外国承包商派雇员来中国从事承包作业的工资、薪金收入征收个人所得税问题的通知

　　1984年1月18日　财税外字〔1984〕14号 ……………………… 34

6　财政部　税务总局关于来自同我国签订税收协定国家的教师和研究人员征免个人所得税问题的通知

　　1986年12月26日　财税协字〔1986〕30号 …………………… 35

7　财政部　税务总局关于过去来华人员现在离华对其奖金征税处理问题的通知

　　1988年1月23日　财税协字〔1988〕5号 ……………………… 37

8　国家税务局关于外籍人员×××先生的工资、薪金含有假设房租，如何计征个人所得税问题的函

　　1989年3月11日　国税外字〔1989〕52号 ……………………… 38

9　国家税务局关于外商人员来华提供劳务应如何依照税收协定所确定的原则进行征税问题的批复

　　1989年4月1日　国税外字〔1989〕91号 ……………………… 39

10　财政部　国家税务总局关于个人所得税若干政策问题的通知

　　1994年5月31日　财税字〔1994〕20号 ………………………… 40

11　财政部　国家税务总局关于西藏自治区贯彻施行《中华人民共和国个人所得税法》有关问题的批复

　　1994年4月15日　财税字〔1994〕21号 ………………………… 42

12　国家税务总局关于境外所得征收个人所得税若干问题的通知

　　1994年3月8日　国税发〔1994〕44号 ………………………… 43

13　国家税务总局关于印发《征收个人所得税若干问题的规定》的通知

　　1994年3月31日　国税发〔1994〕89号 ………………………… 45

14 国家税务总局关于境外团体或个人在我国从事文艺及
体育演出有关税收问题的通知

   1994年4月21日　国税发〔1994〕106号 …………………………… 51

15 国家税务总局关于社会福利有奖募捐发行收入税收问题的通知

   1994年5月23日　国税发〔1994〕127号 …………………………… 54

16 国家税务总局关于个人对企事业单位实行承包经营、
承租经营取得所得征税问题的通知

   1994年8月1日　国税发〔1994〕179号 ……………………………… 55

17 国家税务总局关于外籍个人持有中国境内上市公司股票所取得的
股息有关税收问题的函

   1994年7月26日　国税函发〔1994〕440号 ………………………… 56

18 国家税务总局关于曾宪梓教育基金会教师奖免征个人所得税的函

   1994年6月29日　国税函〔1994〕376号 …………………………… 57

19 财政部　国家税务总局关于发给见义勇为者的奖金免征个人所得税问题的通知

   1995年8月20日　财税字〔1995〕25号 ……………………………… 58

20 财政部　国家税务总局关于民航空地勤人员的伙食费征收个人所得税的通知

   1995年10月5日　财税字〔1995〕77号 ……………………………… 59

21 财政部　国家税务总局关于误餐补助范围确定问题的通知

   1995年8月21日　财税字〔1995〕82号 ……………………………… 60

22 国家税务总局关于印发《机动出租车驾驶员个人所得税征收管理
暂行办法》的通知

   1995年3月14日　国税发〔1995〕50号 ……………………………… 61

23 国家税务总局　文化部关于印发《演出市场个人所得税征收管理
暂行办法》的通知

   1995年11月18日　国税发〔1995〕171号 …………………………… 63

24 国家税务总局关于有奖储蓄中奖收入征收个人所得税问题的批复

　　1995 年 3 月 13 日　　国税函发〔1995〕98 号 ·················· 66

25 国家税务总局关于在中国境内无住所的个人计算缴纳个人
所得税若干具体问题的通知

　　1995 年 3 月 23 日　　国税函发〔1995〕125 号 ················· 67

26 国家税务总局关于对中国科学院院士荣誉奖金征收个人所得税问题的复函

　　1995 年 6 月 29 日　　国税函发〔1995〕351 号 ················· 69

27 国家税务总局关于新疆航空公司空勤人员飞行小时费和
伙食费收入征收个人所得税的批复

　　1995 年 10 月 10 日　　国税函发〔1995〕554 号 ················ 70

28 国家税务总局关于个人在境外取得博彩所得征收个人所得税问题的批复

　　1995 年 12 月 25 日　　国税函发〔1995〕663 号 ················ 71

29 国家税务总局关于个人取得的补贴、津贴征收个人所得税问题的复函

　　1995 年 6 月 15 日　　国税所函发〔1995〕7 号 ·················· 72

30 国家税务总局关于个人取得青苗补偿费收入征免个人所得税的批复

　　1995 年 3 月 1 日　　国税函〔1995〕79 号 ······················· 73

31 财政部　国家税务总局关于军队干部工资薪金收入征收个人所得税的通知

　　1996 年 2 月 16 日　　财税字〔1996〕14 号 ······················ 74

32 财政部　国家税务总局关于体育彩票发行收入税收问题的通知

　　1996 年 11 月 7 日　　财税字〔1996〕77 号 ······················ 76

33 财政部　国家税务总局关于西藏特殊津贴免征个人所得税的批复

　　1996 年 10 月 30 日　　财税字〔1996〕91 号 ···················· 77

34 国家税务总局关于印发《建筑安装业个人所得税征收管理暂行办法》的通知

　　1996 年 7 月 22 日　　国税发〔1996〕127 号 ···················· 78

35 国家税务总局关于印发《广告市场个人所得税征收管理暂行办法》的通知

   1996年8月29日　国税发〔1996〕148号 ·················· 81

36 国家税务总局关于明确单位或个人为纳税义务人的劳务报酬所得
   代付税款计算公式的通知

   1996年9月17日　国税发〔1996〕161号 ·················· 84

37 国家税务总局关于雇主为其雇员负担个人所得税税款计征问题的通知

   1996年11月8日　国税发〔1996〕199号 ·················· 85

38 国家税务总局关于外商投资企业的董事担任直接管理职务征收个人
   所得税问题的通知

   1996年11月21日　国税发〔1996〕214号 ················· 87

39 国家税务总局关于世界银行、联合国直接派遣来华工作的专家享受免征个人
   所得税有关问题的通知

   1996年7月3日　国税函〔1996〕417号 ··················· 89

40 国家税务总局关于个人所得税偷税案件查处中有关问题的补充通知

   1996年9月17日　国税函〔1996〕602号 ·················· 90

41 国家税务总局关于个人举办各类学习班取得的收入征收个人
   所得税问题的批复

   1996年11月13日　国税函〔1996〕658号 ················· 93

42 财政部　国家税务总局关于"国际青少年消除贫困奖"
   免征个人所得税的通知

   1997年3月21日　财税字〔1997〕51号 ··················· 94

43 财政部　国家税务总局关于个人提供非有形商品推销、代理等服务
   活动取得收入征收营业税和个人所得税有关问题的通知

   1997年7月21日　财税字〔1997〕103号 ·················· 95

44 财政部 国家税务总局关于住房公积金、医疗保险金、养老保险金征收个人所得税问题的通知

  1997年11月7日 财税字〔1997〕144号 …………………………………… 97

45 国家税务总局关于外籍个人取得有关补贴征免个人所得税执行问题的通知

  1997年4月9日 国税发〔1997〕54号 ……………………………………… 98

46 国家税务总局关于个人从事医疗服务活动征收个人所得税问题的通知

  1997年11月25日 国税发〔1997〕178号 …………………………………… 99

47 国家税务总局关于股份制企业转增股本和派发红股征免个人所得税的通知

  1997年12月25日 国税发〔1997〕198号 …………………………………… 101

48 国家税务总局关于影视演职人员个人所得税问题的批复

  1997年6月27日 国税函〔1997〕385号 …………………………………… 102

49 财政部 国家税务总局关于个人取得体育彩票中奖所得征免个人所得税问题的通知

  1998年4月27日 财税字〔1998〕12号 …………………………………… 103

50 财政部 国家税务总局关于证券投资基金税收问题的通知

  1998年8月6日 财税字〔1998〕55号 ……………………………………… 104

51 财政部 国家税务总局关于个人转让股票所得继续暂免征收个人所得税的通知

  1998年3月30日 财税字〔1998〕61号 ……………………………………… 106

52 财政部 国家税务总局关于对中国科学院中国工程院资深院士津贴免征个人所得税的通知

  1998年7月2日 财税字〔1998〕118号 …………………………………… 107

53 国家税务总局关于印发《境外所得个人所得税征收管理暂行办法》的通知

  1998年8月12日 国税发〔1998〕126号 …………………………………… 108

54 国家税务总局关于生活补助费范围确定问题的通知

  1998年9月25日 国税发〔1998〕155号 …………………………………… 111

55 国家税务总局关于原城市信用社在转制为城市合作银行过程中个人股
   增值所得应纳个人所得税的批复

   1998年5月15日　国税函〔1998〕289号 ································ 112

56 国家税务总局关于盈余公积金转增注册资本征收个人所得税问题的批复

   1998年6月4日　国税函〔1998〕333号 ································· 113

57 国家税务总局关于陆小军提供艺术照片取得的所得征收个人所得税问题的批复

   1998年8月18日　国税函〔1998〕482号 ······························· 114

58 国家税务总局关于未分配的投资者收益和个人人寿保险收入
   征收个人所得税问题的批复

   1998年9月16日　国税函〔1998〕546号 ······························· 115

59 国家税务总局关于"长江学者奖励计划"有关个人收入免征个人所得税的通知

   1998年10月27日　国税函〔1998〕632号 ····························· 116

60 国家税务总局关于社会力量办学征收个人所得税问题的批复

   1998年12月7日　国税函〔1998〕738号 ······························· 117

61 财政部　国家税务总局关于促进科技成果转化有关税收政策的通知

   1999年5月27日　财税字〔1999〕45号 ································· 118

62 财政部　国家税务总局关于住房公积金、医疗保险金、基本养老保险金、
   失业保险基金个人账户存款利息所得免征个人所得税的通知

   1999年10月8日　财税字〔1999〕267号 ······························· 119

63 财政部　国家税务总局　建设部关于个人出售住房所得征收个人
   所得税有关问题的通知

   1999年12月2日　财税字〔1999〕278号 ······························· 120

64 国家税务总局关于个人所得税有关政策问题的通知

   1999年4月9日　国税发〔1999〕58号 ································· 122

65 国家税务总局关于促进科技成果转化有关个人所得税问题的通知

　　1999年7月1日　　国税发〔1999〕125号 …………………… 124

66 国家税务总局关于印发《储蓄存款利息所得个人所得税征收管理办法》的通知

　　1999年10月8日　　国税发〔1999〕179号 ………………… 126

67 国家税务总局关于储蓄存款利息所得征收个人所得税若干业务问题的通知

　　1999年10月8日　　国税发〔1999〕180号 ………………… 128

68 国家税务总局关于纠正在征收利息、股息、红利所得个人所得税时扣除同期银行储蓄存款利息做法的通知

　　1999年9月28日　　国税发〔1999〕181号 ………………… 131

69 国家税务总局关于外籍个人和港澳台居民个人储蓄存款利息所得个人所得税有关问题的通知

　　1999年10月25日　　国税发〔1999〕201号 ………………… 132

70 国家税务总局关于远洋运输船员工资薪金所得个人所得税费用扣除问题的通知

　　1999年10月25日　　国税发〔1999〕202号 ………………… 133

71 国家税务总局关于外国企业的董事在中国境内兼任职务有关税收问题的通知

　　1999年5月17日　　国税函〔1999〕284号 ………………… 134

72 国家税务总局关于明确残疾人所得征免个人所得税范围的批复

　　1999年5月21日　　国税函〔1999〕329号 ………………… 135

73 国家税务总局关于个人承包建筑收入征收个人所得税有关问题的批复

　　1999年5月17日　　国税函〔1999〕286号 ………………… 136

74 国家税务总局关于"特聘教授奖金"免征个人所得税的通知

　　1999年8月3日　　国税函〔1999〕525号 ………………… 137

75	国家税务总局关于用使用权作奖项征收个人所得税问题的批复
	1999年8月11日　国税函〔1999〕549号 ················· 138

76	国家税务总局关于股民从证券公司取得的回扣收入征收个人所得税问题的批复
	1999年9月20日　国税函〔1999〕627号 ················· 139

77	国家税务总局关于储蓄存款利息所得个人所得税外币税款有关问题的通知
	1999年10月25日　国税函〔1999〕698号 ················ 140

78	国家税务总局关于《储蓄存款利息所得扣缴个人所得税报告表》中有关问题的通知
	1999年10月25日　国税函〔1999〕699号 ················ 141

79	国家税务总局关于中国铁路建设债券利息征收个人所得税问题的批复
	1999年11月11日　国税函〔1999〕738号 ················ 142

80	财政部　国家税务总局关于对青少年活动场所、电子游戏厅有关所得税和营业税政策问题的通知
	2000年7月18日　财税〔2000〕21号 ··················· 143

81	财政部　国家税务总局关于企业等社会力量向红十字事业捐赠有关所得税政策问题的通知
	2000年7月12日　财税〔2000〕30号 ··················· 144

82	财政部　国家税务总局关于随军家属就业有关税收政策的通知
	2000年9月27日　财税〔2000〕84号 ··················· 145

83	财政部　国家税务总局关于印发《关于个人独资企业和合伙企业投资者征收个人所得税的规定》的通知
	2000年9月19日　财税〔2000〕91号 ··················· 146

84	财政部　国家税务总局关于对老年服务机构有关税收政策问题的通知
	2000年11月24日　财税〔2000〕97号 ·················· 151

85 财政部　国家税务总局关于调整住房租赁市场税收政策的通知

2000 年 12 月 7 日　　财税〔2000〕125 号 ……………………………… 152

86 国家税务总局关于企业改组改制过程中个人取得的量化资产征收
　个人所得税问题的通知

2000 年 3 月 29 日　　国税发〔2000〕60 号 ………………………………… 153

87 国家税务总局关于律师事务所从业人员取得收入征收个人
　所得税有关业务问题的通知

2000 年 8 月 23 日　　国税发〔2000〕149 号 ……………………………… 154

88 国家税务总局关于在中国境内无住所个人以有价证券形式取得工资薪金所得
　确定纳税义务有关问题的通知

2000 年 3 月 17 日　　国税函〔2000〕190 号 ……………………………… 156

89 国家税务总局关于个人取得专利赔偿所得征收个人所得税问题的批复

2000 年 4 月 24 日　　国税函〔2000〕257 号 ……………………………… 157

90 国家税务总局关于个人或合伙吸储放贷取得的收入征收个人
　所得税问题的批复

2000 年 7 月 7 日　　国税函〔2000〕516 号 ……………………………… 158

91 国家税务总局关于"长江小小科学家"奖金免征个人所得税的通知

2000 年 9 月 4 日　　国税函〔2000〕688 号 ……………………………… 159

92 财政部、国家税务总局关于企业等社会力量向红十字事业捐赠
　有关问题的通知

2001 年 3 月 8 日　　财税〔2001〕28 号 …………………………………… 160

93 财政部　国家税务总局关于纳税人向农村义务教育捐赠
　有关所得税政策的通知

2001 年 6 月 21 日　　财税〔2001〕103 号 ………………………………… 162

目 录

94 财政部 国家税务总局关于个人与用人单位解除劳动关系取得的一次性补偿收入征免个人所得税问题的通知

  2001 年 9 月 10 日   财税〔2001〕157 号 …………………………… 163

95 国家税务总局关于代扣代缴储蓄存款利息所得个人所得税手续费收入征免税问题的通知

  2001 年 3 月 16 日   国税发〔2001〕31 号 …………………………… 164

96 国家税务总局关于《关于个人独资企业和合伙企业投资者征收个人所得税的规定》执行口径的通知

  2001 年 1 月 17 日   国税函〔2001〕84 号 …………………………… 165

97 国家税务总局关于外籍个人取得的探亲费免征个人所得税有关执行标准问题的通知

  2001 年 5 月 14 日   国税函〔2001〕336 号 ………………………… 167

98 国家税务总局关于联想集团改制员工取得的用于购买企业国有股权的劳动分红征收个人所得税问题的批复

  2001 年 11 月 9 日   国税函〔2001〕832 号 ………………………… 168

99 财政部 国家税务总局关于开放式证券投资基金有关税收问题的通知

  2002 年 8 月 22 日   财税〔2002〕128 号 …………………………… 169

100 国家税务总局关于剧本使用费征收个人所得税问题的通知

  2002 年 5 月 9 日   国税发〔2002〕52 号 …………………………… 171

101 国家税务总局关于个人所得税若干业务问题的批复

  2002 年 2 月 9 日   国税函〔2002〕146 号 ………………………… 172

102 国家税务总局关于个人所得税若干政策问题的批复

  2002 年 7 月 12 日   国税函〔2002〕629 号 ………………………… 174

· 11 ·

103 国家税务总局关于个人独资企业个人所得税税前固定资产折旧费扣除问题的批复

　　2002年12月18日　国税函〔2002〕1090号 ·················· 176

104 国家税务总局关于转租浅海滩涂使用权收入征收个人所得税问题的批复

　　2002年12月30日　国税函〔2002〕1158号 ·················· 177

105 财政部　国家税务总局关于自主择业的军队转业干部有关税收政策问题的通知

　　2003年4月9日　财税〔2003〕26号 ························ 178

106 财政部　国家税务总局关于医疗机构有关个人所得税政策问题的通知

　　2003年5月13日　财税〔2003〕109号 ······················ 179

107 财政部　国家税务总局关于农村税费改革试点地区个人取得农业特产所得征免个人所得税问题的通知

　　2003年7月11日　财税〔2003〕157号 ······················ 180

108 财政部　国家税务总局关于规范个人投资者个人所得税征收管理的通知

　　2003年7月11日　财税〔2003〕158号 ······················ 181

109 财政部　国家税务总局关于向中华健康快车基金会等5家单位的捐赠所得税税前扣除问题的通知

　　2003年9月22日　财税〔2003〕204号 ······················ 183

110 国家税务总局关于中国海洋石油总公司系统深化用工薪酬制度改革有关个人所得税问题的通知

　　2003年3月26日　国税函〔2003〕330号 ···················· 184

111 国家税务总局关于个人取得"母亲河（波司登）奖"奖金所得免征个人所得税问题的批复

　　2003年8月18日　国税函〔2003〕961号 ···················· 186

112 财政部 国家税务总局关于企业以免费旅游方式提供对营销人员
个人奖励有关个人所得税政策的通知

2004 年 1 月 20 日 财税〔2004〕11 号 ………………………………… 187

113 财政部 国家税务总局关于外籍个人取得港澳地区住房等补贴
征免个人所得税的通知

2004 年 1 月 29 日 财税〔2004〕29 号 ………………………………… 188

114 财政部 国家税务总局关于农村税费改革试点地区有关个人所得税
问题的通知

2004 年 1 月 17 日 财税〔2004〕30 号 ………………………………… 189

115 财政部 国家税务总局关于教育税收政策的通知

2004 年 2 月 5 日 财税〔2004〕39 号 …………………………………… 190

116 财政部 国家税务总局关于向宋庆龄基金会等 6 家单位捐赠所得税
政策问题的通知

2004 年 10 月 15 日 财税〔2004〕172 号 ……………………………… 193

117 国家税务总局 中国人民银行关于个人银行结算账户利息所得征收个人
所得税问题的通知

2004 年 1 月 12 日 国税发〔2004〕6 号 ………………………………… 194

118 国家税务总局关于取消合伙企业投资者变更个人所得税汇算清缴
地点审批后加强后续管理问题的通知

2004 年 6 月 29 日 国税发〔2004〕81 号 ……………………………… 196

119 国家税务总局关于在中国境内无住所的个人执行税收协定和个人
所得税法若干问题的通知

2004 年 7 月 23 日 国税发〔2004〕97 号 ……………………………… 198

120 国家税务总局关于国际组织驻华机构外国政府驻华使领馆和驻华新闻机构
雇员个人所得税征收方式的通知

2004 年 6 月 23 日 国税函〔2004〕808 号 …………………………… 200

121 国家税务总局关于个人捐赠后申请退还已缴纳个人所得税问题的批复

　　2004年7月2日　国税函〔2004〕865号 …………………………… 202

122 财政部　国家税务总局关于个人股票期权所得征收个人所得税问题的通知

　　2005年3月28日　财税〔2005〕35号 ………………………………… 203

123 财政部　国家税务总局关于城镇房屋拆迁有关税收政策的通知

　　2005年3月22日　财税〔2005〕45号 ………………………………… 206

124 财政部　国家税务总局关于个人所得税有关问题的批复

　　2005年6月2日　财税〔2005〕94号 …………………………………… 207

125 财政部　国家税务总局关于股权分置试点改革有关税收政策问题的通知

　　2005年6月13日　财税〔2005〕103号 ………………………………… 208

126 国家税务总局关于调整个人取得全年一次性奖金等计算征收个人所得税方法问题的通知

　　2005年1月21日　国税发〔2005〕9号 ………………………………… 209

127 国家税务总局　财政部　建设部关于加强房地产税收管理的通知

　　2005年5月27日　国税发〔2005〕89号 ……………………………… 211

128 国家税务总局关于印发《个人所得税管理办法》的通知

　　2005年7月6日　国税发〔2005〕120号 ……………………………… 214

129 国家税务总局　中国人民银行　教育部关于印发《教育储蓄存款利息所得免征个人所得税实施办法》的通知

　　2005年9月14日　国税发〔2005〕148号 …………………………… 224

130 国家税务总局　中国人民银行　教育部关于《教育储蓄存款利息所得免征个人所得税实施办法》有关问题的补充通知

　　2005年9月30日　国税发〔2005〕155号 …………………………… 226

131 国家税务总局关于房地产税收政策执行中几个具体问题的通知

2005年10月20日　国税发〔2005〕172号 ······················· 227

132 国家税务总局关于纳税人收回转让的股权征收个人所得税问题的批复

2005年1月28日　国税函〔2005〕130号 ························ 229

133 国家税务总局关于单位为员工支付有关保险缴纳个人所得税问题的批复

2005年4月13日　国税函〔2005〕318号 ························ 230

134 国家税务总局关于企业为股东个人购买汽车征收个人所得税的批复

2005年4月22日　国税函〔2005〕364号 ························ 231

135 国家税务总局关于个人兼职和退休人员再任职取得收入如何计算征收个人所得税问题的批复

2005年4月26日　国税函〔2005〕382号 ························ 232

136 国家税务总局关于个人因购买和处置债权取得所得征收个人所得税问题的批复

2005年6月24日　国税函〔2005〕655号 ························ 233

137 国家税务总局关于纳税人取得不含税全年一次性奖金收入计征个人所得税问题的批复

2005年7月7日　国税函〔2005〕715号 ························· 234

138 财政部　国家税务总局关于基本养老保险费、基本医疗保险费、失业保险费、住房公积金有关个人所得税政策的通知

2006年6月27日　财税〔2006〕10号 ··························· 235

139 财政部　国家税务总局关于企业支付学生实习报酬有关所得税政策问题的通知

2006年11月1日　财税〔2006〕107号 ·························· 237

140 国家税务总局关于个人住房转让所得征收个人所得税有关问题的通知

2006年7月18日　国税发〔2006〕108号 ······················· 238

141 国家税务总局关于加强房地产交易个人无偿赠与不动产税收管理
有关问题的通知

2006年9月14日　国税发〔2006〕144号 ………………………… 242

142 国家税务总局关于印发《个人所得税自行纳税申报办法（试行）》的通知

2006年11月6日　国税发〔2006〕162号 ………………………… 245

143 国家税务总局关于个人因公务用车制度改革取得补贴收入征收
个人所得税问题的通知

2006年3月6日　国税函〔2006〕245号 ………………………… 252

144 国家税务总局关于酒店产权式经营业主税收问题的批复

2006年5月22日　国税函〔2006〕478号 ………………………… 253

145 国家税务总局关于离退休人员再任职界定问题的批复

2006年6月5日　国税函〔2006〕526号 ………………………… 254

146 国家税务总局关于陈嘉庚科学奖获奖个人取得的奖金收入免征
个人所得税的通知

2006年6月9日　国税函〔2006〕561号 ………………………… 255

147 国家税务总局关于个人股权转让过程中取得违约金收入征收
个人所得税问题的批复

2006年9月19日　国税函〔2006〕866号 ………………………… 256

148 国家税务总局关于个人股票期权所得缴纳个人所得税有关问题的补充通知

2006年9月30日　国税函〔2006〕902号 ………………………… 257

149 国家税务总局关于中国社会保障论坛获奖征文奖金征收个人
所得税问题的函

2006年12月22日　国税函〔2006〕1241号 ……………………… 260

150 财政部 国家税务总局关于单位低价向职工售房有关个人
所得税问题的通知

2007年2月8日 财税〔2007〕13号 261

151 财政部 国家税务总局关于个人取得有奖发票奖金征免个人
所得税问题的通知

2007年2月27日 财税〔2007〕34号 262

152 财政部 国家税务总局关于《建立亚洲开发银行协定》有关个人
所得税问题的补充通知

2007年6月25日 财税〔2007〕93号 263

153 财政部 国家税务总局关于企业向个人支付不竞争款项征收个人
所得税问题的批复

2007年9月12日 财税〔2007〕102号 264

154 国家税务总局关于加强和规范个人取得拍卖收入征收个人
所得税有关问题的通知

2007年4月4日 国税发〔2007〕38号 265

155 国家税务总局关于中央企业负责人年度绩效薪金延期兑现收入和
任期奖励征收个人所得税问题的通知

2007年10月29日 国税发〔2007〕118号 267

156 国家税务总局关于股权转让收入征收个人所得税问题的批复

2007年2月28日 国税函〔2007〕244号 269

157 国家税务总局关于个人取得房屋拍卖收入征收个人所得税问题的批复

2007年11月20日 国税函〔2007〕1145号 270

158 财政部 国家税务总局关于高级专家延长离休退休期间取得
工资、薪金所得有关个人所得税问题的通知

2008年7月1日 财税〔2008〕7号 271

159 财政部 国家税务总局关于生育津贴和生育医疗费有关个人所得税政策的通知

2008年3月7日　财税〔2008〕8号·················· 272

160 财政部 国家税务总局关于廉租住房经济适用住房和住房租赁有关税收政策的通知

2008年3月3日　财税〔2008〕24号·················· 273

161 财政部 国家税务总局关于认真落实抗震救灾及灾后重建税收政策问题的通知

2008年5月19日　财税〔2008〕62号················· 275

162 财政部 国家税务总局关于调整个体工商户个人独资企业和合伙企业个人所得税税前扣除标准有关问题的通知

2008年6月3日　财税〔2008〕65号·················· 277

163 财政部 国家税务总局关于企业为个人购买房屋或其他财产征收个人所得税问题的批复

2008年6月10日　财税〔2008〕83号················· 279

164 财政部 国家税务总局关于储蓄存款利息所得有关个人所得税政策的通知

2008年10月9日　财税〔2008〕132号················ 280

165 财政部 国家税务总局关于证券市场个人投资者证券交易结算资金利息所得有关个人所得税政策的通知

2008年10月26日　财税〔2008〕140号··············· 281

166 财政部 国家税务总局关于合伙企业合伙人所得税问题的通知

2008年12月23日　财税〔2008〕159号··············· 282

167 财政部 国家税务总局 民政部关于公益性捐赠税前扣除有关问题的通知

2008年12月31日　财税〔2008〕160号··············· 284

168 国家税务总局关于中国共产党党员交纳抗震救灾"特殊党费"
在个人所得税前扣除问题的通知

    2008 年 5 月 30 日　　国税发〔2008〕60 号 ·················· 287

169 国家税务总局关于个人与房地产开发企业签订有条件优惠价格协议
购买商店征收个人所得税问题的批复

    2008 年 6 月 15 日　　国税函〔2008〕576 号 ·················· 288

170 国家税务总局关于离退休人员取得单位发放离退休工资以外奖金
补贴征收个人所得税的批复

    2008 年 8 月 7 日　　国税函〔2008〕723 号 ·················· 289

171 关于个人通过网络买卖虚拟货币取得收入征收个人所得税问题的批复

    2008 年 9 月 28 日　　国税函〔2008〕818 号 ·················· 290

172 财政部　国家税务总局关于股票增值权所得和限制性股票所得征收个人
所得税有关问题的通知

    2009 年 1 月 7 日　　财税〔2009〕5 号 ·················· 291

173 财政部　国家税务总局关于个人无偿受赠房屋有关个人所得税问题的通知

    2009 年 5 月 25 日　　财税〔2009〕78 号 ·················· 292

174 财政部　国家税务总局关于通过公益性群众团体的公益性捐赠税前
扣除有关问题的通知

    2009 年 12 月 8 日　　财税〔2009〕124 号 ·················· 294

175 财政部　国家税务总局　证监会关于个人转让上市公司限售股所得征收
个人所得税有关问题的通知

    2009 年 12 月 31 日　　财税〔2009〕167 号 ·················· 297

176 国家税务总局关于明确个人所得税若干政策执行问题的通知

    2009 年 8 月 17 日　　国税发〔2009〕121 号 ·················· 300

177 国家税务总局关于股权激励有关个人所得税问题的通知

2009 年 8 月 24 日　国税函〔2009〕461 号 ·············· 302

178 国家税务总局关于个人转租房屋取得收入征收个人所得税问题的通知

2009 年 11 月 18 日　国税函〔2009〕639 号 ············ 305

179 财政部　国家税务总局　民政部关于公益性捐赠税前扣除有关问题的补充通知

2010 年 7 月 21 日　财税〔2010〕45 号 ················· 306

180 财政部　国家税务总局　证监会关于个人转让上市公司限售股所得征收个人所得税有关问题的补充通知

2010 年 11 月 10 日　财税〔2010〕70 号 ················ 308

181 财政部　国家税务总局　住房和城乡建设部关于调整房地产交易环节契税　个人所得税优惠政策的通知

2010 年 9 月 29 日　财税〔2010〕94 号 ················· 312

182 财政部　国家税务总局关于个人独资企业和合伙企业投资者取得种植业养殖业饲养业捕捞业所得有关个人所得税问题的批复

2010 年 11 月 2 日　财税〔2010〕96 号 ················· 314

183 国家税务总局关于刘东生青年科学家奖和刘东生地球科学奖学金获奖者奖金免征个人所得税的通知

2010 年 2 月 11 日　国税函〔2010〕74 号 ··············· 315

184 国家税务总局关于全国职工职业技能大赛奖金免征个人所得税的通知

2010 年 2 月 21 日　国税函〔2010〕78 号 ··············· 316

185 国家税务总局关于中华宝钢环境优秀奖奖金免征个人所得税问题的通知

2010 年 4 月 6 日　国税函〔2010〕130 号 ··············· 317

186　财政部　国家税务总局关于企业促销展业赠送礼品有关个人
　　　所得税问题的通知

　　2011年6月9日　财税〔2011〕50号 …………………………………… 318

187　财政部　国家税务总局关于地方政府债券利息所得免征所得税问题的通知

　　2011年8月26日　财税〔2011〕76号 …………………………………… 320

188　财政部　国家税务总局关于证券机构技术和制度准备完成后个人
　　　转让上市公司限售股有关个人所得税问题的通知

　　2011年12月30日　财税〔2011〕108号 ………………………………… 321

189　财政部　国家税务总局关于退役士兵退役金和经济补助免征个人
　　　所得税问题的通知

　　2011年12月6日　财税〔2011〕109号 …………………………………… 323

190　国家税务总局关于个人提前退休取得补贴收入个人所得税问题的公告

　　2011年1月17日　国家税务总局公告2011年第6号 …………………… 324

191　国家税务总局关于个人所得税有关问题的公告

　　2011年4月18日　国家税务总局公告2011年第27号 ………………… 325

192　国家税务总局关于雇主为雇员承担全年一次性奖金部分税款有关个人
　　　所得税计算方法问题的公告

　　2011年4月28日　国家税务总局公告2011年第28号 ………………… 326

193　国家税务总局关于企业转让上市公司限售股有关所得税问题的公告

　　2011年7月7日　国家税务总局公告2011年第39号 …………………… 328

194　国家税务总局关于个人终止投资经营收回款项征收个人所得税问题的公告

　　2011年7月25日　国家税务总局公告2011年第41号 ………………… 330

195　国家税务总局关于代开货物运输业发票个人所得税预征率问题的公告

　　2011年7月27日　国家税务总局公告2011年第44号 ………………… 331

196	国家税务总局关于 2011 年度李四光地质科学奖奖金免征个人所得税的公告
	2011 年 12 月 6 日　国家税务总局公告 2011 年第 68 号 ………………… 332

197	财政部　国家税务总局关于工伤职工取得的工伤保险待遇有关个人所得税政策的通知
	2012 年 5 月 3 日　财税〔2012〕40 号 …………………………………… 333

198	关于实施上市公司股息红利差别化个人所得税政策有关问题的通知
	2012 年 11 月 16 日　财税〔2012〕85 号 ………………………………… 334

199	国家税务总局关于第五届黄汲清青年地质科学技术奖奖金免征个人所得税问题的公告
	2012 年 1 月 31 日　国家税务总局公告 2012 年第 4 号 ………………… 337

200	国家税务总局关于执行内地与港澳间税收安排涉及个人受雇所得有关问题的公告
	2012 年 4 月 26 日　国家税务总局公告 2012 年第 16 号 ……………… 338

201	国家税务总局关于"明天小小科学家"奖金免征个人所得税问题的公告
	2012 年 6 月 28 日　国家税务总局公告 2012 年第 28 号 ……………… 341

202	国家税务总局关于律师事务所从业人员有关个人所得税问题的公告
	2012 年 12 月 7 日　国家税务总局公告 2012 年第 53 号 ……………… 342

203	财政部　国家税务总局关于地方政府债券利息免征所得税问题的通知
	2013 年 2 月 6 日　财税〔2013〕5 号 ……………………………………… 343

204	财政部　海关总署　国家税务总局关于第二届夏季青年奥林匹克运动会等三项国际综合运动会税收政策的通知
	2013 年 1 月 22 日　财税〔2013〕11 号 …………………………………… 344

205	财政部　国家税务总局关于棚户区改造有关税收政策的通知
	2013 年 12 月 2 日　财税〔2013〕101 号 ………………………………… 346

206 财政部　人力资源社会保障部　国家税务总局关于企业年金
　　 职业年金个人所得税有关问题的通知

　　　2013 年 12 月 6 日　　财税〔2013〕103 号 …………………………… 348

207 国家税务总局关于个人投资者收购企业股权后将原盈余积累
　　 转增股本个人所得税问题的公告

　　　2013 年 5 月 7 日　　国家税务总局公告 2013 年第 23 号 ………… 351

208 国家税务总局关于房屋买受人按照约定退房取得的补偿款
　　 有关个人所得税问题的批复

　　　2013 年 12 月 30 日　　税总函〔2013〕748 号 …………………… 352

209 财政部　国家税务总局关于福建平潭综合实验区个人所得税优惠
　　 政策的通知

　　　2014 年 3 月 28 日　　财税〔2014〕24 号 …………………………… 353

210 财政部　国家税务总局　证监会关于实施全国中小企业股份转让
　　 系统挂牌公司股息红利差别化个人所得税政策有关问题的通知

　　　2014 年 6 月 27 日　　财税〔2014〕48 号 …………………………… 354

211 财政部　国家税务总局　证监会关于沪港股票市场交易互联互通
　　 机制试点有关税收政策的通知

　　　2014 年 10 月 31 日　　财税〔2014〕81 号 ………………………… 357

212 国家税务总局关于委托投资情况下认定受益所有人问题的公告

　　　2014 年 4 月 21 日　　国家税务总局公告 2014 年第 24 号 ………… 360

213 国家税务总局关于个体工商户、个人独资企业和合伙企业个人
　　 所得税问题的公告

　　　2014 年 4 月 23 日　　国家税务总局公告 2014 年第 25 号 ………… 362

214 国家税务总局关于发布《股权转让所得个人所得税管理办法（试行）》的公告

　　　2014 年 12 月 7 日　　国家税务总局公告 2014 年第 67 号 ………… 363

215	财政部　海关总署　国家税务总局关于支持鲁甸地震灾后恢复重建有关税收政策问题的通知	
	2015年1月26日　财税〔2015〕27号	368
216	财政部　国家税务总局关于个人非货币性资产投资有关个人所得税政策的通知	
	2015年3月30日　财税〔2015〕41号	371
217	财政部　国家税务总局关于推广中关村国家自主创新示范区税收试点政策有关问题的通知	
	2015年6月9日　财税〔2015〕62号	373
218	财政部　国家税务总局　证监会关于上市公司股息红利差别化个人所得税政策有关问题的通知	
	2015年9月7日　财税〔2015〕101号	376
219	关于将国家自主创新示范区有关税收试点政策推广到全国范围实施的通知	
	2015年10月23日　财税〔2015〕116号	378
220	财政部　国家税务总局　证监会关于内地与香港基金互认有关税收政策的通知	
	2015年12月14日　财税〔2015〕125号	381
221	国家税务总局关于个人非货币性资产投资有关个人所得税征管问题的公告	
	2015年4月8日　国家税务总局公告2015年第20号	383
222	国家税务总局关于建筑安装业跨省异地工程作业人员个人所得税征收管理问题的公告	
	2015年7月20日　国家税务总局公告2015年第52号	385
223	国家税务总局关于股权奖励和转增股本个人所得税征管问题的公告	
	2015年11月16日　国家税务总局公告2015年第80号	386

224 关于营改增后契税 房产税 土地增值税 个人所得税计税依据问题的通知

　　2016 年 4 月 25 日　财税〔2016〕43 号 …………………………………… 388

225 财政部 国家税务总局关于行政和解金有关税收政策问题的通知

　　2016 年 9 月 18 日　财税〔2016〕100 号 ………………………………… 389

226 财政部 国家税务总局关于完善股权激励和技术入股有关所得税政策的通知

　　2016 年 9 月 20 日　财税〔2016〕101 号 ………………………………… 390

227 财政部 国家税务总局 证监会关于深港股票市场交易互联互通机制试点有关税收政策的通知

　　2016 年 11 月 5 日　财税〔2016〕127 号 ………………………………… 394

228 国家税务总局关于个人保险代理人税收征管有关问题的公告

　　2016 年 7 月 7 日　国家税务总局公告 2016 年第 45 号 ………………… 397

229 国家税务总局关于股权激励和技术入股所得税征管问题的公告

　　2016 年 9 月 28 日　国家税务总局公告 2016 年第 62 号 ………………… 399

230 国家税务总局关于进一步完善税收协定中教师和研究人员条款执行有关规定的公告

　　2016 年 12 月 29 日　国家税务总局公告 2016 年第 91 号 ……………… 402

231 财政部 税务总局 保监会关于将商业健康保险个人所得税试点政策推广到全国范围实施的通知

　　2017 年 4 月 28 日　财税〔2017〕39 号 ………………………………… 403

232 财政部 税务总局 海关总署关于北京 2022 年冬奥会和冬残奥会税收政策的通知

　　2017 年 7 月 12 日　财税〔2017〕60 号 ………………………………… 406

233　财政部　税务总局　证监会关于继续执行沪港股票市场交易互联互通机制有关个人所得税政策的通知

　　2017年11月1日　财税〔2017〕78号 ·················· 410

234　国家税务总局关于推广实施商业健康保险个人所得税政策有关征管问题的公告

　　2017年5月19日　国家税务总局公告2017年第17号 ········· 411

235　财政部　税务总局　证监会关于支持原油等货物期货市场对外开放税收政策的通知

　　2018年3月13日　财税〔2018〕21号 ·················· 413

236　财政部　税务总局　人力资源社会保障部　中国银行保险监督管理委员会　证监会关于开展个人税收递延型商业养老保险试点的通知

　　2018年4月2日　财税〔2018〕22号 ··················· 414

237　财政部　税务总局关于创业投资企业和天使投资个人有关税收政策的通知

　　2018年5月14日　财税〔2018〕55号 ·················· 417

238　财政部　税务总局　科技部关于科技人员取得职务科技成果转化现金奖励有关个人所得税政策的通知

　　2018年5月29日　财税〔2018〕58号 ·················· 420

239　财政部　税务总局关于2018年第四季度个人所得税减除费用和税率适用问题的通知

　　2018年9月7日　财税〔2018〕98号 ··················· 422

240　关于第七届世界军人运动会税收政策的通知

　　2018年11月5日　财税〔2018〕119号 ················· 424

241　财政部　国家税务总局关于易地扶贫搬迁税收优惠政策的通知

　　2018年11月29日　财税〔2018〕135号 ················ 426

242 财政部　税务总局　证监会关于个人转让全国中小企业股份转让
系统挂牌公司股票有关个人所得税政策的通知

　　2018 年 11 月 30 日　财税〔2018〕137 号 ·················· 428

243 财政部　税务总局　证监会关于继续执行内地与香港基金互认
有关个人所得税政策的通知

　　2018 年 12 月 17 日　财税〔2018〕154 号 ·················· 430

244 关于个人所得税法修改后有关优惠政策衔接问题的通知

　　2018 年 12 月 27 日　财税〔2018〕164 号 ·················· 431

245 国家税务总局关于开展个人税收递延型商业养老保险试点有关
征管问题的公告

　　2018 年 4 月 28 日　国家税务总局公告 2018 年第 21 号 ·········· 435

246 国家税务总局关于科技人员取得职务科技成果转化现金奖励
有关个人所得税征管问题的公告

　　2018 年 6 月 11 日　国家税务总局公告 2018 年第 30 号 ·········· 437

247 国家税务总局关于创业投资企业和天使投资个人税收政策有关问题的公告

　　2018 年 7 月 30 日　国家税务总局公告 2018 年第 43 号 ·········· 438

248 国家税务总局关于将个人所得税《税收完税证明》（文书式）
调整为《纳税记录》有关事项的公告

　　2018 年 12 月 5 日　国家税务总局公告 2018 年第 55 号 ·········· 442

249 国家税务总局关于全面实施新个人所得税法若干征管衔接问题的公告

　　2018 年 12 月 27 日　国家税务总局公告 2018 年第 56 号 ·········· 443

250 国家税务总局关于自然人纳税人识别号有关事项的公告

　　2018 年 12 月 17 日　国家税务总局公告 2018 年第 59 号 ·········· 445

251 国家税务总局关于发布《个人所得税专项附加扣除操作办法（试行）》的公告

　　2018年12月21日　国家税务总局公告2018年第60号 …………… 447

252 国家税务总局关于发布《个人所得税扣缴申报管理办法（试行）》的公告

　　2018年12月21日　国家税务总局公告2018年第61号 …………… 453

253 国家税务总局关于个人所得税自行纳税申报有关问题的公告

　　2018年12月21日　国家税务总局公告2018年第62号 …………… 457

254 财政部　税务总局　发展改革委　证监会关于创业投资企业个人合伙人所得税政策问题的通知

　　2019年1月10日　财税〔2019〕8号 ……………………………… 461

255 财政部　税务总局　退役军人部关于进一步扶持自主就业退役士兵创业就业有关税收政策的通知

　　2019年2月2日　财税〔2019〕21号 ……………………………… 464

256 财政部　税务总局　人力资源社会保障部　国务院扶贫办关于进一步支持和促进重点群体创业就业有关税收政策的通知

　　2019年2月2日　财税〔2019〕22号 ……………………………… 467

257 关于粤港澳大湾区个人所得税优惠政策的通知

　　2019年3月14日　财税〔2019〕31号 …………………………… 469

258 关于在中国境内无住所的个人居住时间判定标准的公告

　　2019年3月14日　财政部　税务总局公告2019年第34号 ……… 470

259 关于非居民个人和无住所居民个人有关个人所得税政策的公告

　　2019年3月14日　财政部　税务总局公告2019年第35号 ……… 471

260 国家税务总局关于修订个人所得税申报表的公告

　　2019年1月31日　国家税务总局公告2019年第7号 ……………… 479

261 国家税务总局　人力资源社会保障部　国务院扶贫办　教育部关于
实施支持和促进重点群体创业就业有关税收政策具体操作问题的公告

2019 年 2 月 26 日　国家税务总局公告 2019 年第 10 号 ………… 480

262 财政部　税务总局关于铁路债券利息收入所得税政策的公告

2019 年 4 月 16 日　财政部　税务总局公告 2019 年第 57 号 ………… 484

263 关于公共租赁住房税收优惠政策的公告

2019 年 4 月 15 日　财政部　税务总局公告 2019 年第 61 号 ………… 485

264 关于非居民个人和无住所居民个人有关个人所得税政策问题的解答 …… 487

第三部分　目前尚未废止但未列入本书的税收政策目录

后　记 ……………………………………………………………… 503

第一部分　法律法规

1　中华人民共和国个人所得税法

2018 年 8 月 31 日　主席令第 9 号

【全文有效】

　　1980 年 9 月 10 日第五届全国人民代表大会第三次会议通过。根据 1993 年 10 月 31 日第八届全国人民代表大会常务委员会第四次会议《关于修改〈中华人民共和国个人所得税法〉的决定》第一次修正。根据 1999 年 8 月 30 日第九届全国人民代表大会常务委员会第十一次会议《关于修改〈中华人民共和国个人所得税法〉的决定》第二次修正。根据 2005 年 10 月 27 日第十届全国人民代表大会常务委员会第十八次会议《关于修改〈中华人民共和国个人所得税法〉的决定》第三次修正。根据 2007 年 6 月 29 日第十届全国人民代表大会常务委员会第二十八次会议《关于修改〈中华人民共和国个人所得税法〉的决定》第四次修正。根据 2007 年 12 月 29 日第十届全国人民代表大会常务委员会第三十一次会议《关于修改〈中华人民共和国个人所得税法〉的决定》第五次修正。根据 2011 年 6 月 30 日第十一届全国人民代表大会常务委员会第二十一次会议《关于修改〈中华人民共和国个人所得税法〉的决定》第六次修正。根据 2018 年 8 月 31 日第十三届全国人民代表大会常务委员会第五次会议《关于修改〈中华人民共和国个人所得税法〉的决定》第七次修正。

　　第一条　在中国境内有住所，或者无住所而一个纳税年度内在中国境内居住累计满一百八十三天的个人，为居民个人。居民个人从中国境内和境外取得的所得，依照本法规定缴纳个人所得税。

　　在中国境内无住所又不居住，或者无住所而一个纳税年度内在中国境内居住累计不满一百八十三天的个人，为非居民个人。非居民个人从中国境内取得的所得，依照本法规定缴纳个人所得税。

　　纳税年度，自公历一月一日起至十二月三十一日止。

　　第二条　下列各项个人所得，应当缴纳个人所得税：

　　（一）工资、薪金所得；

　　（二）劳务报酬所得；

（三）稿酬所得；

（四）特许权使用费所得；

（五）经营所得；

（六）利息、股息、红利所得；

（七）财产租赁所得；

（八）财产转让所得；

（九）偶然所得。

居民个人取得前款第一项至第四项所得（以下称综合所得），按纳税年度合并计算个人所得税；非居民个人取得前款第一项至第四项所得，按月或者按次分项计算个人所得税。纳税人取得前款第五项至第九项所得，依照本法规定分别计算个人所得税。

第三条　个人所得税的税率：

（一）综合所得，适用百分之三至百分之四十五的超额累进税率（税率表附后）；

（二）经营所得，适用百分之五至百分之三十五的超额累进税率（税率表附后）；

（三）利息、股息、红利所得，财产租赁所得，财产转让所得和偶然所得，适用比例税率，税率为百分之二十。

第四条　下列各项个人所得，免征个人所得税：

（一）省级人民政府、国务院部委和中国人民解放军军以上单位，以及外国组织、国际组织颁发的科学、教育、技术、文化、卫生、体育、环境保护等方面的奖金；

（二）国债和国家发行的金融债券利息；

（三）按照国家统一规定发给的补贴、津贴；

（四）福利费、抚恤金、救济金；

（五）保险赔款；

（六）军人的转业费、复员费、退役金；

（七）按照国家统一规定发给干部、职工的安家费、退职费、基本养老金或者退休费、离休费、离休生活补助费；

（八）依照有关法律规定应予免税的各国驻华使馆、领事馆的外交代表、领事官员和其他人员的所得；

（九）中国政府参加的国际公约、签订的协议中规定免税的所得；

（十）国务院规定的其他免税所得。

前款第十项免税规定，由国务院报全国人民代表大会常务委员会备案。

第五条 有下列情形之一的，可以减征个人所得税，具体幅度和期限，由省、自治区、直辖市人民政府规定，并报同级人民代表大会常务委员会备案：

（一）残疾、孤老人员和烈属的所得；

（二）因自然灾害遭受重大损失的。

国务院可以规定其他减税情形，报全国人民代表大会常务委员会备案。

第六条 应纳税所得额的计算：

（一）居民个人的综合所得，以每一纳税年度的收入额减除费用六万元以及专项扣除、专项附加扣除和依法确定的其他扣除后的余额，为应纳税所得额。

（二）非居民个人的工资、薪金所得，以每月收入额减除费用五千元后的余额为应纳税所得额；劳务报酬所得、稿酬所得、特许权使用费所得，以每次收入额为应纳税所得额。

（三）经营所得，以每一纳税年度的收入总额减除成本、费用以及损失后的余额，为应纳税所得额。

（四）财产租赁所得，每次收入不超过四千元的，减除费用八百元；四千元以上的，减除百分之二十的费用，其余额为应纳税所得额。

（五）财产转让所得，以转让财产的收入额减除财产原值和合理费用后的余额，为应纳税所得额。

（六）利息、股息、红利所得和偶然所得，以每次收入额为应纳税所得额。

劳务报酬所得、稿酬所得、特许权使用费所得以收入减除百分之二十的费用后的余额为收入额。稿酬所得的收入额减按百分之七十计算。

个人将其所得对教育、扶贫、济困等公益慈善事业进行捐赠，捐赠额未超过纳税人申报的应纳税所得额百分之三十的部分，可以从其应纳税所得额中扣除；国务院规定对公益慈善事业捐赠实行全额税前扣除的，从其规定。

本条第一款第一项规定的专项扣除，包括居民个人按照国家规定的范围和标准缴纳的基本养老保险、基本医疗保险、失业保险等社会保险费和住房公积金等；专项附加扣除，包括子女教育、继续教育、大病医疗、住房贷款利息或者住房租金、赡养老人等支出，具体范围、标准和实施步骤由国务院确定，并报全国人民代表大会常务委员会备案。

第七条 居民个人从中国境外取得的所得，可以从其应纳税额中抵免已在境外缴纳的个人所得税税额，但抵免额不得超过该纳税人境外所得依照本法规定计算的应纳税额。

第八条 有下列情形之一的，税务机关有权按照合理方法进行纳税调整：

（一）个人与其关联方之间的业务往来不符合独立交易原则而减少本人或者其关联方应纳税额，且无正当理由；

（二）居民个人控制的，或者居民个人和居民企业共同控制的设立在实际税负明显偏低的国家（地区）的企业，无合理经营需要，对应当归属于居民个人的利润不作分配或者减少分配；

（三）个人实施其他不具有合理商业目的的安排而获取不当税收利益。

税务机关依照前款规定作出纳税调整，需要补征税款的，应当补征税款，并依法加收利息。

第九条　个人所得税以所得人为纳税人，以支付所得的单位或者个人为扣缴义务人。

纳税人有中国公民身份号码的，以中国公民身份号码为纳税人识别号；纳税人没有中国公民身份号码的，由税务机关赋予其纳税人识别号。扣缴义务人扣缴税款时，纳税人应当向扣缴义务人提供纳税人识别号。

第十条　有下列情形之一的，纳税人应当依法办理纳税申报：

（一）取得综合所得需要办理汇算清缴；

（二）取得应税所得没有扣缴义务人；

（三）取得应税所得，扣缴义务人未扣缴税款；

（四）取得境外所得；

（五）因移居境外注销中国户籍；

（六）非居民个人在中国境内从两处以上取得工资、薪金所得；

（七）国务院规定的其他情形。

扣缴义务人应当按照国家规定办理全员全额扣缴申报，并向纳税人提供其个人所得和已扣缴税款等信息。

第十一条　居民个人取得综合所得，按年计算个人所得税；有扣缴义务人的，由扣缴义务人按月或者按次预扣预缴税款；需要办理汇算清缴的，应当在取得所得的次年三月一日至六月三十日内办理汇算清缴。预扣预缴办法由国务院税务主管部门制定。

居民个人向扣缴义务人提供专项附加扣除信息的，扣缴义务人按月预扣预缴税款时应当按照规定予以扣除，不得拒绝。

非居民个人取得工资、薪金所得，劳务报酬所得，稿酬所得和特许权使用费所得，有扣缴义务人的，由扣缴义务人按月或者按次代扣代缴税款，不办理汇算清缴。

第十二条　纳税人取得经营所得，按年计算个人所得税，由纳税人在月度或者季度终了后十五日内向税务机关报送纳税申报表，并预缴税款；在取得所得的次年三月三十一日前办理汇算清缴。

纳税人取得利息、股息、红利所得，财产租赁所得，财产转让所得和偶然所得，按月或者按次计算个人所得税，有扣缴义务人的，由扣缴义务人按月或者按次代扣代缴税款。

第十三条　纳税人取得应税所得没有扣缴义务人的，应当在取得所得的次月十五日内向税务机关报送纳税申报表，并缴纳税款。

纳税人取得应税所得，扣缴义务人未扣缴税款的，纳税人应当在取得所得的次年六月三十日前，缴纳税款；税务机关通知限期缴纳的，纳税人应当按照期限缴纳税款。

居民个人从中国境外取得所得的，应当在取得所得的次年三月一日至六月三十日内申报纳税。

非居民个人在中国境内从两处以上取得工资、薪金所得的，应当在取得所得的次月十五日内申报纳税。

纳税人因移居境外注销中国户籍的，应当在注销中国户籍前办理税款清算。

第十四条　扣缴义务人每月或者每次预扣、代扣的税款，应当在次月十五日内缴入国库，并向税务机关报送扣缴个人所得税申报表。

纳税人办理汇算清缴退税或者扣缴义务人为纳税人办理汇算清缴退税的，税务机关审核后，按照国库管理的有关规定办理退税。

第十五条　公安、人民银行、金融监督管理等相关部门应当协助税务机关确认纳税人的身份、金融账户信息。教育、卫生、医疗保障、民政、人力资源社会保障、住房城乡建设、公安、人民银行、金融监督管理等相关部门应当向税务机关提供纳税人子女教育、继续教育、大病医疗、住房贷款利息、住房租金、赡养老人等专项附加扣除信息。

个人转让不动产的，税务机关应当根据不动产登记等相关信息核验应缴的个人所得税，登记机构办理转移登记时，应当查验与该不动产转让相关的个人所得税的完税凭证。个人转让股权办理变更登记的，市场主体登记机关应当查验与该股权交易相关的个人所得税的完税凭证。

有关部门依法将纳税人、扣缴义务人遵守本法的情况纳入信用信息系统，并实施联合激励或者惩戒。

第十六条　各项所得的计算，以人民币为单位。所得为人民币以外的货币的，按照人民币汇率中间价折合成人民币缴纳税款。

第十七条　对扣缴义务人按照所扣缴的税款，付给百分之二的手续费。

第十八条　对储蓄存款利息所得开征、减征、停征个人所得税及其具体办法，由国务院规定，并报全国人民代表大会常务委员会备案。

第十九条　纳税人、扣缴义务人和税务机关及其工作人员违反本法规定的，依照《中华人民共和国税收征收管理法》和有关法律法规的规定追究法律责任。

第二十条 个人所得税的征收管理，依照本法和《中华人民共和国税收征收管理法》的规定执行。

第二十一条 国务院根据本法制定实施条例。

第二十二条 本法自公布之日起施行。

附件1　　　　　　　　个人所得税税率表一（综合所得适用）

级数	累计预扣预缴应纳税所得额	预扣率（%）
1	不超过36000元	3
2	超过36000元至144000元的部分	10
3	超过144000元至300000元的部分	20
4	超过300000元至420000元的部分	25
5	超过420000元至660000元的部分	30
6	超过660000元至960000元的部分	35
7	超过960000元的部分	45

注1：本表所称全年应纳税所得额是指依照本法第六条的规定，居民个人取得综合所得以每一纳税年度收入额减除费用六万元以及专项扣除、专项附加扣除和依法确定的其他扣除后的余额。

注2：非居民个人取得工资、薪金所得，劳务报酬所得，稿酬所得和特许权使用费所得，依照本表按月换算后计算应纳税额。

附件2　　　　　　　　个人所得税税率表二（经营所得适用）

级数	全年应纳税所得额	税率（%）
1	不超过30000元	5
2	超过30000元至90000元的部分	10
3	超过90000元至300000元的部分	20
4	超过300000元至500000元的部分	30
5	超过500000元部分	35

注：本表所称全年应纳税所得额是指依照本法第六条的规定，以每一纳税年度的收入总额减除成本、费用以及损失后的余额。

2 国务院关于修改《对储蓄存款利息所得征收个人所得税的实施办法》的决定

2007 年 7 月 20 日　中华人民共和国国务院令第 502 号

【全文有效】

对储蓄存款利息所得征收个人所得税的实施办法

（1999 年 9 月 30 日中华人民共和国国务院令第 272 号发布根据 2007 年 7 月 20 日中华人民共和国国务院令第 502 号公布的《国务院关于修改〈对储蓄存款利息所得征收个人所得税的实施办法〉的决定》修订）

第一条　根据《中华人民共和国个人所得税法》第十二条的规定，制定本办法。

第二条　从中华人民共和国境内的储蓄机构取得人民币、外币储蓄存款利息所得的个人，应当依照本办法缴纳个人所得税。

第三条　对储蓄存款利息所得征收个人所得税的计税依据为纳税人取得的人民币、外币储蓄存款利息所得。

第四条　对储蓄存款利息所得征收个人所得税，减按 5% 的比例税率执行。减征幅度的调整由国务院决定。

第五条　对个人取得的教育储蓄存款利息所得以及国务院财政部门确定的其他专项储蓄存款或者储蓄性专项基金存款的利息所得，免征个人所得税。

前款所称教育储蓄是指个人按照国家有关规定在指定银行开户、存入规定数额资金、用于教育目的的专项储蓄。

第六条　对储蓄存款利息所得，按照每次取得的利息所得额计征个人所得税。

第七条　对储蓄存款利息所得征收个人所得税，以结付利息的储蓄机构为扣缴义务人，实行代扣代缴。

第八条　扣缴义务人在向储户结付利息时，依法代扣代缴税款。

前款所称结付利息,包括储户取款时结付利息、活期存款结息日结付利息和办理储蓄存款自动转存业务时结付利息等。

扣缴义务人代扣税款,应当在给储户的利息结付单上注明。

第九条　扣缴义务人每月代扣的税款,应当在次月7日内缴入中央国库,并向当地主管税务机关报送代扣代缴税款报告表;代扣的税款为外币的,应当折合成人民币缴入中央国库。

第十条　对扣缴义务人按照所扣缴的税款,付给2%的手续费。

第十一条　税务机关应当加强对扣缴义务人代扣代缴税款情况的监督和检查,扣缴义务人应当积极予以配合,如实反映情况,提供有关资料,不得拒绝、隐瞒。

第十二条　对储蓄存款利息所得征收的个人所得税,由国家税务局依照《中华人民共和国税收征收管理法》《中华人民共和国个人所得税法》及本办法的规定负责征收管理。

第十三条　本办法所称储蓄机构,是指经国务院银行业监督管理机构批准的商业银行、城市信用合作社和农村信用合作社等吸收公众存款的金融机构。

第十四条　储蓄存款在1999年10月31日前滋生的利息所得,不征收个人所得税;储蓄存款在1999年11月1日至2007年8月14日滋生的利息所得,按照20%的比例税率征收个人所得税;储蓄存款在2007年8月15日后滋生的利息所得,按照5%的比例税率征收个人所得税。

第十五条　本办法自1999年11月1日起施行。

3 中华人民共和国个人所得税法实施条例

2018 年 12 月 18 日　中华人民共和国国务院令第 707 号

【全文有效】

中华人民共和国个人所得税法实施条例

　　1994 年 1 月 28 日中华人民共和国国务院令第 142 号发布。根据 2005 年 12 月 19 日《国务院关于修改〈中华人民共和国个人所得税法实施条例〉的决定》第一次修订。根据 2008 年 2 月 18 日《国务院关于修改〈中华人民共和国个人所得税法实施条例〉的决定》第二次修订。根据 2011 年 7 月 19 日《国务院关于修改〈中华人民共和国个人所得税法实施条例〉的决定》第三次修订。2018 年 12 月 18 日中华人民共和国国务院令第 707 号第四次修订。

　　第一条　根据《中华人民共和国个人所得税法》（以下简称个人所得税法），制定本条例。

　　第二条　个人所得税法所称在中国境内有住所，是指因户籍、家庭、经济利益关系而在中国境内习惯性居住；所称从中国境内和境外取得的所得，分别是指来源于中国境内的所得和来源于中国境外的所得。

　　第三条　除国务院财政、税务主管部门另有规定外，下列所得，不论支付地点是否在中国境内，均为来源于中国境内的所得：

　　（一）因任职、受雇、履约等在中国境内提供劳务取得的所得；

　　（二）将财产出租给承租人在中国境内使用而取得的所得；

　　（三）许可各种特许权在中国境内使用而取得的所得；

　　（四）转让中国境内的不动产等财产或者在中国境内转让其他财产取得的所得；

　　（五）从中国境内企业、事业单位、其他组织以及居民个人取得的利息、股息、红利所得。

　　第四条　在中国境内无住所的个人，在中国境内居住累计满 183 天的年度连续不满六年的,经向主管税务机关备案,其来源于中国境外且由境外单位或者个人支付的所得,免予缴纳个人所得税;在中国境内居住累计满183天的任一年度中有一次离境超过30天的,其在中国境内居住累计满183天的年度的连续年限重新起算。

第五条 在中国境内无住所的个人,在一个纳税年度内在中国境内居住累计不超过90天的,其来源于中国境内的所得,由境外雇主支付并且不由该雇主在中国境内的机构、场所负担的部分,免予缴纳个人所得税。

第六条 个人所得税法规定的各项个人所得的范围:

(一)工资、薪金所得,是指个人因任职或者受雇取得的工资、薪金、奖金、年终加薪、劳动分红、津贴、补贴以及与任职或者受雇有关的其他所得。

(二)劳务报酬所得,是指个人从事劳务取得的所得,包括从事设计、装潢、安装、制图、化验、测试、医疗、法律、会计、咨询、讲学、翻译、审稿、书画、雕刻、影视、录音、录像、演出、表演、广告、展览、技术服务、介绍服务、经纪服务、代办服务以及其他劳务取得的所得。

(三)稿酬所得,是指个人因其作品以图书、报刊等形式出版、发表而取得的所得。

(四)特许权使用费所得,是指个人提供专利权、商标权、著作权、非专利技术以及其他特许权的使用权取得的所得;提供著作权的使用权取得的所得,不包括稿酬所得。

(五)经营所得,是指:

1. 个体工商户从事生产、经营活动取得的所得,个人独资企业投资人、合伙企业的个人合伙人来源于境内注册的个人独资企业、合伙企业生产、经营的所得;

2. 个人依法从事办学、医疗、咨询以及其他有偿服务活动取得的所得;

3. 个人对企业、事业单位承包经营、承租经营以及转包、转租取得的所得;

4. 个人从事其他生产、经营活动取得的所得。

(六)利息、股息、红利所得,是指个人拥有债权、股权等而取得的利息、股息、红利所得。

(七)财产租赁所得,是指个人出租不动产、机器设备、车船以及其他财产取得的所得。

(八)财产转让所得,是指个人转让有价证券、股权、合伙企业中的财产份额、不动产、机器设备、车船以及其他财产取得的所得。

(九)偶然所得,是指个人得奖、中奖、中彩以及其他偶然性质的所得。

个人取得的所得,难以界定应纳税所得项目的,由国务院税务主管部门确定。

第七条　对股票转让所得征收个人所得税的办法，由国务院另行规定，并报全国人民代表大会常务委员会备案。

第八条　个人所得的形式，包括现金、实物、有价证券和其他形式的经济利益；所得为实物的，应当按照取得的凭证上所注明的价格计算应纳税所得额，无凭证的实物或者凭证上所注明的价格明显偏低的，参照市场价格核定应纳税所得额；所得为有价证券的，根据票面价格和市场价格核定应纳税所得额；所得为其他形式的经济利益的，参照市场价格核定应纳税所得额。

第九条　个人所得税法第四条第一款第二项所称国债利息，是指个人持有中华人民共和国财政部发行的债券而取得的利息；所称国家发行的金融债券利息，是指个人持有经国务院批准发行的金融债券而取得的利息。

第十条　个人所得税法第四条第一款第三项所称按照国家统一规定发给的补贴、津贴，是指按照国务院规定发给的政府特殊津贴、院士津贴，以及国务院规定免予缴纳个人所得税的其他补贴、津贴。

第十一条　个人所得税法第四条第一款第四项所称福利费，是指根据国家有关规定，从企业、事业单位、国家机关、社会组织提留的福利费或者工会经费中支付给个人的生活补助费；所称救济金，是指各级人民政府民政部门支付给个人的生活困难补助费。

第十二条　个人所得税法第四条第一款第八项所称依照有关法律规定应予免税的各国驻华使馆、领事馆的外交代表、领事官员和其他人员的所得，是指依照《中华人民共和国外交特权与豁免条例》和《中华人民共和国领事特权与豁免条例》规定免税的所得。

第十三条　个人所得税法第六条第一款第一项所称依法确定的其他扣除，包括个人缴付符合国家规定的企业年金、职业年金，个人购买符合国家规定的商业健康保险、税收递延型商业养老保险的支出，以及国务院规定可以扣除的其他项目。

专项扣除、专项附加扣除和依法确定的其他扣除，以居民个人一个纳税年度的应纳税所得额为限额；一个纳税年度扣除不完的，不结转以后年度扣除。

第十四条　个人所得税法第六条第一款第二项、第四项、第六项所称每次，分别按照下列方法确定：

（一）劳务报酬所得、稿酬所得、特许权使用费所得，属于一次性收入的，以取得该项收入为一次；属于同一项目连续性收入的，以一个月内取得的收入为一次。

（二）财产租赁所得，以一个月内取得的收入为一次。

(三)利息、股息、红利所得,以支付利息、股息、红利时取得的收入为一次。

(四)偶然所得,以每次取得该项收入为一次。

第十五条 个人所得税法第六条第一款第三项所称成本、费用,是指生产、经营活动中发生的各项直接支出和分配计入成本的间接费用以及销售费用、管理费用、财务费用;所称损失,是指生产、经营活动中发生的固定资产和存货的盘亏、毁损、报废损失,转让财产损失,坏账损失,自然灾害等不可抗力因素造成的损失以及其他损失。

取得经营所得的个人,没有综合所得的,计算其每一纳税年度的应纳税所得额时,应当减除费用6万元、专项扣除、专项附加扣除以及依法确定的其他扣除。专项附加扣除在办理汇算清缴时减除。

从事生产、经营活动,未提供完整、准确的纳税资料,不能正确计算应纳税所得额的,由主管税务机关核定应纳税所得额或者应纳税额。

第十六条 个人所得税法第六条第一款第五项规定的财产原值,按照下列方法确定:

(一)有价证券,为买入价以及买入时按照规定交纳的有关费用;

(二)建筑物,为建造费或者购进价格以及其他有关费用;

(三)土地使用权,为取得土地使用权所支付的金额、开发土地的费用以及其他有关费用;

(四)机器设备、车船,为购进价格、运输费、安装费以及其他有关费用。

其他财产,参照前款规定的方法确定财产原值。

纳税人未提供完整、准确的财产原值凭证,不能按照本条第一款规定的方法确定财产原值的,由主管税务机关核定财产原值。

个人所得税法第六条第一款第五项所称合理费用,是指卖出财产时按照规定支付的有关税费。

第十七条 财产转让所得,按照一次转让财产的收入额减除财产原值和合理费用后的余额计算纳税。

第十八条 两个以上的个人共同取得同一项目收入的,应当对每个人取得的收入分别按照个人所得税法的规定计算纳税。

第十九条 个人所得税法第六条第三款所称个人将其所得对教育、扶贫、济困等公益慈善事业进行捐赠,是指个人将其所得通过中国境内的公益性社会组织、国家机关向教育、扶贫、济困等公益慈善事业的捐赠;所称应纳税所得额,是指计算扣除捐赠额之前的应纳税所得额。

第二十条 居民个人从中国境内和境外取得的综合所得、经营所得,应当分别合并计算应纳税额；从中国境内和境外取得的其他所得，应当分别单独计算应纳税额。

第二十一条 个人所得税法第七条所称已在境外缴纳的个人所得税税额，是指居民个人来源于中国境外的所得，依照该所得来源国家（地区）的法律应当缴纳并且实际已经缴纳的所得税税额。

个人所得税法第七条所称纳税人境外所得依照本法规定计算的应纳税额，是居民个人抵免已在境外缴纳的综合所得、经营所得以及其他所得的所得税税额的限额（以下简称抵免限额）。除国务院财政、税务主管部门另有规定外，来源于中国境外一个国家（地区）的综合所得抵免限额、经营所得抵免限额以及其他所得抵免限额之和，为来源于该国家（地区）所得的抵免限额。

居民个人在中国境外一个国家（地区）实际已经缴纳的个人所得税税额，低于依照前款规定计算出的来源于该国家（地区）所得的抵免限额的，应当在中国缴纳差额部分的税款；超过来源于该国家（地区）所得的抵免限额的，其超过部分不得在本纳税年度的应纳税额中抵免，但是可以在以后纳税年度来源于该国家（地区）所得的抵免限额的余额中补扣。补扣期限最长不得超过五年。

第二十二条 居民个人申请抵免已在境外缴纳的个人所得税税额，应当提供境外税务机关出具的税款所属年度的有关纳税凭证。

第二十三条 个人所得税法第八条第二款规定的利息，应当按照税款所属纳税申报期最后一日中国人民银行公布的与补税期间同期的人民币贷款基准利率计算，自税款纳税申报期满次日起至补缴税款期限届满之日止按日加收。纳税人在补缴税款期限届满前补缴税款的，利息加收至补缴税款之日。

第二十四条 扣缴义务人向个人支付应税款项时，应当依照个人所得税法规定预扣或者代扣税款，按时缴库，并专项记载备查。

前款所称支付，包括现金支付、汇拨支付、转账支付和以有价证券、实物以及其他形式的支付。

第二十五条 取得综合所得需要办理汇算清缴的情形包括：

（一）从两处以上取得综合所得，且综合所得年收入额减除专项扣除的余额超过6万元；

（二）取得劳务报酬所得、稿酬所得、特许权使用费所得中一项或者多项所得，且综合所得年收入额减除专项扣除的余额超过6万元；

（三）纳税年度内预缴税额低于应纳税额；

（四）纳税人申请退税。

纳税人申请退税，应当提供其在中国境内开设的银行账户，并在汇算清缴地就地办理税款退库。

汇算清缴的具体办法由国务院税务主管部门制定。

第二十六条 个人所得税法第十条第二款所称全员全额扣缴申报，是指扣缴义务人在代扣税款的次月十五日内，向主管税务机关报送其支付所得的所有个人的有关信息、支付所得数额、扣除事项和数额、扣缴税款的具体数额和总额以及其他相关涉税信息资料。

第二十七条 纳税人办理纳税申报的地点以及其他有关事项的具体办法，由国务院税务主管部门制定。

第二十八条 居民个人取得工资、薪金所得时，可以向扣缴义务人提供专项附加扣除有关信息，由扣缴义务人扣缴税款时减除专项附加扣除。纳税人同时从两处以上取得工资、薪金所得，并由扣缴义务人减除专项附加扣除的，对同一专项附加扣除项目，在一个纳税年度内只能选择从一处取得的所得中减除。

居民个人取得劳务报酬所得、稿酬所得、特许权使用费所得，应当在汇算清缴时向税务机关提供有关信息，减除专项附加扣除。

第二十九条 纳税人可以委托扣缴义务人或者其他单位和个人办理汇算清缴。

第三十条 扣缴义务人应当按照纳税人提供的信息计算办理扣缴申报，不得擅自更改纳税人提供的信息。

纳税人发现扣缴义务人提供或者扣缴申报的个人信息、所得、扣缴税款等与实际情况不符的，有权要求扣缴义务人修改。扣缴义务人拒绝修改的，纳税人应当报告税务机关，税务机关应当及时处理。

纳税人、扣缴义务人应当按照规定保存与专项附加扣除相关的资料。税务机关可以对纳税人提供的专项附加扣除信息进行抽查，具体办法由国务院税务主管部门另行规定。税务机关发现纳税人提供虚假信息的，应当责令改正并通知扣缴义务人；情节严重的，有关部门应当依法予以处理，纳入信用信息系统并实施联合惩戒。

第三十一条 纳税人申请退税时提供的汇算清缴信息有错误的，税务机关应当告知其更正；纳税人更正的，税务机关应当及时办理退税。

扣缴义务人未将扣缴的税款解缴入库的，不影响纳税人按照规定申请退税，税务机关应当凭纳税人提供的有关资料办理退税。

第三十二条 所得为人民币以外货币的，按照办理纳税申报或者扣缴申报的上一月最后一日人民币汇率中间价，折合成人民币计算应纳税所得额。年度终了后办理汇算清缴的，对已经按月、按季或者按次预缴税款的人民币以外货币所得，不再重新折算；对应当补缴税款的所得部分，按照上一纳税年度最后一日人民币汇率中间价，折合成人民币计算应纳税所得额。

第三十三条　税务机关按照个人所得税法第十七条的规定付给扣缴义务人手续费，应当填开退还书；扣缴义务人凭退还书，按照国库管理有关规定办理退库手续。

第三十四条　个人所得税纳税申报表、扣缴个人所得税报告表和个人所得税完税凭证式样，由国务院税务主管部门统一制定。

第三十五条　军队人员个人所得税征收事宜，按照有关规定执行。

第三十六条　本条例自2019年1月1日起施行。

4 国务院关于印发《个人所得税专项附加扣除暂行办法》的通知

2018年12月13日 国发〔2018〕41号

【全文有效】

个人所得税专项附加扣除暂行办法

第一章 总 则

第一条 根据《中华人民共和国个人所得税法》（以下简称个人所得税法）规定，制定本办法。

第二条 本办法所称个人所得税专项附加扣除，是指个人所得税法规定的子女教育、继续教育、大病医疗、住房贷款利息或者住房租金、赡养老人等6项专项附加扣除。

第三条 个人所得税专项附加扣除遵循公平合理、利于民生、简便易行的原则。

第四条 根据教育、医疗、住房、养老等民生支出变化情况，适时调整专项附加扣除范围和标准。

第二章 子女教育

第五条 纳税人的子女接受全日制学历教育的相关支出，按照每个子女每月1000元的标准定额扣除。

学历教育包括义务教育（小学、初中教育）、高中阶段教育（普通高中、中等职业、技工教育）、高等教育（大学专科、大学本科、硕士研究生、博士研究生教育）。

年满3岁至小学入学前处于学前教育阶段的子女，按本条第一款规定执行。

第六条 父母可以选择由其中一方按扣除标准的100%扣除，也可以选择由双方分别按扣除标准的50%扣除，具体扣除方式在一个纳税年度内不能变更。

第七条　纳税人子女在中国境外接受教育的，纳税人应当留存境外学校录取通知书、留学签证等相关教育的证明资料备查。

第三章　继续教育

第八条　纳税人在中国境内接受学历（学位）继续教育的支出，在学历（学位）教育期间按照每月400元定额扣除。同一学历（学位）继续教育的扣除期限不能超过48个月。纳税人接受技能人员职业资格继续教育、专业技术人员职业资格继续教育的支出，在取得相关证书的当年，按照3600元定额扣除。

第九条　个人接受本科及以下学历（学位）继续教育，符合本办法规定扣除条件的，可以选择由其父母扣除，也可以选择由本人扣除。

第十条　纳税人接受技能人员职业资格继续教育、专业技术人员职业资格继续教育的，应当留存相关证书等资料备查。

第四章　大病医疗

第十一条　在一个纳税年度内，纳税人发生的与基本医保相关的医药费用支出，扣除医保报销后个人负担（指医保目录范围内的自付部分）累计超过15000元的部分，由纳税人在办理年度汇算清缴时，在80000元限额内据实扣除。

第十二条　纳税人发生的医药费用支出可以选择由本人或者其配偶扣除；未成年子女发生的医药费用支出可以选择由其父母一方扣除。

纳税人及其配偶、未成年子女发生的医药费用支出，按本办法第十一条规定分别计算扣除额。

第十三条　纳税人应当留存医药服务收费及医保报销相关票据原件（或者复印件）等资料备查。医疗保障部门应当向患者提供在医疗保障信息系统记录的本人年度医药费用信息查询服务。

第五章　住房贷款利息

第十四条　纳税人本人或者配偶单独或者共同使用商业银行或者住房公积金个人住房贷款为本人或者其配偶购买中国境内住房，发生的首套住房贷款利息支出，在实际发生贷款利息的年度，按照每月1000元的标准定额扣除，扣除期限最长不超过240个月。纳税人只能享受一次首套住房贷款的利息扣除。

本办法所称首套住房贷款是指购买住房享受首套住房贷款利率的住房贷款。

第十五条　经夫妻双方约定，可以选择由其中一方扣除，具体扣除方式在一个纳税年度内不能变更。

夫妻双方婚前分别购买住房发生的首套住房贷款，其贷款利息支出，婚后可以选择其中一套购买的住房，由购买方按扣除标准的100%扣除，也可以由夫妻双方对各自购买的住房分别按扣除标准的50%扣除，具体扣除方式在一个纳税年度内不能变更。

第十六条 纳税人应当留存住房贷款合同、贷款还款支出凭证备查。

第六章 住房租金

第十七条 纳税人在主要工作城市没有自有住房而发生的住房租金支出，可以按照以下标准定额扣除：

（一）直辖市、省会（首府）城市、计划单列市以及国务院确定的其他城市，扣除标准为每月1500元；

（二）除第一项所列城市以外，市辖区户籍人口超过100万的城市，扣除标准为每月1100元；市辖区户籍人口不超过100万的城市，扣除标准为每月800元。

纳税人的配偶在纳税人的主要工作城市有自有住房的，视同纳税人在主要工作城市有自有住房。

市辖区户籍人口，以国家统计局公布的数据为准。

第十八条 本办法所称主要工作城市是指纳税人任职受雇的直辖市、计划单列市、副省级城市、地级市（地区、州、盟）全部行政区域范围；纳税人无任职受雇单位的，为受理其综合所得汇算清缴的税务机关所在城市。

夫妻双方主要工作城市相同的，只能由一方扣除住房租金支出。

第十九条 住房租金支出由签订租赁住房合同的承租人扣除。

第二十条 纳税人及其配偶在一个纳税年度内不能同时分别享受住房贷款利息和住房租金专项附加扣除。

第二十一条 纳税人应当留存住房租赁合同、协议等有关资料备查。

第七章 赡养老人

第二十二条 纳税人赡养一位及以上被赡养人的赡养支出，统一按照以下标准定额扣除：

（一）纳税人为独生子女的，按照每月2000元的标准定额扣除；

（二）纳税人为非独生子女的，由其与兄弟姐妹分摊每月2000元的扣除额度，每人分摊的额度不能超过每月1000元。可以由赡养人均摊或者约定分摊，也可以由被赡养人指定分摊。约定或者指定分摊的须签订书面分摊协议，指定分摊优先于约定分摊。具体分摊方式和额度在一个纳税年度内不能变更。

第二十三条　本办法所称被赡养人是指年满 60 岁的父母，以及子女均已去世的年满 60 岁的祖父母、外祖父母。

第八章　保障措施

第二十四条　纳税人向收款单位索取发票、财政票据、支出凭证，收款单位不能拒绝提供。

第二十五条　纳税人首次享受专项附加扣除，应当将专项附加扣除相关信息提交扣缴义务人或者税务机关，扣缴义务人应当及时将相关信息报送税务机关，纳税人对所提交信息的真实性、准确性、完整性负责。专项附加扣除信息发生变化的，纳税人应当及时向扣缴义务人或者税务机关提供相关信息。

前款所称专项附加扣除相关信息，包括纳税人本人、配偶、子女、被赡养人等个人身份信息，以及国务院税务主管部门规定的其他与专项附加扣除相关的信息。

本办法规定纳税人需要留存备查的相关资料应当留存五年。

第二十六条　有关部门和单位有责任和义务向税务部门提供或者协助核实以下与专项附加扣除有关的信息：

（一）公安部门有关户籍人口基本信息、户成员关系信息、出入境证件信息、相关出国人员信息、户籍人口死亡标识等信息；

（二）卫生健康部门有关出生医学证明信息、独生子女信息；

（三）民政部门、外交部门、法院有关婚姻状况信息；

（四）教育部门有关学生学籍信息（包括学历继续教育学生学籍、考籍信息）、在相关部门备案的境外教育机构资质信息；

（五）人力资源社会保障等部门有关技工院校学生学籍信息、技能人员职业资格继续教育信息、专业技术人员职业资格继续教育信息；

（六）住房城乡建设部门有关房屋（含公租房）租赁信息、住房公积金管理机构有关住房公积金贷款还款支出信息；

（七）自然资源部门有关不动产登记信息；

（八）人民银行、金融监督管理部门有关住房商业贷款还款支出信息；

（九）医疗保障部门有关在医疗保障信息系统记录的个人负担的医药费用信息；

（十）国务院税务主管部门确定需要提供的其他涉税信息。

上述数据信息的格式、标准、共享方式，由国务院税务主管部门及各省、自治区、直辖市和计划单列市税务局商有关部门确定。

有关部门和单位拥有专项附加扣除涉税信息，但未按规定要求向税务部门提供的，拥有涉税信息的部门或者单位的主要负责人及相关人员承担相应责任。

第二十七条　扣缴义务人发现纳税人提供的信息与实际情况不符的，可以要求纳税人修改。纳税人拒绝修改的，扣缴义务人应当报告税务机关，税务机关应当及时处理。

第二十八条　税务机关核查专项附加扣除情况时，纳税人任职受雇单位所在地、经常居住地、户籍所在地的公安派出所、居民委员会或者村民委员会等有关单位和个人应当协助核查。

第九章　附　则

第二十九条　本办法所称父母，是指生父母、继父母、养父母。本办法所称子女，是指婚生子女、非婚生子女、继子女、养子女。父母之外的其他人担任未成年人的监护人的，比照本办法规定执行。

第三十条　个人所得税专项附加扣除额一个纳税年度扣除不完的，不能结转以后年度扣除。

第三十一条　个人所得税专项附加扣除具体操作办法，由国务院税务主管部门另行制定。

第三十二条　本办法自2019年1月1日起施行。

第二部分　规范性文件

1 个体工商户个人所得税计税办法

2014年12月27日 国家税务总局令2014年第35号

【全文有效】

第一章 总 则

第一条 为了规范和加强个体工商户个人所得税征收管理,根据个人所得税法等有关税收法律、法规和政策规定,制定本办法。

第二条 实行查账征收的个体工商户应当按照本办法的规定,计算并申报缴纳个人所得税。

第三条 本办法所称个体工商户包括:

(一)依法取得个体工商户营业执照,从事生产经营的个体工商户;

(二)经政府有关部门批准,从事办学、医疗、咨询等有偿服务活动的个人;

(三)其他从事个体生产、经营的个人。

第四条 个体工商户以业主为个人所得税纳税义务人。

第五条 个体工商户应纳税所得额的计算,以权责发生制为原则,属于当期的收入和费用,不论款项是否收付,均作为当期的收入和费用;不属于当期的收入和费用,即使款项已经在当期收付,均不作为当期收入和费用。本办法和财政部、国家税务总局另有规定的除外。

第六条 在计算应纳税所得额时,个体工商户会计处理办法与本办法和财政部、国家税务总局相关规定不一致的,应当依照本办法和财政部、国家税务总局的相关规定计算。

第二章 计税基本规定

第七条 个体工商户的生产、经营所得,以每一纳税年度的收入总额,减除成本、费用、税金、损失、其他支出以及允许弥补的以前年度亏损后的余额,为应纳税所得额。

第八条 个体工商户从事生产经营以及与生产经营有关的活动(以下简称生

产经营）取得的货币形式和非货币形式的各项收入，为收入总额。包括：销售货物收入、提供劳务收入、转让财产收入、利息收入、租金收入、接受捐赠收入、其他收入。

前款所称其他收入包括个体工商户资产溢余收入、逾期一年以上的未退包装物押金收入、确实无法偿付的应付款项、已作坏账损失处理后又收回的应收款项、债务重组收入、补贴收入、违约金收入、汇兑收益等。

第九条　成本是指个体工商户在生产经营活动中发生的销售成本、销货成本、业务支出以及其他耗费。

第十条　费用是指个体工商户在生产经营活动中发生的销售费用、管理费用和财务费用，已经计入成本的有关费用除外。

第十一条　税金是指个体工商户在生产经营活动中发生的除个人所得税和允许抵扣的增值税以外的各项税金及其附加。

第十二条　损失是指个体工商户在生产经营活动中发生的固定资产和存货的盘亏、毁损、报废损失，转让财产损失，坏账损失，自然灾害等不可抗力因素造成的损失以及其他损失。

个体工商户发生的损失，减除责任人赔偿和保险赔款后的余额，参照财政部、国家税务总局有关企业资产损失税前扣除的规定扣除。

个体工商户已经作为损失处理的资产，在以后纳税年度又全部收回或者部分收回时，应当计入收回当期的收入。

第十三条　其他支出是指除成本、费用、税金、损失外，个体工商户在生产经营活动中发生的与生产经营活动有关的、合理的支出。

第十四条　个体工商户发生的支出应当区分收益性支出和资本性支出。收益性支出在发生当期直接扣除；资本性支出应当分期扣除或者计入有关资产成本，不得在发生当期直接扣除。

前款所称支出，是指与取得收入直接相关的支出。

除税收法律法规另有规定外，个体工商户实际发生的成本、费用、税金、损失和其他支出，不得重复扣除。

第十五条　个体工商户下列支出不得扣除：

（一）个人所得税税款；

（二）税收滞纳金；

（三）罚金、罚款和被没收财物的损失；

（四）不符合扣除规定的捐赠支出；

（五）赞助支出；

（六）用于个人和家庭的支出；

（七）与取得生产经营收入无关的其他支出；
（八）国家税务总局规定不准扣除的支出。

第十六条 个体工商户生产经营活动中，应当分别核算生产经营费用和个人、家庭费用。对于生产经营与个人、家庭生活混用难以分清的费用，其40%视为与生产经营有关费用，准予扣除。

第十七条 个体工商户纳税年度发生的亏损，准予向以后年度结转，用以后年度的生产经营所得弥补，但结转年限最长不得超过五年。

第十八条 个体工商户使用或者销售存货，按照规定计算的存货成本，准予在计算应纳税所得额时扣除。

第十九条 个体工商户转让资产，该项资产的净值，准予在计算应纳税所得额时扣除。

第二十条 本办法所称亏损，是指个体工商户依照本办法规定计算的应纳税所得额小于零的数额。

第三章 扣除项目及标准

第二十一条 个体工商户实际支付给从业人员的、合理的工资薪金支出，准予扣除。个体工商户业主的费用扣除标准，依照相关法律、法规和政策规定执行。

个体工商户业主的工资薪金支出不得税前扣除。

第二十二条 个体工商户按照国务院有关主管部门或者省级人民政府规定的范围和标准为其业主和从业人员缴纳的基本养老保险费、基本医疗保险费、失业保险费、生育保险费、工伤保险费和住房公积金，准予扣除。

个体工商户为从业人员缴纳的补充养老保险费、补充医疗保险费，分别在不超过从业人员工资总额5%标准内的部分据实扣除；超过部分，不得扣除。

个体工商户业主本人缴纳的补充养老保险费、补充医疗保险费，以当地（地级市）上年度社会平均工资的3倍为计算基数，分别在不超过该计算基数5%标准内的部分据实扣除；超过部分，不得扣除。

第二十三条 除个体工商户依照国家有关规定为特殊工种从业人员支付的人身安全保险费和财政部、国家税务总局规定可以扣除的其他商业保险费外，个体工商户业主本人或者为从业人员支付的商业保险费，不得扣除。

第二十四条 个体工商户在生产经营活动中发生的合理的不需要资本化的借款费用，准予扣除。

个体工商户为购置、建造固定资产、无形资产和经过12个月以上的建造才能达到预定可销售状态的存货发生借款的，在有关资产购置、建造期间发生的合理的借款费用，应当作为资本性支出计入有关资产的成本，并依照本办法的规定扣除。

第二十五条 个体工商户在生产经营活动中发生的下列利息支出，准予扣除：

（一）向金融企业借款的利息支出；

（二）向非金融企业和个人借款的利息支出，不超过按照金融企业同期同类贷款利率计算的数额的部分。

第二十六条 个体工商户在货币交易中，以及纳税年度终了时将人民币以外的货币性资产、负债按照期末即期人民币汇率中间价折算为人民币时产生的汇兑损失，除已经计入有关资产成本部分外，准予扣除。

第二十七条 个体工商户向当地工会组织拨缴的工会经费、实际发生的职工福利费支出、职工教育经费支出分别在工资薪金总额的2%、14%、2.5%的标准内据实扣除。

工资薪金总额是指允许在当期税前扣除的工资薪金支出数额。

职工教育经费的实际发生数额超出规定比例当期不能扣除的数额，准予在以后纳税年度结转扣除。

个体工商户业主本人向当地工会组织缴纳的工会经费、实际发生的职工福利费支出、职工教育经费支出，以当地（地级市）上年度社会平均工资的3倍为计算基数，在本条第一款规定比例内据实扣除。

第二十八条 个体工商户发生的与生产经营活动有关的业务招待费，按照实际发生额的60%扣除，但最高不得超过当年销售（营业）收入的5‰。

业主自申请营业执照之日起至开始生产经营之日止所发生的业务招待费，按照实际发生额的60%计入个体工商户的开办费。

第二十九条 个体工商户每一纳税年度发生的与其生产经营活动直接相关的广告费和业务宣传费不超过当年销售（营业）收入15%的部分，可以据实扣除；超过部分，准予在以后纳税年度结转扣除。

第三十条 个体工商户代其从业人员或者他人负担的税款，不得税前扣除。

第三十一条 个体工商户按照规定缴纳的摊位费、行政性收费、协会会费等，按实际发生数额扣除。

第三十二条 个体工商户根据生产经营活动的需要租入固定资产支付的租赁费，按照以下方法扣除：

（一）以经营租赁方式租入固定资产发生的租赁费支出，按照租赁期限均匀扣除；

（二）以融资租赁方式租入固定资产发生的租赁费支出，按照规定构成融资租入固定资产价值的部分应当提取折旧费用,分期扣除。

第三十三条 个体工商户参加财产保险,按照规定缴纳的保险费,准予扣除。

第三十四条 个体工商户发生的合理的劳动保护支出,准予扣除。

第三十五条 个体工商户自申请营业执照之日起至开始生产经营之日止所发生符合本办法规定的费用,除为取得固定资产、无形资产的支出,以及应计入资产价值的汇兑损益、利息支出外,作为开办费,个体工商户可以选择在开始生产经营的当年一次性扣除,也可自生产经营月份起在不短于3年期限内摊销扣除,但一经选定,不得改变。

开始生产经营之日为个体工商户取得第一笔销售(营业)收入的日期。

第三十六条 个体工商户通过公益性社会团体或者县级以上人民政府及其部门,用于《中华人民共和国公益事业捐赠法》规定的公益事业的捐赠,捐赠额不超过其应纳税所得额30%的部分可以据实扣除。

财政部、国家税务总局规定可以全额在税前扣除的捐赠支出项目,按有关规定执行。

个体工商户直接对受益人的捐赠不得扣除。

公益性社会团体的认定,按照财政部、国家税务总局、民政部有关规定执行。

第三十七条 本办法所称赞助支出,是指个体工商户发生的与生产经营活动无关的各种非广告性质支出。

第三十八条 个体工商户研究开发新产品、新技术、新工艺所发生的开发费用,以及研究开发新产品、新技术而购置单台价值在10万元以下的测试仪器和试验性装置的购置费准予直接扣除;单台价值在10万元以上(含10万元)的测试仪器和试验性装置,按固定资产管理,不得在当期直接扣除。

第四章 附 则

第三十九条 个体工商户资产的税务处理,参照企业所得税相关法律、法规和政策规定执行。

第四十条 个体工商户有两处或两处以上经营机构的,选择并固定向其中一处经营机构所在地主管税务机关申报缴纳个人所得税。

第四十一条 个体工商户终止生产经营的,应当在注销工商登记或者向政府有关部门办理注销前向主管税务机关结清有关纳税事宜。

第四十二条 各省、自治区、直辖市和计划单列市税务局可以结合本地实际,制定具体实施办法。

第四十三条 本办法自 2015 年 1 月 1 日起施行。国家税务总局 1997 年 3 月 26 日发布的《国家税务总局关于印发〈个体工商户个人所得税计税办法（试行）〉的通知》（国税发〔1997〕43 号）同时废止。

2 财政部关于外国来华工作人员缴纳个人所得税问题的通知

1980年11月24日　财税字〔1980〕189号

【全文有效】

各省、市、自治区财政厅（局）：

《中华人民共和国个人所得税法》公布施行之后，有关单位对外国来华工作人员如何缴纳个人所得税，反映一些问题，经研究暂作如下规定：

（一）援助国派往我国专为该国无偿援助我国的建设项目服务的工作人员，取得的工资、生活津贴，不论是我方支付或外国支付，均可免征个人所得税。

（二）外国来华文教专家，在我国服务期间，由我方发工资、薪金，并对其住房、使用汽车、医疗实行免费"三包"，可只就工资、薪金所得按照税法规定征收个人所得税；对我方免费提供的住房、使用汽车、医疗，可免予计算纳税。

（三）外国来华工作人员，在我国服务而取得的工资、薪金，不论是我方支付、外国支付、我方和外国共同支付，均属于来源于中国的所得，除本通知第（一）项规定给予免税优惠外，其他均应按规定征收个人所得税。但对在中国境内连续居住不超过90天的，可只就我方支付的工资、薪金部分计算纳税，对外国支付的工资、薪金部分免予征税。

（四）外国来华留学生，领取的生活津贴费、奖学金，不属于工资、薪金范畴，不征个人所得税。

（五）外国来华工作人员，由外国派出单位发给包干款项，其中包括个人工资、公用经费（邮电费、办公费、广告费、业务上往来必要的交际费）、生活津贴费（住房费、差旅费），凡对上述所得能够划分清楚的，可只就工资薪金所得部分按照规定征收个人所得税。

以上通知，希研究执行。

3 财政部 国家税务总局关于征收个人所得税几个问题的批复

1980年11月24日 财税外字〔1980〕48号

【全文有效】

北京市税务局：

现将你局反映征收个人所得税的几个问题答复如下：

一、外国来华的文教专家，一人在我国几个单位取得所得，属于工资、薪金同一项目的，应合并计算，征收个人所得税；不属于同一项目的，应分别计算征税。

二、外国来华的经济专家，在我国服务期间，由我方对其住房、使用汽车、医疗实行免费三包的，可按财税字〔1980〕189号文第二项的规定办理，即只就工资、薪金所得按照税法规定征收个人所得税。

三、外国驻华通讯社记者的工资、薪金收入，应当依照我国个人所得税法的规定征税。如其要求免税，应在对等原则的基础上，即对方国家明确规定免征我通讯社记者个人所得税的，我方也免征其驻华通讯社记者的个人所得税。但必须通过外交途径办理。

四、美国大使馆三秘在美国大同太平洋贸易公司驻京办事处兼职取得的工资、薪金收入，应按个人所得税法的规定征收个人所得税。

4 财政部关于华侨从海外汇入赡养家属的侨汇等免征个人所得税问题的通知

1980年10月28日 财税外字〔1980〕196号

【全文有效】

各省、市、自治区财政厅（局）：

中国银行总行反映，华侨从海外汇入赡养家属的侨汇等是否征收个人所得税。经研究明确如下：

一、华侨从海外汇入我国境内赡养其家属的侨汇，免征个人所得税；

二、继承国外遗产从海外调入的外汇，免征个人所得税；

三、取回解冻在美资金汇入的外汇，免征个人所得税。

希转所属知照！

5 财政部 税务总局关于对外国承包商派雇员来中国从事承包作业的工资、薪金收入征收个人所得税问题的通知

1984年1月18日 财税外字〔1984〕14号

【全文有效】

各省、市、自治区税务局，重庆市税务局：

据各地反映，外国公司在中国承包工程作业，派雇员来华为其承包的作业进行工作，对其雇员的工资、薪金征收个人所得税，是否按照居住时间满90天征免税的规定执行？

经研究，外国公司在中国承包工程作业，其作业场所应视为在中国设有营业机构。对其雇员的工资、薪金所得，属于从中国境内取得的报酬，应当根据个人所得税法征收个人所得税，不适用居住时间是否90天的征免税规定。

6 财政部 税务总局关于来自同我国签订税收协定国家的教师和研究人员征免个人所得税问题的通知

1986年12月26日　财税协字〔1986〕30号

【全文有效】

对外国文教专家、外籍工作人员调整工资标准后应按规定征收个人所得税的有关问题，总局已于1986年10月23日以财税外字〔1986〕275号文通知你局。在该通知中明确"对来自同我国政府签有避免双重征税协定国家的教师和研究人员，应按协定有关条款执行"。考虑到在我国政府对外已签订的避免双重征税协定（以下简称"税收协定"）中，有关对教师和研究人员征免税的问题，由于双方的意向和基于各自国内法律等原因，除了同个别国家在税收协定中没有列支教师和研究人员的免税条款外，在列有对教师和研究人员免税条款的协定中，所限定的免税条件也不完全相同。有的限定从其第一次到达之日起停留时间不超过3年（有的为2年）的，对其报酬免予征税；有的规定从其到达之日起停留时间累计不超过3年的，对其报酬免予征税；也有的规定，应自其抵达之日起，3年内免税或对其在第一个3年里从事教学、讲学或研究取得的报酬免予征税。为便于执行，现就有关征免日期的具体计算等问题，明确如下：

一、对来自同我国已签订税收协定的国家，并在该协定开始执行前已经在华的外国教师和研究人员，对其停留不超过3年（有的为2年）的日期，应自该协定开始执行之日起计算；如果是在该协定执行后来华的，对其停留不超过3年的日期，应自其第一次到达之日起计算。

二、凡在已签订并开始执行的税收协定中规定，对来自对方国家的教师和研究人员，从其第一次到达之日起停留时间不超过3年或累计不超过3年，对其由于教学、讲学或研究取得的报酬免予征税的，该项免税应仅限于在华从事教学、讲学或研究不超过3年的，对在华从事上述活动为期超过3年的，即不应享受税收协定所规定的免税待遇。其中所说停留日期累计不超过3年，是指多次应聘来华或一次应聘分期来华，对其多次应聘来华之间或分期来华之间的离华日期，可予扣除。

三、在已签订并开始执行的税收协定中规定，对来自对方国家的教师和研究人员，由于教学、讲学或研究取得的报酬，自其抵达之日起3年内免税或第一个3年里免税的，对其从事上述活动为期超过3年的，应从第四年起征税。

四、对于按照已签订并开始执行的税收协定的规定，停留期超过3年（包括规定为2年的，下同）或累计超过3年，不能享受税收协定所规定的免税待遇的外国教师和研究人员，如果在有关协议或合同中约定或者事先能够预定其在华停留期超过3年，应自其到达之日的月份起，按照我国税法所规定日期申报纳税，如果其在华从事教学、讲学或研究实际没有超过3年，可准许退还其已缴纳的税款；对事先不能预定是否超过3年的，可以待其预计要超过3年或实际超过3年时，再由其申报纳税。

五、对在华的外国教师和研究人员，凡是属于在1986年9月1日以前，来自同我国已签订税收协定并开始执行的国家，如果按照本通知第一条所明确的开始日期进行计算，其停留期超过3年，不能享受税收协定所规定的免税待遇的，对其取得的报酬等项所得进行征税，应自1986年9月1日起执行。

7 财政部 税务总局关于过去来华人员现在离华对其奖金征税处理问题的通知

1988年1月23日 财税协字〔1988〕5号

【全文有效】

省、自治区、直辖市税务局,各计划单列市税务局,加发南京、成都市税务局,海洋石油税务局各分局:

对于对来自同我国签订避免双重征税协定国家的居民个人取得的奖金征税问题,总局曾于1986年7月1日以财税外字〔1986〕157号和1986年11月27日以财税协字〔1986〕029行文明确,应对其在我国期间受雇取得的工资薪金和其他类似报酬进行征税,对其来华后收到属于在到我国之前因受雇得到的奖金,不应因其收到该项奖金时,该人停留在我国而视为来源于我国的所得进行征税。近据反映,在上述规定之前,有些过去来华常驻人员一次取得几个月的奖金,已按照财政部〔81〕财税字第185号通知规定,于收到的月份缴纳了个人所得税,现在离任回国是否还要对其在华期间应得奖金补缴个人所得税。经研究,对过去来华的外籍人员取得的奖金,已按照财政部〔81〕财税字第185号通知规定,于收到的月份缴纳了个人所得税的,现在离华,对其在华期间应得的奖金仍可按原规定执行。

8 国家税务局关于外籍人员×××先生的工资、薪金含有假设房租,如何计征个人所得税问题的函

1989年3月11日　国税外字〔1989〕52号

【全文有效】

北京市税务局:

永道会计财务咨询公司北京代表处来函,反映其客户美国×××公司北京代表处常驻代表×××先生的工资、薪金中含有假设房租,应如何计征个人所得税的问题,经研究现明确如下:

假设房租是指一些外国公司在向其他国家派驻工作人员时,考虑到不增加派驻人员的个人房租负担,由公司支付其所在派驻国的住房费用。但公司在支付该派驻人员工资时,为不使其因不需支付房租而获得利益,扣除掉该派驻人员在其本国按照一般住房水平应由个人负担的住房费用。根据我国个人所得税税法及有关规定,外国公司为其驻华工作人员支付的住房费用如能提供有关证明文件,可不并入个人所得征收所得税。因此,假设房租作为个人应负担的住房费用,应作为个人所得一并征收所得税,而不宜再作扣除。请你局按上述原则,根据×××先生的实际情况进行处理,并将有关结果转告永道会计财务咨询公司北京代表处。

9 国家税务局关于外商人员来华提供劳务应如何依照税收协定所确定的原则进行征税问题的批复

1989年4月1日　国税外字〔1989〕91号

【全文有效】

河南省税务局：

豫税外〔1989〕18号来文收悉。

关于外商来华承包工程作业或提供劳务，在其持续日期已构成设有常设机构的情况下，对其来华从事劳务人员取得的工资、薪金应如何按照税收协定的有关规定征税问题，在1987年12月召开的全国涉外税收工作会议上曾进行了研究，并在会议总结中明确"如果其承包工程或作业劳务持续日期超过6个月，已构成在我国设有常设机构，其人员工资、薪金是常设机构计算其应纳税所得额的扣除项目，应认为其来华人员的工资、薪金是由常设机构负担的，依照税收协定所规定的应同时具备的三项条件，应认为其不具备第三个条件，不应享受停留期不超过183天的免税待遇"。这样解释的依据，是税收协定第七条有关营业利润的归属原则和合理计算原则的规定。特别是在税收协定中一般都明文规定，在确定常设机构的利润时，应允许扣除其进行营业发生的各项费用，包括行政和一般管理费用，不论其发生于该常设机构所在国或者其他任何地方。通过人员提供劳务取得的营业利润，应归属于常设机构，而该人员由于从事上述劳务而取得的工资、薪金，也自然应列为常设机构的营利支出，而不论其人员工资、薪金是在何处支付，这也是通常所应依循的会计原则。即便是采取核定利率计算应纳税所得额，也同样是在考虑到合理扣除人员费用的基础上确定的。对联邦德国××××公司来华从事设备安装调试人员征收个人所得税问题，你局可以依照上述解释向其作出说明。

10 财政部 国家税务总局关于个人所得税若干政策问题的通知

1994年5月31日 财税字〔1994〕20号

【全文有效】

各省、自治区、直辖市财政厅（局）、税务局，各计划单列市财政局、税务局，海洋石油税务管理局各分局：

根据《中华人民共和国个人所得税法》及其实施条例的有关规定精神，现将个人所得税的若干政策问题通知如下：

一、关于对个体工商户的征税问题

（一）个体工商户业主的费用扣除标准和从业人员的工资扣除标准，由各省、自治区、直辖市税务局确定。个体工商户在生产、经营期间借款的利息支出，凡有合法证明的，不高于按金融机构同类、同期贷款利率计算的数额的部分，准予扣除。

（二）个体工商户或个人专营种植业、养殖业、饲养业、捕捞业，其经营项目属于农业税（包括农业特产税，下同）、牧业税征税范围并已征收了农业税、牧业税的，不再征收个人所得税；不属于农业税、牧业税征税范围的，应对其所得征收个人所得税。兼营上述四业并四业的所得单独核算的，比照上述原则办理，对于属于征收个人所得税的，应与其他行业的生产、经营所得合并计征个人所得税；对于四业的所得不能单独核算的，应就其全部所得计征个人所得税。

（三）个体工商户与企业联营而分得的利润，按利息、股息、红利所得项目征收个人所得税。

（四）个体工商户和从事生产、经营的个人，取得与生产、经营活动无关的各项应税所得，应按规定分别计算征收个人所得税。

二、下列所得，暂免征收个人所得税

（一）外籍个人以非现金形式或实报实销形式取得的住房补贴、伙食补贴、搬迁费、洗衣费。

（二）外籍个人按合理标准取得的境内、外出差补贴。

（三）外籍个人取得的探亲费、语言训练费、子女教育费等，经当地税务机关审核批准为合理的部分。

（四）个人举报、协查各种违法、犯罪行为而获得的奖金。

（五）个人办理代扣代缴税款手续，按规定取得的扣缴手续费。

（六）个人转让自用达五年以上，并且是唯一的家庭生活用房取得的所得。

（七）对按国发〔1983〕141号《国务院关于高级专家离休退休若干问题的暂行规定》和国办发〔1991〕40号《国务院办公厅关于杰出高级专家暂缓离退休审批问题的通知》精神，达到离休、退休年龄，但确因工作需要，适当延长离休退休年龄的高级专家（指享受国家发放的政府特殊津贴的专家、学者），其在延长离休退休期间的工资、薪金所得，视同退休工资、离休工资免征个人所得税。

（八）外籍个人从外商投资企业取得的股息、红利所得。

（九）凡符合下列条件之一的外籍专家取得的工资、薪金所得可免征个人所得税：

1. 根据世界银行专项贷款协议由世界银行直接派往我国工作的外国专家；

2. 联合国组织直接派往我国工作的专家；

3. 为联合国援助项目来华工作的专家；

4. 援助国派往我国专为该国无偿援助项目工作的专家；

5. 根据两国政府签订文化交流项目来华工作两年以内的文教专家，其工资、薪金所得由该国负担的；

6. 根据我国大专院校国际交流项目来华工作两年以内的文教专家，其工资、薪金所得由该国负担的；

7. 通过民间科研协定来华工作的专家，其工资、薪金所得由该国政府机构负担的。

三、关于中介费扣除问题

对个人从事技术转让、提供劳务等过程中所支付的中介费，如能提供有效、合法凭证的，允许从其所得中扣除。

四、对个人从基层供销社、农村信用社取得的利息或股息、红利收入是否征收个人所得税，由各省、自治区、直辖市税务局报请政府确定，报财政部、国家税务总局备案

11 财政部 国家税务总局关于西藏自治区贯彻施行《中华人民共和国个人所得税法》有关问题的批复

1994年4月15日 财税字〔1994〕21号

【全文有效】

西藏自治区人民政府：

《关于贯彻施行〈中华人民共和国个人所得税法〉有关问题的请示》收悉，经研究，批复如下：

为了照顾西藏的实际情况，保持国家对西藏的特别优惠政策，对个人从西藏自治区内取得的下列所得，免征个人所得税：

一、20世纪末之前，农牧民在农牧区从事生产、经营活动的所得。

二、艰苦边远地区津贴。

三、经国家批准或者同意，由自治区人民政府或者有关部门发给在藏长期工作的人员和大中专毕业生的浮动工资，增发的工龄工资，离退休人员的安家费和建房补贴费。

12　国家税务总局关于境外所得征收个人所得税若干问题的通知

1994年3月8日　国税发〔1994〕44号

【全文有效】

各省、自治区、直辖市税务局，各计划单列市税务局，海洋石油税务管理局各分局：

为维护国家税收权益，根据《中华人民共和国个人所得税法》及其实施条例的有关规定，现对境外所得征收个人所得税若干问题通知如下：

一、关于纳税申报期限问题

纳税人来源于中国境外的应税所得，在境外以纳税年度计算缴纳个人所得税的，应在所得来源国的纳税年度终了、结清税款后的30日内，向中国税务机关申报缴纳个人所得税；在取得境外所得时结算税款的，或者在境外按来源国税法规定免予缴纳个人所得税的，应在次年1月1日起30日内向中国税务机关申报缴纳个人所得税。纳税人兼有来源于中国境内、境外所得的，应分别申报计算纳税。

二、关于境外代扣代缴税款问题

纳税人任职或受雇于中国的公司、企业和其他经济组织或单位派驻境外的机构的，可由境外该任职、受雇机构集中申报纳税，并代扣代缴税款。

三、关于纳税申报方式问题

纳税人在规定的申报期限内不能到主管税务机关申报纳税的，应委托他人申报纳税或者邮寄申报纳税。邮寄申报纳税的，以寄出地的邮戳日期为实际申报日期。

四、境外所得税款抵扣举例

某纳税人1994年1月至12月在A国取得工薪收入60000元（人民币，下同），特许权使用费收入7000元；同时，又在B国取得利息收入1000元。该纳税人已分别按A国和B国税法规定，缴纳了个人所得税1150元和250元。其抵扣计算方法如下：

（一）在A国所得缴纳税款的抵扣

1. 工资、薪金所得按我国税法规定计算的应纳税额：

｛（60000÷12－4000）×税率－速算扣除数｝×12（月份数）＝（1000×10%－25）×12＝900（元）

2. 特许权使用费所得按我国税法规定计算的应纳税额：

7000×（1－20%）×20%（税率）＝1120（元）

3. 抵扣限额：

900＋1120＝2020（元）

4. 该纳税人在A国所得缴纳个人所得税1150元，低于抵扣限额，因此，可全额抵扣，并需在中国补缴税款870元（2020－1150）。

（二）在B国所得缴纳税款的抵扣

其在B国取得的利息所得按我国税法规定计算的应纳税额，即抵扣限额：1000×20%（税率）＝200（元）。

该纳税人在B国实际缴纳的税款超出了抵扣限额，因此，只能在限额内抵扣200元，不用补缴税款。

（三）在A、B两国所得缴纳税款抵扣结果

根据上述计算结果，该纳税人当年度的境外所得应在中国补缴个人所得税870元，B国缴纳税款未抵扣完的50元，可在以后5年内该纳税人从B国取得的所得中的征税抵扣限额有余额时补扣。

五、本通知自1994年1月1日起施行

13　国家税务总局关于印发《征收个人所得税若干问题的规定》的通知

1994年3月31日　国税发〔1994〕89号

【条款失效】

【注释】

1. 依据《国家税务总局关于贯彻执行修改后的个人所得税法有关问题的公告》(国家税务总局2011年第46号公告),本法规所附"税率表一"和"税率表二"自2011年9月1日起停止执行。

2. 依据《国家税务总局关于公布全文废止和部分条款废止的税务部门规章目录的决定》(国家税务总局令第40号),废止第十二条所附税率表一、税率表二,第十三条,第十五条,自2016年5月29日起停止执行。

征收个人所得税若干问题的规定

为了更好地贯彻执行〈中华人民共和国个人所得税法〉(以下简称税法)及其实施条例(以下简称条例),认真做好个人所得税的征收管理,根据税法及条例的规定精神,现将一些具体问题明确如下:

一、关于如何掌握"习惯性居住"的问题

条例第二条规定,在中国境内有住所的个人,是指因户籍、家庭、经济利益关系而在中国境内习惯性居住的个人。所谓习惯性居住,是判定纳税义务人是居民或非居民的一个法律意义上的标准,不是指实际居住或在某一个特定时期内的居住地。如因学习、工作、探亲、旅游等而在中国境外居住的,在其原因消除之后,必须回到中国境内居住的个人,则中国即为该纳税人习惯性居住地。

二、关于工资、薪金所得的征税问题

条例第八条第一款第一项对工资、薪金所得的具体内容和征税范围作了明确规定，应严格按照规定进行征税。对于补贴、津贴等一些具体收入项目应否计入工资、薪金所得的征税范围问题，按下述情况掌握执行：

（一）条例第十三条规定，对按照国务院规定发给的政府特殊津贴和国务院规定免纳个人所得税的补贴、津贴，免予征收个人所得税。其他各种补贴，津贴均应计入工资、薪金所得项目征税。

（二）下列不属于工资、薪金性质的补贴、津贴或者不属于纳税人本人工资、薪金所得项目的收入，不征税：

1. 独生子女补贴；
2. 执行公务员工资制度未纳入基本工资总额的补贴，津贴差额和家属成员的副食品补贴；
3. 托儿补助费；
4. 差旅费津贴，误餐补助。

三、关于在外商投资企业，外国企业和外国驻华机构工作的中方人员取得的工资、薪金所得的征税的问题

（一）在外商投资企业，外国企业和外国驻华机构工作的中方人员取得的工资，薪金收入，凡是由雇佣单位和派遣单位分别支付的，支付单位应依照税法第八条的规定代扣代缴个人所得税。按照税法第六条第一款第一项的规定，纳税义务人应以每月全部工资，薪金收入减除规定费用后的余额为应纳税所得额。为了有利于征管，对雇佣单位和派遣单位分别支付工资、薪金的，采取由支付者中的一方减除费用的方法，即只由雇佣单位在支付工资、薪金时，按税法规定减除费用，计算扣缴个人所得税；派遣单位支付的工资、薪金不再减除费用，以支付全额直接确定适用税率，计算扣缴个人所得税。

上述纳税义务人，应持两处支付单位提供的原始明细工资、薪金单（书）和完税凭证原件，选择并固定到一地税务机关申报每月工资、薪金收入，汇算清缴其工资，薪金收入的个人所得税，多退少补。具体申报期限，由各省、自治区、直辖市税务局确定。

（二）对外商投资企业，外国企业和外国驻华机构发放给中方工作人员的工资、薪金所得，应全额征税。但对可以提供有效合同或有关凭证，能够证明其工资、薪金所得的一部分按照有关规定上交派遣（介绍）单位的，可扣除其实际上交的部分，按其余额计征个人所得税。

四、关于稿酬所得的征税问题

（一）个人每次以图书，报刊方式出版，发表同一作品（文字作品、书画作品、摄影作品以及其他作品），不论出版单位是预付还是分笔支付稿酬，或者加印该作品后再付稿酬，均应合并其稿酬所得按一次计征个人所得税。在两处或两处以上出版、发表或再版同一作品而取得稿酬所得，则可分别各处取得的所得或再版所得按分次所得计征个人所得税。

（二）个人的同一作品在报刊上连载，应合并其因连载而取得的所有稿酬所得为一次，按税法规定计征个人所得税。在其连载之后又出书取得稿酬所得，或先出书后连载取得稿酬所得，应视同再版稿酬分次计征个人所得税。

（三）作者去世后，对取得其遗作稿酬的个人，按稿酬所得征收个人所得税。

五、关于拍卖文稿所得的征税问题

作者将自己的文字作品手稿原件或复印件公开拍卖（竞价）取得的所得，应按特许权使用费所得项目征收个人所得税。

六、关于财产租赁所得的征税问题

（一）纳税义务人在出租财产过程中缴纳的税金和国家能源交通重点建设基金、国家预算调节基金、教育费附加，可持完税（缴款）凭证，从其财产租赁收入中扣除。

（二）纳税义务人出租财产取得财产租赁收入，在计算征税时，除可依法减除规定费用和有关税、费外，还准予扣除能够提供有效、准确凭证，证明由纳税义务人负担的该出租财产实际开支的修缮费用。允许扣除的修缮费用，以每次800元为限，一次扣除不完的，准予在下一次继续扣除，直至扣完为止。

（三）确认财产租赁所得的纳税义务人，应以产权凭证为依据。无产权凭证的，由主管税务机关根据实际情况确定纳税义务人。

（四）产权所有人死亡，在未办理产权继承手续期间，该财产出租而有租金收入的，以领取租金的个人为纳税义务人。

七、关于如何确定转让债权财产原值的问题

转让债权，采用加权平均法确定其应予减除的财产原值和合理费用。即以纳税人购进的同一种类债券买入价和买进过程中缴纳的税费总和，除以纳税人购进的该种类债券数量之和，乘以纳税人卖出的该种类债券数量，再加上卖出的该种类债券过程中缴纳的税费。用公式表示为：

一次卖出某一种类债券允许扣除的买入价和费用＝纳税人购进的该种类债券买入价和买进过程中交纳的税费总和/纳税人购进的该种类债券总数量×一次卖出的该种类债券的数量＋卖出该种类债券过程中缴纳的税费

八、关于董事费的征税问题

个人由于担任董事职务所取得的董事费收入,属于劳务报酬所得性质,按照劳务报酬所得项目征收个人所得税。

九、关于个人取得不同项目劳务报酬所得的征税问题

条例第二十一条第一款第一项中所述的同一项目,是指劳务报酬所得列举具体劳务项目中的某一单项,个人兼有不同的劳务报酬所得,应当分别减除费用,计算缴纳个人所得税。

十、关于外籍纳税人在中国几地工作如何确定纳税地点的问题

(一)在几地工作或提供劳务的临时来华人员,应以税法所规定的申报纳税的日期为准,在某一地达到申报纳税的日期,即在该地申报纳税。但准予其提出申请,经批准后,也可固定在一地申报纳税。

(二)凡由在华企业或办事机构发放工资、薪金的外籍纳税人,由在华企业或办事机构集中向当地税务机关申报纳税。

十一、关于派发红股的征税问题

股份制企业在分配股息、红利时,以股票形式向股东个人支付应得的股息、红利(即派发红股),应以派发红股的股票票面金额为收入额,按利息、股息、红利项目计征个人所得税。

十二、关于运用速算扣除数法计算应纳税额的问题

为简便计算应纳个人所得税额,可对适用超额累进税率的工资、薪金所得,个体工商户的生产、经营所得,对企事业单位的承包经营、承租经营所得,以及适用加成征收税率的劳务报酬所得,运用速算扣除数法计算其应纳税额。应纳税额的计算公式为:

应纳税额=应纳税所得额×适用税率-速算扣除数

适用超额累进税率的应税所得计算应纳税额的速算扣除数,详见附表一、附表二和附表三。

十三、关于纳税人一次取得属于数月的奖金或年终加薪、劳动分红的征税问题

纳税人一次取得属于数月的奖金或年终加薪、劳动分红,一般应将全部奖金或年终加薪、劳动分红同当月份的工资、薪金合并计征个人所得税。但对于合并计算后提高适用税率的，可采取以月份所属奖金或年终加薪、劳动分红加当月份工资、薪金，减去当月份费用扣除标准后的余额为基数确定适用税率，然后，将当月份工资、薪金，加上全部奖金或年终加薪、劳动分红，减去当月份费用扣除标准后的余额，按适用税率计算征收个人所得税。对按上述方法计算无应纳税所得额的，免予征税。

十四、关于单位或个人为纳税义务人负担税款的计征办法问题

单位或个人为纳税义务人负担个人所得税税款，应将纳税义务人取得的不含税收入换算为应纳税所得额，计算征收个人所得税。计算公式如下：

（一）应纳税所得额 =（不含税收入额 − 费用扣除标准 − 速算扣除数）/（1 − 税率）

（二）应纳税额 = 应纳税所得额 × 适用税率 − 速算扣除数

公式（一）中的税率，是指不含税所得按不含税级距（详见所附税率表一、税率表二和税率表三）对应的税率；公式（二）中的税率，是指应纳税所得额按含税级距对应的税率。

十五、关于纳税人所得为外国货币如何办理退税和补税的问题

（一）纳税人所得为外国货币并已按照中国人民银行公布的外汇牌价以外国货币兑换成人民币缴纳税款后，如发生多缴税款需要办理退税，凡属于1993年12月31日以前取得应税所得的，可以将应退的人民币税款，按照缴纳税款时的外汇牌价（买入价，以下同）折合成外国货币，再将该外国货币数额按照填开退税凭证当日的外汇牌价折合成人民币退还税款；凡属于1994年1月1日以后取得应税所得的，应直接退还多缴的人民币税款。

（二）纳税人所得为外国货币的，发生少缴税款需要办理补税时，除依照税法规定汇算清缴以外的，应当按照填开补税凭证前一月最后一日的外汇牌价折合成人民币计算应纳税所得额补缴税款。

十六、关于在境内、境外分别取得工资、薪金所得，如何计征税款的问题

纳税义务人在境内、境外同时取得工资、薪金所得的，应根据条例第五条规定的原则，判断其境内、境外取得的所得是否来源于一国的所得。纳税义务人能够提供在境内、境外同时任职或者受雇及其工资、薪金标准的有效证明文件，可判定其所得是来源于境内和境外所得，应按税法和条例的规定分别减除费用并计算纳税；不能提供上述证明文件的，应视为来源于一国的所得，如其任职或者受雇单位在中国境内，应为来源于中国境内的所得，如其任职或受雇单位在中国境外，应为来源于中国境外的所得。

十七、关于承包、承租期不足一年如何计征税款的问题

实行承包、承租经营的纳税义务人，应以每一纳税年度取得的承包、承租经营所得计算纳税，在一个纳税年度内，承包、承租经营不足 12 个月的，以其实际承包、承租经营的月份数为一个纳税年度计算纳税。计算公式为：

应纳税所得额＝该年度承包、承租经营收入额－（800×该年度实际承包、承租经营月份数）

应纳税额＝应纳税所得额×适用税率－速算扣除数

十八、关于利息、股息、红利的扣缴义务人问题

利息、股息、红利所得实行源泉扣缴的征收方式，其扣缴义务人应是直接向纳税义务人支付利息、股息、红利的单位。

十九、关于工资、薪金所得与劳务报酬所得的区分问题

工资、薪金所得是属于非独立个人劳务活动，即在机关、团体、学校、部队、企事业单位及其他组织中任职、受雇而得到的报酬；劳务报酬所得则是个人独立从事各种技艺，提供各项劳务取得的报酬。两者的主要区别在于前者存在雇佣与被雇佣关系，后者则不存在这种关系。

二十、以前规定与本规定抵触的，按本规定执行

14 国家税务总局关于境外团体或个人在我国从事文艺及体育演出有关税收问题的通知

1994年4月21日　国税发〔1994〕106号

【条款失效】

【注释】条款失效，第一条第二款、第三款，第三条第二款，第四条失效。参见《国家税务总局关于公布全文失效废止、部分条款失效废止的税收规范性文件目录的公告》（国家税务总局公告2011年第2号）。

各省、自治区、直辖市、计划单列市税务局、文化厅（局）、体委：

1993年9月20日我局与文化部、国家体委联合下发了国税发〔1993〕89号《关于来我国从事文艺演出及体育表演收入应严格依照税法规定征税的通知》，现对外国及港澳台地区团体或个人在我国（大陆）从事文艺演出和体育表演所取得的收入征税的具体政策业务问题，明确如下：

一、外国或港澳台地区演员、运动员以团体名义在我国（大陆）从事文艺、体育演出，对该演出团体及其演员或运动员个人取得的收入，应按照以下规定征税：

（一）对演出团体应依照《中华人民共和国营业税暂行条例》（以下简称营业税暂行条例）的有关规定，以其全部票价收入或者包场收入减去付给提供演出场所的单位、演出公司或经纪人的费用后的余额为营业额，按3%的税率征收营业税。

（二）演出团体凡能够提供完整、准确费用支出凭证的，依照《中华人民共和国外商投资企业和外国企业所得税法》（以下简称企业所得税法）的有关规定，应对演出团体的收入总额减除实际支出的费用后的余额，按30%的税率征收企业所得税，并按3%的税率征收地方所得税；对演出团体实际支付给演员或运动员个人的报酬部分，依照《中华人民共和国个人所得税法》（以下简称个人所得税法）的有关规定征收个人所得税。

（三）演出团体不能提供完整、准确的费用支出凭证，不能正确计算应纳税所得额的，在计算征收企业所得税时，根据企业所得税法实施细则第十六条规定的原则，应以其收入总额减除支付给演员、运动员个人的报酬部分和相当于收入总额30%的其他演出费用后的余额，依照企业所得税法规定的税率征收企业所得税和地方所得税；对上述支付给演员、运动员个人的报酬部分，依照个人所得税法的规定，由演出团体支付报酬时代扣代缴个人所得税。对没有申报支付给演员、运动员个人报酬额的或未履行代扣代缴义务的，应以其收入总额减除上述相当于收入总额30%的其他演出费用的余额视为该演出团体的应纳税所得额，依照企业所得税法计算征收企业所得税和地方所得税。对演员或运动员个人不再征收个人所得税。

（四）对本条第（二）、第（三）款中所述演出团体支付给演员、运动员个人的报酬，凡是演员、运动员属于临时聘请，不是该演出团体雇员的，应依照个人所得税法的规定，按劳务报酬所得，减除规定费用后，征收个人所得税；凡是演员、运动员属该演出团体雇员的，应依照个人所得税法的规定，按工资、薪金所得，减除规定费用后，征收个人所得税。

二、对外国或港澳台地区演员、运动员以个人名义在我国（大陆）从事演出、表演所取得的收入，应以其全部票价收入或者包场收入减去支付给提供演出场所的单位、演出公司或者经纪人的费用后的余额为营业额，依3%的税率征收营业税；依照个人所得税法的有关规定，按劳务报酬所得征收个人所得税。

三、对演出团体或个人应向演出所在地主管税务机关申报缴纳应纳税款的，具体可区别以下情况处理：

（一）演出团体及个人应缴纳的营业税，应以其在一地的演出收入，依照营业税暂行条例的有关规定，向演出所在地主管税务机关申报缴纳。

（二）演出团体应缴纳的企业所得税和地方所得税，应以其在一地的演出收入，依照企业所得税法及其实施细则和本通知的有关规定，计算应纳税所得额及税款，并向演出所在地主管税务机关申报缴纳。按本通知第一条第二款所述依实际费用支出计算纳税的演出团体，在全部演出活动结束后，可在与其签订演出合同的中方接待单位所在地主管税务机关，办理企业所得税结算手续。

（三）演员、运动员个人应缴纳的个人所得税，应以其在一地演出所得报酬，依照个人所得税法的有关规定，在演出所在地主管税务机关申报缴纳。属于劳务报酬所得的，在一地演出多场的，以在一地多场演出取得的总收入为一次收入，计算征收个人所得税。

（四）主管税务机关可以指定各承包外国、港澳台地区演出、表演活动的演出场、馆、院或中方接待单位，在其向演出团体、个人结算收入中代扣代缴该演出团体或个人的各项应纳税款。凡演出团体或个人未在演出所在地结清各项应纳税款的，其中方接待单位应在对外支付演出收入时代扣代缴该演出团体或个人所欠应纳税款。对于未按本通知有关规定代扣代缴应纳税款的单位，应严格依照《中华人民共和国税收征收管理法》的规定予以处理。

四、各中方接待单位在对外签订演出或表演合同后的 7 日内，应将合同、资料报送各有关演出、表演活动所在地主管税务机关，对于逾期不提供合同资料的，可依照企业所得税法及有关法规予以处理。

15 国家税务总局关于社会福利有奖募捐发行收入税收问题的通知

1994年5月23日 国税发〔1994〕127号

【条款失效】

【注释】部分条款废止。废止营业税、企业所得税、固定资产投资方向调节税内容。参见《国家税务总局关于公布全文失效废止和部分条款废止的税收规范性文件目录的公告》（国家税务总局公告2016年第34号）。

各省、自治区、直辖市税务局，深圳、厦门、大连、青岛、宁波、重庆市税务局：

接民政部来函，要求对社会福利有奖募捐取得收入继续给予免税照顾。新税制实施后，对社会福利有奖募捐发行收入的税收问题，明确如下：

一、营业税根据新的营业税条例法规，对社会福利有奖募捐的发行收入不征营业税，对代销单位取得的手续费收入应按法规征收营业税。

二、所得税考虑到政策的连续性，对社会福利有奖募捐的发行收入在"八五"期间免征企业所得税。

对个人购买社会福利有奖募捐奖券一次中奖收入不超过10000元的暂免征收个人所得税，对一次中奖收入超过10000元的，应按税法法规全额征税。本法规从6月1日起执行。凡以前已征个人所得税的，可不退税；未征个人所得税的，不补税。

三、固定资产投资方向调节税根据投资方向调节税暂行条例法规，对社会福利设施投资适用零税率。

16 国家税务总局关于个人对企事业单位实行承包经营、承租经营取得所得征税问题的通知

1994年8月1日　国税发〔1994〕179号

【全文有效】

各省、自治区、直辖市国家税务局、地方税务局，各计划单列市国家税务局、地方税务局：

修订后的个人所得税法实施以来，各地反映，目前实行承包（租）经营的形式较多，分配方式也不相同，对企事业单位的承包经营、承租经营所得项目如何计征个人所得税，须作出具体规定。经我们研究，现明确如下：

一、企业实行个人承包、承租经营后，如果工商登记仍为企业的，不管其分配方式如何，均应先按照企业所得税的有关规定缴纳企业所得税。承包经营、承租经营者按照承包、承租经营合同（协议）规定取得的所得，依照个人所得税法的有关规定缴纳个人所得税，具体为：

（一）承包、承租人对企业经营成果不拥有所有权，仅是按合同（协议）规定取得一定所得的，其所得按工资、薪金所得项目征税，适用5%～45%的九级超额累进税率。

（二）承包、承租人按合同（协议）的规定只向发包、出租方交纳一定费用后，企业经营成果归其所有的，承包、承租人取得的所得，按对企事业单位的承包经营、承租经营所得项目，适用5%～35%的五级超额累进税率征税。

二、企业实行个人承包、承租经营后，如工商登记改变为个体工商户的，应依照个体工商户的生产、经营所得项目计征个人所得税，不再征收企业所得税。

三、企业实行承包经营、承租经营后，不能提供完整、准确的纳税资料、正确计算应纳税所得额的，由主管税务机关核定其应纳税所得额，并依据《中华人民共和国税收征收管理法》的有关规定，自行确定征收方式。

17 国家税务总局关于外籍个人持有中国境内上市公司股票所取得的股息有关税收问题的函

1994年7月26日 国税函发〔1994〕440号

【全文有效】

国家体改委、国家证券委、中国证监会：

1994年6月28日体改函生〔1994〕63号《关于印发〈企业到境外上市工作经验座谈会会议纪要〉的通知》收悉。关于《企业到境外上市工作经验座谈会会议纪要》中提出的H股、B股的股利分配继续免缴个人所得税问题，我局曾以国税发〔1993〕45号《国家税务总局关于外商投资企业、外国企业和外籍个人取得股票（股权）转让收益和股息所得税收问题的通知》明确：对持有B股或海外股（包括H股）的外籍个人，从发行该B股或海外股的中国境内企业所取得的股息（红利）所得，暂免征收个人所得税。目前仍按此文执行。

特此函告。

18 国家税务总局关于曾宪梓教育基金会教师奖免征个人所得税的函

1994年6月29日　国税函〔1994〕376号

【全文有效】

国家教育委员会：

你委教外港〔1994〕249号《关于建议对曾宪梓教育基金会教师奖获得者免征个人收入调节税的函》收悉，经研究，函复如下：

一、根据八届全国人大常委会第四次会议关于修改《中华人民共和国个人所得税法》的决定，个人的应税所得从1994年1月1日起征收个人所得税，个人收入调节税暂行条例已废止，不再执行。

二、曾宪梓教育基金会致力于发展中国的教育事业，评选教师奖具有严格的程序，奖金由国家教委颁发，根据个人所得税法第四条的规定，对个人获得曾宪梓教育基金会教师奖的奖金，可视为国务院部委颁发的教育方面的奖金，免予征收个人所得税。

19 财政部 国家税务总局关于发给见义勇为者的奖金免征个人所得税问题的通知

1995年8月20日　财税字〔1995〕25号

【全文有效】

各省、自治区、直辖市和计划单列市财政厅（局）、国家税务局、地方税务局：

目前，各级政府和社会各界对见义勇为者给予奖励的事例越来越多，各地要求对此明确税收征免政策。经研究，现通知如下：

为了鼓励广大人民群众见义勇为，维护社会治安，对乡、镇（含乡、镇）以上人民政府或经县（含县）以上人民政府主管部门批准成立的有机构、有章程的见义勇为基金会或者类似组织，奖励见义勇为者的奖金或奖品，经主管税务机关核准，免予征收个人所得税。

20 财政部 国家税务总局关于民航空地勤人员的伙食费征收个人所得税的通知

1995年10月5日 财税字〔1995〕77号

【全文有效】

经报国务院同意,民航空地勤人员的伙食费应当按照税法规定,并入工资、薪金所得,计算征收个人所得税,并由支付单位负责代扣代缴。

21　财政部　国家税务总局关于误餐补助范围确定问题的通知

1995 年 8 月 21 日　财税字〔1995〕82 号

【全文有效】

各省、自治区、直辖市和计划单列市财政厅（局）、国家税务局、地方税务局：

国家税务总局关于《征收个人所得税若干问题的规定》（国税发〔1994〕89号）下发后，一些地区的税务部门和纳税人对其中规定不征税的误餐补助理解不一致，现明确如下：

国税发〔1994〕89号文件规定不征税的误餐补助，是指按财政部门规定，个人因公在城区、郊区工作，不能在工作单位或返回就餐，确实需要在外就餐的，根据实际误餐顿数，按规定的标准领取的误餐费。一些单位以误餐补助名义发给职工的补贴、津贴，应当并入当月工资、薪金所得计征个人所得税。

22 国家税务总局关于印发《机动出租车驾驶员个人所得税征收管理暂行办法》的通知

1995年3月14日　国税发〔1995〕50号

【全文有效】

（通知略）

机动出租车驾驶员个人所得税征收管理暂行办法
（2018年修正）

〔1995年3月14日国税发〔1995〕50号文件印发，根据2018年6月15日《国家税务总局关于修改部分税务部门规章的决定》（国家税务总局2018年第44号令）修正〕

第一条　为了加强对机动出租车驾驶员（包括大、中、小客货运机动出租车驾驶员，下同）个人所得税的征收管理，根据《中华人民共和国个人所得税法》及其实施条例、《中华人民共和国税收征收管理法》（以下简称征管法）及有关行政法规的规定制定本办法。

第二条　各种机动出租车驾驶员为个人所得税的纳税义务人，其从事出租车运营取得的收入，应依法缴纳个人所得税。

第三条　税务机关可以委托出租汽车经营单位、交通管理部门和运输服务站或者其他有关部门（单位）代收代缴出租车驾驶员应纳的个人所得税。被委托的单位为扣缴义务人，应按期代收代缴出租车驾驶员应纳的个人所得税。

第四条　没有扣缴义务人或扣缴义务人未按规定扣缴税款的，出租车驾驶员应自行向单位所在地或准运证发放地的主管税务机关申报纳税。

第五条　出租车驾驶员办理了个体出租车营业执照的，应在领取营业执照后30日内到当地主管税务机关办理税务登记。

第六条　出租车驾驶员从事出租车运营取得的收入，适用的个人所得税项目为：

（一）出租汽车经营单位对出租车驾驶员采取单车承包或承租方式运营，出租车驾驶员从事客货运营取得的收入，按工资、薪金所得项目征税。

（二）从事个体出租车运营的出租车驾驶员取得的收入，按个体工商户的生产、经营所得项目缴纳个人所得税。

（三）出租车属个人所有，但挂靠出租汽车经营单位或企事业单位，驾驶员向挂靠单位缴纳管理费的，或出租汽车经营单位将出租车所有权转移给驾驶员的，出租车驾驶员从事客货运营取得的收入，比照个体工商户的生产、经营所得项目征税。

第七条 县级以上（含县级）税务机关可以根据出租车的不同经营方式、不同车型、收费标准、缴纳的承包承租费等情况，核定出租车驾驶员的营业额并确定征收率或征收额，按月征收出租车驾驶员应纳的个人所得税。

第八条 出租车驾驶员能够提供有效停运证明的，税务机关应根据其停运期长短，相应核减其停运期间应缴纳的个人所得税。

第九条 纳税义务人和扣缴义务人未按规定缴纳、扣缴个人所得税的，主管税务机关应按《征管法》及有关法律、行政法规的规定予以处罚，触犯刑律的移送司法机关处理。

第十条 扣缴义务人每月所扣的税款、自行申报纳税人每月应纳的税款，应当在次月7日内缴入国库，并向主管税务机关报送扣缴个人所得税报告表或纳税申报表以及税务机关要求报送的其他资料。

第十一条 对扣缴义务人按照所扣缴或代收代缴的税款，付给2%的手续费。

第十二条 各省、自治区、直辖市税务局可根据本办法规定的原则，结合当地实际制定有关具体办法，并报国家税务总局备案。

第十三条 本办法由国家税务总局负责解释。

第十四条 本办法从1995年4月1日起执行。

23 国家税务总局 文化部关于印发《演出市场个人所得税征收管理暂行办法》的通知

1995年11月18日 国税发〔1995〕171号

【全文有效】

（通知略）

演出市场个人所得税征收管理暂行办法
（2018年修正）

〔1995年11月18日国税发〔1995〕171号文件印发，根据2016年5月29日《国家税务总局关于公布全文废止和部分条款废止的税务部门规章目录的决定》（国家税务总局2016年第40号令）和2018年6月15日《国家税务总局关于修改部分税务部门规章的决定》（国家税务总局2018年第44号令）修正〕

第一条 为加强演出市场个人所得税的征收管理，根据《中华人民共和国个人所得税法》及其实施条例和《国务院办公厅转发文化部关于加强演出市场管理报告的通知》（国办发〔1991〕112号）的有关规定，制定本办法。

第二条 凡参加演出（包括舞台演出、录音、录像、拍摄影视等，下同）而取得报酬的演职员，是个人所得税的纳税义务人；所取得的所得，为个人所得税的应纳税项目。

第三条 向演职员支付报酬的单位或个人，是个人所得税的扣缴义务人。扣缴义务人必须在支付演职员报酬的同时，按税收法律、行政法规及税务机关依照法律、行政法规作出的规定扣缴或预扣个人所得税。

预扣办法由各省、自治区、直辖市税务局根据有利控管的原则自行确定。

第四条 演出经纪机构领取《演出经营许可证》《临时营业演出许可证》或变更以上证件内容的，必须在领证后或变更登记后的三十日内到机构所在地主管税务机关办理税务登记或变更税务登记。文化行政部门向演出经纪机构或个人发放《演出经营许可证》和《临时营业演出许可证》时,应将演出经纪机构的名称、住所、法人代表等情况抄送当地主管税务机关备案。

第五条 演出活动主办单位应在每次演出前两日内,将文化行政部门的演出活动批准件和演出合同、演出计划(时间、地点、场次)、报酬分配方案等有关材料报送演出所在地主管税务机关。演出合同和演出计划的内容如有变化,应按规定程序重新向文化行政部门申报审批并向主管税务机关报送新的有关材料。

第六条 演职员参加非任职单位组织的演出取得的报酬为劳务报酬所得,按次缴纳个人所得税。演职员参加任职单位组织的演出取得的报酬为工资、薪金所得,按月缴纳个人所得税。

上述报酬包括现金、实物和有价证券。

第七条 参加组台(团)演出的演职员取得的报酬,由主办单位或承办单位通过银行转账支付给演职员所在单位或发放演职员演出许可证的文化行政部门或其授权单位的,经演出所在地主管税务机关确认后,由演职员所在单位或者发放演职员许可证的文化行政部门或其授权单位,按实际支付给演职员个人的报酬代扣个人所得税,并在原单位所在地缴入金库。

第八条 组台(团)演出,不按第七条所述方式支付演职员报酬,或者虽按上述方式支付但未经演出所在地主管税务机关确认的,由向演职员支付报酬的演出经纪机构或者主办、承办单位扣缴个人所得税,税款在演出所在地缴纳。申报的演职员报酬明显偏低又无正当理由的,主管税务机关可以在查账核实的基础上,依据演出报酬总额、演职员分工、演员演出通常收费额等情况核定演职员的应纳税所得,扣缴义务人据此扣缴税款。

第九条 税务机关有根据认为从事演出的纳税义务人有逃避纳税义务行为的,可以在规定的纳税期之前,责令其限期缴纳应纳税款;在限期内发现纳税义务人有明显的转移、隐匿演出收入迹象的,税务机关可以责成纳税义务人提供纳税担保。如果纳税义务人不能提供纳税担保,经县以上(含县级)税务局(分局)局长批准,税务机关可以采取税收保全措施。

第十条 参与录音、录像、拍摄影视和在歌厅、舞厅、卡拉OK厅、夜总会、娱乐城等娱乐场所演出的演职员取得的报酬,由向演职员支付报酬的单位或业主扣缴个人所得税。

第十一条 演职员取得的报酬为不含税收入的,扣缴义务人支付的税款应按以下公式计算:

(一)应纳税所得额=(不含税收入-费用减除标准-速算扣除数)/(1-税率)

(二)应纳税额=应纳税所得额×适用税率-速算扣除数

第十二条　扣缴义务人扣缴的税款，应在次月七日内缴入国库，同时向主管税务机关报送扣缴个人所得税报告表、支付报酬明细表以及税务机关要求报送的其他资料。

第十三条　有下列情形的，演职员应在取得报酬的次月七日内自行到演出所在地或者单位所在地主管税务机关申报纳税：

（一）在两处或者两处以上取得工资、薪金性质所得的，应将各处取得的工资、薪金性质的所得合并计算纳税；

（二）分笔取得属于一次报酬的；

（三）扣缴义务人没有依法扣缴税款的；

（四）主管税务机关要求其申报纳税的。

第十四条　为了强化征收管理，主管税务机关可以根据当地实际情况，自行确定对在歌厅、舞厅、卡拉 OK 厅、夜总会、娱乐城等娱乐场所演出的演职员的个人所得税征收管理方式。

第十五条　组台（团）演出，应当建立健全财务会计制度，正确反映演出收支和向演职员支付报酬情况，并接受主管税务机关的监督检查。没有建立财务会计制度，或者未提供完整、准确的纳税资料，主管税务机关可以核定其应纳税所得额，据以征税。

第十六条　扣缴义务人和纳税义务人违反本办法有关规定，主管税务机关可以依照《中华人民共和国税收征收管理法》及其他有关法律和行政法规的有关规定给予处罚。

第十七条　演职员偷税情节恶劣，或者被第三次查出偷税的，除税务机关对其依法惩处外，文化行政部门可据情节轻重停止其演出活动半年至一年。

第十八条　各省、自治区、直辖市税务局和文化行政部门可依据本办法规定的原则，制定具体实施细则。

第十九条　本办法由国家税务总局、文化和旅游部共同负责解释。

第二十条　本办法自文到之日起施行。以前规定凡与本办法不符的，按本办法执行。

24 国家税务总局关于有奖储蓄中奖收入征收个人所得税问题的批复

1995年3月13日　国税函发〔1995〕98号

【全文有效】

吉林省地方税务局：

你局《关于对有奖储蓄中奖收入征收个人所得税的请示》（吉地税所字〔1995〕65号）收悉。经研究，现批复如下：

个人参加有奖储蓄取得的各种形式的中奖所得，属于机遇性的所得，应按照个人所得税法中"偶然所得"应税项目的规定征收个人所得税。虽然这种中奖所得具有银行储蓄利息二次分配的特点，但对中奖个人而言，已不属于按照国家规定利率标准取得的存款利息所得性质。支付该项所得的各级银行部门是税法规定的代扣代缴义务人，在其向个人支付有奖储蓄中奖所得时应按照"偶然所得"应税项目扣缴个人所得税税款。

你省一些银行由于对税法规定缺乏全面了解，因而产生异议的问题，请你们根据税法规定向其做好宣传解释工作，并请他们依照税法规定认真履行代扣代缴税款的义务。

25 国家税务总局关于在中国境内无住所的个人计算缴纳个人所得税若干具体问题的通知

1995年3月23日　国税函发〔1995〕125号

【条文失效】

【注释】第一条、第二条、第三条、第四条已失效。参照《关于非居民个人和无住所居民个人有关个人所得税政策的公告》（财政部　税务总局公告2019年第35号）。

各省、自治区、直辖市和计划单列市国家税务局：

现对《国家税务总局关于在中国境内无住所的个人取得工资薪金所得纳税义务问题的通知》（国税发〔1994〕148号）（以下简称通知）在执行中存在的若干具体问题明确如下：

一、关于个人实际在中国境内、境外工作期间的界定问题

通知中所说在中国境内企业、机构中任职（包括兼职，下同）、受雇的个人，其实际在中国境内工作期间，应包括在中国境内工作期间在境内、外享受的公休假日、个人休假日以及接受培训的天数；其在境外营业机构中任职并在境外履行该项职务或在境外营业场所中提供劳务的期间，包括该期间的公休假日，为在中国境外的工作期间。税务机关在核实个人申报的境外工作期间时，可要求纳税人提供派遣单位出具的其在境外营业机构任职的证明，或者企业在境外设有营业场所的项目合同书及派往该营业场所工作的证明。

不在中国境内企业、机构中任职、受雇的个人受派来华工作，其实际在中国境内工作期间应包括来华工作期间在中国境内所享受的公休假日。

二、关于个人在中国境内、境外企业、机构兼任职务取得的工资、薪金如何纳税问题

个人分别在中国境内和境外企业、机构兼任职务的，不论其工资、薪金是否

按职务分别确定,均应就其取得的工资薪金总额,依据《中华人民共和国个人所得税法》(以下简称税法)及通知的有关条款规定,按其实际在中国境内的工作期间确定纳税。

三、关于中国境内企业高层管理职务的界定问题

通知第五条所述中国境内企业高层管理职务,是指公司正、副(总)经理、各职能总师、总监及其他类似公司管理层的职务。

四、境内工作不满全月的个人由境内、境外雇主分别支付工资、薪金的应纳税款计算问题

通知第四条所述在中国境内居住满一年而不超过五年的个人,以及通知第五条所述在中国境内企业担任高层管理职务的个人,凡其工资是由境内雇主和境外雇主分别支付的,并且在一个月中有境外工作天数的,依据通知第四条、第五条规定,对其境外雇主支付的工资中属于境外工作天数部分不予征税。在具体计算应纳税额时,按下述公式计算:

当月应纳税款=按当月境内外工资总额计算的税额×1－当月境外支付工资当月工资总额×当月境外工作天数当月天数

五、核实个人工资薪金及实际在中国境内工作期间的凭据证明问题

凡属依据税法及其实施条例以及通知的规定,应就境外雇主支付的工资薪金申报纳税的个人,或者依据通知第二条、第四条的规定,应就视为由中国境内企业、机构支付或负担的工资薪金申报纳税的个人,应如实申报上述工资薪金数额及在中国境内的工作期间,并提供支付工资证明及必要的公证证明和居住时间的有效凭证。

前述居住时间的有效凭证,包括护照、港澳同胞还乡证、台湾同胞"往来大陆通行证"以及主管税务机关认为有必要提供的其他证明凭据。

26 国家税务总局关于对中国科学院院士荣誉奖金征收个人所得税问题的复函

1995年6月29日　国税函发〔1995〕351号

【全文有效】

中国科学院：

你院《关于申请"中国科学院院士荣誉奖金"免税的请示》（科发学字〔1995〕232号）收悉。经研究，现函复如下：

香港实业家蔡冠深先生捐资500万元人民币建立"蔡冠深中国科学院院士荣誉基金会"，并用基金的利息颁发中国科学院院士荣誉奖金（80岁至89岁的院士每人每年6000元，90岁以上的院士每人每年12000元）。这对发扬中华民族尊老敬贤的优良传统，促进尊重知识、尊重人才的良好社会风气的形成有积极作用。但由于这种奖金不属于个人所得税法定免税奖金的范围，加之国家对中国科学院院士津贴已有免征个人所得税的优惠规定，所以对中国科学院院士荣誉奖金，应按《中华人民共和国个人所得税法》的"其他所得"应税项目，依20%的比例税率计征个人所得税，税款由该基金会在颁发奖金时代扣代缴。

27 国家税务总局关于新疆航空公司空勤人员飞行小时费和伙食费收入征收个人所得税的批复

1995年10月10日 国税函发〔1995〕554号

【全文有效】

新疆维吾尔自治区地方税务局：

你局《关于新疆航空公司空勤人员飞行小时费和伙食费收入应否计征个人所得税的请示》（新地税四字〔1995〕10号）收悉。经研究，现批复如下：

根据《中华人民共和国个人所得税法》规定，空勤人员的飞行小时费和伙食费收入，应全额计入工资、薪金所得计征个人所得税，不能给予扣除。

28　国家税务总局关于个人在境外取得博彩所得征收个人所得税问题的批复

1995年12月25日　国税函发〔1995〕663号

【全文有效】

广东省地方税务局：

你局《关于个人在境外取得博彩所得是否征收个人所得税的请示》（粤地税发〔1995〕244号）收悉。经研究，现批复如下：

《中华人民共和国个人所得税法》（以下简称税法）第一条规定："在中国境内有住所，或者无住所而在境内居住满一年的个人，从中国境内和境外取得的所得，依照本法规定缴纳个人所得税。"

你省江门市周某属于在中国境内有住所的个人，因此，从境外取得的所得，应依照税法规定缴纳个人所得税。

根据《中华人民共和国个人所得税法实施条例》的规定，中彩所得属于"偶然所得"应税项目，适用比例税率20%。

因此，江门市周某在澳门葡京娱乐场摇老虎机博彩所得应依照税法规定全额按20%比例税率计算缴纳个人所得税。

此复。

29 国家税务总局关于个人取得的补贴、津贴征收个人所得税问题的复函

1995年6月15日　国税所函发〔1995〕7号

【全文有效】

新疆维吾尔自治区钢铁公司：

您公司《关于个人所得税有关问题的情况反映》（新钢劳人字〔1995〕第155号）收悉。经研究，现函复如下：

国务院于1994年1月28日发布的《中华人民共和国个人所得税法实施条例》第十三条规定：税法（即个人所得税——引注）第四条第三项所说的按照国家统一规定发给的补贴、津贴，是指按照国务院规定发给的政府特殊津贴和国务院规定免纳个人所得税的补贴、津贴。国务院规定免纳个人所得税的补贴、津贴目前只有中国科学院院士津贴。至于你公司来函中列举的地区差和各种补贴、津贴，目前国务院均未明确免税，因此应全额计入工资、薪金所得计征个人所得税。希你公司积极配合税务机关，认真做好个人所得税的宣传和代扣代缴工作。

30 国家税务总局关于个人取得青苗补偿费收入征免个人所得税的批复

1995年3月1日　国税函〔1995〕79号

【全文有效】

青岛市地方税务局：

你局《关于对企业取得的青苗补偿费支付给职工个人纳税问题的请示》（青地税二〔1995〕5号）收悉。经研究，现批复如下：

乡镇企业的职工和农民取得的青苗补偿费，属种植业的收益范围，同时，也属经济损失的补偿性收入，因此，对他们取得的青苗补偿费收入暂不征收个人所得税。

31 财政部 国家税务总局关于军队干部工资薪金收入征收个人所得税的通知

1996年2月16日 财税字〔1996〕14号

【条款失效】

【注释】 条款第四条废止。参见《财政部 税务总局 中国人民银行关于调整军队系统个人所得税征缴办法及有关预算管理的通知》（财税〔2007〕402号）（2007年8月23日发布；2007年1月1日实施）。

中国人民解放军总后勤部：

根据国务院〔1995〕第60次总理办公会议精神，现就征收军队干部个人所得税的有关问题通知如下：

一、对军队干部工资薪金所得征税的费用扣除标准，按税法统一法规执行，即每月扣除800元。

二、关于补贴、津贴征税问题，按下列情况分别处理：

（一）按照政策法规，属于免税项目或者不属本人所得的补贴、津贴有8项，不计入工资、薪金所得项目征税。即：

1. 政府特殊津贴；
2. 福利补助；
3. 夫妻分居补助费；
4. 随军家属无工作生活困难补助；
5. 独生子女保健费；
6. 子女保教补助费；
7. 机关在职军以上干部公勤费（保姆费）；
8. 军粮差价补贴。

（二）对以下5项补贴、津贴，暂不征税：

1. 军人职业津贴；
2. 军队设立的艰苦地区补助；
3. 专业性补助；

4. 基层军官岗位津贴（营连排长岗位津贴）；

5. 伙食补贴。

三、上述法规从 1994 年 1 月 1 日起执行，未纳税款应按法规补缴。但对 1994 年、1995 年已离退休、转业、复员或去世的军队干部不再补缴。

四、鉴于军队的特殊情况，其税款由部队按法规向个人扣收，而后逐级上交总后勤部，并于 1 月 7 日和 7 月 7 日之前，每年两次统一向国家税务总局直属征收局缴纳。同时提供各省（含计划单列市和 4 个省会城市）的纳税人数和税额，由国家税务总局每年一次返还各地。

32 财政部 国家税务总局关于体育彩票发行收入税收问题的通知

1996年11月7日 财税字〔1996〕77号

【全文有效】

各省、自治区、直辖市、计划单列市财政厅（局）、国家税务局、地方税务局：

近接国家体委来函，要求明确体育彩票发行收入的有关税收政策。为确保体育彩票销售工作的顺利进行，根据现行税制的有关规定，对体育彩票发行收入的若干税收问题，明确规定如下：

一、增值税

根据现行《中华人民共和国增值税暂行条例》及其实施细则等有关规定，对体育彩票的发行收入不征增值税。

二、营业税

根据现行《中华人民共和国营业税暂行条例》及其实施细则等有关规定，对体育彩票的发行收入不征营业税；对体育彩票代销单位代销体育彩票取得的手续费收入应按规定征收营业税。

三、所得税

根据《中华人民共和国企业所得税暂行条例》及其实施细则的规定，对体育彩票的发行收入应照章征收企业所得税。

根据《中华人民共和国个人所得税法》及其实施条例的规定，个人购买体育彩票的中奖收入属于偶然所得，应全额依20%的税率征收个人所得税。

四、固定资产投资方向调节税

对用体育彩票收入建设贯彻实施全民健身计划和奥运争光计划所需的体育设施项目，应根据《中华人民共和国固定资产投资方向调节税暂行条例》及其有关规定，区别项目的不同情况，确定其适用税率计征固定资产投资方向调节税。

33 财政部 国家税务总局关于西藏特殊津贴免征个人所得税的批复

1996年10月30日 财税字〔1996〕91号

【全文有效】

西藏自治区国家税务局：

你局《关于西藏特殊津贴免征个人所得税的请示》（藏国税发〔96〕116号）收悉。经研究，批复如下：

经国务院批准，自1994年1月1日起发放的西藏特殊津贴，体现了党中央、国务院对西藏各族职工的关怀，对进一步促进西藏的改革、发展和稳定具有重要意义，因此，根据《中华人民共和国个人所得税法》和《中华人民共和国个人所得税法实施条例》的规定，对在你区区域内工作的机关、事业单位职工、按照国家统一规定取得的西藏特殊津贴，免征个人所得税。

34　国家税务总局关于印发《建筑安装业个人所得税征收管理暂行办法》的通知

1996年7月22日　国税发〔1996〕127号

【全文有效】

（通知略）

建筑安装业个人所得税征收管理暂行办法
（2018年修正）

〔1996年7月22日国税发〔1996〕127号文件印发，根据2016年5月29日《国家税务总局关于公布全文废止和部分条款废止的税务部门规章目录的决定》（国家税务总局2016年第40号令）和2018年6月15日《国家税务总局关于修改部分税务部门规章的决定》（国家税务总局2018年第44号令）修正〕

第一条　为了加强对建筑安装业个人所得税的征收管理，根据《中华人民共和国个人所得税法》及其实施条例、《中华人民共和国税收征收管理法》及其实施细则和其他有关法律、行政法规的规定制定本办法。

第二条　本办法所称建筑安装业，包括建筑、安装、修缮、装饰及其他工程作业。从事建筑安装业的工程承包人、个体户及其他个人为个人所得税的纳税义务人。其从事建筑安装业取得的所得，应依法缴纳个人所得税。

第三条　承包建筑安装业各项工程作业的承包人取得的所得，应区别不同情况计征个人所得税：经营成果归承包人个人所有的所得，或按照承包合同（协议）规定，将一部分经营成果留归承包人个人的所得，按对企事业单位的承包经营、承租经营所得项目征税；以其他分配方式取得的所得，按工资、薪金所得项目征税。

从事建筑安装业的个体工商户和未领取营业执照承揽建筑安装业工程作业的建筑安装队和个人，以及建筑安装企业实行个人承包后工商登记改变为个体经济性质的，其从事建筑安装业取得的收入应依照个体工商户的生产、经营所得项计征个人所得税。

从事建筑安装业工程作业的其他人员取得的所得，分别按照工资、薪金所得项目和劳务报酬所得项目计征个人所得税。

第四条 从事建筑安装业的单位和个人，应依法办理税务登记。在异地从事建筑安装业的单位和个人，必须自工程开工之日前三日内，持营业执照、外出经营活动税收管理证明、城建部门批准开工的文件和工程承包合同（协议）、开户银行账号以及主管税务机关要求提供的其他资料向主管税务机关办理有关登记手续。

第五条 对未领取营业执照承揽建筑安装业工程作业的单位和个人，主管税务机关可以根据其工程规模，责令其缴纳一定数额的纳税保证金。在规定的期限内结清税款后，退还纳税保证金；逾期未结清税款的，以纳税保证金抵缴应纳税款和滞纳金。

第六条 从事建筑安装业的单位和个人应设置会计账簿，健全财务制度，准确、完整地进行会计核算。对未设立会计账簿，或者不能准确、完整地进行会计核算的单位和个人，主管税务机关可根据其工程规模、工程承包合同（协议）价款和工程完工进度等情况，核定其应纳税所得额或应纳税额，据以征税。具体核定办法由县以上（含县级）税务机关制定。

第七条 从事建筑安装业工程作业的单位和个人应按照主管税务机关的规定，购领、填开和保管建筑安装业专用发票或许可使用的其他发票。

第八条 建筑安装业的个人所得税，由扣缴义务人代扣代缴和纳税人自行申报缴纳。

第九条 承揽建筑安装业工程作业的单位和个人是个人所得税的代扣代缴义务人，应在向个人支付收入时依法代扣代缴其应纳的个人所得税。

第十条 没有扣缴义务人的和扣缴义务人未按规定代扣代缴税款的，纳税人应自行向主管税务机关申报纳税。

第十一条 本办法第三条第一款、第二款涉及的纳税人和扣缴义务人应按每月工程完工量预缴、预扣个人所得税，按年结算。一项工程跨年度作业的，应按各年所得预缴、预扣和结算个人所得税。难以划分各年所得的，可以按月预缴、预扣税款，并在工程完工后按各年度工程完工量分摊所得并结算税款。

第十二条 扣缴义务人每月所扣的税款，自行申报纳税人每月应纳的税款，应当在次月七日内缴入国库，并向主管税务机关报送扣缴个人所得税报告表或纳税申报表以及税务机关要求报送的其他资料。

第十三条 对扣缴义务人按照所扣缴的税款，付给2%的手续费。

第十四条 建筑安装业单位所在地税务机关和工程作业所在地税务机关双方

可以协商有关个人所得税代扣代缴和征收的具体操作办法,都有权对建筑安装业单位和个人依法进行税收检查,并有权依法处理其违反税收规定的行为。但一方已经处理的,另一方不得重复处理。

第十五条 本办法所称主管税务机关,是指建筑安装业工程作业所在地税务局(分局、所)。

第十六条 各省、自治区、直辖市税务局可根据本办法规定的原则,结合本地实际制定具体的征管办法,并报国家税务总局备案。

第十七条 本办法未尽事宜,按照《中华人民共和国个人所得税法》及其实施条例、《中华人民共和国税收征收管理法》及其实施细则以及其他有关的法律、行政法规的规定执行。

第十八条 本办法由国家税务总局负责解释。

第十九条 本办法从 1996 年 1 月 1 日起执行。

35 国家税务总局关于印发《广告市场个人所得税征收管理暂行办法》的通知

1996年8月29日 国税发〔1996〕148号

【全文有效】

（通知略）

广告市场个人所得税征收管理暂行办法
（2018年修正）

〔1996年8月29日国税发〔1996〕148号文件印发，根据2016年5月29日《国家税务总局关于公布全文废止和部分条款废止的税务部门规章目录的决定》（国家税务总局2016年第40号令）和2018年6月15日《国家税务总局关于修改部分税务部门规章的决定》（国家税务总局2018年第44号令）修正〕

第一条 为了进一步加强对广告市场个人所得税的征收管理，依据《中华人民共和国个人所得税法》及其实施条例和《中华人民共和国税收征收管理法》及其实施细则，制定本办法。

第二条 凡在广告中提供名义、形象或在广告设计、制作、发布过程中提供劳务并取得所得的个人以及广告主、广告经营者或受托从事广告制作的单位和广告发布者，均应当依照本办法的规定办理个人所得税有关事宜。

本办法所称广告主，是指为推销商品或者提供服务，自行或者委托他人设计、制作、发布广告的法人、其他经济组织或者个人。

本办法所称广告经营者，是指受委托提供广告设计、制作、代理服务的法人、其他经济组织或者个人。

本办法所称受托从事广告制作的单位，是指受广告主或广告经营者委托而从事广告设计、制作的法人、其他经济组织或者个人。

本办法所称广告发布者，是指为广告主或者广告主委托的广告经营者发布广告的法人及其他经济组织。

第三条 在广告设计、制作、发布过程中提供名义、形象及劳务并取得所得的个人为个人所得税的纳税义务人（以下简称纳税人）；直接向上述个人支付所得的广告主、广告经营者、受托从事广告制作的单位和广告发布者为个人所得税的扣缴义务人（以下简称扣缴人）。

第四条 扣缴人应当在每项广告制作前向所在地主管税务机关报告广告中名义、形象及劳务提供者的姓名、身份证号码（护照号码及国籍）、工作单位（户籍所在地）、电话号码以及支付报酬的标准和支付形式等情况。双方订立书面合同（协议）的，应同时将合同（协议）副本报送上述税务机关。

广告发布者应当定期向所在地主管税务机关报送当期发布广告的数量及其广告主、广告经营者的名单。

第五条 纳税人在广告设计、制作、发布过程中提供名义、形象而取得的所得，应按劳务报酬所得项目计算纳税。

纳税人在广告设计、制作、发布过程中提供其他劳务取得的所得，视其情况分别按照税法规定的劳务报酬所得、稿酬所得、特许权使用费所得等应税项目计算纳税。

扣缴人的本单位人员在广告设计、制作、发布过程中取得的由本单位支付的所得，按工资、薪金所得项目计算纳税。

第六条 纳税人以现金、实物和有价证券以外的其他形式取得所得，税务机关可以根据其所得的形式和价值，核定其应纳税所得额，据以征税。

对于不能准确提供或划分个人在广告设计、制作、发布过程中提供名义、形象及劳务而取得的所得的纳税人，主管税务机关可以根据支付总额等实际情况，参照同类广告活动名义、形象及其他劳务提供者的所得标准，核定其应纳税所得额，据以征税。

第七条 劳务报酬所得以纳税人每参与一项广告的设计、制作、发布所取得的所得为一次；稿酬所得以在图书、报刊上发布一项广告时使用其作品而取得的所得为一次；特许权使用费所得以提供一项特许权在一项广告的设计、制作、发布过程中使用而取得的所得为一次。上述所得，采取分笔支付的，应合并为一次所得计算纳税。

第八条 分笔取得一次所得和扣缴人应扣未扣或少扣税款以及没有扣缴人的纳税人，应当于取得所得的月度终了后七日内，向扣缴人所在地主管税务机关自行申报纳税。

第九条 扣缴人和纳税人必须接受税务机关依法进行的税务检查，如实反映情况，提供有关资料，不得拒绝、隐瞒。

第十条 本办法未尽事宜，按照有关税收法律、行政法规的规定执行。

第十一条　各省、自治区、直辖市税务局可以根据本办法规定的原则，结合本地实际，制定具体实施办法，并报国家税务总局备案。

第十二条　本办法由国家税务总局负责解释。

第十三条　本办法自 1996 年 9 月 1 日起执行。

36 国家税务总局关于明确单位或个人为纳税义务人的劳务报酬所得代付税款计算公式的通知

1996年9月17日 国税发〔1996〕161号

【全文有效】

各省、自治区、直辖市和计划单列市国家税务局、地方税务局：

根据《国家税务总局关于印发〈征收个人所得税若干问题的规定〉的通知》（国税发〔1994〕89号）第十四条的规定，单位或个人为纳税义务人负担个人所得税税款的，应将纳税义务人取得的不含税收入额换算为应纳税所得额，计算征收个人所得税。为了规范此类情况下应纳税款的计算方法，现将计算公式明确如下：

一、不含税收入额为3360元（即含税收入额4000元）以下的：

应纳税所得额 =（不含税收入额 - 800）÷（1 - 税率）

二、不含税收入额为3360元（即含税收入额4000元）以上的：

应纳税所得额 =［（不含税收入额 - 速算扣除数）×（1 - 20%）］÷［1 - 税率 ×（1 - 20%）］

三、应纳税额 = 应纳税所得额 × 适用税率 - 速算扣除数

公式一、公式二中的税率，是指不含税所得按不含税级距（详见国税发〔1994〕89号文件表三）对应的税率；公式三中的税率，是指应纳税所得额按含税级距对应的税率。

此文件执行日期与国税发〔1994〕89号文件的执行日期（1994年1月1日）相同。

37 国家税务总局关于雇主为其雇员负担个人所得税税款计征问题的通知

1996年11月8日 国税发〔1996〕199号

【条款失效】

【注释】 条款失效,第二条(二)所附举例说明废止。参见《国家税务总局关于公布全文失效废止 部分条款失效废止的税收规范性文件目录的公告》(国家税务总局公告2011年第2号)。

关于雇主为其雇员负担个人所得税税款的处理问题,《国家税务总局关于印发〈征收个人所得税若干问题的规定〉的通知》(国税发〔1994〕89号)中曾作出规定。由于雇主为其雇员负担税款的情形不同,在实际操作中如何计算征收个人所得税,各地屡有询问。为便于各地执行,经研究,通知如下:

一、雇主全额为其雇员负担税款的处理

对于雇主全额为其雇员负担税款的,直接按国税发〔1994〕89号文件中第十四条规定的公式,将雇员取得的不含税收入换算成应纳税所得额后,计算企业应代为缴纳的个人所得税税款。

二、雇主为其雇员负担部分税款的处理

(一)雇主为其雇员定额负担税款的,应将雇员取得的工资薪金所得换算成应纳税所得额后,计算征收个人所得税。工资薪金收入换算成应纳税所得额的计算公式为:

应纳税所得额=雇员取得的工资+雇主代雇员负担的税款-费用扣除标准

(二)雇主为其雇员负担一定比例的工资应纳的税款或者负担一定比例的实际应纳税款的,应将国税发〔1994〕89号文件第十四条规定的不含税收入额计算应纳税所得额的公式中"不含税收入额"替换为"未含雇主负担的税款的收入额",同时将速算扣除数和税率二项分别乘以上述的"负担比例",按此调整后的公式,以其未含雇主负担税款的收入额换算成应纳税所得额,并计算应纳税款。即：

应纳税所得额=（未含雇主负担的税款的收入额-费用扣除标准-速算扣除数×负担比例）÷（1-税率×负担比例）

应纳税额=应纳税所得额×适用税率-速算扣除数

举例说明：某人月工资、薪金收入人民币12000元，雇主负担其工资、薪金所得30%部分的应纳税款，其当月应纳税款计算如下：

应纳税所得额=（12000-4000-375×30%）÷（1-20%×30%）=8390.96（元）

应纳税额=8390.96×20%-375=1303.19（元）

三、雇主为其雇员负担超过原居住国的税款的税务处理

有些外商投资企业和外国企业在华的机构场所，为其受派到中国境内工作的雇员负担超过原居住国的税款。例如：雇员在华应纳税额中相当于按其在原居住国税法计算的应纳税额部分（以下称原居住国税额），仍由雇员负担并由雇主在支付雇员工资时从工资中扣除，代为缴税；若按中国税法计算的税款超过雇员原居住国税额的，超过部分另外由其雇主负担。对此类情况，应按下列原则处理：

将雇员取得的不含税工资（即：扣除了原居住国税额的工资），按国税发〔1994〕89号文件第十四条规定的公式，换算成应纳税所得额，计算征收个人所得税；如果计算出的应纳税所得额小于按该雇员的实际工资、薪金收入（即：未扣除原居住国税额的工资）计算的应纳税所得额的，应按其雇员的实际工资薪金收入计算征收个人所得税。

四、本规定自发布之日起执行，与本通知有抵触的规定，同时废止

38 国家税务总局关于外商投资企业的董事担任直接管理职务征收个人所得税问题的通知

1996年11月21日　国税发〔1996〕214号

【条款失效】

　　【注释】条款失效，第一条停止执行。参见《国家税务总局关于明确个人所得税若干政策执行问题的通知》（国税发〔2009〕121号）。

　　各省、自治区、直辖市和计划单列市国家税务局、地方税务局：

　　近来，一些地方来电询问，有些外商投资企业的董事（长）同时担任企业的直接管理职务，但其从该企业仅以董事费名义或分红形式取得收入，对其应如何征收个人所得税问题，经研究，现明确如下：

　　一、对于外商投资企业的董事（长）同时担任企业直接管理职务，或者名义上不担任企业的直接管理职务，但实际上从事企业日常管理工作的，应判定其在该企业具有董事（长）和雇员的双重身份，除其取得的属于股息、红利性质的所得应依照《国家税务总局关于外商投资企业、外国企业和外籍个人取得股票（股权）转让收益和股息所得税收问题的通知》（国税发〔1993〕45号）有关规定免征个人所得税以外，应分别就其以董事（长）身份取得的董事费收入和以雇员身份应取得的工资、薪金所得征收个人所得税。

　　二、上述个人在该企业仅以董事费名义或分红形式取得收入的，应主动申报从事企业日常管理工作每月应取得的工资、薪金收入额，或者由主管税务机关参照同类地区、同类行业和相近规模企业中类似职务的工资、薪金收入水平核定其每月应取得的工资、薪金收入额，并依照《中华人民共和国个人所得税法》以及《国家税务总局关于在中国境内无住所的个人取得工资薪金所得纳税义务问题的通知》（国税发〔1994〕148号）和《国家税务总局关于在中国境内无住所的个人计算缴纳个人所得税若干具体问题的通知》（国税函发〔1995〕125号）的有关规定征收个人所得税。

　　三、凡根据本通知第二条的规定，由个人所得税主管税务机关核定上述个人的工资、薪金收入额,需要相应调整外商投资企业应纳税所得额的,对核定的工资薪金数额,应由个人所得税主管税务机关会同外商投资企业所得税主管税务机关确定。

39 国家税务总局关于世界银行、联合国直接派遣来华工作的专家享受免征个人所得税有关问题的通知

1996年7月3日　国税函〔1996〕417号

【全文有效】

各省、自治区、直辖市和计划单列市国家税务局、地方税务局：

《财政部、国家税务总局关于个人所得税若干政策问题的通知》（财税字〔1994〕20号）第二条第（九）中第一、第二项规定，根据世界银行专项贷款协议由世界银行直接派往我国工作或联合国组织直接派往我国工作的外国专家，其取得的工资薪金所得，免征个人所得税。关于上述规定中的"直接派往"应如何解释及联合国组织的范围应如何界定问题，部分地区多次询问。现明确如下：

世界银行或联合国"直接派往"是指世界银行或联合国组织直接与该专家签订提供技术服务的协议或与该专家的雇主签订技术服务协议，并指定该专家为有关项目提供技术服务，由世界银行或联合国支付该外国专家的工资、薪金报酬。该外国专家办理上述免税时，应提供其与世界银行签订的有关合同和其工资薪金所得由世界银行或联合国组织支付、负担的证明。

联合国组织是指联合国的有关组织，包括联合国开发计划署、联合国人口活动基金、联合国儿童基金会、联合国技术合作部、联合国工业发展组织、联合国粮农组织、世界粮食计划署、世界卫生组织、世界气象组织、联合国教科文组织等。

除上述由世界银行或联合国组织直接派往中国工作的外国专家以外，其他外国专家从事与世界银行贷款项目有关的技术服务所取得的工资薪金所得或劳务报酬所得，均应依法征收个人所得税。

40 国家税务总局关于个人所得税偷税案件查处中有关问题的补充通知

1996年9月17日　国税函〔1996〕602号

【条款失效】

【注释】条款失效。第一条、第二条、第七条失效，参见《国家税务总局关于发布已失效或废止的税收规范性文件目录的通知》（国税发〔2006〕62号文件公布）。

第六条失效。参见《国家税务总局关于公布全文失效废止　部分条款失效废止的税收规范性文件目录的公告》（国家税务总局公告2011年第2号）。

各省、自治区、直辖市和计划单列市地方税务局、国家税务局：

最近，一些省、市反映在个人所得税偷税案件的查处中，对违反税收法律、法规的纳税义务人、扣缴义务人及其他责任人，其法律责任应如何认定等问题，要求予以明确。按照《中华人民共和国税收征收管理法》（以下简称税收征管法）、《全国人民代表大会常务委员会关于惩治偷税抗税犯罪的补充规定》和《中华人民共和国个人所得税法》（以下简称个人所得税法）的有关规定，现明确如下：

一、关于纳税义务人或扣缴义务人违反税收法律、法规进行偷税的认定

1. 在扣缴义务人未按规定代扣代缴税款情况下，纳税义务人超过税法规定的纳税申报期限，仍未获取扣缴义务人扣缴税款凭证，又不按规定主动向税务机关办理申报收入或缴纳税款的，为隐匿收入的行为，由此造成税款的少缴或不缴，是偷税。

2. 扣缴义务人以书面形式承诺为纳税义务人代付税款，或以口头形式承诺为纳税义务人代付税款且双方都向税务机关承认的，在其向纳税义务人支付所得时即认定为其已将承诺为纳税义务人代付的税款扣收。扣缴义务人不缴或少缴其已承诺应代付税款的，为偷税。

3. 同一经济活动中扣缴义务人、纳税义务人和中介人通过签订假协议、假

合同、填写虚假扣缴报告表和纳税申报表等手段进行虚假申报，造成不缴或少缴已扣已收税款的，为共同偷税。

4. 中介人从事介绍服务、经纪服务和代办服务等活动取得的劳务收入，为应税收入。如未按《国家税务总局关于认真执行个人所得税法的通告》（国税发〔1994〕112号，以下简称通告）的规定进行纳税申报，为隐匿收入的行为，由此造成不缴或少缴税款的，是偷税。

二、关于对纳税义务人或扣缴义务人偷税的处理

1. 扣缴义务人有偷税行为，偷税数额占应缴税额10%以上并且数额在1万元以上的，在追缴所偷税款的同时加收滞纳金，并移送司法机关。

2. 扣缴义务人、纳税义务人和中介人根据第一条第三项的规定构成共同偷税的，其偷税数额占应缴税额10%以上并且数额在1万元以上的，在追缴所偷税款的同时加收滞纳金，将三者一并移送司法机关。

3. 中介人根据第一条第四项的规定有偷税行为，偷税数额占应纳税额10%以上并且数额在1万元以上的，由税务机关追缴其所偷税款的同时加收滞纳金，并移送司法机关。

4. 扣缴义务人、纳税义务人和中介人偷税行为依据上述1～3项的规定未构成犯罪的，由税务机关追缴其所偷税款的同时加收滞纳金，并处以偷税数额5倍以下的罚款。

三、关于扣缴义务人的认定

扣缴义务人的认定，按照个人所得税法的规定，向个人支付所得的单位和个人为扣缴义务人。由于支付所得的单位和个人与取得所得的人之间有多重支付的现象，有时难以确定扣缴义务人。为保证全国执行的统一，现将认定标准规定为：凡税务机关认定对所得的支付对象和支付数额有决定权的单位和个人，即为扣缴义务人。

四、关于劳务报酬所得"次"的规定

个人所得税法实施条例第二十一条规定"属于同一项目连续性收入的，以一个月内取得的收入为一次"，考虑属地管辖与时间划定有交叉的特殊情况，统一规定以县（含县级市、区）为一地，其管辖内的一个月内的劳务服务为一次；当月跨县地域的，则应分别计算。

五、关于劳务报酬所得费用的计算与扣除

获取劳务报酬所得的纳税义务人从其收入中支付给中介人和相关人员的报

酬，在定率扣除20%的费用后，一律不再扣除。对中介人和相关人员取得的上述报酬，应分别计征个人所得税。

六、在调查个人所得税偷税案件中，对纳税义务人收入取得地和居住地不在同一省级地区的，以纳税义务人、中介人居住地税务机关为主，案件涉及地区的税务机关应积极配合协助。经查证核实后查补的纳税义务人和中介人的税款、滞纳金和罚款，由其向居住地税务机关缴纳入库，其中50%划转给收入取得地的税务机关

七、关于扣缴义务人未按规定扣缴税款的处理

扣缴义务人未扣缴或未足额扣缴纳税义务人应纳税款的，根据税收征管法第五章法律责任中第四十七条的规定进行处罚。纳税义务人在获取所得时，未同时获取完税证明或未获取足额的完税证明，根据通告及有关规定，应在次月七日内向税务机关申报收入，对不属于代付税款的，在申报的同时还要缴纳税款。

八、本通知自发布之日起执行，通知发布前已经处理的案件，不再变动；尚未处理或者正在处理的案件，一律适用本通知

41 国家税务总局关于个人举办各类学习班取得的收入征收个人所得税问题的批复

1996 年 11 月 13 日　国税函〔1996〕658 号

【全文有效】

内蒙古自治区地方税务局：

你局《关于个人举办各类学习班如何征收个人所得税问题的请示》（内地税发〔1996〕206 号）收悉。经研究，现批复如下：

一、个人经政府有关部门批准并取得执照举办学习班、培训班的，其取得的办班收入属于"个体工商户的生产、经营所得"应税项目，应按《中华人民共和国个人所得税法》（以下简称税法）规定计征个人所得税。

二、个人无须经政府有关部门批准并取得执照举办学习班、培训班的，其取得的办班收入属于"劳务报酬所得"应税项目，应按税法规定计征个人所得税。其中，办班者每次收入按以下方法确定：一次收取学费的，以一期取得的收入为一次；分次收取学费的，以每月取得的收入为一次。

42 财政部 国家税务总局关于"国际青少年消除贫困奖"免征个人所得税的通知

1997年3月21日 财税字〔1997〕51号

【全文有效】

中国青少年发展基金会:

你基金会《关于免除"国际青少年消除贫困奖"个人所得税的申请》收悉。经研究,现批复如下:

考虑到"国际青少年消除贫困奖"是由联合国开发计划署和中国青少年发展基金会共同设立,旨在表彰奖励在与贫困作斗争中取得突出成绩的青少年,根据《中华人民共和国个人所得税法》第四条第一款的规定,特对个人取得的"国际青少年消除贫困奖",视同从国际组织取得的教育、文化方面的奖金,免予征收个人所得税。

43 财政部 国家税务总局关于个人提供非有形商品推销、代理等服务活动取得收入征收营业税和个人所得税有关问题的通知

1997年7月21日 财税字〔1997〕103号

【条款失效】

【注释】第一条有关营业税规定失效。参见《财政部 国家税务总局关于公布若干废止和失效的营业税规范性文件的通知》（财税〔2009〕61号）。

各省、自治区、直辖市和计划单列市国家税务局、地方税务局：

据反映，有些在境内从事保险、旅游等非有形商品经营的企业（包括从事此类业务的国有企业、集体企业、股份制企业、外商投资企业、外国企业及其他企业），通过其雇员或非雇员个人的推销、代理等服务活动开展业务。雇员或非雇员个人根据其推销、代理等服务活动的业绩从企业或其服务对象取得佣金、奖励和劳务费等名目的收入。根据《中华人民共和国营业税暂行条例》《中华人民共和国个人所得税法》和《中华人民共和国税收征收管理法》的有关规定，现对雇员或非雇员个人为企业提供非有形商品推销、代理等服务活动取得收入征收营业税和个人所得税的有关问题明确如下：

一、对雇员的税务处理

雇员为本企业提供非有形商品推销、代理等服务活动取得佣金、奖励和劳务费等名目的收入，无论该收入采用何种计取方法和支付方式，均应计入该雇员的当期工资、薪金所得，按照《中华人民共和国个人所得税法》及其实施条例和其他有关规定计算征收个人所得税；但可适用《中华人民共和国营业税暂行条例实施细则》第四条第一款的规定，不征收营业税。

二、对非雇员的税务处理

非本企业雇员为企业提供非有形商品推销、代理等服务活动取得的佣金、奖励和劳务费等名目的收入,无论该收入采用何种计取方法和支付方式,均应计入个人从事服务业应税劳务的营业额,按照《中华人民共和国营业税暂行条例》及其实施细则和其他有关规定计算征收营业税;上述收入扣除已缴纳的营业税税款后,应计入个人的劳务报酬所得,按照《中华人民共和国个人所得税法》及其实施条例和其他有关规定计算征收个人所得税。

三、税款征收方式

(一)雇员或非雇员从聘用的企业取得收入的,该企业即为雇员或非雇员应纳税款的扣缴义务人,应按照有关规定按期向主管税务机关申报并代扣代缴上述税款。

(二)对雇员或非雇员直接从其服务对象或其他方面取得收入的部分,由其主动向主管税务机关申报缴纳营业税和个人所得税。

(三)有关企业和个人拒绝申报纳税或代扣代缴税款,将按《中华人民共和国税收征收管理法》及其实施细则的有关规定处理。

44 财政部 国家税务总局关于住房公积金、医疗保险金、养老保险金征收个人所得税问题的通知

1997年11月7日 财税字〔1997〕144号

【条款失效】

【注释】第一、第二条失效，参见《财政部 国家税务总局关于基本养老保险费基本医疗保险费、失业保险费、住房公积金有关个人所得税政策的通知》（财税〔2006〕10号）。

各省、自治区、直辖市、计划单列市财政厅（局）、地方税务局：

根据国务院的统一部署，各地相继出台了住房制度、医疗保险制度和养老保险制度等改革的实施方案。现对改革制度涉及的住房公积金、医疗保险金、养老保险金征收个人所得税问题通知如下：

一、企业和个人按照国家或地方政府规定的比例提取并向指定金融机构实际缴付的住房公积金、医疗保险金、基本养老保险金，不计入个人当期的工资、薪金收入，免予征收个人所得税。超过国家或地方政府规定的比例缴付的住房公积金、医疗保险金、基本养老保险金，应将其超过部分并入个人当期的工资、薪金收入，计征个人所得税。

二、个人领取原提存的住房公积金、医疗保险金、基本养老保险金时，免予征收个人所得税。

三、企业以现金形式发给个人的住房补贴、医疗补助费，应全额计入领取人的当期工资、薪金收入计征个人所得税。但对外籍个人以实报实销形式取得的住房补贴，仍按照《财政部、国家税务总局关于个人所得税若干政策问题的通知》（财税字〔1994〕20号）的规定，暂免征收个人所得税。

四、本通知自1998年1月1日起执行。原政策规定与本通知相抵触的，按本通知规定执行。

45 国家税务总局关于外籍个人取得有关补贴征免个人所得税执行问题的通知

1997年4月9日　国税发〔1997〕54号

【全文有效】

各省、自治区、直辖市和计划单列市国家税务局、地方税务局：

《中华人民共和国个人所得税法》及其实施条例和《财政部、国家税务总局关于个人所得税若干政策问题的通知》（财税字〔1994〕20号）就外籍个人取得有关补贴规定了免征个人所得税的范围，现就执行上述规定的具体界定及管理问题明确如下：

一、对外籍个人以非现金形式或实报实销形式取得的合理的住房补贴、伙食补贴和洗衣费免征个人所得税，应由纳税人在初次取得上述补贴或上述补贴数额、支付方式发生变化的月份的次月进行工资薪金所得纳税申报时，向主管税务机关提供上述补贴的有效凭证，由主管税务机关核准确认免税。

二、对外籍个人因到中国任职或离职，以实报实销形式取得的搬迁收入免征个人所得税，应由纳税人提供有效凭证，由主管税务机关审核认定，就其合理的部分免税。外商投资企业和外国企业在中国境内的机构、场所，以搬迁费名义每月或定期向其外籍雇员支付的费用，应计入工资薪金所得征收个人所得税。

三、对外籍个人按合理标准取得的境内、外出差补贴免征个人所得税，应由纳税人提供出差的交通费、住宿费凭证（复印件）或企业安排出差的有关计划，由主管税务机关确认免税。

四、对外籍个人取得的探亲费免征个人所得税，应由纳税人提供探亲的交通支出凭证（复印件），由主管税务机关审核，对其实际用于本人探亲，且每年探亲的次数和支付的标准合理的部分给予免税。

五、对外籍个人取得的语言培训费和子女教育费补贴免征个人所得税，应由纳税人提供在中国境内接受上述教育的支出凭证和期限证明材料，由主管税务机关审核，对其在中国境内接受语言培训以及子女在中国境内接受教育取得的语言培训费和子女教育费补贴，且在合理数额内的部分免予纳税。

46 国家税务总局关于个人从事医疗服务活动征收个人所得税问题的通知

1997年11月25日　国税发〔1997〕178号

【全文有效】

　　【注释】 该文已被《国家税务总局关于修改部分税收规范性文件的公告》（国家税务总局公告2018年第31号）进行了修改。

　　各省、自治区、直辖市和计划单列市地方税务局：

　　为了加强对个人从事医疗服务活动个人所得税的征收管理，根据《中华人民共和国个人所得税法》（以下简称税法）及其实施条例的规定精神，现将一些具体问题明确如下：

　　一、个人经政府有关部门批准，取得执照，以门诊部、诊所、卫生所（室）、卫生院、医院等医疗机构形式从事疾病诊断、治疗及售药等服务活动，应当以该医疗机构取得的所得，作为个人的应纳税所得，按照"个体工商户的生产、经营所得"应税项目缴纳个人所得税。

　　个人未经政府有关部门批准，自行连续从事医疗服务活动，不管是否有经营场所，其取得与医疗服务活动相关的所得，按照"个体工商户的生产、经营所得"应税项目缴纳个人所得税。

　　各省、自治区、直辖市税务局可以根据本地实际情况，确定个体工商户业主的费用扣除标准。

　　二、对于由集体、合伙或个人出资的乡村卫生室（站），由医生承包经营，经营成果归医生个人所有，承包人取得的所得，比照"对企事业单位的承包经营、承租经营所得"应税项目缴纳个人所得税。

　　乡村卫生室（站）的医务人员取得的所得，按照"工资、薪金所得"应税项目缴纳个人所得税。

　　三、受医疗机构临时聘请坐堂门诊及售药，由该医疗机构支付报酬，或收入与该医疗机构按比例分成的人员，其取得的所得，按照"劳务报酬所得"应税项目缴纳个人所得税，以一个月内取得的所得为一次，税款由该医疗机构代扣代缴。

四、经政府有关部门批准而取得许可证（执照）的个人，应当在领取执照后 30 日内向当地主管税务机关申报办理税务登记。未经政府有关部门批准而自行开业的个人，应当自开始医疗服务活动后 30 日内向当地主管税务机关申报办理税务登记。

以前的规定或答复与本文不符的，应以本文为准。

执行中有什么问题和建议，请及时向总局报告。

47 国家税务总局关于股份制企业转增股本和派发红股征免个人所得税的通知

1997年12月25日 国税发〔1997〕198号

【全文有效】

各省、自治区、直辖市和计划单列市国家税务局、地方税务局：

近接一些地区和单位来文、来电请示，要求对股份制企业用资本公积金转增个人股本是否征收个人所得税的问题作出明确规定。经研究，现明确如下：

一、股份制企业用资本公积金转增股本不属于股息、红利性质的分配，对个人取得的转增股本数额，不作为个人所得，不征收个人所得税。

二、股份制企业用盈余公积金派发红股属于股息、红利性质的分配，对个人取得的红股数额，应作为个人所得征税。

各地要严格按照《国家税务总局关于印发〈征收个人所得税若干问题的规定〉的通知》（国税发〔1994〕89号）的有关规定执行，没有执行的要尽快纠正。派发红股的股份制企业作为支付所得的单位应按照税法规定履行扣缴义务。

48 国家税务总局关于影视演职人员个人所得税问题的批复

1997年6月27日　国税函〔1997〕385号

【条款失效】

【注释】依据《国家税务总局关于公布全文失效废止部分条款失效废止的税收规范性文件目录的公告》（国家税务总局公告2011年第2号），本法规第三条废止。

四川省地方税务局：

你局《关于个人所得税几个政策问题的请示》（川地税发〔1997〕60号）收悉。经研究，现批复如下：

一、根据《中华人民共和国个人所得税法》（以下简称税法）的法规，凡与单位存在工资、人事方面关系的人员，其为本单位工作所取得的报酬，属于"工资、薪金所得"应税项目征税范围；而其因某一特定事项临时为外单位工作所取得报酬，不属于税法中所说的"受雇"，应是"劳务报酬所得"应税项目征税范围。因此，对电影制片厂导演、演职人员参加本单位的影视拍摄所取得的报酬，应按"工资、薪金所得"应税项目计征个人所得税。对电影制片厂为了拍摄影视片而临时聘请非本厂导演、演职人员，其所取得的报酬，应按"劳务报酬所得"应税项目计征个人所得税。

二、创作的影视分镜头剧本，用于拍摄影视片取得的所得，不能按稿酬所得计征个人所得税，应比照第一条的有关原则确定应税项目计征个人所得税；但作为文学创作而在书报杂志上出版、发表取得的所得，应按"稿酬所得"应税项目计征个人所得税。

三、电影制片厂买断已出版的作品或向作者征稿而支付给作者的报酬，属于提供著作权的使用权而取得的所得，应按"特许权使用费所得"应税项目计征个人所得税；如电影文学剧本以图书、报刊形式出版、发表而取得的所得，应按"稿酬所得"应税项目计征个人所得税。

此复。

49 财政部 国家税务总局关于个人取得体育彩票中奖所得征免个人所得税问题的通知

1998 年 4 月 27 日　财税字〔1998〕12 号

【全文有效】

各省、自治区、直辖市、计划单列市财政厅（局）、国家税务局、地方税务局：

为了有利于动员全社会力量资助和发展我国的体育事业，经研究决定，对个人购买体育彩票中奖收入的所得税政策作如下调整：凡一次中奖收入不超过 1 万元的，暂免征收个人所得税；超过 1 万元的，应按税法规定全额征收个人所得税。

本规定自 1998 年 4 月 1 日起执行。

50 财政部 国家税务总局关于证券投资基金税收问题的通知

1998年8月6日 财税字〔1998〕55号

【条款失效】

【注释】条款失效,第一条第二、第三项失效。参见《财政部 国家税务总局关于公布若干废止和失效的营业税规范性文件的通知》(财税〔2009〕61号)。

各省、自治区、直辖市、计划单列市财政厅(局)、国家税务局、地方税务局,财政部驻各省、自治区、直辖市、计划单列市财政监察专员办事处,新疆生产建设兵团:

为了有利于证券投资基金制度的建立,促进证券市场的健康发展,经国务院批准,现对中国证监会新批准设立的封闭式证券投资基金(以下简称基金)的税收问题通知如下:

一、关于营业税问题

1. 以发行基金方式募集资金不属于营业税的征税范围,不征收营业税。
2. 基金管理人运用基金买卖股票、债券的差价收入,在2000年底以前暂免征收营业税。
3. 金融机构(包括银行和非银行金融机构)买卖基金的差价收入征收营业税;个人和非金融机构买卖基金单位的差价收入不征收营业税。

二、关于印花税问题

1. 基金管理人运用基金买卖股票按照4‰的税率征收印花税。
2. 对投资者(包括个人和企业,下同)买卖基金单位,在1999年底前暂不征收印花税。

三、关于所得税问题

1. 对基金从证券市场中取得的收入,包括买卖股票、债券的差价收入,股票的股息、红利收入，债券的利息收入及其他收入，暂不征收企业所得税。

2. 对个人投资者买卖基金单位获得的差价收入，在对个人买卖股票的差价收入未恢复征收个人所得税以前，暂不征收个人所得税；对企业投资者买卖基金单位获得的差价收入，应并入企业的应纳税所得额，征收企业所得税。

3. 对投资者从基金分配中获得的股票的股息、红利收入以及企业债券的利息收入，由上市公司和发行债券的企业在向基金派发股息、红利、利息时代扣代缴20%的个人所得税，基金向个人投资者分配股息、红利、利息时，不再代扣代缴个人所得税。

4. 对投资者从基金分配中获得的国债利息、储蓄存款利息以及买卖股票价差收入，在国债利息收入、个人储蓄存款利息收入以及个人买卖股票差价收入未恢复征收所得税以前，暂不征收所得税。

5. 对个人投资者从基金分配中获得的企业债券差价收入，应按税法规定对个人投资者征收个人所得税，税款由基金在分配时依法代扣代缴；对企业投资者从基金分配中获得的债券差价收入，暂不征收企业所得税。

四、对基金管理人、基金托管人从事基金管理活动取得的收入，依照税法的规定征收营业税、企业所得税以及其他相关税收

五、本通知从 1998 年 3 月 1 日起实施

51 财政部 国家税务总局关于个人转让股票所得继续暂免征收个人所得税的通知

1998年3月30日 财税字〔1998〕61号

【全文有效】

各省、自治区、直辖市、计划单列市财政厅（局）、国家税务局、地方税务局：

为了配合企业改制，促进股票市场的稳健发展，经报国务院批准，从1997年1月1日起，对个人转让上市公司股票取得的所得继续暂免征收个人所得税。

52 财政部 国家税务总局关于对中国科学院中国工程院资深院士津贴免征个人所得税的通知

1998年7月2日 财税字〔1998〕118号

【全文有效】

为尊重知识、尊重人才，体现党和政府对老年院士的关心和爱护，对依据《国务院关于在中国科学院、中国工程院院士中实行资深院士制度的通知》（国发〔1998〕8号）的规定，发给中国科学院资深院士和中国工程院资深院士每人每年1万元的资深院士津贴免予征收个人所得税。

53 国家税务总局关于印发《境外所得个人所得税征收管理暂行办法》的通知

1998年8月12日　国税发〔1998〕126号

【全文有效】

(通知略)

境外所得个人所得税征收管理暂行办法
(2018年修正)

〔1998年8月12日国税发〔1998〕126号文件印发,根据2016年5月29日《国家税务总局关于公布全文废止和部分条款废止的税务部门规章目录的决定》(国家税务总局2016年第40号令)和2018年6月15日《国家税务总局关于修改部分税务部门规章的决定》(国家税务总局2018年第44号令)修正〕。以上文件为2018年修正后的文件。

第一条　为维护国家税收权益,加强对来源于中国境外所得的个人所得税征收管理,根据《中华人民共和国个人所得税法》(以下简称税法)及其实施条例、《中华人民共和国税收征收管理法》(以下简称征管法)及其实施细则以及有关行政法规的规定制定本办法。

第二条　本办法适用于中国境内有住所,并有来源于中国境外所得的个人纳税人(以下简称纳税人)。

第三条　纳税人来源于中国境外的各项应纳税所得(以下简称境外所得),应依照税法和本办法的规定缴纳个人所得税。

第四条　下列所得,不论支付地点是否在中国境外,均为来源于中国境外的所得:

(一)因任职、受雇、履约等而在中国境外提供劳务取得的所得;

(二)将财产出租给承租人在中国境外使用而取得的所得;

(三)转让中国境外的建筑物、土地使用权等财产或者在中国境外转让其他财产取得的所得；

（四）许可各种特许权在中国境外使用而取得的所得；

（五）从中国境外的公司、企业以及其他经济组织或者个人取得的利息、股息、红利所得。

第五条　纳税人的境外所得，应按税法及其实施条例的规定确定应税项目，并分别计算其应纳税额。

第六条　纳税人的境外所得按照有关规定交付给派出单位的部分，凡能提供有效合同或有关凭证的，经主管税务机关审核后，允许从其境外所得中扣除。

第七条　纳税人受雇于中国境内的公司、企业和其他经济组织以及政府部门并派往境外工作，其所得由境内派出单位支付或负担的，境内派出单位为个人所得税扣缴义务人，税款由境内派出单位负责代扣代缴。其所得由境外任职、受雇的中方机构支付、负担的，可委托其境内派出（投资）机构代征税款。

上述境外任职、受雇的中方机构是指中国境内的公司、企业和其他经济组织以及政府部门所属的境外分支机构、使（领）馆、子公司、代表处等。

第八条　纳税人有下列情形的，应自行申报纳税：

（一）境外所得来源于两处以上的；

（二）取得境外所得没有扣缴义务人、代征人的（包括扣缴义务人、代征人未按规定扣缴或征缴税款的）。

第九条　中国境内的公司、企业和其他经济组织以及政府部门，凡有外派人员的，应在每一公历年度（以下简称年度）终了后30日内向主管税务机关报送外派人员情况。内容主要包括：外派人员的姓名、身份证或护照号码、职务、派往国家和地区、境外工作单位名称和地址、合同期限、境内外收入状况、境内住所及缴纳税收情况等。

第十条　依本办法第八条规定须自行申报纳税的纳税人，应在年度终了后30日内，向中国主管税务机关申报缴纳个人所得税。如所得来源国与中国的纳税年度不一致，年度终了后30日内申报纳税有困难的，可报经中国主管税务机关批准，在所得来源国的纳税年度终了、结清税款后30日内申报纳税。

纳税人如在税法规定的纳税年度期间结束境外工作任务回国，应当在回国后的次月7日内，向主管税务机关申报缴纳个人所得税。

第十一条　纳税人兼有来源于中国境内、境外所得的，应按税法规定分别减除费用并计算纳税。

第十二条　纳税人在境外已缴纳的个人所得税税额，能提供境外税务机关填发的完税凭证原件的，准予按照税法及其实施条例的规定从应纳税额中抵扣。

第十三条　纳税人和扣缴义务人未按本办法规定申报缴纳、扣缴个人所得税以及未按本办法第九条规定报送资料的，主管税务机关应按征管法及有关法律、行政法规和部分规章的规定予以处罚，涉嫌犯罪的依法移送公安机关处理。

第十四条　本办法所称主管税务机关是指派出单位所在地的税务机关。无派出单位的，是指纳税人离境前户籍所在地的税务机关；户籍所在地与经常居住地不一致的，是指经常居住地税务机关。

第十五条　本办法未尽事宜，按照有关税收法律、行政法规的规定执行。

第十六条　各省、自治区、直辖市税务局可根据本办法规定的原则，结合本地实际制定具体实施办法，并报国家税务总局备案。

第十七条　本办法由国家税务总局负责解释。

第十八条　本办法从 1998 年 7 月 1 日起执行。此前规定与本办法有抵触的，按本办法执行。

54 国家税务总局关于生活补助费范围确定问题的通知

1998年9月25日　国税发〔1998〕155号

【全文有效】

各省、自治区、直辖市和计划单列市地方税务局：

根据一些地区反映，《中华人民共和国个人所得税法实施条例》第十四条所说的从福利费或者工会经费中支付给个人的生活补助费，由于缺乏明确的范围，在实际执行中难以具体界定，各地掌握尺度不一，须统一明确规定，以利执行。经研究，现明确如下：

一、上述所称生活补助费，是指由于某些特定事件或原因而给纳税人或其家庭的正常生活造成一定困难，其任职单位按国家规定从提留的福利费或者工会经费中向其支付的临时性生活困难补助。

二、下列收入不属于免税的福利费范围，应当并入纳税人的工资、薪金收入计征个人所得税：

（一）从超出国家规定的比例或基数计提的福利费、工会经费中支付给个人的各种补贴、补助；

（二）从福利费和工会经费中支付给单位职工的人人有份的补贴、补助；

（三）单位为个人购买汽车、住房、电子计算机等不属于临时性生活困难补助性质的支出。

三、以上规定从1998年11月1日起执行。

55 国家税务总局关于原城市信用社在转制为城市合作银行过程中个人股增值所得应纳个人所得税的批复

1998年5月15日 国税函〔1998〕289号

【全文有效】

重庆市地方税务局：

你局《重庆市地方税务局关于重庆市信用社在转制为重庆城市合作银行过程中个人股增值所得应纳个人所得税问题的请示》（渝地税发〔1998〕88号）收悉。经研究，现批复如下：

一、在城市信用社改制为城市合作银行过程中，个人以现金或股份及其他形式取得的资产评估增值数额，应当按"利息、股息、红利所得"项目计征个人所得税，税款由城市合作银行负责代扣代缴。

二、《国家税务总局关于股份制企业转增股本和派发红股征免个人所得税的通知》（国税发〔1997〕198号）中所表述的"资本公积金"是指股份制企业股票溢价发行收入所形成的资本公积金。将此转增股本由个人取得的数额，不作为应税所得征收个人所得税。而与此不相符合的其他资本公积金分配个人所得部分，应当依法征收个人所得税。

56 国家税务总局关于盈余公积金转增注册资本征收个人所得税问题的批复

1998年6月4日　国税函〔1998〕333号

【全文有效】

青岛市地方税务局：

你局《关于青岛路邦石油化工有限公司公积金转增资本缴纳个人所得税问题的请示》（青地税四字〔1998〕12号）收悉。经研究，现批复如下：

青岛路邦石油化工有限公司将从税后利润中提取的法定公积金和任意公积金转增注册资本，实际上是该公司将盈余公积金向股东分配了股息、红利，股东再以分得的股息、红利增加注册资本。因此，依据《国家税务总局关于股份制企业转增股本和派发红股征免个人所得税的通知》（国税发〔1997〕198号）精神，对属于个人股东分得再投入公司（转增注册资本）的部分应按照"利息、股息、红利所得"项目征收个人所得税，税款由股份有限公司在有关部门批准增资、公司股东会决议通过后代扣代缴。

57 国家税务总局关于陆小军提供艺术照片取得的所得征收个人所得税问题的批复

1998年8月18日　国税函〔1998〕482号

【全文有效】

青岛市地方税务局：

你局《关于陆小军提供艺术照片取得的所得征收个人所得税问题的请示》（青地税四〔1998〕25号）收悉。经研究，现批复如下：

依照《中华人民共和国个人所得税法》及实施条例的规定，《青岛年鉴》编辑部编辑陆小军因北京谊友公关广告公司青岛分公司使用其拍摄的艺术照片制作广告宣传路牌而取得的所得3万元，应按照"特许权使用费所得"应税项目计算缴纳个人所得税。

58 国家税务总局关于未分配的投资者收益和个人人寿保险收入征收个人所得税问题的批复

1998年9月16日　国税函〔1998〕546号

【条款失效】

　　【注释】第一条失效。参见《国家税务总局关于公布全文失效废止　部分条款失效废止的税收规范性文件目录的公告》（国家税务总局公告2011年第2号）。

河北省地方税务局：

　　你局《河北省地方税务局关于对未分配的投资者收益和个人人寿保险收入征收个人所得税问题的请示》（冀地税发〔1998〕51号）收悉。经研究，现批复如下：

　　一、你省廊坊市香河东华纸制品有限公司为中方个人共同投资与日方组建的中外合资企业。该公司协议规定，投资各方按其出资额在注册资本中的比例分享利润。根据有关规定，实现的利润作必要留存后应进行分配，而该公司自1994年开业以来一直未在账面进行利润分配，却将税后利润用于兴建厂房、个人宿舍、购买汽车和其他消费。根据以上情况和个人所得税的收入实现原则，应认定该公司的税后利润已在中方投资者之间进行了分配，中方个人投资者按投资比例分得的部分，须根据《中华人民共和国个人所得税法》的规定，按照"利息、股息、红利所得"应税项目缴纳个人所得税，税款由廊坊市香河东华纸制品有限公司代扣代缴。请你局通知主管税务机关督促代扣代缴义务人认真履行代扣代缴个人所得税义务。

　　二、对保险公司按投保金额，以银行同期储蓄存款利率支付给在保期内未出险的人寿保险保户的利息（或以其他名义支付的类似收入），按"其他所得"应税项目征收个人所得税，税款由支付利息的保险公司代扣代缴。

59 国家税务总局关于"长江学者奖励计划"有关个人收入免征个人所得税的通知

1998年10月27日 国税函〔1998〕632号

【全文有效】

各省、自治区、直辖市和计划单列市地方税务局：

近接教育部《关于申请"长江学者奖励计划"有关个人收入免纳个人所得税的函》（教人函〔1998〕23号）。为配合"211工程"建设，吸引和培养杰出人才，加速高校中青年学科带头人队伍建设，教育部和香港实业家李嘉诚先生共同筹资建立了"长江学者奖励计划"。该计划包括实行特聘教授岗位制度和设立"长江学者成就奖"两项内容。即是经过一定审核程序，在全国高等学校国家重点学科中，面向国内、外公开招聘学术造诣深、发展潜力大、具有领导本学科在其前沿领域赶超或保持国际先进水平能力的中青年杰出人才，作为特聘教授，在聘期内享受每年10万元人民币的特聘教授岗位津贴，同时享受学校按照国家有关规定提供的工资、保险、福利等待遇；特聘教授任职期间取得重大成就、作出重大贡献，将获得由教育部会同李嘉诚先生审定并公布的每年一次的"长江学者成就奖"，每次一等奖1名，奖金为100万元人民币，二等奖30名，每人奖金为50万元人民币。教育部提出对特聘教授岗位津贴和"长江学者成就奖"的奖金给予免征个人所得税照顾。根据上述情况，经研究，现通知如下：

一、按照个人所得税法的规定，特聘教授取得的岗位津贴应并入其当月的工资、薪金所得计征个人所得税，税款由所在学校代扣代缴。

二、为了鼓励特聘教授积极履行岗位职责，带领本学科在其前沿领域赶超或保持国际先进水平，对特聘教授获得"长江学者成就奖"的奖金，可视为国务院部委颁发的教育方面的奖金，免予征收个人所得税。

教育部在颁发"长江学者成就奖"之前，将获奖人员名单及有关情况报我局一份，由我局通知有关地区免予征税。

60 国家税务总局关于社会力量办学征收个人所得税问题的批复

1998年12月7日 国税函〔1998〕738号

【全文有效】

安徽省地方税务局：

你局《关于对社会力量办学征收个人所得税问题的请示》（皖地税〔1998〕350号）收悉。文中反映，自1997年10月1日《社会力量办学条例》（国务院令226号）施行以来，由于该条例规定有"社会力量举办教育机构不得以营利为目的，教育机构的积累只能用于增加教育投入和改善办学条件，不得用于分配和校外投资"等内容，引起个人办学者、税务机关就是否缴纳个人所得税问题产生争议。对此问题，经研究，现批复如下：

《中华人民共和国个人所得税法》及其实施条例规定，对于个人经政府有关部门批准，取得执照，从事办学取得的所得，应按"个体工商户的生产、经营所得"应税项目计征个人所得税。据此，对于个人办学者取得的办学所得用于个人消费的部分，应依法计征个人所得税。

61 财政部 国家税务总局关于促进科技成果转化有关税收政策的通知

1999年5月27日 财税字〔1999〕45号

【全文有效】

各省、自治区、直辖市、计划单列市财政厅（局）、国家税务局、地方税务局：

为贯彻落实《中华人民共和国科学技术进步法》和《中华人民共和国促进科技成果转化法》，鼓励高新技术产业发展，经国务院批准，现将科研机构、高等学校研究开发高新技术、转化科技成果有关税收政策通知如下：

一、科研机构的技术转让收入继续免征营业税，对高等学校的技术转让收入自1999年5月1日起免征营业税。

二、科研机构、高等学校服务于各业的技术成果转让、技术培训、技术咨询、技术服务、技术承包所取得的技术性服务收入暂免征收企业所得税。

三、自1999年7月1日起，科研机构、高等学校转化职务科技成果以股份或出资比例等股权形式给予个人奖励，获奖人在取得股份、出资比例时，暂不缴纳个人所得税；取得按股份、出资比例分红或转让股权、出资比例所得时，应依法缴纳个人所得税。有关此项的具体操作规定，由国家税务总局另行制定。

62 财政部 国家税务总局关于住房公积金、医疗保险金、基本养老保险金、失业保险基金个人账户存款利息所得免征个人所得税的通知

1999年10月8日 财税字〔1999〕267号

【全文有效】

各省、自治区、直辖市和计划单列市财政厅（局）、国家税务局、地方税务局：

根据国务院《对储蓄存款利息所得征收个人所得税的实施办法》第五条"对个人取得的教育储蓄存款利息所得以及国务院财政部门确定的其他专项储蓄存款或者储蓄性专项基金存款的利息所得，免征个人所得税"的规定，为了保证和支持社会保障制度和住房制度改革的顺利实施，现明确按照国家或省级地方政府规定的比例缴付的下列专项基金或资金存入银行个人账户所取得的利息收入免征个人所得税：

一、住房公积金；
二、医疗保险金；
三、基本养老保险金；
四、失业保险基金。

63 财政部 国家税务总局 建设部关于个人出售住房所得征收个人所得税有关问题的通知

1999年12月2日 财税字〔1999〕278号

【条款失效】

【注释】第三条失效。参见《财政部 国家税务总局 住房和城乡建设部关于调整房地产交易环节契税 个人所得税优惠政策的通知》（财税〔2010〕94号）。

各省、自治区、直辖市、计划单列市财政厅（局）、国家税务局、地方税务局、建委（建设厅），各直辖市房地局：

为促进我国居民住宅市场的健康发展，经国务院批准，现就个人出售住房所得征收个人所得税的有关问题通知如下：

一、根据个人所得税法的规定，个人出售自有住房取得的所得应按照"财产转让所得"项目征收个人所得税。

二、个人出售自有住房的应纳税所得额，按下列原则确定：

（一）个人出售除已购公有住房以外的其他自有住房，其应纳税所得额按照个人所得税法的有关规定确定。

（二）个人出售已购公有住房，其应纳税所得额为个人出售已购公有住房的销售价，减除住房面积标准的经济适用住房价款、原支付超过住房面积标准的房价款、向财政或原产权单位缴纳的所得收益以及税法规定的合理费用后的余额。

已购公有住房是指城镇职工根据国家和县级（含县级）以上人民政府有关城镇住房制度改革政策规定，按照成本价（或标准价）购买的公有住房。

经济适用住房价格按县级（含县级）以上地方人民政府规定的标准确定。

（三）职工以成本价（或标准价）出资的集资合作建房、安居工程住房、经济适用住房以及拆迁安置住房，比照已购公有住房确定应纳税所得额。

三、为鼓励个人换购住房，对出售自有住房并拟在现住房出售后1年内按市场价重新购房的纳税人，其出售现住房所应缴纳的个人所得税，视其重新购房的价值可全部或部分予以免税。具体办法为：

（一）个人出售现住房所应缴纳的个人所得税税款，应在办理产权过户手续前，以纳税保证金形式向当地主管税务机关缴纳。税务机关在收取纳税保证金时，应向纳税人正式开具"中华人民共和国纳税保证金收据"，并纳入专产存储。

（二）个人出售现住房后1年内重新购房的，按照购房金额大小相应退还纳税保证金。购房金额大于或等于原住房销售额（原住房为已购公有住房的，原住房销售额应扣除已按规定向财政或原产权单位缴纳的所得收益，下同）的，全部退还纳税保证金；购房金额小于原住房销售额的，按照购房金额占原住房销售额的比例退还纳税保证金，余额作为个人所得税缴入国库。

（三）个人出售现住房后1年内未重新购房的，所缴纳的纳税保证金全部作为个人所得税缴入国库。

（四）个人在申请退还纳税保证金时，应向主管税务机关提供合法、有效的售房、购房合同和主管税务机关要求提供的其他有关证明材料，经主管税务机关审核确认后方可办理纳税保证金退还手续。

（五）跨行政区域售、购住房又符合退还纳税保证金条件的个人，应向纳税保证金缴纳地主管税务机关申请退还纳税保证金。

四、对个人转让自用5年以上，并且是家庭唯一生活用房取得的所得，继续免征个人所得税。

五、为了确保有关住房转让的个人所得税政策得到全面、正确的实施，各级房地产交易管理部门应与税务机关加强协作、配合，主管税务机关需要有关本地区房地产交易情况的，房地产交易管理部门应及时提供。

64　国家税务总局关于个人所得税有关政策问题的通知

1999年4月9日　国税发〔1999〕58号

【全文有效】

　　【注释】《国家税务总局关于修改部分税收规范性文件的公告》（国家税务总局公告2018年第31号）对本文进行了修改。本法第二条中的"省级地方税务局"修改为"省税务局"。

各省、自治区、直辖市和计划单列市地方税务局：

近接一些地区请示，要求对个人所得税有关政策做出规定。经研究，现明确如下：

一、关于企业减员增效和行政、事业单位、社会团体在机构改革过程中实行内部退养办法人员取得收入征税问题

　　实行内部退养的个人在其办理内部退养手续后至法定离退休年龄之间从原任职单位取得的工资、薪金，不属于离退休工资，应按"工资、薪金所得"项目计征个人所得税。

　　个人在办理内部退养手续后从原任职单位取得的一次性收入，应按办理内部退养手续后至法定离退休年龄之间的所属月份进行平均，并与领取当月的"工资、薪金"所得合并后减除当月费用扣除标准，以余额为基数确定适用税率，再将当月工资、薪金加上取得的一次性收入，减去费用扣除标准，按适用税率计征个人所得税。

　　个人在办理内部退养手续后至法定离退休年龄之间重新就业取得的"工资、薪金"所得，应与其从原任职单位取得的同一月份的"工资、薪金"所得合并，并依法自行向主管税务机关申报缴纳个人所得税。

二、关于个人取得公务交通、通信补贴收入征税问题

　　个人因公务用车和通信制度改革而取得的公务用车、通信补贴收入，扣除一

定标准的公务费用后，按照"工资、薪金"所得项目计征个人所得税。按月发放的，并入当月"工资、薪金"所得计征个人所得税；不按月发放的，分解到所属月份并与该月份"工资、薪金"所得合并后计征个人所得税。

公务费用的扣除标准，由省级地方税务局根据纳税人公务交通、通信费用的实际发生情况调查测算，报经省级人民政府批准后确定，并报国家税务总局备案。

三、关于个人取得无赔款优待收入征税问题

对于个人因任职单位缴纳有关保险费用而取得的无赔款优待收入，按照"其他所得"应税项目计征个人所得税。

对于个人自己缴纳有关商业保险费（保费全部返还个人的保险除外）而取得的无赔款优待收入，不作为个人的应纳税收入，不征收个人所得税。

65 国家税务总局关于促进科技成果转化有关个人所得税问题的通知

1999 年 7 月 1 日　国税发〔1999〕125 号

【条款失效】

【注释】

1. 根据《国家税务总局关于取消促进科技成果转化暂不征收个人所得税审核权有关问题的通知》（国税函〔2007〕833 号）的规定，本法第一条的审核权自 2007 年 8 月 1 日起停止执行。

2. 本法附件 2 和附件 3 已被《关于废止以高新技术成果出资入股有关文件的通知》（国科发政字〔2006〕150 号）所废止。

各省、自治区、直辖市和计划单列市地方税务局，宁夏、西藏自治区国家税务局：

为便于《财政部　国家税务总局关于促进科技成果转化有关税收政策的通知》（财税字〔1999〕45 号）的贯彻执行，现将有关个人所得税的问题明确如下：

一、科研机构、高等学校转化职务科技成果以股份或出资比例等股权形式给予科技人员个人奖励，经主管税务机关审核后，暂不征收个人所得税。

为了便于主管税务机关审核，奖励单位或获奖人应向主管税务机关提供有关部门根据国家科委和国家工商行政管理局联合制定的《关于以高新技术成果出资入股若干问题的规定》（国科发政字〔1997〕326 号）和科学技术部和国家工商行政管理局联合制定的《〈关于以高新技术成果出资入股若干问题的规定〉实施办法》（国科发政字〔1998〕171 号）出具的《出资入股高新技术成果认定书》、工商行政管理部门办理的企业登记手续及经工商行政管理机关登记注册的评估机构的技术成果价值评估报告和确认书。不提供上述资料的，不得享受暂不征收个人所得税优惠政策。

上述科研机构是指按中央机构编制委员会和国家科学技术委员会《关于科研事业单位机构设置审批事项的通知》（中编办发〔1997〕14 号）的规定设置审批

的自然科学研究事业单位机构。

上述高等学校是指全日制普通高等学校（包括大学、专门学院和高等专科学校）。

二、在获奖人按股份、出资比例获得分红时，对其所得按"利息、股息、红利所得"应税项目征收个人所得税。

三、获奖人转让股权、出资比例，对其所得按"财产转让所得"应税项目征收个人所得税，财产原值为零。

四、享受上述优惠政策的科技人员必须是科研机构和高等学校的在编正式职工。

66　国家税务总局关于印发《储蓄存款利息所得个人所得税征收管理办法》的通知

1999年10月8日　国税发〔1999〕179号

【全文有效】

（通知略）

储蓄存款利息所得个人所得税征收管理办法

第一条　根据《中华人民共和国个人所得税法》《中华人民共和国税收征收管理法》和国务院关于《对个人储蓄存款利息所得征收个人所得税的实施办法》（以下简称《实施办法》）的有关规定，特制定本办法。

第二条　储蓄存款利息所得个人所得税以取得储蓄存款利息所得的个人为纳税义务人，以办理结付个人储蓄存款利息的储蓄机构为扣缴义务人。扣缴义务人区分不同情况具体规定如下：

一、内资商业银行以支行或相当于支行的储蓄机构为扣缴义务人。经各省、自治区、直辖市和计划单列市国家税务局批准，扣缴义务人所扣税款或由其上一级机构汇总向其所在地主管税务机关申报缴纳。

二、城市信用社和农村信用社以独立核算的单位为扣缴义务人。

三、外资银行以设在中国境内的分行为扣缴义务人。

四、邮政储蓄机构以县级邮政局为扣缴义务人。

根据上述规定难以认定扣缴义务人的，由省、自治区、直辖市和计划单列市国家税务局依据便于扣缴义务人操作和税务机关征收管理、有利于明确扣缴义务人法律责任的原则进行认定。

第三条　凡办理个人储蓄业务的储蓄机构，在向个人结付储蓄存款利息时，应依法代扣代缴其应缴纳的个人所得税税款。

前款所称结付储蓄存款利息，是指向个人储户支付利息、结息日和办理存款自动转存业务时结息。

第四条 扣缴义务人应指定财务会计部门或其他有关部门的专门人员，具体负责扣缴税款的纳税申报及有关事宜。人员发生变动时，应将名单及时报告主管税务机关。

第五条 扣缴义务人在代扣税款时，应当在给储户的利息清单上注明已扣税款的数额。注明已扣税款的利息清单视同完税证明，除另有规定者外，不再开具代扣代收税款凭证。

第六条 扣缴义务人应扣未扣税款的，由扣缴义务人缴纳应扣未扣税款以及相应的滞纳金。其应纳税款按下列公式计算：

应纳税所得额＝结付的利息额÷（1－税率）

应纳税额＝应纳税所得额×适用税率

第七条 扣缴义务人每月所扣的税款，应当在次月 7 日内缴入中央金库，并向主管税务机关报送《储蓄存款利息所得扣缴个人所得税报告表》和主管税务机关要求报送的其他有关资料；所扣税款为外币的，应当按照缴款上一月最后一日中国人民银行公布的人民币基准汇价折算成人民币，以人民币缴入国库。

第八条 现有储蓄机构，符合本办法第二条规定的，应于《实施办法》公布后至 11 月 1 日前到当地主管税务机关办理扣缴税款登记；11 月 1 日后成立的储蓄机构，凡符合本办法第二条规定的，应自中国人民银行批准开业之日起 30 日内，到当地主管税务机关办理扣缴税款登记。

第九条 税务机关应依法对扣缴义务人的代扣代缴税款情况进行检查，扣缴义务人必须如实反映有关情况，提供有关资料，不得拒绝或隐瞒。

税务机关在依法检查中了解的情况，应依照《中华人民共和国商业银行法》的有关规定，为储户保密。

第十条 主管税务机关应对扣缴义务人登记建档，建立收入统计台账，及时对征收情况进行总结、分析和预测。

第十一条 其他征管事项，依照《中华人民共和国个人所得税》及其实施条例、《中华人民共和国税收征收管理法》及其实施细则和《个人所得税代扣代缴暂行办法》的有关规定执行。

第十二条 各省、自治区、直辖市国家税务局可以根据本办法规定的原则，结合本地实际，制定具体实施办法，并报国家税务总局备案。

第十三条 本办法由国家税务总局负责解释。

第十四条 本办法自发布之日起执行。

附件：储蓄存款利息所得扣缴个人所得税报告表（略）

67 国家税务总局关于储蓄存款利息所得征收个人所得税若干业务问题的通知

1999年10月8日　国税发〔1999〕180号

【全文有效】

各省、自治区、直辖市和计划单列市国家税务局、地方税务局：

为了更好地贯彻执行国务院《对储蓄存款利息所得征收个人所得税的实施办法》（以下简称《实施办法》），根据《中华人民共和国个人所得税法》及《实施办法》的规定精神，现对储蓄存款利息所得征收个人所得税的一些具体业务问题明确如下：

一、关于储蓄存款利息所得的范围问题

根据《实施办法》的规定，凡个人直接从各商业银行、城市信用合作社、农村信用合作社办理储蓄业务的机构以及邮政企业依法办理储蓄业务的机构取得的储蓄存款利息所得，应按照《实施办法》的有关规定计算缴纳储蓄存款利息所得个人所得税，由国家税务局负责征收管理；个人取得的其他利息所得应按"利息、股息、红利所得"应税项目计算缴纳个人所得税，由地方税务局负责征收管理。

二、关于外币储蓄的范围问题

《实施办法》所称外币储蓄包括外币现钞和外币现汇储蓄。个人取得的外币现钞储蓄和外币现汇储蓄存款利息所得均应依照《实施办法》的有关规定计算缴纳个人所得税。

三、关于教育储蓄问题

根据《实施办法》第五条的规定，个人按照中国人民银行《关于同意〈中国工商银行教育储蓄试行办法〉的批复》（银复〔1999〕124号）的规定，在中国工商银行开设教育储蓄存款专户，并享受利率优惠的存款，其所取得的利息免征储蓄存款利息所得个人所得税。有关储蓄机构应对教育储蓄情况进行详细记录，以备税务机关查核。记录的内容应包括：储户名称、证件名称及号码、储蓄金额、储蓄起止日期、利率、利息。

四、关于存本取息的征税问题

存本取息定期储蓄存款是一种一次存入本金，存期内分次支取利息，到期归还本金的定期储蓄存款。根据国务院《实施办法》的规定，储户在每次支取利息时，储蓄机构应依法代扣代缴税款。但考虑到储户如提前支取本金，其实际分期已取得的利息所得可能大于按储蓄机构有关规定计算应取得的利息所得，故存本取息定期储蓄存款可以在存款到期清户或储户提前支取本金时统一代扣代缴个人所得税税款。

五、关于有关储蓄业务扣缴义务人的认定问题

（一）异地托收储蓄

对个人储户取得的异地托收储蓄存款利息所得，应由原开户行在结付其利息所得时代扣代缴个人所得税。但定期存款未到期，异地托收续存的，应由委托行在结付其利息所得时代扣代缴个人所得税。

（二）通存通兑储蓄

个人储户取得通存通兑储蓄存款利息所得，应由原开户行在结付其利息所得时代扣代缴个人所得税；代理行在兑付税后利息时，应向储户开具注明已扣税款的利息清单。

六、关于活期储蓄存款和银行卡的扣税问题

储蓄机构在对个人活期储蓄和银行卡储蓄存款结息时，应依法代扣代缴个人所得税，储蓄机构在代扣税款时可不开具注明代扣税款的利息结算清单。但当活期存款的储户存取存款时，储蓄机构应在其存折上注明已扣税款的数额；银行卡储蓄结息时，应在对账单上注明已扣税款的数额。

七、关于自动转存储蓄存款的扣税问题

储蓄机构在办理自动转存业务时，必须依照《实施办法》的有关规定，在每次转存结付利息时代扣代缴储户应缴纳的个人所得税税款。对由于计算机程序修改、调试的原因，储蓄机构在 2000 年 6 月 1 日前办理的自动转存业务，在每次转存结付利息时代扣代缴税款有困难的，可以在个人储户存款到期清户环节统

一代扣代缴其应缴纳的个人所得税税款。

八、关于税收协定国家居民的征税问题

1. 来自税收协定缔约国的居民从中国境内储蓄机构取得的储蓄存款利息所得,应按税收协定规定的税率征收个人所得税。

2. 税收协定缔约国居民应到当地主管税务机关领取并填报《外国居民享受避免双重征税协定的待遇申请表》(表样见《国家税务总局关于修改〈外国居民享受避免双重征税协定的待遇申请表〉的通知》国税函发〔1995〕89号),主管税务机关依照原财政部税务总局《关于执行税收协定若干条文解释的通知》(〔86〕财税协字第15号)的规定审核确认后,准予享受有关税收协定的待遇。

3. 取得储蓄存款利息所得的税收协定,缔约国居民应填报上述《申请表》一式两份,一并送交储蓄机构,由储蓄机构报送当地主管税务机关。经当地主管税务机关审核确认后,退还储蓄机构一份据以执行。

附件:中国人民银行关于同意《中国工商银行教育储蓄试行办法》的批复(略)

68 国家税务总局关于纠正在征收利息、股息、红利所得个人所得税时扣除同期银行储蓄存款利息做法的通知

1999年9月28日　国税发〔1999〕181号

【全文有效】

　　现行个人所得税法自1994年实施以来，一些地区出于种种考虑，超越权限规定股份制企业分配的股息、红利和企业债券利息以及企事业单位集资利息扣除同期银行储蓄存款利息后征收个人所得税。

　　根据九届全国人大常委会第十一次会议审议通过的《全国人大常委会关于修订个人所得税法的决定》的规定，国家恢复对储蓄存款利息所得征收个人所得税。为统一税收政策，严格执法，保证储蓄存款利息所得征税工作的顺利进行，各地自定的对"利息、股息、红利"所得征收个人所得税的规定，凡与个人所得税法不一致的，一律停止执行，由各地税务机关或提请当地政府立即发文纠正。今后，各地应严格按照税法的统一规定执行，不得再擅开减免税口子。

69 国家税务总局关于外籍个人和港澳台居民个人储蓄存款利息所得个人所得税有关问题的通知

1999年10月25日　国税发〔1999〕201号

【全文有效】

各省、自治区、直辖市和计划单列市国家税务局：

接中国银行《关于办理代扣代缴储蓄利息所得税有关问题的请示》（中银零〔1999〕159号），经研究，现将外籍个人和港澳台居民个人储蓄存款利息所得个人所得税的有关问题通知如下：

一、根据《维也纳外交关系公约》的有关规定，外国驻华使领馆外交官及有相当于外交官身份的人员在中国境内储蓄机构取得的储蓄存款利息所得，不属于该公约规定的免税范围，应征收储蓄存款利息所得个人所得税。

二、外国居民取得的储蓄存款利息所得，可以享受有关税收协定规定的限制税率待遇，但须按有关规定填报《外国居民享受避免双重征税协定待遇申请表》。1999年11月1日对个人储蓄存款利息所得开始征税后，取得储蓄存款利息所得的外国居民由于种种原因未能填报《外国居民享受避免双重征税协定待遇申请表》的，自1999年11月1日至2000年10月31日止，可凭其护照或其他有效证件及居民国税务主管当局为其签发的居民证明，直接向储蓄机构办理享受税收协定待遇手续。储蓄机构审核，并将有关情况进行详细记录或留存有关证件的复印件后，直接按协定规定的限制税率代扣税款。从2000年11月1日起，外国居民享受税收协定待遇，必须按要求填报《外国居民享受避免双重征税协定待遇申请表》。

三、对非税收协定缔约国的居民和港澳台居民个人，取得的储蓄存款利息所得，应依照国务院《对储蓄存款利息所得征收个人所得税的实施办法》规定的税率征收税款。

70 国家税务总局关于远洋运输船员工资薪金所得个人所得税费用扣除问题的通知

1999年10月25日　国税发〔1999〕202号

【条款失效】

【注释】根据新修订的《个人所得税法》，第二条的每月扣除标准已经修订为5000元。

近据反映，各地在对远洋运输船员（含国轮船员和外派船员，下同）工资、薪金所得征收个人所得税时，费用扣除标准掌握不一。为了统一个人所得税政策，维护税法的统一性，经研究，现进一步明确如下：

一、根据《中华人民共和国个人所得税法》及其实施条例的规定，对远洋运输船员取得的工资、薪金所得采取按年计算、分月预缴的方式计征个人所得税。

二、考虑到远洋运输具有跨国流动的特性，因此，对远洋运输船员每月的工资、薪金收入在统一扣除800元费用的基础上，准予再扣除税法规定的附加减除费用标准。

三、由于船员的伙食费统一用于集体用餐，不发给个人，故特案允许该项补贴不计入船员个人的应纳税工资、薪金收入。

本通知自2000年1月1日起执行。

71 国家税务总局关于外国企业的董事在中国境内兼任职务有关税收问题的通知

1999 年 5 月 17 日　国税函〔1999〕284 号

【全文有效】

近来,一些地方反映,有些外国企业的董事(长)或合伙人(在中国境内无住所的个人,下同)在中国境内该企业设立的机构、场所担任职务,应取得工资、薪金所得,但其申报仅以董事费名义或分红形式取得收入。现就对其应如何征收个人所得税的问题明确如下:

外国企业的董事或合伙人担任该企业设立在中国境内的机构、场所的职务,或者名义上不担任该机构、场所的职务,但实际上从事日常经营、管理工作,其在中国境内从事上述工作取得的工资、薪金所得,属于来源于中国境内的所得,应按照《中华人民共和国个人所得税法》及其实施条例和其他有关规定计算缴纳个人所得税。上述个人凡未申报或未如实申报其工资、薪金所得的,可比照《国家税务总局关于外商投资企业的董事担任直接管理职务征收个人所得税问题的通知》(国税发〔1996〕214 号)第二条和第三条的规定核定其应取得的工资、薪金所得,并作为该中国境内机构、场所应负担的工资薪金确定纳税义务,计算应纳税额。

72 国家税务总局关于明确残疾人所得征免个人所得税范围的批复

1999年5月21日　国税函〔1999〕329号

【全文有效】

河南省地方税务局：

你局《关于如何确定残疾人所得征免个人所得税的范围的请示》（豫地税函〔1999〕67号）收悉。经研究，现批复如下：

根据《中华人民共和国个人所得税法》（以下简称税法）第五条第一款及其实施条例第十六条的规定，经省级人民政府批准可减征个人所得税的残疾、孤老人员和烈属的所得仅限于劳动所得，具体所得项目为：工资、薪金所得；个体工商户的生产经营所得；对企事业单位的承包经营、承租经营所得；劳务报酬所得；稿酬所得；特许权使用费所得。

税法第二条所列的其他各项所得，不属减征照顾的范围。

73 国家税务总局关于个人承包建筑收入征收个人所得税有关问题的批复

1999年5月17日 国税函〔1999〕286号

【全文有效】

河北省地方税务局：

你局《河北省地方税务局关于我省居民在山西承包建筑收入征收个人所得税有关问题的请示》（冀地税函〔1999〕74号）收悉。经研究，现批复如下：

一、你省邯郸市临漳县居民郭恩在山西省长治市以承包方式从事建筑安装活动，应当自行申报缴纳其承包经营所得的个人所得税，长治市西城区常青建筑公司对郭恩应缴纳的个人所得税不负有代扣代缴义务。

二、鉴于郭恩在山西省长治市从事建筑安装活动，又从未向当地缴纳过个人所得税的实际情况，临漳县地方税务局有权对郭恩承包建筑收入的应缴个人所得税问题进行纳税检查、追缴税款和加收滞纳金。

74 国家税务总局关于"特聘教授奖金"免征个人所得税的通知

1999年8月3日　国税函〔1999〕525号

【全文有效】

各省、自治区、直辖市和计划单列市地方税务局：

近接教育部来函，称由教育部与香港实业家李嘉诚先生及其领导的长江基建（集团）有限公司合作建立的"长江学者奖励计划"实施高等教育特聘教授岗位制度，根据教育部1999年6月10日印发的《高等学校特聘教授岗位制度实施办法》规定，"特聘教授在聘期内享受特聘教授奖金"，标准为每人每年10万元人民币，要求对其免予征收个人所得税。经研究，现通知如下：

一、根据个人所得税法第四条第一项的有关规定，对教育部颁发的"特聘教授奖金"免予征收个人所得税。

二、本通知自文到之日起执行。对文到之日前已征个人所得税的，不再退税。

三、各地应加强对该免税项目的监管，要求设岗的高等学校将聘任的特聘教授名单、聘任合同及发放奖金的情况报当地主管税务机关。

75 国家税务总局关于用使用权作奖项征收个人所得税问题的批复

1999年8月11日 国税函〔1999〕549号

【全文有效】

福建省地方税务局：

你局《福建省地方税务局关于用使用权作奖项是否征收个人所得税问题的请示》（闽地税政二〔1999〕33号）收悉，经研究，现批复如下：

你省外商投资企业福州元洪城举办购物有奖活动，规定特等奖为一套住房的10年免费使用权（10年内可以由中奖者自住，也可出租，10年后归还房子），一等奖为一部桑塔纳轿车的10年免费使用权。从以上情况可以看出，消费者取得了实物的使用权，可以运用该使用权获取收入或节省费用，使用权实质上是实物形态所得的表现形式。根据个人所得税法立法精神，个人取得的实物所得含取得所有权和使用权的所得。因此，可以认定消费者取得上述住房、汽车的免费使用权，不管是自用或出租，已经取得了实物形式的所得，应按照偶然所得冶应税项目缴纳个人所得税，税款由提供住房、汽车的企业代扣代缴。主管税务机关可根据个人所得税法实施条例第10条规定的原则，结合当地实际情况和所获奖品合理确定应纳税所得额。

76 国家税务总局关于股民从证券公司取得的回扣收入征收个人所得税问题的批复

1999 年 9 月 20 日　国税函〔1999〕627 号

【全文有效】

海南省地方税务局：

你局《海南省地方税务局关于证券交易所付给大户股民回扣收入征收个人所得税的请示》（琼地税发〔1999〕316 号）收悉。经研究，现批复如下：

目前，一些证券公司为了招揽大户股民在本公司开户交易，通常从证券公司取得的交易手续费中支付部分金额给大户股民。对于股民个人从证券公司取得的此类回扣收入或交易手续费返还收入，应按照《中华人民共和国个人所得税法》第二条第十一项"经国务院财政部门确定征税的其他所得"项目征收个人所得税，税款由证券公司在向股民支付回扣收入或交易手续费返还收入时代扣代缴。

77 国家税务总局关于储蓄存款利息所得个人所得税外币税款有关问题的通知

1999年10月25日 国税函〔1999〕698号

【全文有效】

国务院《对储蓄存款利息所得征收个人所得税的实施办法》中规定,扣缴义务人所扣税款为外币的,应当按照缴款上一月最后一日中国人民银行公布的人民币基准汇价折算成人民币,以人民币缴入中央金库。目前,中国人民银行公布的只有美元、日元和港币三个币种对人民币的基准汇价。为了统一执行口径,现将其他外币折算人民币问题明确如下:

扣缴义务人所扣税款为美元、日元和港币以外的其他外币的,应当按照缴款上一月最后一日中国银行公布的人民币外汇汇率中的现钞买入价折算成人民币,以人民币缴入中央金库。

78 国家税务总局关于《储蓄存款利息所得扣缴个人所得税报告表》中有关问题的通知

1999年10月25日　国税函〔1999〕699号

【全文有效】

根据国家税务总局关于《储蓄存款利息所得个人所得税征收管理办法》的规定，扣缴义务人每月缴纳所扣税款时，应向主管税务机关报送《储蓄存款利息所得扣缴个人所得税报告表》，为了统一填写口径，现将有关栏次的填列问题明确如下：

一、"本期结付利息存款金额""本期期末储蓄存款金额"应填列人民币和外币折合成人民币金额合计数。其中，外币折合成人民币金额应在"备注"栏中注明。

二、"本期结付利息额"应填列应税利息额。其中"本期结付利息额"中"外币折合人民币"金额应在"备注"栏中注明。

三、上述各栏次所填列的金额为外币折算成人民币的，折算方法如下：

（一）美元、日元、港币应按照缴款上一月最后一日中国人民银行公布的人民币基准汇价折算成人民币。

（二）其他外币应当按照缴款上一月最后一日中国银行公布的人民币外汇汇率中的现钞买入价折算成人民币。

79 国家税务总局关于中国铁路建设债券利息征收个人所得税问题的批复

1999年11月11日　国税函〔1999〕738号

【条款失效】

　　【注释】条款失效，文中"发行债券的单位没有代扣代缴税款或为纳税人承担税款的，按照《中华人民共和国税收征收管理法》第四十七条的规定，由发行债券的单位缴纳应扣税款"失效。参见《国家税务总局关于公布全文失效废止　部分条款失效废止的税收规范性文件目录的公告》（国家税务总局公告2011年第2号）。

　　江西省地方税务局：

　　你局《关于铁路建设债券利息征收个人所得税问题的请示》（赣地税函〔1999〕105号）收悉，经研究，现批复如下：

　　文中称：铁道部自1995年起在全国范围内发行"中国铁路建设债券"，其发行公告称"本次债券购买者不承担利息所得税"。

　　"中国铁路建设债券"属于企业债券，不属于财政部发行的债券和国务院批准发行的金融债券，因此，个人持有中国铁路建设债券而取得的利息不属于可以免纳个人所得税的"国债和国家发行的金融债券利息"，必须依照个人所得税法的规定，按"利息、股息、红利所得"应税项目缴纳个人所得税。

　　债券持有人应缴纳的个人所得税税款由发行债券的单位有债券持有人兑现时代扣代缴。发行债券的单位没有代扣代缴税款或为纳税人承担税款的，按照《中华人民共和国税收征收管理法》第四十七条的规定，由发行债券的单位缴纳应扣税款。

80 财政部 国家税务总局关于对青少年活动场所、电子游戏厅有关所得税和营业税政策问题的通知

2000年7月18日 财税〔2000〕21号

【条款失效】

　　【注释】条款失效，第二条失效。参见《财政部 国家税务总局关于公布若干废止和失效的营业税规范性文件的通知》（财税〔2009〕61号）。

　　各省、自治区、直辖市、计划单列市财政厅（局）、国家税务局、地方税务局：

　　根据中共中央办公厅、国务院办公厅《关于加强青少年学生活动场所建设和管理工作的通知》（中办发〔2000〕13号）精神，现对青少年活动场所以及社会力量对青少年活动场所的捐赠和电子游戏厅有关所得税、营业税政策问题通知如下：

　　一、对公益性青少年活动场所暂免征收企业所得税；对企事业单位、社会团体和个人等社会力量，通过非营利性的社会团体和国家机关对公益性青少年活动场所（其中包括新建）的捐赠，在缴纳企业所得税和个人所得税前准予全额扣除。

　　本通知所称公益性青少年活动场所，是指专门为青少年学生提供科技、文化、德育、爱国主义教育、体育活动的青少年宫、青少年活动中心等校外活动的公益性场所。

　　二、对电子游戏厅一律按20%的税率征收营业税。

　　三、对账证不全及按有关规定应采取核定征收企业所得税的电子游戏厅，应根据《国家税务总局关于印发〈核定征收企业所得税暂行办法〉的通知》（国税发〔2000〕38号）规定，调高定额或应税所得率，调高幅度为20%~50%，具体幅度比例可根据电子游戏厅经营情况确定。

　　四、对核定征收个人所得税的电子游戏厅，一律调高50%的个人所得税定额。

　　本通知第一条规定自2000年1月1日起执行，第二至第四条规定自2000年7月1日起执行。

81 财政部 国家税务总局关于企业等社会力量向红十字事业捐赠有关所得税政策问题的通知

2000年7月12日 财税〔2000〕30号

【全文有效】

各省、自治区、直辖市、计划单列市财政厅（局）、国家税务局、地方税务局：

根据国务院决定精神，为支持红十字事业的发展，现对企业等社会力量向红十字事业捐赠的有关所得税政策问题通知如下：

企业、事业单位、社会团体和个人等社会力量，通过非营利性的社会团体和国家机关（包括中国红十字会）向红十字事业的捐赠，在计算缴纳企业所得税和个人所得税时准予全额扣除。

本通知自2000年1月1日起执行。

82 财政部 国家税务总局关于随军家属就业有关税收政策的通知

2000年9月27日 财税〔2000〕84号

【条款失效】

【注释】随着全面推开"营改增",第一条有关营业税的表达失效。

各省、自治区、直辖市、计划单列市财政厅(局)、国家税务局、地方税务局:

为缓解随军家属的就业困难,经国务院、中央军委批准,现对随军家属就业的有关税收政策通知如下:

一、对为安置随军家属就业而新开办的企业,自领取税务登记证之日起,3年内免征营业税、企业所得税。

二、对从事个体经营的随军家属,自领取税务登记证之日起,3年内免征营业税和个人所得税。

三、享受税收优惠政策的企业,随军家属必须占企业总人数的60%(含)以上,并有军(含)以上政治和后勤机关出具的证明;随军家属必须有师以上政治机关出具的可以表明其身份的证明,但税务部门应进行相应的审查认定。

主管税务机关在企业或个人享受免税期间,应按现行有关税收规定,对此类企业进行年度检查,凡不符合条件的,应取消其免税政策。

每一随军家属只能按上述规定,享受一次免税政策。

四、本通知自2000年1月1日起执行。

请遵照执行。

83 财政部 国家税务总局关于印发《关于个人独资企业和合伙企业投资者征收个人所得税的规定》的通知

2000年9月19日 财税〔2000〕91号

【条款失效】

【注释】

1. 附件1第六条（一）修订，参见《财政部 国家税务总局关于调整个体工商户业主个人独资企业和合伙企业投资者个人所得税费用扣除标准的通知》（财税〔2011〕62号）。

2. 附件1第六条（五）、（六）修订，参见《财政部 国家税务总局关于调整个体工商户个人独资企业和合伙企业个人所得税税前扣除标准有关问题的通知》（财税〔2008〕65号）。

3. 附件2、附件3、附件4失效。参见《国家税务总局关于个发布人所得税申报表的公告》（国家税务总局公告2013年第21号）。

关于个人独资企业和合伙企业投资者征收个人所得税的规定：

第一条 为了贯彻落实《国务院关于个人独资企业和合伙企业征收所得税问题的通知》精神，根据《中华人民共和国个人所得税法》及其实施条例、《中华人民共和国税收征收管理法》及其实施细则的有关规定，特制定本规定。

第二条 本规定所称个人独资企业和合伙企业是指：

（一）依照《中华人民共和国个人独资企业法》和《中华人民共和国合伙企业法》登记成立的个人独资企业、合伙企业；

（二）依照《中华人民共和国私营企业暂行条例》登记成立的独资、合伙性质的私营企业；

（三）依照《中华人民共和国律师法》登记成立的合伙制律师事务所；

（四）经政府有关部门依照法律法规批准成立的负无限责任和无限连带责任的其他个人独资、个人合伙性质的机构或组织。

第三条 个人独资企业以投资者为纳税义务人，合伙企业以每一个合伙人为纳税义务人(以下简称投资者)。

第四条 个人独资企业和合伙企业(以下简称企业)每一纳税年度的收入总额减除成本、费用以及损失后的余额,作为投资者个人的生产经营所得,比照个人所得税法的"个体工商户的生产经营所得"应税项目,适用5%~35%的五级超额累进税率,计算征收个人所得税。

前款所称收入总额,是指企业从事生产经营以及与生产经营有关的活动所取得的各项收入,包括商品(产品)销售收入、营运收入、劳务服务收入、工程价款收入、财产出租或转让收入、利息收入、其他业务收入和营业外收入。

第五条 个人独资企业的投资者以全部生产经营所得为应纳税所得额;合伙企业的投资者按照合伙企业的全部生产经营所得和合伙协议约定的分配比例确定应纳税所得额,合伙协议没有约定分配比例的,以全部生产经营所得和合伙人数量平均计算每个投资者的应纳税所得额。

前款所称生产经营所得,包括企业分配给投资者个人的所得和企业当年留存的所得(利润)。

第六条 凡实行查账征税办法的,生产经营所得比照《个体工商户个人所得税计税办法(试行)》(国税发〔1997〕43号)的规定确定。但下列项目的扣除依照本办法的规定执行:

(一)投资者的费用扣除标准,由各省、自治区、直辖市地方税务局参照个人所得税法"工资、薪金所得"项目的费用扣除标准确定。投资者的工资不得在税前扣除。

(二)企业从业人员的工资支出按标准在税前扣除,具体标准由各省、自治区、直辖市地方税务局参照企业所得税计税工资标准确定。

(三)投资者及其家庭发生的生活费用不允许在税前扣除。投资者及其家庭发生的生活费用与企业生产经营费用混合在一起,并且难以划分的,全部视为投资者个人及其家庭发生的生活费用,不允许在税前扣除。

(四)企业生产经营和投资者及其家庭生活共用的固定资产,难以划分的,由主管税务机关根据企业的生产经营类型、规模等具体情况,核定准予在税前扣除的折旧费用的数额或比例。

(五)企业实际发生的工会经费、职工福利费、职工教育经费分别在其计税工资总额的2%、14%、1.5%的标准内据实扣除。

(六)企业每一纳税年度发生的广告和业务宣传费用不超过当年销售(营业)收入2%的部分,可据实扣除;超过部分可无限期向以后纳税年度结转。

(七)企业每一纳税年度发生的与其生产经营业务直接相关的业务招待费,在以下规定比例范围内,可据实扣除:全年销售(营业)收入净额在1500万元及其以下的,不超过销售(营业)收入净额的5‰;全年销售(营业)收入净额超过1500万元的,不超过该部分的3‰。

(八)企业计提的各种准备金不得扣除。

第七条 有下列情形之一的,主管税务机关应采取核定征收方式征收个人所得税:

(一)企业依照国家有关规定应当设置但未设置账簿的;

(二)企业虽设置账簿,但账目混乱或者成本资料、收入凭证、费用凭证残缺不全,难以查账的;

(三)纳税人发生纳税义务,未按照规定的期限办理纳税申报,经税务机关责令限期申报,逾期仍不申报的。

第八条 第七条所说核定征收方式,包括定额征收、核定应税所得率征收以及其他合理的征收方式。

第九条 实行核定应税所得率征收方式的,应纳所得税额的计算公式如下:

应纳所得税额 = 应纳税所得额 × 适用税率

应纳税所得额 = 收入总额 × 应税所得率

或 = 成本费用支出额 ÷ (1 − 应税所得率) × 应税所得率

应税所得率应按下表规定的标准执行:

行业	应税所得率(%)
工业、交通运输业、商业	5~20
建筑业、房地产开发业	7~20
饮食服务业	7~25
娱乐业	20~40
其他行业	10~30

企业经营多业的,无论其经营项目是否单独核算,均应根据其主营项目确定其适用的应税所得率。

第十条 实行核定征税的投资者,不能享受个人所得税的优惠政策。

第十一条 企业与其关联企业之间的业务往来,应当按照独立企业之间的业务往来收取或者支付价款、费用。不按照独立企业之间的业务往来收取或者支付价款、费用,而减少其应纳税所得额的,主管税务机关有权进行合理调整。

前款所称关联企业,其认定条件及税务机关调整其价款、费用的方法,按照《中华人民共和国税收征收管理法》及其实施细则的有关规定执行。

第十二条 投资者兴办两个或两个以上企业的(包括参与兴办,下同),年度终了时,应汇总从所有企业取得的应纳税所得额,据此确定适用税率并计算缴纳应纳税款。

第十三条 投资者兴办两个或两个以上企业的，根据本规定第六条第一款规定准予扣除的个人费用，由投资者选择在其中一个企业的生产经营所得中扣除。

第十四条 企业的年度亏损，允许用本企业下一年度的生产经营所得弥补，下一年度所得不足弥补的，允许逐年延续弥补，但最长不得超过5年。

投资者兴办两个或两个以上企业的，企业的年度经营亏损不能跨企业弥补。

第十五条 投资者来源于中国境外的生产经营所得，已在境外缴纳所得税的，可以按照个人所得税法的有关规定计算扣除已在境外缴纳的所得税。

第十六条 企业进行清算时，投资者应当在注销工商登记之前，向主管税务机关结清有关税务事宜。企业的清算所得应当视为年度生产经营所得，由投资者依法缴纳个人所得税。

前款所称清算所得，是指企业清算时的全部资产或者财产的公允价值扣除各项清算费用、损失、负债、以前年度留存的利润后，超过实缴资本的部分。

第十七条 投资者应纳的个人所得税税款，按年计算，分月或者分季预缴，由投资者在每月或者每季度终了后7日内预缴，年度终了后3个月内汇算清缴，多退少补。

第十八条 企业在年度中间合并、分立、终止时，投资者应当在停止生产经营之日起60日内，向主管税务机关办理当期个人所得税汇算清缴。

第十九条 企业在纳税年度的中间开业，或者由于合并、关闭等原因，使该纳税年度的实际经营期不足12个月的，应当以其实际经营期为一个纳税年度。

第二十条 投资者应向企业实际经营管理所在地主管税务机关申报缴纳个人所得税。投资者从合伙企业取得的生产经营所得，由合伙企业向企业实际经营管理所在地主管税务机关申报缴纳投资者应纳的个人所得税，并将个人所得税申报表抄送投资者。

投资者兴办两个或两个以上企业的，应分别向企业实际经营管理所在地主管税务机关预缴税款。年度终了后办理汇算清缴时，区别不同情况分别处理：

（一）投资者兴办的企业全部是个人独资性质的，分别向各企业的实际经营管理所在地主管税务机关办理年度纳税申报，并依所有企业的经营所得总额确定适用税率，以本企业的经营所得为基础，计算应缴税款，办理汇算清缴；

（二）投资者兴办的企业中含有合伙性质的，投资者应向经常居住地主管税务机关申报纳税，办理汇算清缴，但经常居住地与其兴办企业的经营管理所在地不一致的，应选定其参与兴办的某一合伙企业的经营管理所在地为办理年度汇算清缴所在地，并在5年内不得变更。5年后需要变更的，须经原主管税务机关批准。

第二十一条 投资者在预缴个人所得税时，应向主管税务机关报送《个人独资企业和合伙企业投资者个人所得税申报表》，并附送会计报表。

年度终了后30日内，投资者应向主管税务机关报送《个人独资企业和合伙企业投资者个人所得税申报表》，并附送年度会计决算报表和预缴个人所得税纳税凭证。

投资者兴办两个或两个以上企业的，向企业实际经营管理所在地主管税务机关办理年度纳税申报时，应附注从其他企业取得的年度应纳税所得额；其中含有合伙企业的，应报送汇总从所有企业取得的所得情况的《合伙企业投资者个人所得税汇总申报表》，同时附送所有企业的年度会计决算报表和当年度已缴个人所得税纳税凭证。

第二十二条 投资者的个人所得税征收管理工作由地方税务局负责。

第二十三条 投资者的个人所得税征收管理的其他事项，依照《中华人民共和国税收征收管理法》《中华人民共和国个人所得税法》的有关规定执行。

第二十四条 本规定由国家税务总局负责解释。各省、自治区、直辖市地方税务局可以根据本规定规定的原则，结合本地实际，制定具体实施办法。

第二十五条 本规定从2000年1月1日起执行。

84 财政部 国家税务总局关于对老年服务机构有关税收政策问题的通知

2000年11月24日 财税〔2000〕97号

【全文有效】

各省、自治区、直辖市、计划单列市财政厅（局）、国家税务局、地方税务局：

为贯彻中共中央、国务院《关于加强老龄工作的决定》（中发〔2000〕13号）精神，现对政府部门和社会力量兴办的老年服务机构有关税收政策问题通知如下：

一、对政府部门和企事业单位、社会团体以及个人等社会力量投资兴办的福利性、非营利性的老年服务机构，暂免征收企业所得税，以及老年服务机构自用房产、土地、车船的房产税、城镇土地使用税、车船使用税。

二、对企事业单位、社会团体和个人等社会力量，通过非营利性的社会团体和政府部门向福利性、非营利性的老年服务机构的捐赠，在缴纳企业所得税和个人所得税前准予全额扣除。

三、本通知所称老年服务机构，是指专门为老年人提供生活照料、文化、护理、健身等多方面服务的福利性、非营利性的机构，主要包括：老年社会福利院、敬老院（养老院）、老年服务中心、老年公寓（含老年护理院、康复中心、托老所）等。

本通知自2000年10月1日起执行。

85 财政部 国家税务总局关于调整住房租赁市场税收政策的通知

2000年12月7日 财税〔2000〕125号

【全文有效】

各省、自治区、直辖市、计划单列市财政厅（局）、国家税务局、地方税务局，新疆生产建设兵团：

为了配合国家住房制度改革，支持住房租赁市场的健康发展，经国务院批准，现对住房租赁市场有关税收政策问题通知如下：

一、对按政府规定价格出租的公有住房和廉租住房，包括企业和自收自支事业单位向职工出租的单位自有住房；房管部门向居民出租的公有住房；落实私房政策中带户发还产权并以政府规定租金标准向居民出租的私有住房等，暂免征收房产税、营业税。

二、对个人按市场价格出租的居民住房，其应缴纳的营业税暂减按3%的税率征收，房产税暂减按4%的税率征收。

三、对个人出租房屋取得的所得暂减按10%的税率征收个人所得税。

本通知自2001年1月1日起执行。凡与本通知规定不符的税收政策，一律改按本通知的规定执行。

86 国家税务总局关于企业改组改制过程中个人取得的量化资产征收个人所得税问题的通知

2000年3月29日　国税发〔2000〕60号

【全文有效】

各省、自治区、直辖市和计划单列市地方税务局：

根据国家有关规定，允许集体所有制企业在改制为股份合作制企业时可以将有关资产量化给职工个人。为了支持企业改组改制的顺利进行，对于企业在这一改革过程中个人取得量化资产的有关个人所得税问题，现明确如下：

一、对职工个人以股份形式取得的仅作为分红依据，不拥有所有权的企业量化资产，不征收个人所得税。

二、对职工个人以股份形式取得的拥有所有权的企业量化资产，暂缓征收个人所得税；待个人将股份转让时，就其转让收入额，减除个人取得该股份时实际支付的费用支出和合理转让费用后的余额，按"财产转让所得"项目计征个人所得税。

三、对职工个人以股份形式取得的企业量化资产参与企业分配而获得的股息、红利，应按"利息、股息、红利"项目征收个人所得税。

87 国家税务总局关于律师事务所从业人员取得收入征收个人所得税有关业务问题的通知

2000年8月23日　国税发〔2000〕149号

【条款失效】

【注释】

1. 本篇法规第三条被《关于公布全文失效废止，部分条款失效废止的税收规范性文件目录的公告》（国家税务总局公告2011年第2号）废止。

2. 本篇法规被《国家税务总局关于律师事务所从业人员有关个人所得税问题的公告》（国家税务总局公告2012第53号）部分废止，本法第八条被废止；第五条第二款规定的作为律师事务所雇员的律师从其分成收入中扣除办理案件支出费用的标准，由现行在律师当月分成收入的30%的比例内确定，调整为35%的比例内确定（该公告中关于本法第五条第二款规定的变更执行期限为2013年1月1日至2015年12月31日）。

3. 本篇法规被《国家税务总局关于修改部分税收规范性文件的公告》（国家税务总局公告2018年第31号）修订。

各省、自治区、直辖市和计划单列市地方税务局：

为了规范和加强律师事务所从业人员个人所得税的征收管理，现将有关问题明确如下：

一、律师个人出资兴办的独资和合伙性质的律师事务所的年度经营所得，从2000年1月1日起，停止征收企业所得税，作为出资律师的个人经营所得，按照有关规定，比照"个体工商户的生产、经营所得"应税项目征收个人所得税。在计算其经营所得时，出资律师本人的工资、薪金不得扣除。

二、合伙制律师事务所应将年度经营所得全额作为基数，按出资比例或者事先约定的比例计算各合伙人应分配的所得，据以征收个人所得税。

三、律师个人出资兴办的律师事务所，凡有《中华人民共和国税收征收管理法》第二十三条所列情形之一的，主管税务机关有权核定出资律师个人的应纳税额。

四、律师事务所支付给雇员（包括律师及行政辅助人员，但不包括律师事务所的投资者，下同）的所得，按"工资、薪金所得"应税项目征收个人所得税。

五、作为律师事务所雇员的律师与律师事务所按规定的比例对收入分成，律师事务所不负担律师办理案件支出的费用（如交通费、资料费、通信费及聘请人员等费用），律师当月的分成收入按本条第二款的规定扣除办理案件支出的费用后，余额与律师事务所发给的工资合并，按"工资、薪金所得"应税项目计征个人所得税。

律师从其分成收入中扣除办理案件支出费用的标准，由各省税务局根据当地律师办理案件费用支出的一般情况、律师与律师事务所之间的收入分成比例及其他相关参考因素，在律师当月分成收入的30%比例内确定。

六、兼职律师从律师事务所取得工资、薪金性质的所得，律师事务所在代扣代缴其个人所得税时，不再减除个人所得税法规定的费用扣除标准，以收入全额（取得分成收入的为扣除办理案件支出费用后的余额）直接确定适用税率，计算扣缴个人所得税。兼职律师应于次月7日内自行向主管税务机关申报两处或两处以上取得的工资、薪金所得，合并计算缴纳个人所得税。

兼职律师是指取得律师资格和律师执业证书，不脱离本职工作从事律师职业的人员。

七、律师以个人名义再聘请其他人员为其工作而支付的报酬，应由该律师按"劳务报酬所得"应税项目负责代扣代缴个人所得税。为了便于操作，税款可由其任职的律师事务所代为缴入国库。

八、律师从接受法律事务服务的当事人处取得的法律顾问费或其他酬金，均按"劳务报酬所得"应税项目征收个人所得税，税款由支付报酬的单位或个人代扣代缴。

九、律师事务所从业人员个人所得税的征收管理，按照《中华人民共和国个人所得税法》及其实施条例、《中华人民共和国税收征收管理法》及其实施细则和《个人所得税代扣代缴暂行办法》《个人所得税自行申报纳税暂行办法》等有关法律、法规、规章的规定执行。

十、本通知第一条、第二条、第三条自2000年1月1日起执行，其余自2000年9月1日起执行。各地可根据本通知的规定精神，结合本地实际，制定具体的征管办法。

88 国家税务总局关于在中国境内无住所个人以有价证券形式取得工资薪金所得确定纳税义务有关问题的通知

2000年3月17日 国税函〔2000〕190号

【全文有效】

各省、自治区、直辖市和计划单列市地方税务局：

接一些地区询问，在中国境内无住所的个人先后在一家公司（集团）内的境内、外机构场所（或成员企业）中工作，其在华工作期间以折扣认购股票等有价证券形式取得属于来华之前的工资薪金所得，以及离华后以此形式取得属于在华工作期间的工资薪金所得，如何按照《国家税务总局关于个人认购股票等有价证券而从雇主取得折扣或补贴收入有关征收个人所得税问题的通知》（国税发〔1998〕9号）的规定征收个人所得税。对此，现明确如下：

根据《中华人民共和国个人所得税法》及其实施条例、政府间税收协定和有关税收规定，在中国境内无住所的个人在华工作期间或离华后以折扣认购股票等有价证券形式取得工资薪金所得，仍应依照劳务发生地原则判定其来源地及纳税义务。上述个人来华后以折扣认购股票等形式收到的工资薪金性质所得，凡能够提供雇佣单位有关工资制度及折扣认购有价证券办法，证明上述所得含有属于该个人来华之前工作所得的，可仅就其中属于在华工作期间的所得征收个人所得税。与此相应，上述个人停止在华履约或执行职务离境后收到的属于在华工作期间的所得，也应确定为来源于我国的所得，但该项工资薪金性质所得未在中国境内的企业或机构、场所负担的，可免予扣缴个人所得税。

89 国家税务总局关于个人取得专利赔偿所得征收个人所得税问题的批复

2000年4月24日 国税函〔2000〕257号

【全文有效】

安徽省地方税务局：

你局《关于个人取得专利赔偿所得征收个人所得税问题的请示》（皖地税〔2000〕37号）收悉，经研究，现批复如下：

你省"三相组合式过压保护器"专利的所有者王某，因其该项专利权被安徽省电气研究所使用而取得的经济赔偿收入，应按照个人所得税法及其实施条例的规定，按"特许权使用费所得"应税项目缴纳个人所得税，税款由支付赔款的安徽省电气研究所代扣代缴。

90 国家税务总局关于个人或合伙吸储放贷取得的收入征收个人所得税问题的批复

2000年7月7日　国税函〔2000〕516号

【全文有效】

辽宁省地方税务局：

你局《关于个人或合伙吸储放贷取得的收入征收个人所得税问题的请示》（辽地税个〔2000〕13号）收悉，经研究，现批复如下：

个人或者几个人合伙对外吸收存款、放出贷款，从中获取贷款利息的差额利润，这是违法国家金融管理规定的行为，应由有关部门依法取缔。在这种行为被有关部门取缔之前，为了防止其蔓延和调节个人收入，现明确：对个人或个人合伙取得的吸存放贷收入，应按照个体工商户的生产经营所得应税项目征收个人所得税；对个人将资金提供上述人员放贷而取得的利息收入，应作为集资利息收入，按照利息、股息、红利所得应税项目征收个人所得税，税款由利息所得支付者代扣代缴。

91 国家税务总局关于"长江小小科学家"奖金免征个人所得税的通知

2000年9月4日　国税函〔2000〕688号

【全文有效】

各省、自治区、直辖市和计划单列市地方税务局：

近接教育部来函，称由教育部和李嘉诚基金会主办、中国科协承办"长江小小科学家"活动，奖励全国（包括香港、澳门特别行政区）初中、高中、中等师范学校、中等专业学校、职业中学、技工学校的在校学生近年来完成的，并申报参加全国评选和展示的获奖优秀科技创新和科学研究项目。每次活动评出一等奖1名，奖金为25万元人民币（其中奖励学生个人5万元人民币，奖励学生所在学校20万元人民币）；二等奖25名，奖金为6万元人民币（其中奖励学生个人1万元人民币，奖励学生所在学校5万元人民币）；三等奖50名，奖金为3.5万元人民币（其中奖励学生个人5千元人民币，奖励学生所在学校3万元人民币）；提名奖100名，奖金为9千元人民币（其中奖励学生个人1500元人民币，奖励学生所在学校7500元人民币）。教育部为此申请对上述奖金免征个人所得税。经研究，现通知如下：

根据《中华人民共和国个人所得税法》第四条第一款关于国务院部委颁发的科学等方面的奖金免税的规定，对学生个人参与"长江小小科学家"活动并获得的奖金，免予征收个人所得税。

92 财政部、国家税务总局关于企业等社会力量向红十字事业捐赠有关问题的通知

2001年3月8日　财税〔2001〕28号

【全文有效】

各省、自治区、直辖市、计划单列市财政厅（局）、国家税务局、地方税务局、红十字会：

为鼓励企业等社会力量向红十字事业的捐赠，财政部、国家税务总局联合下发了《关于企业等社会力量向红十字事业捐赠有关所得税政策问题的通知》（财税〔2000〕30号）。为更好地贯彻落实此项政策，现就有关问题通知如下：

一、关于"红十字事业"的认定

县级以上（含县级）红十字会，按照《中华人民共和国红十字会法》和《中国红十字会章程》所赋予的职责开展的相关活动为"红十字事业"。具体有以下十项：

（一）红十字会为开展救灾工作兴建和管理备灾救灾设施；自然灾害和突发事件中，红十字会开展的救护和救助活动。

（二）红十字会开展的卫生救护和防病知识的宣传普及；对易发生意外伤害的行业和人群开展的初级卫生救护培训，以及意外伤害、自然灾害的现场救护。

（三）无偿献血的宣传、发动及表彰工作。

（四）中国造血干细胞捐赠者资料库（中华骨髓库）的建设与管理，以及其他有关人道主义服务工作。

（五）各级红十字会兴办的符合红十字会宗旨的社会福利事业；红十字会的人员培训、机关建设等。

（六）红十字青少年工作及其开展的活动。

（七）国际人道主义救援工作。

（八）依法开展的募捐活动。

（九）宣传国际人道主义法、红十字与红新月运动基本原则和《中华人民共和国红十字会法》。

（十）县级以上（含县级）人民政府委托红十字会办理的其他"红十字事业"。

二、对受赠者和转赠者资格的认定

鉴于现阶段各级地方红十字会机构管理体制多元化的情况，为使接受的捐赠真正用于发展红十字事业，维护国家正常的税收秩序，对受赠者、转赠者的资格认定为：

（一）完全具有受赠者、转赠者资格的红十字会

县级以上（含县级）红十字会的管理体制及办事机构、编制经同级编制部门核定，由同级政府领导联系者为完全具有受赠者、转赠者资格的红十字会。捐赠给这些红十字会及其"红十字事业"，捐赠者准予享受在计算缴纳企业所得税和个人所得税时全额扣除的优惠政策。

（二）部分具有受赠和转赠资格的红十字会

由政府某部门代管或挂靠在政府某一部门的县级以上（含县级）红十字会为部分具有受赠者、转赠者资格的红十字会。这些红十字会及其"红十字事业"，只有在中国红十字会总会号召开展重大活动（以总会文件为准）时接受的捐赠和转赠，捐赠者方可享受在计算缴纳企业所得税和个人所得税时全额扣除的优惠政策。除此之外，接受定向捐赠或转赠，必须经中国红十字会总会认可，捐赠者方可享受在计算缴纳企业所得税和个人所得税时全额扣除的优惠政策。

三、接受捐赠的红十字会应按照财务隶属关系分别使用由中央或省级财政部门统一印（监）制的捐赠票据，并加盖接受捐赠或转赠的红十字会的财务专用印章

四、为增强中国红十字会总会的协调及救助能力，县级以上（含县级）红十字会将接受的捐赠资金（不包括实物部分），按10%的比例逐笔上交中国红十字会总会，上交资金全部用于"红十字事业"

五、任何组织和个人不得侵占和挪用向红十字事业的捐赠。对违反本办法，骗取所得税税前扣除或伪造捐赠票据者，按国家有关法律法规处罚

93 财政部 国家税务总局关于纳税人向农村义务教育捐赠有关所得税政策的通知

2001年6月21日 财税〔2001〕103号

【全文有效】

各省、自治区、直辖市、计划单列市财政厅（局）、国家税务局、地方税务局，新疆生产建设兵团财务局：

为了贯彻落实《国务院关于基础教育改革与发展的决定》（国发〔2001〕21号）的有关精神，支持农村义务教育发展，经国务院同意，现对纳税人向农村义务教育捐赠的有关所得税政策通知如下：

一、企事业单位、社会团体和个人等社会力量通过非营利的社会团体和国家机关向农村义务教育的捐赠，准予在缴纳企业所得税和个人所得税前的所得额中全额扣除。

二、本通知所称农村义务教育的范围，是指政府和社会力量举办的农村乡镇（不含县和县级市政府所在地的镇）、村的小学和初中以及属于这一阶段的特殊教育学校。纳税人对农村义务教育与高中在一起的学校的捐赠，也享受本通知规定的所得税前扣除政策。

三、接受捐赠或办理转赠的非营利的社会团体和国家机关，应按照财务隶属关系分别使用由中央或省级财政部门统一印（监）制的捐赠票据，并加盖接受捐赠或转赠单位的财务专用印章。税务机关据此对捐赠单位和个人进行税前扣除。

四、本通知自2001年7月1日起执行。

94 财政部 国家税务总局关于个人与用人单位解除劳动关系取得的一次性补偿收入征免个人所得税问题的通知

2001年9月10日 财税〔2001〕157号

【条款失效】

【注释】条款第一条废止。参见《财政部 税务总局关于个人所得税法修改后有关优惠政策衔接问题的通知》(财税〔2018〕164号)。

各省、自治区、直辖市、计划单列市财政厅(局)、地方税务局,新疆生产建设兵团财务局:

为进一步支持企业、事业单位、机关、社会团体等用人单位推进劳动人事制度改革,妥善安置有关人员,维护社会稳定,现对个人因与用人单位解除劳动关系而取得的一次性补偿收入征免个人所得税的有关问题通知如下:

一、个人因与用人单位解除劳动关系而取得的一次性补偿收入(包括用人单位发放的经济补偿金、生活补助费和其他补助费用),其收入在当地上年职工平均工资3倍数额以内的部分,免征个人所得税;超过的部分按照《国家税务总局关于个人因解除劳动合同取得经济补偿金征收个人所得税问题的通知》(国税发〔1999〕178号)的有关规定,计算征收个人所得税。

二、个人领取一次性补偿收入时按照国家和地方政府规定的比例实际缴纳的住房公积金、医疗保险费、基本养老保险费、失业保险费,可以在计征其一次性补偿收入的个人所得税时予以扣除。

三、企业依照国家有关法律规定宣告破产,企业职工从该破产企业取得的一次性安置费收入,免征个人所得税。

本通知自2001年10月1日起执行。以前规定与本通知规定不符的,一律按本通知规定执行。对于此前已发生而尚未进行税务处理的一次性补偿收入也按本通知规定执行。

95　国家税务总局关于代扣代缴储蓄存款利息所得个人所得税手续费收入征免税问题的通知

2001年3月16日　国税发〔2001〕31号

【全文有效】

各省、自治区、直辖市和计划单列市国家税务局、地方税务局：

近据各地税务部门反映，部分储蓄机构要求明确代扣代缴储蓄存款利息所得个人所得税（以下简称利息税）取得手续费收入的征免税政策。为完善税收政策，进一步加强对利息征税的管理，现将代扣代缴利息税手续费收入的征免税政策明确如下：

一、根据《国务院对储蓄存款利息所得征收个人所得税的实施办法》的规定，储蓄机构代扣代缴利息税，可按所扣税款的2%取得手续费。对储蓄机构取得的手续费收入，可按所扣税款的2%取得手续费。对储蓄机构取得的手续费收入，应分别按照《中华人民共和国营业税暂行条例》和《中华人民共和国企业所得税暂行条例》的有关规定征收营业税和企业所得税。

二、储蓄机构内从事代扣代缴工作的办税人员取得的扣缴利息税手续费所得免征个人所得税。

96　国家税务总局关于《关于个人独资企业和合伙企业投资者征收个人所得税的规定》执行口径的通知

2001年1月17日　国税函〔2001〕84号

【全文有效】

各省、自治区、直辖市和计划单列市地方税务局：

为更好地贯彻落实财政部、国家税务总局《关于印发〈关于个人独资企业和合伙企业投资者征收个人所得税的规定〉的通知》（财税〔2000〕91号）（以下简称《通知》）精神，切实做好个人独资企业和合伙企业投资者个人所得税的征收管理工作，现对《通知》中有关规定的执行口径明确如下：

一、关于投资者兴办两个或两个以上企业，并且企业全部是独资性质的，其年度终了后汇算清缴时应纳税款的计算问题

投资者兴办两个或两个以上企业，并且企业性质全部是独资的，年度终了后汇算清缴时，应纳税款的计算按以下方法进行：汇总其投资兴办的所有企业的经营所得作为应纳税所得额，以此确定适用税率，计算出全年经营所得的应纳税额，再根据每个企业的经营所得占所有企业经营所得的比例，分别计算出每个企业的应纳税额和应补缴税额。计算公式如下：

应纳税所得额 = $\sum$ 各个企业的经营所得

应纳税额 = 应纳税所得额 × 税率 − 速算扣除数

本企业应纳税额 = 应纳税额 × 本企业的经营所得 / $\sum$ 各个企业的经营所得

本企业应补缴的税额 = 本企业应纳税额 − 本企业预缴的税额

二、关于个人独资企业和合伙企业对外投资分回利息、股息、红利的征税问题

个人独资企业和合伙企业对外投资分回的利息或者股息、红利，不并入企业

的收入，而应单独作为投资者个人取得的利息、股息、红利所得，按"利息、股息、红利所得"应税项目计算缴纳个人所得税。以合伙企业名义对外投资分回利息或者股息、红利的，应按《通知》所附规定的第五条精神确定各个投资者的利息、股息、红利所得，分别按"利息、股息、红利所得"应税项目计算缴纳个人所得税。

三、关于个人独资企业和合伙企业由实行查账征税方式改为核定征税方式后，未弥补完的年度经营亏损是否允许继续弥补的问题

实行查账征税方式的个人独资企业和合伙企业改为核定征税方式后，在查账征税方式下认定的年度经营亏损未弥补完的部分，不得再继续弥补。

四、关于残疾人员兴办或参与兴办个人独资企业和合伙企业的税收优惠问题

残疾人员投资兴办或参与投资兴办个人独资企业和合伙企业的，残疾人员取得的生产经营所得，符合各省、自治区、直辖市人民政府规定的减征个人所得税条件的，经本人申请、主管税务机关审核批准，可按各省、自治区、直辖市人民政府规定减征的范围和幅度，减征个人所得税。

97 国家税务总局关于外籍个人取得的探亲费免征个人所得税有关执行标准问题的通知

2001年5月14日　国税函〔2001〕336号

【全文有效】

各省、自治区、直辖市和计划单列市地方税务局：

近接一些地方反映，根据《国家税务总局关于外籍个人取得有关补贴免征个人所得税执行问题的通知》（国税发〔1997〕54号）第四条的规定，对外籍个人取得的探亲费免征个人所得税，应由纳税人提供探亲的交通支出凭证（复印件），由主管税务机关审核，对其实际用于本人探亲，且每年探亲的次数和支付的标准合理的部分给予免税。但在执行中，对如何掌握"每年探亲的次数和支付的标准合理的部分"，要求予以进一步明确，现对此统一规定如下：

一、可以享受免征个人所得税优惠待遇的探亲费，仅限于外籍个人在我国的受雇地与其家庭所在地（包括配偶或父母居住地）之间搭乘交通工具且每年不超过2次的费用。

二、本通知自发文之日起执行，对于此前发生且尚未进行税务处理的探亲费也应按本通知执行。

98 国家税务总局关于联想集团改制员工取得的用于购买企业国有股权的劳动分红征收个人所得税问题的批复

2001年11月9日　国税函〔2001〕832号

【全文有效】

北京市地方税务局：

你局《北京市地方税务局关于联想集团改制员工获得国有股权征免个人所得税问题的请示》（京地税个〔2001〕411号）收悉。来文反映，联想集团经有关部门批准，建立了一套产权激励机制，将多年留存在企业应分配给职工的劳动分红（1.63亿元），划分给职工个人，用于购买企业的国有股权（35%），再以职工持股会的形式持有联想集团控股公司的股份。你局提出，对联想集团控股公司职工取得的用于购买企业国有股权的劳动分红，比照《国家税务总局关于企业改组改制过程中个人取得量化资产征收个人所得税问题的通知》（国税发〔2000〕60号）规定，暂缓征收个人所得税。经研究，现批复如下：

一、该公司职工取得的用于购买企业国有股权的劳动分红，不宜比照国税发〔2000〕60号文的规定暂缓征收个人所得税。理由是：（一）两者的前提不同。国税发〔2000〕60号文规定暂缓征税的前提，是集体所有制企业改制为股份合作制，而联想集团改制不符合这一前提。（二）两者的分配方式不同。国税发〔2000〕60号文规定暂缓征税的分配方式，是在企业改制时将企业的所有资产一次量化给职工个人，而联想集团仅是分配历年留存的劳动分红。

二、联想集团控股公司的做法，实际上是将多年留存在企业应分未分的劳动分红在职工之间进行了分配，职工个人再将分得的部分用于购买企业的国有股权。

三、根据前述事实及个人所得税法有关规定，对联想集团控股公司职工取得的用于购买企业国有股权的劳动分红，应按"工资、薪金所得"项目计征个人所得税，税款由联想集团控股公司代扣代缴。

99 财政部 国家税务总局关于开放式证券投资基金有关税收问题的通知

2002年8月22日 财税〔2002〕128号

【条款失效】

【注释】

1. 本篇法规第一条第三项被《财政部 国家税务总局关于公布若干废止和失效的营业税规范性文件的通知》(财税〔2009〕61号)。

2. 本篇法规被《财政部关于公布废止和失效的财政规章和规范性文件目录(第十二批)的决定》(财政部2016年第83号令)废止。

3. 根据《财政部 国家税务总局关于继续有效的个人所得税优惠政策目录的公告》(财政部 税务总局公告2018年第177号)宣称，本法规除被部分废止的条款外，将继续有效，请参照适用。

各省、自治区、直辖市、计划单列市财政厅（局）、国家税务局、地方税务局，新疆生产建设兵团财务局：

为支持和积极培育机构投资者，充分利用开放式基金手段，进一步拓宽社会投资渠道，促进证券市场的健康、稳定发展，经国务院批准，现对中国证监会批准设立的开放式证券投资基金（以下简称基金）的税收问题通知如下：

一、关于营业税问题

1. 以发行基金方式募集资金不属于营业税的征税范围，不征收营业税。

2. 基金管理人运用基金买卖股票、债券的差价收入，在2003年底前暂免征收营业税。

3. 金融机构（包括银行和非银行金融机构）申购和赎回基金单位的差价收入征收营业税；个人和非金融机构申购和赎回基金单位的差价收入不征收营业税。

二、关于所得税问题

1. 对基金管理人运用基金买卖股票、债券的差价收入,在 2003 年底前暂免征收企业所得税。

2. 对个人投资者申购和赎回基金单位取得的差价收入,在对个人买卖股票的差价收入未恢复征收个人所得税以前,暂不征收个人所得税;对企业投资者申购和赎回基金单位取得的差价收入,应并入企业的应纳税所得额,征收企业所得税。

3. 对基金取得的股票的股息、红利收入,债券的利息收入、储蓄存款利息收入,由上市公司、发行债券的企业和银行在向基金支付上述收入时代扣代缴 20% 的个人所得税;对投资者(包括个人和机构投资者)从基金分配中取得的收入,暂不征收个人所得税和企业所得税。

三、关于印花税问题

1. 基金管理人运用基金买卖股票按照 2‰ 的税率征收印花税。
2. 对投资者申购和赎回基金单位,暂不征收印花税。

四、对基金管理人、基金托管人、基金代销机构从事基金管理活动取得的收入,依照税法的有关规定征收营业税、企业所得税以及其他相关税收

请遵照执行。

100　国家税务总局关于剧本使用费征收个人所得税问题的通知

2002年5月9日　国税发〔2002〕52号

【全文有效】

各省、自治区、直辖市和计划单列市地方税务局：

为促进文化事业发展，丰富人民群众文化生活，经研究，现对电影、电视剧剧本作者取得的剧本使用费征收个人所得税的政策调整如下：

对于剧本作者从电影、电视剧的制作单位取得的剧本使用费，不再区分剧本的使用方是否为其任职单位，统一按特许权使用费所得项目计征个人所得税。

本通知自2002年5月1日起执行，《国家税务总局关于影视演职人员个人所得税问题的批复》（国税函〔1997〕385号）中与本通知精神不符的规定，同时废止。

101 国家税务总局关于个人所得税若干业务问题的批复

2002年2月9日　国税函〔2002〕146号

【条款失效】

【注释】条款失效，第二条失效。参见《国家税务总局关于公布全文失效废止 部分条款失效废止的税收规范性文件目录的公告》（国家税务总局公告2011年第2号）。

北京市地方税务局：

你局《北京市地方税务局关于个人所得税若干问题的请示》（京地税个〔2001〕502号）收悉，经研究，现批复如下：

一、关于个人认购股票等有价证券而从雇主取得的折扣或补贴收入计算缴纳个人所得税的问题

个人认购股票等有价证券时，从雇主取得的折扣或补贴收入，应按照《国家税务总局关于个人认购股票等有价证券而从雇主取得的折扣或补贴收入有关征收个人所得税问题的通知》（国税发〔1998〕9号）的规定进行处理。

二、关于财产租赁所得计算缴纳个人所得税时税前扣除有关税、费的次序问题

个人出租财产取得的财产租赁收入，在计算缴纳个人所得税时，应依次扣除以下费用：

（一）财产租赁过程中缴纳的税费；

（二）由纳税人负担的该出租财产实际开支的修缮费用；

（三）税法规定的费用扣除标准。

三、关于报刊、杂志、出版等单位的职员在本单位的刊物上发表作品、出版图书取得所得征税的问题

（一）任职、受雇于报刊、杂志等单位的记者、编辑等专业人员，因在本单

位的报刊、杂志上发表作品取得的所得，属于因任职、受雇而取得的所得，应与其当月工资收入合并，按"工资、薪金所得"项目征收个人所得税。

除上述专业人员以外，其他人员在本单位的报刊、杂志上发表作品取得的所得，应按"稿酬所得"项目征收个人所得税。

（二）出版社的专业作者撰写、编写或翻译的作品，由本社以图书形式出版而取得的稿费收入，应按"稿酬所得"项目计算缴纳个人所得税。

四、关于在校学生参与勤工俭学活动取得的收入征收个人所得税的问题

在校学生因参与勤工俭学活动（包括参与学校组织的勤工俭学活动）而取得属于个人所得税法规定的应税所得项目的所得，应依法缴纳个人所得税。

102 国家税务总局关于个人所得税若干政策问题的批复

2002年7月12日 国税函〔2002〕629号

【条款失效】

【注释】条款失效，第一条有关"双薪制"计税方法停止执行。参见《国家税务总局关于明确个人所得税若干政策执行问题的通知》（国税发〔2009〕121号）。

第二条失效。参见《财政部 国家税务总局关于企业促销展业赠送礼品有关个人所得税问题的通知》（财税〔2011〕50号）。

第一条失效。参见《国家税务总局关于公布全文失效废止 部分条款失效废止的税收规范性文件目录的公告》（国家税务总局公告2011年第2号）。

黑龙江省地方税务局：

你局《关于个人所得税有关政策问题的请示》（黑地税发〔2002〕35号）收悉，经研究，现批复如下：

一、国家机关、事业单位、企业和其他单位在实行"双薪制"（按照国家有关规定，单位为其雇员多发放一个月的工资）后，个人因此而取得的"双薪"，应单独作为一个月的工资、薪金所得计征个人所得税。对上述"双薪"所得原则上不再扣除费用，应全额作为应纳税所得额按适用税率计算纳税，但如果纳税人取得"双薪"当月的工资、薪金所得不足800元的，应以"双薪"所得与当月工资、薪金所得合并减除800元后的余额作为应纳税所得额，计算缴纳个人所得税。

二、个人因参加企业的有奖销售活动而取得的赠品所得，应按"偶然所得"项目计征个人所得税。赠品所得为实物的，应以《中华人民共和国个人所得税法实施条例》第十条规定的方法确定应纳税所得额，计算缴纳个人所得税。税款由举办有奖销售活动的企业（单位）负责代扣代缴。

三、个人因从事彩票代销业务而取得所得，应按照"个体工商户的生产、经营所得"项目计征个人所得税。

四、在纳税人享受减免个人所得税优惠政策时,是否须经税务机关审核或批准,应按照以下原则执行:

(一)税收法律、行政法规、部门规章和规范性文件中未明确规定纳税人享受减免税必须经税务机关审批的,且纳税人取得的所得完全符合减免税条件的,无须经主管税务机关审批,纳税人可自行享受减免税。

(二)税收法律、行政法规、部门规章和规范性文件中明确规定纳税人享受减免税必须经税务机关审批的,或者纳税人无法准确判断其取得的所得是否应享受个人所得税减免的,必须经主管税务机关按照有关规定审核或批准后,方可减免个人所得税。

(三)纳税人有个人所得税法第五条规定情形之一的,必须经主管税务机关批准,方可减征个人所得税。

103 国家税务总局关于个人独资企业个人所得税税前固定资产折旧费扣除问题的批复

2002年12月18日　国税函〔2002〕1090号

【全文有效】

辽宁省地方税务局：

你局《关于个人独资企业个人所得税税前固定资产折旧费扣除问题的请示》（辽地税发〔2002〕99号）收悉。文中称，辽宁省本溪市原国有企业彩屯煤矿破产后，2000年5月本溪煤炭实业有限公司破产清算组与崔某签订了财产转让合同，崔某以500万元买断了彩屯煤矿整体资产，又注入部分资金筹备生产。之后，崔某聘请资产评估所对其买断的企业整体资产进行了评估，评估结果为固定资产原值16702万元，净值5314万元。2001年3月崔某注册了本溪市彩屯煤矿，性质为个人独资企业，该企业根据以上评估确认的固定资产原值为基数，计提了折旧，计入成本在税前列支，据此进行了个人所得税申报。关于该企业固定资产折旧费如何在税前扣除的问题，经研究，现批复如下：

根据税法规定，个人独资企业在计算缴纳投资者个人所得税时，应遵循历史成本原则，按照购入固定资产的实际支出500万元计提固定资产折旧费用，并准予在税前扣除。彩屯煤矿按照固定资产评估价值计提的折旧虽然可以作为企业成本核算的依据，但不允许在税前扣除。

104 国家税务总局关于转租浅海滩涂使用权收入征收个人所得税问题的批复

2002年12月30日 国税函〔2002〕1158号

【全文有效】

河北省地方税务局：

你局《河北省地方税务局关于转租浅海滩涂使用权收入征税问题的请示》（冀地税发〔2002〕75号）收悉。文中称，河北省秦皇岛市石河镇村民丁某于1996年与村委会签订了承包合同，承包部分浅海滩涂，用于海产养殖，承包期为10年。其后，丁某又将其承包的海滩转租给姜某，另外将原海滩的一切设施和剩余的文蛤作价一并转让给姜某。关于丁某转租滩涂使用权取得收入征收个人所得税问题，经研究，现批复如下：

根据《中华人民共和国个人所得税实施条例》第八条规定，个人转租滩涂使用权取得的收入，应按照"财产租赁所得"应税项目征收个人所得税，其每年实际上缴村委会的承包费可以在税前扣除；同时，个人一并转让原海滩的设施和剩余文蛤的所得应按照"财产转让所得"应税项目征收个人所得税。

105 财政部 国家税务总局关于自主择业的军队转业干部有关税收政策问题的通知

2003年4月9日　财税〔2003〕26号

【条款失效】

　　【注释】随着全面推开营改增,有关营业税的表达失效。
　　各省、自治区、直辖市、计划单列市财政厅(局)、地方税务局、国家税务局：
　　为促进军队转业干部自主择业,现将与自主择业的军队转业干部有关的税收政策通知如下：
　　一、从事个体经营的军队转业干部,经主管税务机关批准,自领取税务登记证之日起,3年内免征营业税和个人所得税。
　　二、为安置自主择业的军队转业干部就业而新开办的企业,凡安置自主择业的军队转业干部占企业总人数60%(含60%)以上的,经主管税务机关批准,自领取税务登记证之日起,3年内免征营业税和企业所得税。
　　三、自主择业的军队转业干部必须持有师以上部队颁发的转业证件。
　　四、本通知自2003年5月1日起执行。
　　本通知生效前,已经从事个体经营的军队转业干部和符合本通知规定条件的企业,如果已经按〔2001〕国转联8号文件的规定,享受了税收优惠政策,可以继续执行到期满为止；如果没有享受上述文件规定的税收优惠政策,可自本通知生效之日起,3年内免征营业税、个人所得税、企业所得税。
　　请遵照执行。

106 财政部 国家税务总局关于医疗机构有关个人所得税政策问题的通知

2003年5月13日 财税〔2003〕109号

【全文有效】

各省、自治区、直辖市、计划单列市财政厅（局）、国家税务局、地方税务局：

近来一些部门要求明确医疗机构有关征免个人所得税问题。经研究，现明确如下：

一、财政部 国家税务总局《关于医疗卫生机构有关税收政策的通知》（财税〔2000〕42号）规定的对非营利的医疗机构按照国家规定的价格取得的医疗服务收入免征各项税收，仅指机构自身的各项税收，不包括个人从医疗机构取得所得应纳的个人所得税。按照《中华人民共和国个人所得税法》（以下简称《个人所得税法》）的规定，个人取得应税所得，应依法缴纳个人所得税。

二、个人因在医疗机构（包括营利性医疗机构和非营利性医疗机构）任职而取得的所得，依据《个人所得税法》的规定，应按照"工资、薪金所得"应税项目计征个人所得税。

对于非典型肺炎疫情发生期间，在医疗机构任职的个人取得的特殊临时性工作补助等所得按照《财政部 国家税务总局关于非典型肺炎疫情发生期间个人取得的特殊临时性工作补助等所得免征个人所得税问题的通知》（财税〔2003〕101号）的规定执行。

三、医生或其他个人承包、承租经营医疗机构，经营成果归承包人所有的，依据个人所得税法规定，承包人取得的所得，应按照"对企事业单位的承包经营、承租经营所得"应税项目计征个人所得税。

四、个人投资或个人合伙投资开设医院（诊所）而取得的收入，应依据个人所得税法规定，按照"个体工商户的生产、经营所得"应税项目计征个人所得税。

对残疾人、转业军人、随军家属和下岗职工等投资开设医院（诊所）而取得的收入，仍按现行相关政策执行。

107 财政部 国家税务总局关于农村税费改革试点地区个人取得农业特产所得征免个人所得税问题的通知

2003年7月11日　财税〔2003〕157号

【全文有效】

各省、自治区、直辖市、计划单列市财政厅（局）、地方税务局，新疆生产建设兵团财务局：

为减轻农民税费负担，农村税费改革试点地区对部分农业特产品停止征收农业特产税，改征农业税。近来，一些地区税务机关反映，要求对改征农业税后个人生产农业特产品的所得是否征收个人所得税问题予以明确。经研究，现通知如下：

一、农村税费改革试点地区停止征收农业特产税，改为征收农业税后，对个体户或个人取得的农业特产所得，按照财政部、国家税务总局《关于个人所得税若干政策问题的通知》（〔94〕财税字第20号）的有关规定，不再征收个人所得税。

二、各级财政和税务机关要认真落实本通知的有关规定，向广大农民宣传国家税收政策，采取有效措施，切实减轻农民负担，积极推进全国农村税费改革试点工作。

108 财政部 国家税务总局关于规范个人投资者个人所得税征收管理的通知

2003年7月11日 财税〔2003〕158号

【全文有效】

各省、自治区、直辖市、计划单列市财政厅（局）、国家税务局、地方税务局，新疆生产建设兵团财务局：

为规范个人投资者个人所得税管理，确保依法足额征收个人所得税，现对个人投资者征收个人所得税的有关问题明确如下：

一、关于个人投资者以企业（包括个人独资企业、合伙企业和其他企业）资金为本人、家庭成员及其相关人员支付消费性支出及购买家庭财产的处理问题

个人独资企业、合伙企业的个人投资者以企业资金为本人、家庭成员及其相关人员支付与企业生产经营无关的消费性支出及购买汽车、住房等财产性支出，视为企业对个人投资者的利润分配，并入投资者个人的生产经营所得，依照"个体工商户的生产经营所得"项目计征个人所得税。

除个人独资企业、合伙企业以外的其他企业的个人投资者，以企业资金为本人、家庭成员及其相关人员支付与企业生产经营无关的消费性支出及购买汽车、住房等财产性支出，视为企业对个人投资者的红利分配，依照"利息、股息、红利所得"项目计征个人所得税。

企业的上述支出不允许在所得税前扣除。

二、关于个人投资者从其投资的企业（个人独资企业、合伙企业除外）借款长期不还的处理问题

纳税年度内个人投资者从其投资的企业（个人独资企业、合伙企业除外）借款，在该纳税年度终了后既不归还，又未用于企业生产经营的，其未归还的借款可视为企业对个人投资者的红利分配，依照"利息、股息、红利所得"项目计征个人所得税。

三、《国家税务总局关于进一步加强对高收入者个人所得税征收管理的通知》（国税发〔2001〕57号）中关于对私营有限责任公司的企业所得税后剩余利润，不分配、不投资、挂账达1年的，从挂账的第2年起，依照投资者（股东）出资比例计算分配征收个人所得税的规定，同时停止执行

109 财政部 国家税务总局关于向中华健康快车基金会等 5 家单位的捐赠所得税税前扣除问题的通知

2003 年 9 月 22 日　财税〔2003〕204 号

【全文有效】

各省、自治区、直辖市、计划单列市财政厅（局）、国家税务局、地方税务局，新疆生产建设兵团财务局：

为支持我国农村医疗卫生、经济科学教育、慈善、法律援助和见义勇为等社会公益事业的发展，根据《中华人民共和国企业所得税暂行条例》及其实施细则、《中华人民共和国个人所得税法》及其实施条例的有关规定，经国务院批准，现对纳税人向中华健康快车基金会、孙冶方经济科学基金会、中华慈善总会、中国法律援助基金会和中华见义勇为基金会的捐赠税前扣除问题通知如下：

对企业、事业单位、社会团体和个人等社会力量，向中华健康快车基金会和孙冶方经济科学基金会、中华慈善总会、中国法律援助基金会和中华见义勇为基金会的捐赠，准予在缴纳企业所得税和个人所得税前全额扣除。

本通知自 2003 年 1 月 1 日起执行。

110 国家税务总局关于中国海洋石油总公司系统深化用工薪酬制度改革有关个人所得税问题的通知

2003年3月26日　国税函〔2003〕330号

【条款失效】

【注释】条款失效，第二款第一项"住房补贴"免征个人所得税条款废止。参见《国家税务总局关于公布全文失效废止　部分条款失效废止的税收规范性文件目录的公告》（国家税务总局公告2011年第2号）。

天津、上海、广东省（直辖市）国家税务局，深圳市国家税务局：

经国家有关部门批准，中国海洋石油总公司被确认为提高国际竞争力改革试点单位之一，国家劳动和社会保障部已批准其内部进行深化用工薪酬制度改革方案。根据《中华人民共和国个人所得税法》（以下简称税法）及其有关规定，现就中国海洋石油总公司及其投资控股公司（以下简称中油公司系统）用工薪酬改革所涉及的个人所得税有关问题，通知如下：

一、基本工资奖金税务处理

中油公司系统用工薪酬改革后，职工个人取得的岗位工资（岗位薪点工资）、工龄工资、效益奖金等基本工资奖金收入，应作为个人收入申报缴纳个人所得税。

二、福利补贴税务处理

（一）住房补贴。国家住房制度改革后，将原来的福利分房改为货币分房。对执行货币分房的职工取得的住房补贴税收政策问题，国家将做出统一规定。在国家统一规定出台之前，对中油公司系统按照有关规定发放给下列职工的住房补贴，暂免予征收个人所得税。

1. 无住房职工的住房补贴；
2. 职位提升后的职工，其住房面积不足国家规定标准的住房补贴；

3. 住房面积不足国家规定标准的职工补差住房补贴。

（二）交通、通信补贴。中油公司系统公务用车、通信制度改革后，其发放给职工的公务用车、通讯补贴收入，根据《国家税务总局关于个人所得税有关政策问题的通知》（国税发〔1999〕58号）第二条的规定，可按公司所在省级政府统一规定或批准的公务费用扣除标准扣除公务费用后，计入职工个人工资、薪金所得计算缴纳个人所得税。凡中油公司系统各公司所在省级政府尚未规定扣除标准的，可暂按各公司2002年公务费用实际发生数为扣除基数；超过扣除基数的补贴，应计入个人所得征税；具体扣除基数，由各公司报所在地海洋石油税务局核备。

三、终止用工合同补偿收入税务处理

对职工因终止用工合同而一次性取得的补偿收入，根据《财政部、国家税务总局关于个人与用人单位解除劳动关系取得的一次性补偿收入征免个人所得税问题的通知》（财税〔2001〕157号）的规定，其收入在当地上年职工平均工资3倍数额以内的部分，免征个人所得税；超过的部分，按照《国家税务总局关于个人因解除劳务合同取得经济补偿征收个人所得税问题的通知》（国税发〔1999〕178号）的有关规定，计算征收个人所得税。考虑到中油公司系统人员流动性较强，且解除用工合同后的生活地与劳务地经常不在同一地区的情况，为便于管理及操作，上述"当地上年职工平均工资"可用中油公司系统上年职工平均工资为标准确定。

四、其他各项福利补贴的税务处理

除上述规定外，中油公司系统职工取得的其他福利补贴收入的税务处理，按照现行税法及其有关规定执行。

五、适用范围问题

本通知适用范围包括中国海洋石油总公司及其投资控股并参与用工薪酬改革的公司中的职工。

111 国家税务总局关于个人取得"母亲河(波司登)奖"奖金所得免征个人所得税问题的批复

2003年8月18日　国税函〔2003〕961号

【全文有效】

北京市地方税务局:

你局《关于中国青年乡镇企业家协会向个人发放"母亲河(波司登)奖"奖金是否征税问题的请示》(京地税个〔2003〕244号)收悉。经研究,现批复如下:

中国青年乡镇企业家协会是共青团中央直属的社会团体,其组织评选的"母亲河(波司登)奖"是经共青团中央、全国人大环资委、国家环保总局等九部门联合批准设立的环境保护方面的奖项。依据《中华人民共和国个人所得税法》第四条第一款规定,该奖项可以认定为国务院部委颁发的环境保护方面的奖金。个人取得的上述奖金收入,免予征收个人所得税。

112　财政部　国家税务总局关于企业以免费旅游方式提供对营销人员个人奖励有关个人所得税政策的通知

2004年1月20日　财税〔2004〕11号

【全文有效】

各省、自治区、直辖市和计划单列市财政厅（局）、地方税务局，新疆生产建设兵团财务局：

近来，部分地区财税部门来函反映，一些企业和单位通过组织免费培训班、研讨会、工作考察等形式奖励营销业绩突出人员的现象比较普遍，要求国家对此类奖励如何征收个人所得税政策问题予以进一步明确。经研究，现就企业和单位以免费培训班、研讨会、工作考察等形式提供个人营销业绩奖励有关个人所得税政策明确如下：

按照我国现行个人所得税法律法规有关规定，对商品营销活动中，企业和单位对营销业绩突出人员以培训班、研讨会、工作考察等名义组织旅游活动，通过免收差旅费、旅游费对个人实行的营销业绩奖励（包括实物、有价证券等），应根据所发生费用全额计入营销人员应税所得，依法征收个人所得税，并由提供上述费用的企业和单位代扣代缴。其中，对企业雇员享受的此类奖励，应与当期的工资薪金合并，按照"工资、薪金所得"项目征收个人所得税；对其他人员享受的此类奖励，应作为当期的劳务收入，按照"劳务报酬所得"项目征收个人所得税。

上述规定自文发之日起执行。

113 财政部 国家税务总局关于外籍个人取得港澳地区住房等补贴征免个人所得税的通知

2004年1月29日 财税〔2004〕29号

【全文有效】

广东省财政厅、地方税务局,深圳市财政局、地方税务局:

香港、澳门地区与内地地理位置毗邻,交通便利,在内地企业工作的部分外籍人员选择居住在港、澳地区,每个工作日往返于内地与港澳之间。对此类外籍个人在港澳专区居住时公司给予住房、伙食、洗衣等非现金形式或实报实销形式的补贴,能否按照有关规定免予征收个人所得税问题,经研究,现明确如下:

一、受雇于我国境内企业的外籍个人(不包括香港澳门居民个人),因家庭等原因居住在香港、澳门,每个工作日往返于内地与香港、澳门等地区,由此境内企业(包括其关联企业)给予在香港或澳门住房、伙食、洗衣、搬迁等非现金形式或实报实销形式的补贴,凡能提供有效凭证的,经主管税务机关审核确认后,可以依照《财政部 国家税务总局关于个人所得税若干政策问题的通知》(〔94〕财税字第20号)第二条以及《国家税务总局关于外籍个人取得有关补贴征免个人所得税执行问题的通知》(国税发〔1997〕54号)第一条、第二条的规定,免予征收个人所得税。

二、第一条所述外籍个人就其在香港或澳门进行语言培训、子女教育而取得的费用补贴,凡能提供有效支出凭证等材料的,经主管税务机关审核确认为合理的部分,可以依照上述〔94〕财税字第20号通知第二条以及国税发〔1997〕54号通知第五条的规定,免予征收个人所得税。

三、本通知自2004年1月1日起执行。

114 财政部 国家税务总局关于农村税费改革试点地区有关个人所得税问题的通知

2004年1月17日　财税〔2004〕30号

【全文有效】

各省、自治区、直辖市、计划单列市财政厅（局）、地方税务局：

为贯彻落实中央农村工作会议和中共中央、国务院《关于促进农民增加收入若干政策的意见》（中发〔2004〕1号）精神，切实减轻农民负担，推进农村税费改革工作，经研究，现就农村税费改革试点期间取消农业特产税、免征农业税后的个人所得税政策问题明确如下：

一、农村税费改革试点期间，取消农业特产税、减征或免征农业税后，对个人或个体户从事种植业、养殖业、饲养业、捕捞业，且经营项目属于农业税（包括农业特产税）、牧业税征税范围的，其取得的"四业"所得暂不征收个人所得税。

二、各地要认真落实本通知的有关规定，在农村广为宣传国家税收政策，切实减轻农民负担，增加农民收入，大力支持农村税费改革。

三、本通知自2004年1月1日起执行，以前规定与本通知有抵触的，按本通知规定执行。

115 财政部 国家税务总局关于教育税收政策的通知

2004年2月5日 财税〔2004〕39号

【全文有效】

各省、自治区、直辖市、计划单列市财政厅（局）、国家税务局、地方税务局，新疆生产建设兵团财务局：

为进一步促进教育事业的发展，经国务院批准，现将有关教育的税收政策通知如下：

一、关于营业税、增值税、所得税

1. 对从事学历教育的学校提供教育劳务取得的收入，免征营业税。

2. 对学生勤工俭学提供劳务取得的收入，免征营业税。

3. 对学校从事技术开发、技术转让业务和与之相关的技术咨询、技术服务业务取得的收入，免征营业税。

4. 对托儿所、幼儿园提供养育服务取得的收入，免征营业税。

5. 对政府举办的高等、中等和初等学校（不含下属单位）举办进修班、培训班取得的收入，收入全部归该学校所有的，免征营业税和企业所得税。

6. 对政府举办的职业学校设立的主要为在校学生提供实习场所，并由学校出资自办、由学校负责经营管理、经营收入归学校所有的企业，对其从事营业税暂行条例"服务业"税目规定的服务项目（广告业、桑拿、按摩、氧吧等除外）取得的收入，免征营业税和企业所得税。

7. 对特殊教育学校举办的企业可以比照福利企业标准，享受国家对福利企业实行的增值税和企业所得税优惠政策。

8. 纳税人通过中国境内非营利的社会团体、国家机关向教育事业的捐赠，准予在企业所得税和个人所得税前全额扣除。

9. 对高等学校、各类职业学校服务于各业的技术转让、技术培训、技术咨询、技术服务、技术承包所取得的技术性服务收入，暂免征收企业所得税。

10. 对学校经批准收取并纳入财政预算管理的或财政预算外资金专户管理的收费不征收企业所得税;对学校取得的财政拨款,从主管部门和上级单位取得的用于事业发展的专项补助收入,不征收企业所得税。

11. 对个人取得的教育储蓄存款利息所得,免征个人所得税;对省级人民政府、国务院各部委和中国人民解放军军以上单位,以及外国组织、国际组织颁布的教育方面的奖学金,免征个人所得税;高等学校转化职务科技成果以股份或出资比例等股权形式给予个人奖励,获奖人在取得股份、出资比例时,暂不缴纳个人所得税;取得按股份、出资比例分红或转让股权、出资比例所得时,依法缴纳个人所得税。

二、关于房产税、城镇土地使用税、印花税

对国家拨付事业经费和企业办的各类学校、托儿所、幼儿园自用的房产、土地,免征房产税、城镇土地使用税;对财产所有人将财产赠给学校所立的书据,免征印花税。

三、关于耕地占用税、契税、农业税和农业特产税

1. 对学校、幼儿园经批准征用的耕地,免征耕地占用税。享受免税的学校用地的具体范围是:全日制大、中、小学校(包括部门、企业办的学校)的教学用房、实验室、操场、图书馆、办公室及师生员工食堂宿舍用地。学校从事非农业生产经营占用耕地,不予免税。职工夜校、学习班、培训中心、函授学校等不在免税之列。

2. 国家机关、事业单位、社会团体、军事单位承受土地房屋权属用于教学、科研的,免征契税。用于教学的,是指教室(教学楼)以及其他直接用于教学的土地、房屋。用于科研的,是指科学实验的场所以及其他直接用于科研的土地、房屋。对县级以上人民政府教育行政主管部门或劳动行政主管部门审批并颁发办学许可证,由企业事业组织、社会团体及其他社会和公民个人利用非国家财政性教育经费面向社会举办的学校及教育机构,其承受的土地、房屋权属用于教学的,免征契税。

3. 对农业院校进行科学实验的土地免征农业税。对农业院校进行科学实验所取得的农业特产品收入,在实验期间免征农业特产税。

四、关于关税

1. 对境外捐赠人无偿捐赠的直接用于各类职业学校、高中、初中、小学、幼儿园教育的教学仪器、图书、资料和一般学习用品,免征进口关税和进口环节

增值税。上述捐赠用品不包括国家明令不予减免进口税的 20 种商品。其他相关事宜按照国务院批准的《扶贫、慈善性捐赠物资免征进口税收暂行办法》办理。

2. 对教育部承认学历的大专以上全日制高等院校以及财政部会同国务院有关部门批准的其他学校,不以营利为目的,在合理数量范围内进口国内不能生产的科学研究和教学用品,直接用于科学研究或者教学的,免征进口关税和进口环节增值税、消费税(不包括国家明令不予减免进口税的 20 种商品)。科学研究和教学用品的范围等有关具体规定,按照国务院批准的《科学研究和教学用品免征进口税收暂行规定》执行。

五、取消下列税收优惠政策

1. 财政部、国家税务总局《关于企业所得税若干优惠政策的通知》(〔94〕财税字第 001 号)第八条第一款和第三款关于校办企业从事生产经营的所得免征所得税的规定。其中因取消所得税优惠政策而增加的财政收入,按现行财政体制由中央与地方财政分享,专项列入财政预算,仍然全部用于教育事业。应归中央财政的补偿资金,列中央教育专项,用于改善全国特别是农村地区的中小学办学条件和资助家庭经济困难学生;应归地方财政的补偿资金,列省级教育专项,主要用于改善本地区农村中小学办学条件和资助农村家庭经济困难的中小学生。

2. 《关于学校办企业征收流转税问题的通知》(国税发〔1994〕156 号)第三条第一款和第三款,关于校办企业生产的应税货物,凡用于本校教学科研方面的,免征增值税;校办企业凡为本校教学、科研服务所提供的应税劳务免征营业税的规定。

六、本通知自 2004 年 1 月 1 日起执行,此前规定与本通知不符的,以本通知为准

116 财政部 国家税务总局关于向宋庆龄基金会等6家单位捐赠所得税政策问题的通知

2004年10月15日　财税〔2004〕172号

【全文有效】

各省、自治区、直辖市、计划单列市财政厅（局）、国家税务局、地方税务局，新疆生产建设兵团财务局：

为支持我国社会公益事业发展，根据《中华人民共和国企业所得税暂行条例》及其实施细则、《中华人民共和国个人所得税法》及其实施条例的有关规定，经国务院批准，现对纳税人向宋庆龄基金会、中国福利会、中国残疾人福利基金会、中国扶贫基金会、中国煤矿尘肺病治疗基金会、中华环境保护基金会的捐赠所得税税前扣除问题通知如下：

对企业、事业单位、社会团体和个人等社会力量，通过宋庆龄基金会、中国福利会、中国残疾人福利基金会、中国扶贫基金会、中国煤矿尘肺病治疗基金会、中华环境保护基金会用于公益救济性的捐赠，准予在缴纳企业所得税和个人所得税前全额扣除。

本通知自2004年1月1日起执行。

117 国家税务总局 中国人民银行关于个人银行结算账户利息所得征收个人所得税问题的通知

2004年1月12日 国税发〔2004〕6号

【全文有效】

各省、自治区、直辖市和计划单列市国家税务局，中国人民银行各分行、营业管理部、省会（首府）城市中心支行，各国有独资商业银行、政策性银行、其他商业银行、邮政储蓄机构：

按照中国人民银行发布的《人民币银行结算账户管理办法》有关规定，自2003年9月1日起，个人可凭其居民身份证件在银行（包括政策性银行、商业银行、城市信用社、农村信用社、邮政储蓄机构）开立个人银行结算账户，银行按活期存款利率向存款人支付利息。根据国务院发布的《对储蓄存款利息所得征收个人所得税的实施办法》所确定的原则，个人取得的上述银行结算账户利息所得属于"储蓄存款利息所得"，应依法征收个人所得税。现就有关事项通知如下：

一、个人在个人银行结算账户的存款自2003年9月1日起孳生的利息，应按"利息、股息、红利所得"项目计征个人所得税，税款由办理个人银行结算账户业务的储蓄机构在结付利息时代扣代缴。具体征管事宜依照国务院《对储蓄存款利息所得征收个人所得税的实施办法》《国家税务总局关于印发〈储蓄存款利息所得个人所得税征收管理办法〉的通知》（国税发〔1999〕179号）及相关文件的规定执行。

二、各储蓄机构应高度重视对个人银行结算账户利息所得征收个人所得税的工作，按照征收储蓄存款利息个人所得税的有关规定做好各项相应工作，认真履行代扣代缴义务，保证及时、足额代扣代缴税款。涉及修改计算机程序的储蓄机构，必须在12月31日前完成计算机程序的修改、调试工作，2004年1月1日正式投入运行。在过渡期间，可以手工操作代扣代缴税款。

三、各级国家税务局和中国人民银行各分行、营业管理部要加强对个人银行结算账户利息所得征收个人所得税工作的指导和监督,做好政策宣传和辅导工作,与各储蓄机构一起共同解决好对个人银行结算账户征收个人所得税工作过程中可能出现的困难和问题。

118 国家税务总局关于取消合伙企业投资者变更个人所得税汇算清缴地点审批后加强后续管理问题的通知

2004年6月29日　国税发〔2004〕81号

【全文有效】

各省、自治区、直辖市和计划单列市地方税务局：

《财政部　国家税务总局关于印发〈关于个人独资企业和合伙企业投资者征收个人所得税的规定〉的通知》（财税〔2000〕91号）第二十条规定："投资者兴办的企业中含有合伙性质的，投资者应向经常居住地主管税务机关申报纳税，办理汇算清缴，但经常居住地与其兴办企业的经营管理所在地不一致的，应选定其参与兴办的某一合伙企业的经营管理所在地为办理年度汇算清缴所在地，并在5年内不得变更。5年后需要变更的，须经原主管税务机关批准"。根据《中华人民共和国行政许可法》和国务院关于行政审批制度改革工作要求，国家税务总局决定取消对合伙企业投资者变更个人所得税汇算清缴地点的审批，现就取消该审批项目后加强后续管理工作问题通知如下：

一、投资者变更个人所得税汇算清缴地点的条件

（一）在上一次选择汇算清缴地点满5年；

（二）上一次选择汇算清缴地点未满5年，但汇算清缴地所办企业终止经营或者投资者终止投资；

（三）投资者在汇算清缴地点变更前5日内，已向原主管税务机关说明汇算清缴地点变更原因、新的汇算清缴地点等变更情况。

二、税务机关应做好以下几方面工作

（一）原主管税务机关应核实纳税人变更汇算清缴地点的理由是否符合规定条件，新汇算清缴地点是否为其经常居住地，该地是否属于其所兴办企业的经营管理所在地。如纳税人在上述地点之外选择汇算清缴地点的，应要求纳税人进行

调整。

（二）原主管税务机关应向投资者新的汇算清缴地点的主管税务机关通报变更情况，新老主管税务机关应做好有关衔接工作。

（三）新的主管税务机关应从以下几方面加强管理：

1. 核实投资者在汇算清缴地点变更前5日内，是否向原主管税务机关说明汇算清缴地点变更情况，新的汇算清缴地点是否为投资者经常居住地，该地是否属于其所兴办企业的经营管理所在地。不符合有关条件的，应要求纳税人进行调整。

2. 加强对投资者个人所得税检查，重点核实其是否按规定计算并申报纳税，是否存在因变更汇算清缴地点少缴或不缴税款问题。

3. 对提供虚假说明资料，借变更汇算清缴地点偷逃个人所得税的，应按《中华人民共和国税收征收管理法》及其有关规定处理。

119 国家税务总局关于在中国境内无住所的个人执行税收协定和个人所得税法若干问题的通知

2004年7月23日　国税发〔2004〕97号

【全文有效】

各省、自治区、直辖市和计划单列市国家税务局、地方税务局，局内各单位：

根据《中华人民共和国个人所得税法》（以下简称税法）及其实施细则和我国与有关国家或地区签订的税收协定或安排（以下称协定或安排）的有关规定，现就在我国境内无住所的个人若干税收政策执行问题，通知如下：

一、关于判定纳税义务时如何计算在中国境内居住天数问题

对在中国境内无住所的个人，需要计算确定其在中国境内居住天数，以便依照税法和协定或安排的规定判定其在华负有何种纳税义务时，均应以该个人实际在华逗留天数计算。上述个人入境、离境、往返或多次往返境内外的当日，均按一天计算其在华实际逗留天数。

二、关于对个人入、离境当日如何计算在中国境内实际工作期间的问题

对在中国境内、境外机构同时担任职务或仅在境外机构任职的境内无住所个人，在按《国家税务总局关于在中国境内无住所的个人计算缴纳个人所得税若干具体问题的通知》（国税函发〔1995〕125号）第一条的规定计算其境内工作期间时，对其入境、离境、往返或多次往返境内外的当日，均按半天计算为在华实际工作天数。

三、关于对不同纳税义务的个人计算应纳税额的适用公式问题

对分别按照《国家税务总局关于在中国境内无住所的个人取得工资薪金所得纳税义务问题的通知》（国税发〔1994〕148号，见《税法》8-3-14）第二条

至第五条规定判定负有纳税义务的个人,在计算其应纳税额时,分别适用以下公式:

(一)按国税发〔1994〕148号第二条规定负有纳税义务的个人应适用下述公式:

应纳税额=(当月境内外工资薪金应纳税所得额×适用税率-速算扣除数)×当月境内支付工资÷当月境内外支付工资总额×当月境内工作天数÷当月天数

(二)按国税发〔1994〕148号第三条规定负有纳税义务的个人仍应适用国税发〔1994〕148号第六条规定的下述公式:

应纳税额=(当月境内外工资薪金应纳税所得额×适用税率-速算扣除数)×当月境内工作天数÷当月天数

(三)按国税发〔1994〕148号第四条或第五条规定负有纳税义务的个人应适用国税函发〔1995〕125号第四条规定的下述公式:

应纳税额=(当月境内外工资薪金应纳税所得额×适用税率-速算扣除数)×(1-当月境外支付工资÷当月境内外支付工资总额×当月境外工作天数÷当月天数)

如果上款所述各类个人取得的是日工资薪金或者不满一个月工资薪金,均仍应按照国税发〔1994〕148号文第六条第二款的规定换算为月工资后,按照上述公式计算其应纳税额。

四、关于企业高层管理人员适用协定或安排条款的问题

在中国境内无住所的个人担任中国境内企业高层管理职务的,该个人所在国或地区与我国签订的协定或安排中的董事费条款中,未明确表述包括企业高层管理人员的,对其取得的报酬可按该协定或安排中有关非独立个人劳务条款和国税发〔1994〕148号文第二、三、四条的规定,判定纳税义务。

在中国境内无住所的个人担任中国境内企业高层管理职务同时又担任企业董事,或者虽名义上不担任董事但实际上享有董事权益或履行董事职责的,其从该中国境内企业取得的报酬,包括以董事名义取得的报酬和以高层管理人员名义取得的报酬,均仍应适用协定或安排中有关董事费条款和国税发〔1994〕148号文第五条的有关规定,判定纳税义务。

五、本通知自2004年7月1日起执行。以前规定与本通知规定不一致的,以本通知规定为准

120 国家税务总局关于国际组织驻华机构外国政府驻华使领馆和驻华新闻机构雇员个人所得税征收方式的通知

2004年6月23日　国税函〔2004〕808号

【全文有效】

【注释】《国家税务总局关于修改部分税收规范性文件的公告》（国家税务总局公告2018年第31号）对本文进行了修改。

各省、自治区、直辖市和计划单列市地方税务局：

为加强个人所得税征收管理，防止税收流失，根据《中华人民共和国个人所得税法》和《中华人民共和国税收征收管理法》有关规定，现对在国际组织驻华机构、外国政府驻华使领馆和外国驻华新闻机构中工作的中方雇员和外籍雇员个人所得税管理问题明确如下：

一、根据《维也纳外交关系公约》和国际组织有关章程规定，对于在国际组织驻华机构、外国政府驻华使领馆中工作的中方雇员和在外国驻华新闻机构的中外籍雇员，均应按照《中华人民共和国个人所得税法》规定缴纳个人所得税。

二、根据国际惯例，在国际组织驻华机构、外国政府驻华使领馆中工作的非外交官身份的外籍雇员，如是"永久居留"者，亦应在驻在国缴纳个人所得税，但由于我国税法对"永久居留"者尚未作出明确的法律定义和解释，因此，对于仅在国际组织驻华机构和外国政府驻华使领馆中工作的外籍雇员，暂不征收个人所得税。

在中国境内，若国际驻华机构和外国政府驻华使领馆中工作的外交人员、外籍雇员在该机构或使领馆之外，从事非公务活动所取得的收入，应缴纳个人所得税。

三、根据《中华人民共和国个人所得税法》规定，对于在国际组织驻华机构和外国政府驻华使领馆中工作的中方雇员的个人所得税，应以直接支付所得的单位或者个人作为代扣代缴义务人，考虑到国际组织驻华机构和外国政府驻华使领馆的特殊性，各级税务机关可暂不要求国际组织驻华机构和外国政府驻华使领馆履行个人所得税代扣代缴义务。

四、鉴于北京外交人员服务局和各省（市）省级人民政府指定的外事服务单位等机构，通过一定途径能够掌握在国际组织驻华机构、外国政府驻华使领馆工作的中方雇员受雇情况，根据《中华人民共和国税收征收管理法实施细则》第四十四条规定，各主管税务机关可委托外交人员服务机构代征上述中方雇员的个人所得税。各主管税务机关要加强与外事服务单位联系，及时办理国际组织驻华机构和外国政府驻华使领馆中方雇员个人所得税委托代征手续。

五、接受委托代征个人所得税的各外事服务单位应采取有效措施，掌握国际组织驻华机构和外国政府驻华使领馆中方雇员受雇及收入情况，严格依照法律规定征收解缴税款，并按月向主管税务机关通报有关信息。

六、北京、上海、广东、四川等有外国驻当地新闻媒体机构的省（市）地方税务局应定期向省级人民政府外事办公室索要《外国驻华新闻媒体名册》，了解、掌握外国驻当地新闻媒体机构以及外籍人员变动情况，并据此要求上述驻华新闻机构做好中外籍记者、雇员个人所得税扣缴工作。

121　国家税务总局关于个人捐赠后申请退还已缴纳个人所得税问题的批复

2004年7月2日　国税函〔2004〕865号

【全文有效】

江苏省地方税务局：

你局《关于个人捐赠申请退还已缴个人所得税问题的请示》（苏地税发〔2004〕112号）收悉。经研究，批复如下：

根据《中华人民共和国个人所得税法》及其实施条例的有关规定和立法精神，允许个人在税前扣除的对教育事业和其他公益事业的捐赠，其捐赠资金应属于其纳税申报期当期的应纳税所得；当期扣除不完的捐赠余额，不得转到其他应税所得项目以及以后纳税申报期的应纳税所得中继续扣除，也不允许将当期捐赠在属于以前纳税申报期的应纳税所得中追溯扣除。

122　财政部　国家税务总局关于个人股票期权所得征收个人所得税问题的通知

2005 年 3 月 28 日　财税〔2005〕35 号

【条款失效】

　　【注释】条款第四条第（一）项废止。参见《财政部　税务总局关于个人所得税法修改后有关优惠政策衔接问题的通知》（财税〔2018〕164 号）。

　　各省、自治区、直辖市、计划单列市财政厅（局）、地方税务局：

　　为适应企业（包括内资企业、外商投资企业和外国企业在中国境内设立的机构场所）薪酬制度改革，加强个人所得税征管，现对企业员工（包括在中国境内有住所和无住所的个人）参与企业股票期权计划而取得的所得征收个人所得税问题通知如下：

　　一、关于员工股票期权所得征税问题

　　实施股票期权计划企业授予该企业员工的股票期权所得，应按《中华人民共和国个人所得税法》及其实施条例有关规定征收个人所得税。

　　企业员工股票期权（以下简称股票期权）是指上市公司按照规定的程序授予本公司及其控股企业员工的一项权利，该权利允许被授权员工在未来时间内以某一特定价格购买本公司一定数量的股票。

　　上述"某一特定价格"被称为"授予价"或"施权价"，即根据股票期权计划可以购买股票的价格，一般为股票期权授予日的市场价格或该价格的折扣价格，也可以是按照事先设定的计算方法约定的价格；"授予日"，也称"授权日"，是指公司授予员工上述权利的日期；"行权"，也称"执行"，是指员工根据股票期权计划选择购买股票的过程；员工行使上述权利的当日为"行权日"，也称"购买日"。

　　二、关于股票期权所得性质的确认及其具体征税规定

　　（一）员工接受实施股票期权计划企业授予的股票期权时，除另有规定外，

一般不作为应税所得征税。

（二）员工行权时，其从企业取得股票的实际购买价（施权价）低于购买日公平市场价（指该股票当日的收盘价，下同）的差额，是因员工在企业的表现和业绩情况而取得的与任职、受雇有关的所得，应按"工资、薪金所得"适用的规定计算缴纳个人所得税。

对因特殊情况，员工在行权日之前将股票期权转让的，以股票期权的转让净收入，作为工资薪金所得征收个人所得税。

员工行权日所在期间的工资薪金所得，应按下列公式计算工资薪金应纳税所得额：

股票期权形式的工资薪金应纳税所得额 =（行权股票的每股市场价 – 员工取得该股票期权支付的每股施权价）× 股票数量

（三）员工将行权后的股票再转让时获得的高于购买日公平市场价的差额，是因个人在证券二级市场上转让股票等有价证券而获得的所得，应按照"财产转让所得"适用的征免规定计算缴纳个人所得税。

（四）员工因拥有股权而参与企业税后利润分配取得的所得，应按照"利息、股息、红利所得"适用的规定计算缴纳个人所得税。

三、关于工资薪金所得境内外来源划分

按照《国家税务局关于在中国境内无住所个人以有价证券形式取得工资薪金所得确定纳税义务有关问题的通知》（国税函〔2000〕190号）有关规定，需对员工因参加企业股票期权计划而取得的工资薪金所得确定境内或境外来源的，应按照该员工据以取得上述工资薪金所得的境内、外工作期间月份数比例计算划分。

四、关于应纳税款的计算

（一）认购股票所得（行权所得）的税款计算。员工因参加股票期权计划而从中国境内取得的所得，按本通知规定应按工资薪金所得计算纳税的，对该股票期权形式的工资薪金所得可区别于所在月份的其他工资薪金所得，单独按下列公式计算当月应纳税款：

应纳税额 =（股票期权形式的工资薪金应纳税所得额 ÷ 规定月份数 × 适用税率 – 速算扣除数）× 规定月份数

上款公式中的规定月份数，是指员工取得来源于中国境内的股票期权形式工资薪金所得的境内工作期间月份数，长于12个月的，按12个月计算；上款公式中的适用税率和速算扣除数，以股票期权形式的工资薪金应纳税所得额除以规定

月份数后的商数，对照《国家税务总局关于印发〈征收个人所得税若干问题〉的通知》（国税发〔1994〕89号）所附税率表确定。

（二）转让股票（销售）取得所得的税款计算。对于员工转让股票等有价证券取得的所得，应按现行税法和政策规定征免个人所得税。即：个人将行权后的境内上市公司股票再行转让而取得的所得，暂不征收个人所得税；个人转让境外上市公司的股票而取得的所得，应按税法的规定计算应纳税所得额和应纳税额，依法缴纳税款。

（三）参与税后利润分配取得所得的税款计算。员工因拥有股权参与税后利润分配而取得的股息、红利所得，除依照有关规定可以免税或减税的外，应全额按规定税率计算纳税。

五、关于征收管理

（一）扣缴义务人。实施股票期权计划的境内企业为个人所得税的扣缴义务人，应按税法规定履行代扣代缴个人所得税的义务。

（二）自行申报纳税。员工从两处或两处以上取得股票期权形式的工资薪金所得和没有扣缴义务人的，该个人应在个人所得税法规定的纳税申报期限内自行申报缴纳税款。

（三）报送有关资料。实施股票期权计划的境内企业，应在股票期权计划实施之前，将企业的股票期权计划或实施方案、股票期权协议书、授权通知书等资料报送主管税务机关；应在员工行权之前，将股票期权行权通知书和行权调整通知书等资料报送主管税务机关。

扣缴义务人和自行申报纳税的个人在申报纳税或代扣代缴税款时，应在税法规定的纳税申报期限内，将个人接受或转让的股票期权以及认购的股票情况（包括种类、数量、施权价格、行权价格、市场价格、转让价格等）报送主管税务机关。

（四）处罚。实施股票期权计划的企业和因股票期权计划而取得应税所得的自行申报员工，未按规定报送上述有关报表和资料，未履行申报纳税义务或者扣缴税款义务的，按《中华人民共和国税收征收管理法》及其实施细则的有关规定进行处理。

六、关于执行时间

本通知自2005年7月1日起执行。《国家税务总局关于个人认购股票等有价证券而从雇主取得折扣或补贴收入有关征收个人所得税问题的通知》（国税发〔1998〕9号）的规定与本通知不一致的，按本通知规定执行。

123 财政部 国家税务总局关于城镇房屋拆迁有关税收政策的通知

2005年3月22日 财税〔2005〕45号

【条款失效】

【注释】条款失效，第二条失效。参见《财政部 国家税务总局关于企业以售后回租方式进行融资等有关契税政策的通知》（财税〔2012〕82号）。

各省、自治区、直辖市、计划单列市财政厅（局）、地方税务局，新疆生产建设兵团财务局：

经国务院批准，现将城镇房屋拆迁有关税收政策通知如下：

一、对被拆迁人按照国家有关城镇房屋拆迁管理办法规定的标准取得的拆迁补偿款，免征个人所得税。

二、对拆迁居民因拆迁重新购置住房的，对购房成交价格中相当于拆迁补偿款的部分免征契税，成交价格超过拆迁补偿款的，对超过部分征收契税。

请遵照执行。

124 财政部 国家税务总局关于个人所得税有关问题的批复

2005年6月2日 财税〔2005〕94号

【全文有效】

江苏省财政厅、地方税务局：

你局《关于个人所得税有关问题的请示》（苏地税发〔2005〕52号）收悉。经研究，批复如下：

一、关于单位为个人办理补充养老保险退保后个人所得税及企业所得税的处理问题。单位为职工个人购买商业性补充养老保险等，在办理投保手续时应作为个人所得税的"工资、薪金所得"项目，按税法规定缴纳个人所得税；因各种原因退保，个人未取得实际收入的，已缴纳的个人所得税应予以退回。

二、关于个人提供担保取得收入征收个人所得税问题。个人为单位或他人提供担保获得报酬，应按照个人所得税法规定的"其他所得"项目缴纳个人所得税，税款由支付所得的单位或个人代扣代缴。

125 财政部 国家税务总局关于股权分置试点改革有关税收政策问题的通知

2005年6月13日 财税〔2005〕103号

【全文有效】

各省、自治区、直辖市、计划单列市财政厅（局）、国家税务局、地方税务局，新疆生产建设兵团财务局，财政部驻各省、自治区、直辖市、计划单列市财政监察专员办事处：

为促进资本市场发展和股市全流通，推动股权分置改革试点的顺利实施，经国务院批准，现就股权分置试点改革中有关税收政策问题通知如下：

一、股权分置改革过程中因非流通股股东向流通股股东支付对价而发生的股权转让，暂免征收印花税。

二、股权分置改革中非流通股股东通过对价方式向流通股股东支付的股份、现金等收入，暂免征收流通股股东应缴纳的企业所得税和个人所得税。

三、上述规定自文发之日起开始执行。

126 国家税务总局关于调整个人取得全年一次性奖金等计算征收个人所得税方法问题的通知

2005年1月21日　国税发〔2005〕9号

【条款失效】

【注释】第二条、第六条废止。参见《财政部　税务总局关于个人所得税法修改后有关优惠政策衔接问题的通知》（财税〔2018〕164号）和《关于非居民个人和无住所居民个人有关个人所得税政策的公告》（财政部　税务总局公告2019年第35号）。

各省、自治区、直辖市和计划单列市地方税务局，局内各单位：

为了合理解决个人取得全年一次性奖金征税问题，经研究，现就调整征收个人所得税的有关办法通知如下：

一、全年一次性奖金是指行政机关、企事业单位等扣缴义务人根据其全年经济效益和对雇员全年工作业绩的综合考核情况，向雇员发放的一次性奖金。

上述一次性奖金也包括年终加薪、实行年薪制和绩效工资办法的单位根据考核情况兑现的年薪和绩效工资。

二、纳税人取得全年一次性奖金，单独作为一个月工资、薪金所得计算纳税，并按以下计税办法，由扣缴义务人发放时代扣代缴：

（一）先将雇员当月内取得的全年一次性奖金，除以12个月，按其商数确定适用税率和速算扣除数。

如果在发放年终一次性奖金的当月，雇员当月工资薪金所得低于税法规定的费用扣除额，应将全年一次性奖金减除"雇员当月工资薪金所得与费用扣除额的差额"后的余额，按上述办法确定全年一次性奖金的适用税率和速算扣除数。

（二）将雇员个人当月内取得的全年一次性奖金，按本条第（一）项确定的适用税率和速算扣除数计算征税，计算公式如下：

1. 如果雇员当月工资薪金所得高于（或等于）税法规定的费用扣除额的，适用公式为：

应纳税额＝雇员当月取得全年一次性奖金×适用税率－速算扣除数

2. 如果雇员当月工资薪金所得低于税法规定的费用扣除额的，适用公式为：

应纳税额＝（雇员当月取得全年一次性奖金－雇员当月工资薪金所得与费用扣除额的差额）×适用税率－速算扣除数

三、在一个纳税年度内，对每一个纳税人，该计税办法只允许采用一次。

四、实行年薪制和绩效工资的单位，个人取得年终兑现的年薪和绩效工资按本通知第二条、第三条执行。

五、雇员取得除全年一次性奖金以外的其他各种名目奖金，如半年奖、季度奖、加班奖、先进奖、考勤奖等，一律与当月工资、薪金收入合并，按税法规定缴纳个人所得税。

六、对无住所个人取得本通知第五条所述的各种名目奖金，如果该个人当月在我国境内没有纳税义务，或者该个人由于出入境原因导致当月在我国工作时间不满一个月的，仍按照《国家税务总局关于在我国境内无住所的个人取得奖金征税问题的通知》（国税发〔1996〕183号）计算纳税。

七、本通知自2005年1月1日起实施，以前规定与本通知不一致的，按本通知规定执行。《国家税务总局关于在中国境内有住所的个人取得奖金征税问题的通知》（国税发〔1996〕206号）和《国家税务总局关于企业经营者试行年薪制后如何计征个人所得税的通知》（国税发〔1996〕107号）同时废止。

127 国家税务总局 财政部 建设部关于加强房地产税收管理的通知

2005 年 5 月 27 日　国税发〔2005〕89 号

【全文有效】

　　【注释】《国家税务总局关于修改部分税收规范性文件的公告》(国家税务总局公告 2018 年第 31 号) 对本文进行了修改。

　　各省、自治区、直辖市财政厅（局）、地方税务局、建设厅（建委、房地局）、计划单列市财政局、地方税务局、建委（建设局、房地局），扬州税务进修学院，新疆生产建设兵团建设局：

　　为贯彻落实《国务院办公厅转发建设部等部门关于做好稳定住房价格工作意见的通知》（国办发〔2005〕26 号），进一步加强房地产税收征管，促进房地产市场的健康发展，现将有关事项及要求通知如下：

　　一、各级税务、财政部门和房地产管理部门，要认真贯彻执行房地产税收有关法律、法规和政策规定，建立和完善信息共享、情况通报制度，加强部门间的协作配合。各级税务、财政部门要切实加强房地产税收征管，并主动与当地的房地产管理部门取得联系；房地产管理部门要积极配合。

　　二、2005 年 5 月 31 日以前，各地要根据国办发〔2005〕26 号文件规定，公布本地区享受优惠政策的普通住房标准（以下简称普通住房）。其中，住房平均交易价格，是指报告期内同级别土地上住房交易的平均价格，经加权平均后形成的住房综合平均价格。由市、县房地产管理部门会同有关部门测算，报当地人民政府确定，每半年公布一次。各级别土地上住房平均交易价格的测算，依据房地产市场信息系统生成数据；没有建立房地产市场信息系统的，依据房地产交易登记管理系统生成数据。

　　对单位或个人将购买住房对外销售的，市、县房地产管理部门应在办理房屋权属登记的当月，向同级税务、财政部门提供权属登记房屋的坐落、产权人、房屋面积、成交价格等信息。

　　市、县规划管理部门要将已批准的容积率在 1.0 以下的住宅项目清单，一次性提供给同级税务、财政部门。新批住宅项目中容积率在1.0以下的，按月提供。

税务、财政部门要将当月房地产税收征管的有关信息向市、县房地产管理部门提供。

各级税务、财政部门从房地产管理部门获得的房地产交易登记资料，只能用于征税之目的，并有责任予以保密。违反规定的，要追究责任。

三、各级税务、财政部门要严格执行调整后的个人住房营业税税收政策。

（一）2005年6月1日后，个人将购买不足2年的住房对外销售的，应全额征收营业税。

（二）2005年6月1日后，个人将购买超过2年（含2年）的符合当地公布的普通住房标准的住房对外销售，应持该住房的坐落、容积率、房屋面积、成交价格等证明材料及税务部门要求的其他材料，向税务部门申请办理免征营业税手续。税务部门应根据当地公布的普通住房标准，利用房地产管理部门和规划管理部门提供的相关信息，对纳税人申请免税的有关材料进行审核，凡符合规定条件的，给予免征营业税。

（三）2005年6月1日后，个人将购买超过2年（含2年）的住房对外销售不能提供属于普通住房的证明材料或经审核不符合规定条件的，一律按非普通住房的有关营业税政策征收营业税。

（四）个人购买住房以取得的房屋产权证或契税完税证明上注明的时间作为其购买房屋的时间。

（五）个人对外销售住房，应持依法取得的房屋权属证书，并到税务部门申请开具发票。

（六）对个人购买的非普通住房超过2年（含2年）对外销售的，在向税务部门申请按其售房收入减去购买房屋价款后的差额缴纳营业税时，需提供购买房屋时取得的税务部门监制的发票作为差额征税的扣除凭证。

（七）各级税务、财政部门要严格执行税收政策，对不符合规定条件的个人对外销售住房，不得减免营业税，确保调整后的营业税政策落实到位；对个人承受不享受优惠政策的住房，不得减免契税。对擅自变通政策、违反规定，不符合规定条件的个人住房给予税收优惠，影响调整后的税收政策落实的，要追究当事人的责任。对政策执行中出现的问题和有关情况，应及时上报国家税务总局。

四、各级税务、财政部门要充分利用房地产交易与权属登记信息，加强房地产税收管理。要建立、健全房地产税收税源登记档案和税源数据库，并根据变化情况及时更新税源登记档案和税源数据库的信息；要定期将从房地产管理部门取得的权属登记资料等信息，与房地产税收征管信息进行比对，查找漏征税款，建立催缴制度，及时查补税款。

各级税务、财政部门在房地产税收征管工作中，如发现纳税人未进行权属登记的，应及时将有关信息告知当地房地产管理部门，以便房地产管理部门加强房地产权属管理。

五、各级税务、财政部门和房地产管理部门要积极协商，创造条件，在房地产交易和权属登记等场所，设立房地产税收征收窗口，方便纳税人。

六、市、县房地产管理部门在办理房地产权属登记时，应严格按照《中华人民共和国契税暂行条例》《中华人民共和国土地增值税暂行条例》的规定，要求出具完税（或减免）凭证；对于未出具完税（或减免）凭证的，房地产管理部门不得办理权属登记。

七、各级税务、财政部门应努力改进征缴税款的办法，减少现金收取，逐步实现税银联网、划卡缴税。由于种种原因，仍需收取现金税款的，应规范解缴程序，加强安全管理。

八、对于房地产管理部门配合税收管理增加的支出，地方财税部门应给予必要的经费支持。

九、各省税务部门要积极参与本地区房地产市场分析监测工作，密切关注营业税税收政策调整后的政策执行效果，及时做出营业税政策调整对本地区的房地产市场产生影响的评估报告，并将分析评估报告按季上报国家税务总局。

十、各地税务、财政部门和房地产管理部门，可结合本地情况，共同协商研究制定贯彻落实本通知的具体办法。

128　国家税务总局关于印发《个人所得税管理办法》的通知

2005年7月6日　国税发〔2005〕120号

【全文有效】

　　【注释】《国家税务总局关于修改部分税收规范性文件的公告》（国家税务总局公告2018年第31号）对本文进行了修改。

个人所得税管理办法

第一章　总　则

　　第一条　为了进一步加强和规范税务机关对个人所得税的征收管理，促进个人所得税征管的科学化、精细化，不断提高征管效率和质量，根据《中华人民共和国个人所得税法》（以下简称税法）、《中华人民共和国税收征收管理法》（以下简称征管法）及有关税收法律法规规定，制定本办法。

　　第二条　加强和规范个人所得税征管，要着力健全管理制度、完善征管手段，突出管理重点。即要建立个人收入档案管理制度、代扣代缴明细账制度、纳税人与扣缴义务人向税务机关双向申报制度、与社会各部门配合的协税制度；尽快研发应用统一的个人所得税管理信息系统，充分利用信息技术手段加强个人所得税管理；切实加强高收入者的重点管理、税源的源泉管理、全员全额管理。

第二章　个人收入档案管理制度

　　第三条　个人收入档案管理制度是指，税务机关按照要求对每个纳税人的个人基本信息、收入和纳税信息以及相关信息建立档案，并对其实施动态管理的一项制度。

　　第四条　省以下（含省级）各级税务机关的管理部门应当按照规定逐步对每个纳税人建立收入和纳税档案，实施"一户式"的动态管理。

第五条　省以下（含省级）各级税务机关的管理部门应区别不同类型纳税人，并按以下内容建立相应的基础信息档案：

（一）雇员纳税人（不含股东、投资者、外籍人员）的档案内容包括：姓名、身份证照类型、身份证照号码、学历、职业、职务、电子邮箱地址、有效联系电话、有效通信地址、邮政编码、户籍所在地、扣缴义务人编码、是否重点纳税人。

（二）非雇员纳税人（不含股东、投资者）的档案内容包括：姓名、身份证照类型、身份证照号码、电子邮箱地址、有效联系电话、有效通信地址（工作单位或家庭地址）、邮政编码、工作单位名称、扣缴义务人编码、是否重点纳税人。

（三）股东、投资者（不含个人独资、合伙企业投资者）的档案内容包括：姓名、国籍、身份证照类型、身份证照号码、有效通信地址、邮政编码、户籍所在地、有效联系电话、电子邮箱地址、公司股本（投资）总额、个人股本（投资）额、扣缴义务人编码、是否重点纳税人。

（四）个人独资、合伙企业投资者、个体工商户、对企事业单位的承包承租经营人的档案内容包括：姓名、身份证照类型、身份证照号码、个体工商户（或个人独资企业、合伙企业、承包承租企事业单位）名称，经济类型、行业、经营地址、邮政编码、有效联系电话、税务登记证号码、电子邮箱地址、所得税征收方式（核定、查账）、主管税务机关、是否重点纳税人。

（五）外籍人员（含雇员和非雇员）的档案内容包括：纳税人编码、姓名（中、英文）、性别、出生地（中、英文）、出生年月、境外地址（中、英文）、国籍或地区、身份证照类型、身份证照号码、居留许可号码（或台胞证号码、回乡证号码）、劳动就业证号码、职业、境内职务、境外职务、入境时间、任职期限、预计在华时间、预计离境时间、境内任职单位名称及税务登记证号码、境内任职单位地址、邮政编码、联系电话、其他任职单位（也应包括地址、电话、联系方式）名称及税务登记证号码、境内受聘或签约单位名称及税务登记证号码、地址、邮政编码、联系电话、境外派遣单位名称（中、英文）、境外派遣单位地址（中、英文）、支付地（包括境内支付还是境外支付）、是否重点纳税人。

第六条　纳税人档案的内容来源于：

（一）纳税人税务登记情况。

（二）《扣缴个人所得税报告表》和《支付个人收入明细表》。

（三）代扣代收税款凭证。

（四）个人所得税纳税申报表。

（五）社会公共部门提供的有关信息。

（六）税务机关的纳税检查情况和处罚记录。

（七）税务机关掌握的其他资料及纳税人提供的其他信息资料。

第七条 税务机关应对档案内容适时进行更新和调整；并根据本地信息化水平和征管能力提高的实际，以及个人收入的变化等情况，不断扩大档案管理的范围，直至实现全员全额管理。

第八条 税务机关应充分利用纳税人档案资料，加强个人所得税管理。定期对重点纳税人、重点行业和企业的个人档案资料进行比对分析和纳税评估，查找税源变动情况和原因，及时发现异常情况，采取措施堵塞征管漏洞。

第三章 代扣代缴明细账制度

第九条 代扣代缴明细账制度是指，税务机关依据个人所得税法和有关规定，要求扣缴义务人按规定报送其支付收入的个人所有的基本信息、支付个人收入和扣缴税款明细信息以及其他相关涉税信息，并对每个扣缴义务人建立档案，为后续实施动态管理打下基础的一项制度。

第十条 税务机关应按照税法及相关法律、法规的有关规定，督促扣缴义务人按规定设立代扣代缴税款账簿，正确反映个人所得税的扣缴情况。

第十一条 扣缴义务人申报的纳税资料，税务机关应严格审查核实。对《扣缴个人所得税报告表》和《支付个人收入明细表》没有按每一个人逐栏逐项填写的，或者填写内容不全的，主管税务机关应要求扣缴义务人重新填报。已实行信息化管理的，可以将《支付个人收入明细表》并入《扣缴个人所得税报告表》。

《扣缴个人所得税报告表》填写实际缴纳了个人所得税的纳税人的情况；《支付个人收入明细表》填写支付了应税收入，但未达到纳税标准的纳税人的情况。

第十二条 税务机关应将扣缴义务人报送的支付个人收入情况与其同期财务报表交叉比对，发现不符的，应要求其说明情况，并依法查实处理。

第十三条 税务机关应对每个扣缴义务人建立档案，其内容包括：扣缴义务人编码、扣缴义务人名称、税务（注册）登记证号码、电话号码、电子邮件地址、行业、经济类型、单位地址、邮政编码、法定代表人（单位负责人）和财务主管人员姓名及联系电话、税务登记机关、登记证照类型、发照日期、主管税务机关、应纳税所得额（按所得项目归类汇总）、免税收入、应纳税额（按所得项目归类汇总）、纳税人数、已纳税额、应补（退）税额、减免税额、滞纳金、罚款、完税凭证号等。

第十四条 扣缴义务人档案的内容来源于：

（一）扣缴义务人扣缴税款登记情况。

(二)《扣缴个人所得税报告表》和《支付个人收入明细表》。
(三)代扣代收税款凭证。
(四)社会公共部门提供的有关信息。
(五)税务机关的纳税检查情况和处罚记录。
(六)税务机关掌握的其他资料。

第四章 纳税人与扣缴义务人向税务机关双向申报制度

第十五条 纳税人与扣缴义务人向税务机关双向申报制度是指,纳税人与扣缴义务人按照法律、行政法规规定和税务机关依法律、行政法规所提出的要求,分别向主管税务机关办理纳税申报,税务机关对纳税人和扣缴义务人提供的收入、纳税信息进行交叉比对、核查的一项制度。

第十六条 对税法及其实施条例,以及相关法律、法规规定纳税人必须自行申报的,税务机关应要求其自行向主管税务机关进行纳税申报。

第十七条 税务机关接受纳税人、扣缴义务人的纳税申报时,应对申报的时限、应税项目、适用税率、税款计算及相关资料的完整性和准确性进行初步审核,发现有误的,应及时要求纳税人、扣缴义务人修正申报。

第十八条 税务机关应对双向申报的内容进行交叉比对和评估分析,从中发现问题并及时依法处理。

第五章 与社会各部门配合的协税制度

第十九条 与社会各部门配合的协税制度是指,税务机关应建立与个人收入和个人所得税征管有关的各部门的协调与配合的制度,及时掌握税源和与纳税有关的信息,共同制定和实施协税、护税措施,形成社会协税、护税网络。

第二十条 税务机关应重点加强与以下部门的协调配合:公安、检察、法院、工商、银行、文化体育、财政、劳动、房管、交通、审计、外汇管理等部门。

第二十一条 税务机关通过加强与有关部门的协调配合,着重掌握纳税人的相关收入信息。

(一)与公安部门联系,了解中国境内无住所个人出入境情况及在中国境内的居留暂住情况,实施阻止欠税人出境制度,掌握个人购车等情况。

(二)与工商部门联系,了解纳税人登记注册的变化情况和股份制企业股东及股本变化等情况。

(三)与文化体育部门联系,掌握各种演出、比赛获奖等信息,落实演出承办单位和体育单位的代扣代缴义务等情况。

（四）与房管部门联系，了解房屋买卖、出租等情况。

（五）与交通部门联系，了解出租车、货运车以及运营等情况。

（六）与劳动部门联系，了解中国境内无住所个人的劳动就业情况。

第二十二条 税务机关应积极创造条件，逐步实现与有关部门的相关信息共享或定期交换。

第二十三条 各级税务机关应当把大力宣传和普及个人所得税法知识、不断提高公民的依法纳税意识作为一项长期的基础性工作予以高度重视，列入重要议事日程，并结合征管工作的要求、社会关注的热点和本地征管的重点，加强与上述部门的密切配合。制订周密的宣传工作计划，充分利用各种宣传媒体和途径、采取灵活多样的方式进行个人所得税宣传。

第六章 加快信息化建设

第二十四条 各级税务机关应在金税工程三期的总体框架下，按照"一体化"要求和"统筹规划、统一标准，突出重点、分步实施，整合资源、讲究实效，加强管理、保证安全"的原则，进一步加快个人所得税征管信息化建设，以此提高个人所得税征管质量和效率。

第二十五条 按照一体化建设的要求，个人所得税与其他税种具有共性的部分，由核心业务系统统一开发软件，个人所得税个性的部分单独开发软件。根据个人所得税特点，总局先行开发个人所得税代扣代缴（扣缴义务人端）和基础信息管理（税务端）两个子系统。

第二十六条 代扣代缴（扣缴义务人端）系统的要求是：

（一）为扣缴义务人提供方便快捷的报税工具。

（二）可以从扣缴义务人现有的财务等软件中导入相关信息。

（三）自动计算税款，自动生成各种报表。

（四）支持多元化的申报方式。

（五）方便扣缴义务人统计、查询、打印。

（六）提供《代扣代收税款凭证》打印功能。

（七）便于税务机关接受扣缴义务人的明细扣缴申报，准确全面掌握有关基础数据资料。

第二十七条 基础信息管理系统（税务端）的要求是：

（一）建立个人收入纳税一户式档案，用于汇集扣缴义务人、纳税人的基础信息、收入及纳税信息资料。

（二）传递个人两处以上取得的收入及纳税信息给征管环节。

（三）从一户式档案中筛选高收入个人、高收入行业、重点纳税人、重点扣缴义务人,并实施重点管理。

(四)通过对纳税人收入、纳税相关信息进行汇总比对,判定纳税人申报情况的真实性。

(五)通过设定各类统计指标、口径和运用统计结果,为加强个人所得税管理和完善政策提供决策支持。

(六)建立与各部门的数据应用接口,为其他税费征收提供信息。

(七)按规定打印《中华人民共和国个人所得税完税证明》,为纳税人提供完税依据。

第二十八条 省级税务机关应做好现有个人所得税征管软件的整合工作。省级及以下各级税务机关原则上不应再自行开发个人所得税征管软件。

第七章 加强高收入者的重点管理

第二十九条 税务机关应将下列人员纳入重点纳税人范围:金融、保险、证券、电力、电信、石油、石化、烟草、民航、铁道、房地产、学校、医院、城市供水供气、出版社、公路管理、外商投资企业和外国企业、高新技术企业、中介机构、体育俱乐部等高收入行业人员;民营经济投资者、影视明星、歌星、体育明星、模特等高收入个人;临时来华演出人员。

第三十条 各级税务机关应从下列人员中,选择一定数量的个人作为重点纳税人,实施重点管理:

(一)收入较高者。

(二)知名度较高者。

(三)收入来源渠道较多者。

(四)收入项目较多者。

(五)无固定单位的自由职业者。

(六)对税收征管影响较大者。

第三十一条 各级税务机关对重点纳税人应实行滚动动态管理办法,每年都应根据本地实际情况,适时增补重点纳税人,不断扩大重点纳税人管理范围,直至实现全员全额管理。

第三十二条 税务机关应对重点纳税人按人建立专门档案,实行重点管理,随时跟踪其收入和纳税变化情况。

第三十三条 各级税务机关应充分利用建档管理掌握的重点纳税人信息,定期对重点纳税人的收入、纳税情况进行比对、评估分析,从中发现异常问题,及时采取措施堵塞管理漏洞。

第三十四条 省级(含计划单列市)税务机关应于每年7月底以前和次年1

月底以前，分别将所确定的重点纳税人的半年和全年的基本情况及收入、纳税等情况，用 Excel 表格的形式填写《个人所得税重点纳税人收入和纳税情况汇总表》报送国家税务总局（所得税管理司）。

第三十五条　各级税务机关应强化对个体工商户、个人独资企业和合伙企业投资者以及独立从事劳务活动的个人的个人所得税征管。

（一）积极推行个体工商户、个人独资企业和合伙企业建账工作，规范财务管理，健全财务制度；有条件的地区应使用税控装置加强对纳税人的管理和监控。

（二）健全和完善核定征收工作，对账证不全、无法实行查账征收的纳税人，按规定实行核定征收，并根据纳税人经营情况及时进行定额调整。

（三）加强税务系统的协作配合，实现信息共享，建立健全个人所得税情报交流和异地协查制度，互通信息，解决同一个投资者在两处或两处以上投资和取得收入合并缴纳个人所得税的监控难题。

（四）加强个人投资者从其投资企业借款的管理，对期限超过一年又未用于企业生产经营的借款，严格按照有关规定征税。

（五）要严格对个人投资的企业和个体工商户税前扣除的管理，定期进行检查。对个人投资者以企业资金为本人、家庭成员及其相关人员支付的与生产经营无关的消费性、财产性支出，严格按照规定征税。

（六）加强对从事演出、广告、讲课、医疗等人员的劳务报酬所得的征收管理，全面推行预扣预缴办法，从源泉上加强征管。

第三十六条　税务机关要加强对重点纳税人、独立纳税人的专项检查，严厉打击涉税违法犯罪行为。各地每年应当通过有关媒体公开曝光 2~3 起个人所得税违法犯罪案件。

第三十七条　税务机关要重视和加强重点纳税人、独立纳税人的个人所得税日常检查，及时发现征管漏洞和薄弱环节，制定和完善征管制度、办法。日常检查由省级以下税务机关的征管和税政部门共同组织实施。

实施日常检查应当制订计划，并按规定程序进行，防止多次、重复检查，防止影响纳税人的生产经营。

第八章　加强税源的源泉管理

第三十八条　税务机关应严格税务登记管理制度，认真开展漏征漏管户的清理工作，摸清底数。

第三十九条　税务机关应按照有关要求建立和健全纳税人、扣缴义务人的档案，切实加强个人所得税税源管理。

第四十条 税务机关应继续做好代扣代缴工作，提高扣缴质量和水平：

（一）要继续贯彻落实已有的个人所得税代扣代缴工作制度和办法，并在实践中不断完善提高。

（二）要对本地区所有行政、企事业单位、社会团体等扣缴义务人进行清理和摸底，在此基础上按照纳税档案管理的指标建立扣缴义务人台账或基本账户，对其实行跟踪管理。

（三）配合全员全额管理，推行扣缴义务人支付个人收入明细申报制度。

（四）对下列行业应实行重点税源管理：金融、保险、证券、电力、电信、石油、石化、烟草、民航、铁道、房地产、学校、医院、城市供水供气、出版社、公路管理、外商投资企业、高新技术企业、中介机构、体育俱乐部等高收入行业；连续3年（含3年）为零申报的代扣代缴单位（以下简称长期零申报单位）。

（五）对重点税源管理的行业、单位和长期零申报单位，应将其列为每年开展专项检查的重点对象，或对其纳税申报材料进行重点审核。

第四十一条 各级税务机关应充分利用与各部门配合的协作制度，从公安、工商、银行、文化、体育、房管、劳动、外汇管理等社会公共部门获取税源信息。

第四十二条 各级税务机关应利用从有关部门获取的信息，加强税源管理、进行纳税评估。税务机关应定期分析税源变化情况，对变动较大等异常情况，应及时分析原因，采取相应管理措施。

第四十三条 各级税务机关在加强查账征收工作的基础上，对符合征管法第三十五条规定情形的，采取定期定额征收和核定应税所得率征收，以及其他合理的办法核定征收个人所得税。

第四十四条 主管税务机关在确定对纳税人的核定征收方式后，要选择有代表性的典型户进行调查，在此基础上确定应纳税额。典型调查面不得低于核定征收纳税人的3%。

第九章 加强全员全额管理

第四十五条 全员全额管理是指，凡取得应税收入的个人，无论收入额是否达到个人所得税的纳税标准，均应就其取得的全部收入，通过代扣代缴和个人申报，全部纳入税务机关管理。

第四十六条 各级税务机关应本着先扣缴义务人后纳税人，先重点行业、企业和纳税人后一般行业、企业和纳税人，先进"笼子"后规范的原则，积极稳妥地推进全员全额管理工作。

第四十七条　各级税务机关要按照规定和要求，尽快建立个人收入档案管理制度、代扣代缴明细账制度、纳税人与扣缴义务人向税务机关双向申报制度、与社会各部门配合的协税制度，为实施全员全额管理打下基础。

第四十八条　各级税务机关应积极创造条件，并根据金税工程三期的总体规划和有关要求，依托信息化手段，逐步实现全员全额申报管理，并在此基础上，为每个纳税人开具完税凭证（证明）。

第四十九条　税务机关应充分利用全员全额管理掌握的纳税人信息、扣缴义务人信息、税源监控信息、有关部门、媒体提供的信息、税收管理人员实地采集的信息等，依据国家有关法律和政策法规的规定，对自行申报纳税人纳税申报情况和扣缴义务人扣缴税情况的真实性、准确性进行分析、判断，开展个人所得税纳税评估，提高全员全额管理的质量。

第五十条　税务机关应加强个人独资和合伙企业投资者、个体工商户、独立劳务者等无扣缴义务人的独立纳税人的基础信息和税源管理工作。

第五十一条　个人所得税纳税评估应按"人机结合"的方式进行，其基本原理和流程是：根据当地居民收入水平及其变动、行业收入水平及其变动等影响个人所得税的相关因素，建立纳税评估分析系统；根据税收收入增减额、增减率或行业平均指标模型确定出纳税评估的重点对象；对纳税评估对象进行具体评估分析，查找锁定引起该扣缴义务人或者纳税人个人所得税变化的具体因素；据此与评估对象进行约谈，要求其说明情况并纠正错误，或者交由稽查部门实施稽查，并进行后续的重点管理。

第五十二条　税务机关应按以下范围和来源采集纳税评估的信息：

（一）信息采集的范围：

1. 当地职工年平均工资、月均工资水平。

2. 当地分行业职工年平均工资、月均工资水平。

3. 当地分行业资金利润率。

4. 企业财务报表相关数据。

5. 股份制企业分配股息、红利情况。

6. 其他有关数据。

（二）信息采集的来源：

1. 税务登记的有关信息。

2. 纳税申报的有关信息。

3. 会计报表有关信息。

4. 税控收款装置的有关信息。

5. 中介机构出具的审计报告、评估报告的信息。

6. 相关部门、媒体提供的信息。

7. 税收管理人员到纳税户了解采集的信息。

8. 其他途径采集的纳税人和扣缴义务人与个人所得税征管有关的信息。

第五十三条 税务机关应设置纳税评估分析指标、财务分析指标、业户不良记录评析指标，通过分析确定某一期间个人所得税的总体税源发生增减变化的主要行业、主要企业、主要群体，确定纳税评估重点对象。个人所得税纳税评估的程序、指标、方法等按照总局《纳税评估管理办法（试行）》及相关规定执行。

第五十四条 个人所得税纳税评估主要从以下项目进行：

（一）工资、薪金所得，应重点分析工资总额增减率与该项目税款增减率对比情况，人均工资增减率与人均该项目税款增减率对比情况，税款增减率与企业利润增减率对比分析，同行业、同职务人员的收入和纳税情况对比分析。

（二）利息、股息、红利所得，应重点分析当年该项目税款与上年同期对比情况，该项目税款增减率与企业利润增减率对比情况，企业转增个人股本情况，企业税后利润分配情况。

（三）个体工商户的生产、经营所得（含个人独资企业和合伙企业），应重点分析当年与上年该项目税款对比情况，该项目税款增减率与企业利润增减率对比情况；税前扣除项目是否符合现行政策规定；是否连续多个月零申报；同地区、同行业个体工商户生产、经营所得的税负对比情况。

（四）对企事业单位的承包经营、承租经营所得，应重点分析当年与上年该项目税款对比情况，该项目税款增减率与企业利润增减率对比情况，其行业利润率、上缴税款占利润总额的比重等情况；是否连续多个月零申报；同地区、同行业对企事业单位的承包经营、承租经营所得的税负对比情况。

（五）劳务报酬所得，应重点分析纳税人取得的所得与过去对比情况，支付劳务费的合同、协议、项目情况，单位白条列支劳务报酬情况。

（六）其他各项所得，应结合个人所得税征管实际，选择有针对性的评估指标进行评估分析。

第十章 附 则

第五十五条 储蓄存款利息所得的个人所得税管理办法，另行制定。

第五十六条 此前规定与本办法不一致的，按本办法执行。

第五十七条 本办法未尽事宜按照税收法律、法规以及相关规定办理。

第五十八条 本办法由国家税务总局负责解释，各省、自治区、直辖市和计划单列市税务局可根据本办法制定具体实施意见。

第五十九条 本办法自 2005 年 10 月 1 日起执行。

129　国家税务总局　中国人民银行 教育部关于印发《教育储蓄存款利息所得免征个人所得税实施办法》的通知

2005年9月14日　国税发〔2005〕148号

【全文有效】

教育储蓄存款利息所得免征个人所得税实施办法

第一条　为加强储蓄存款利息所得个人所得税（以下简称利息税）征收管理，规范教育储蓄利息所得免征利息税管理，根据《中华人民共和国个人所得税法》及其实施条例、国务院关于《对储蓄存款利息所得征收个人所得税的实施办法》和《教育储蓄管理办法》的规定，特制定本办法。

第二条　个人为其子女（或被监护人）接受非义务教育（指九年义务教育之外的全日制高中、大中专、大学本科、硕士和博士研究生）在储蓄机构开立教育储蓄专户，并享受利率优惠的存款，其所取得的利息免征个人所得税。

第三条　开立教育储蓄的对象（即储户）为在校小学4年级（含4年级）以上学生；享受免征利息税优惠政策的对象必须是正在接受非义务教育的在校学生，其在就读全日制高中（中专）、大专和大学本科、硕士和博士研究生时，每个学习阶段可分别享受一次2万元教育储蓄的免税优惠。

第四条　教育储蓄采用实名制，办理开户时，须凭储户本人户口簿（户籍证明）或居民身份证到储蓄机构以储户本人的姓名开立存款账户。

第五条　教育储蓄为一年、三年和六年期零存整取定期储蓄存款，每份本金合计不得超过2万元；每份本金合计超过2万元或一次性趸存本金的，一律不得享受教育储蓄免税的优惠政策，其取得的利息，应征收利息税。不按规定计付利息的教育储蓄，不得享受免税优惠，应按支付的利息全额征收利息税。

第六条　教育储蓄到期前，储户必须持存折、户口簿（户籍证明）或身份证到所在学校开具正在接受非义务教育的学生身份证明（以下简称"证明"）。

"证明"样式由国家税务总局制定,各省、自治区、直辖市和计划单列市国家税务局印制,由学校到所在地主管税务机关领取。"证明"一式三联(样式见附件),第一联学校留存;第二、三联由储户在支取本息时提供给储蓄机构;储蓄机构应将第二联留存备查,第三联在每月办理扣缴税申报时一并报送主管税务机关。

储户到所在学校开具"证明"时,应在"证明"中填列本人居民身份证号码;无居民身份证号码的,应持本人户口簿(户籍证明)复印件三份,分别附在三联"证明"之后。

第七条 教育储蓄到期时,储户必须持存折、身份证或户口簿(户籍证明)和"证明"支取本息。储蓄机构应认真审核储户所持存折、身份证或户口簿(户籍证明)和"证明",对符合条件的,给予免税优惠,并在"证明"(第二、三联)上加盖"已享受教育储蓄优惠"印章;不能提供"证明"的,均应按有关规定扣缴利息税。

第八条 储蓄机构应对教育储蓄情况进行详细记录,以备税务机关核查。记录的内容应包括:储户姓名、证件名称及号码、开具"证明"的学校、"证明"编号、存款额度、储蓄起止日期、利率、利息。

第九条 主管税务机关应设立教育储蓄利息所得免征个人所得税台账,对储户享受优惠情况进行详细登记。登记内容包括:储户姓名、证件名称及号码、"证明"编号、开具"证明"的学校、开户银行、存款额度、储蓄起止日期、利率、利息。

第十条 主管税务机关应依法定期对储蓄机构的教育储蓄存款利息所得免税情况开展检查。

第十一条 从事非义务教育的学校应主动向所在地国税机关领取"证明",并严格按照规定填开"证明",不得重复填开或虚开,对填开的"证明"必须建立备案存查制度。

对违反规定向纳税人、扣缴义务人提供"证明",导致未缴、少缴个人所得税款的学校,按《中华人民共和国税收征收管理法》(以下简称《征管法》)实施细则的规定,税务机关可以处未缴、少缴税款1倍以下的罚款。

第十二条 对储蓄机构以教育储蓄名义进行揽储,没有按规定办理教育储蓄,而造成应扣未扣税款的,应按《征管法》的规定,向纳税人追缴应纳税款,并对扣缴义务人处应扣未扣税款50%以上3倍以下的罚款。税务机关在向纳税人追缴税款时,可责成扣缴义务人从纳税人的储蓄账户上限期补扣应扣未扣的税款。

对储户采取欺骗手段办理教育储蓄的,一经发现,应对其征收利息税,并按《征管法》的规定予以处理。

第十三条 各省、自治区、直辖市和计划单列市国家税务局、中国人民银行各分行、教育厅(局)可根据本办法制定具体的实施办法。

第十四条 本办法自2005年10月1日起施行。

130 国家税务总局 中国人民银行 教育部关于《教育储蓄存款利息所得免征个人所得税实施办法》有关问题的补充通知

2005年9月30日 国税发〔2005〕155号

【全文有效】

各省、自治区、直辖市和计划单列市国家税务局、教育厅（教委、教育局），中国人民银行各分行、营业管理部、各省会（首府）城市中心支行，各商业银行总行：

为更好地执行《国家税务总局、中国人民银行、教育部关于印发〈教育储蓄存款利息所得免征个人所得税实施办法〉的通知》（国税发〔2005〕148号）（以下简称《实施办法》），现就有关事项补充通知如下：

一、《实施办法》推迟至2005年12月1日起执行。

二、存款人根据《中国人民银行关于印发〈教育储蓄管理办法〉的通知》（银发〔2000〕102号）的要求，向办理教育储蓄的银行提供的相关证明文件，在2005年12月1日前继续有效。

三、各省、自治区、直辖市和计划单列市国家税务局，教育厅（教委），中国人民银行各分行、营业管理部、各省会（首府）城市中心支行、各商业银行要切实做好宣传和解释工作。对执行中出现的新情况、新问题及时上报。

131 国家税务总局关于房地产税收政策执行中几个具体问题的通知

2005年10月20日　国税发〔2005〕172号

【全文有效】

各省、自治区、直辖市和计划单列市财政厅（局）、地方税务局，扬州税务进修学院，局内各单位：

根据《国家税务总局财政部建设部关于加强房地产税收管理的通知》（国税发〔2005〕89号）（以下简称《通知》）的精神，经商财政部、建设部，现就各地在贯彻落实《通知》中的几个具体政策问题明确如下：

一、《通知》第三条第二款中规定的"成交价格"是指住房持有人对外销售房屋的成交价格。

二、《通知》第三条第四款中规定的"契税完税证明上注明的时间"是指契税完税证明上注明的填发日期。

三、纳税人申报时，同时出具房屋产权证和契税完税证明且二者所注明的时间不一致的，按照"孰先"的原则确定购买房屋的时间。即房屋产权证上注明的时间早于契税完税证明上注明的时间的，以房屋产权证注明的时间为购买房屋的时间；契税完税证明上注明的时间早于房屋产权证上注明的时间的，以契税完税证明上注明的时间为购买房屋的时间。

四、个人将通过受赠、继承、离婚财产分割等非购买形式取得的住房对外销售的行为，也适用《通知》的有关规定。其购房时间按发生受赠、继承、离婚财产分割行为前的购房时间确定，其购房价格按发生受赠、继承、离婚财产分割行为前的购房原价确定。个人需持其通过受赠、继承、离婚财产分割等非购买形式取得住房的合法、有效法律证明文书，到地方税务部门办理相关手续。

五、根据国家房改政策购买的公有住房，以购房合同的生效时间、房款收据的开具日期或房屋产权证上注明的时间，按照"孰先"的原则确定购买房屋的时间。

六、享受税收优惠政策普通住房的面积标准是指地方政府按国办发〔2005〕26号文件规定确定并公布的普通住房建筑面积标准。对于以套内面积进行计量的，应换算成建筑面积，判断该房屋是否符合普通住房标准。

132　国家税务总局关于纳税人收回转让的股权征收个人所得税问题的批复

2005年1月28日　国税函〔2005〕130号

【全文有效】

四川省地方税务局：

你局《关于纳税人收回转让的股权是否退还已纳个人所得税问题的请示》（川地税发〔2004〕126号）收悉。经研究，现批复如下：

一、根据《中华人民共和国个人所得税法》（以下简称个人所得税法）及其实施条例和《中华人民共和国税收征收管理法》（以下简称征管法）的有关规定，股权转让合同履行完毕、股权已作变更登记，且所得已经实现的，转让人取得的股权转让收入应当依法缴纳个人所得税。转让行为结束后，当事人双方签订并执行解除原股权转让合同、退回股权的协议，是另一次股权转让行为，对前次转让行为征收的个人所得税款不予退回。

二、股权转让合同未履行完毕，因执行仲裁委员会作出的解除股权转让合同及补充协议的裁决、停止执行原股权转让合同，并原价收回已转让股权的，由于其股权转让行为尚未完成、收入未完全实现，随着股权转让关系的解除，股权收益不复存在，根据个人所得税法和征管法的有关规定，以及从行政行为合理性原则出发，纳税人不应缴纳个人所得税。

133 国家税务总局关于单位为员工支付有关保险缴纳个人所得税问题的批复

2005年4月13日　国税函〔2005〕318号

【全文有效】

黑龙江省地方税务局：

你局《关于代扣代缴单位为员工支付保险有关缴纳个人所得税问题的请示》（黑地税发〔2005〕19号）收悉。经研究，现批复如下：

依据《中华人民共和国个人所得税法》及有关规定，对企业为员工支付各项免税之外的保险金，应在企业向保险公司缴付时（即该保险落到被保险人的保险账户）并入员工当期的工资收入，按"工资、薪金所得"项目计征个人所得税，税款由企业负责代扣代缴。

134 国家税务总局关于企业为股东个人购买汽车征收个人所得税的批复

2005 年 4 月 22 日　国税函〔2005〕364 号

【条款失效】

【注释】第二条废止。参见《国家税务总局关于公布一批全文废止和部分条款废止的税收规范性文件目录的公告》（国家税务总局公告 2017 年第 1 号）。

辽宁省地方税务局：

你局《关于企业利用资金为股东个人购买汽车征收个人所得税问题的请示》（辽地税发〔2005〕19 号）收悉。经研究，批复如下：

一、依据《中华人民共和国个人所得税法》以及有关规定，企业购买车辆并将车辆所有权办到股东个人名下，其实质为企业对股东进行了红利性质的实物分配，应按照"利息、股息、红利所得"项目征收个人所得税。考虑到该股东个人名下的车辆同时也为企业经营使用的实际情况，允许合理减除部分所得；减除的具体数额由主管税务机关根据车辆的实际使用情况合理确定。

二、依据《中华人民共和国企业所得税暂行条例》以及有关规定，上述企业为个人股东购买的车辆，不属于企业的资产，不得在企业所得税前扣除折旧。

135　国家税务总局关于个人兼职和退休人员再任职取得收入如何计算征收个人所得税问题的批复

2005年4月26日　国税函〔2005〕382号

【全文有效】

厦门市地方税务局：

你局《关于个人兼职和退休人员再任职取得收入如何计算征收个人所得税问题的请示》（厦地税发〔2005〕34号）收悉。经研究，批复如下：

根据《中华人民共和国个人所得税法》（以下简称个人所得税法）、《国家税务总局关于印发〈征收个人所得税若干问题的规定〉的通知》（国税发〔1994〕89号）和《国家税务总局关于影视演职人员个人所得税问题的批复》（国税函〔1997〕385号）的规定精神，个人兼职取得的收入应按照"劳务报酬所得"应税项目缴纳个人所得税；退休人员再任职取得的收入，在减除按个人所得税法规定的费用扣除标准后，按"工资、薪金所得"应税项目缴纳个人所得税。

136 国家税务总局关于个人因购买和处置债权取得所得征收个人所得税问题的批复

2005年6月24日　国税函〔2005〕655号

【全文有效】

天津市地方税务局：

你局《关于个人通过购买债权取得的收入如何征收个人所得税问题的请示》（津地税所〔2005〕4号）收悉。经研究，批复如下：

一、根据《中华人民共和国个人所得税法》及有关规定，个人通过招标、竞拍或其他方式购置债权以后，通过相关司法或行政程序主张债权而取得的所得，应按照"财产转让所得"项目缴纳个人所得税。

二、个人通过上述方式取得"打包"债权，只处置部分债权的，其应纳税所得额按以下方式确定：

（一）以每次处置部分债权的所得，作为一次财产转让所得征税。

（二）其应税收入按照个人取得的货币资产和非货币资产的评估价值或市场价值的合计数确定。

（三）所处置债权成本费用（即财产原值），按下列公式计算：

当次处置债权成本费用＝个人购置"打包"债权实际支出×当次处置债权账面价值（或拍卖机构公布价值）÷"打包"债权账面价值（或拍卖机构公布价值）

（四）个人购买和处置债权过程中发生的拍卖招标手续费、诉讼费、审计评估费以及缴纳的税金等合理税费，在计算个人所得税时允许扣除。

137 国家税务总局关于纳税人取得不含税全年一次性奖金收入计征个人所得税问题的批复

2005年7月7日　国税函〔2005〕715号

【全文有效】

北京市地方税务局：

你局《关于全年一次性奖金单位负担税款计算方法的请示》（京地税个〔2005〕278号）收悉。经研究，批复如下：

一、根据《国家税务总局关于印发〈征收个人所得税若干问题的规定〉的通知》（国税发〔1994〕89号）第十四条的规定，不含税全年一次性奖金换算为含税奖金计征个人所得税的具体方法为：

（一）按照不含税的全年一次性奖金收入除以12的商数，查找相应适用税率A和速算扣除数A

（二）含税的全年一次性奖金收入=（不含税的全年一次性奖金收入−速算扣除数A）÷（1−适用税率A）

（三）按含税的全年一次性奖金收入除以12的商数，重新查找适用税率B和速算扣除数B

（四）应纳税额=含税的全年一次性奖金收入×适用税率B−速算扣除数B

二、如果纳税人取得不含税全年一次性奖金收入的当月工资薪金所得，低于税法规定的费用扣除额，应先将不含税全年一次性奖金减去当月工资薪金所得低于税法规定费用扣除额的差额部分后，再按照上述第一条规定处理。

三、根据企业所得税和个人所得税的现行规定，企业所得税的纳税人、个人独资和合伙企业、个体工商户为个人支付的个人所得税款，不得在所得税前扣除。

138 财政部 国家税务总局关于基本养老保险费、基本医疗保险费、失业保险费、住房公积金有关个人所得税政策的通知

2006年6月27日 财税〔2006〕10号

【全文有效】

各省、自治区、直辖市、计划单列市财政厅（局）、国家税务局、地方税务局，财政部驻各省、自治区、直辖市、计划单列市财政监察专员办事处，新疆生产建设兵团财务局：

根据国务院2005年12月公布的《中华人民共和国个人所得税法实施条例》有关规定，现对基本养老保险费、基本医疗保险费、失业保险费、住房公积金有关个人所得税政策问题通知如下：

一、企事业单位按照国家或省（自治区、直辖市）人民政府规定的缴费比例或办法实际缴付的基本养老保险费、基本医疗保险费和失业保险费，免征个人所得税；个人按照国家或省（自治区、直辖市）人民政府规定的缴费比例或办法实际缴付的基本养老保险费、基本医疗保险费和失业保险费，允许在个人应纳税所得额中扣除。

企事业单位和个人超过规定的比例和标准缴付的基本养老保险费、基本医疗保险费和失业保险费，应将超过部分并入个人当期的工资、薪金收入，计征个人所得税。

二、根据《住房公积金管理条例》《建设部、财政部、中国人民银行关于住房公积金管理若干具体问题的指导意见》（建金管〔2005〕5号）等规定精神，单位和个人分别在不超过职工本人上一年度月平均工资12%的幅度内，其实际缴存的住房公积金，允许在个人应纳税所得额中扣除。单位和职工个人缴存住房公积金的月平均工资不得超过职工工作地所在设区城市上一年度职工月平均工资的3倍，具体标准按照各地有关规定执行。

单位和个人超过上述规定比例和标准缴付的住房公积金，应将超过部分并入

个人当期的工资、薪金收入,计征个人所得税。

三、个人实际领(支)取原提存的基本养老保险金、基本医疗保险金、失业保险金和住房公积金时,免征个人所得税。

四、上述职工工资口径按照国家统计局规定列入工资总额统计的项目计算。

五、各级财政、税务机关要按照依法治税的要求,严格执行本通知的各项规定。对于各地擅自提高上述保险费和住房公积金税前扣除标准的,财政、税务机关应予坚决纠正。

六、本通知发布后,《财政部、国家税务总局关于住房公积金、医疗保险金、养老保险金征收个人所得税问题的通知》(财税字〔1997〕144号)第一条、第二条和《国家税务总局关于失业保险费(金)征免个人所得税问题的通知》(国税发〔2000〕83号)同时废止。

139 财政部 国家税务总局关于企业支付学生实习报酬有关所得税政策问题的通知

2006年11月1日 财税〔2006〕107号

【全文有效】

各省、自治区、直辖市、计划单列市财政厅（局）、国家税务局、地方税务局，新疆生产建设兵团财务局：

根据《国务院关于大力发展职业教育的决定》（国发〔2005〕35号）有关要求，为促进教育事业发展，现对企业支付中等职业学校和高等院校实习生报酬有关所得税政策问题明确如下：

一、凡与中等职业学校和高等院校签订三年以上期限合作协议的企业，支付给学生实习期间的报酬，准予在计算缴纳企业所得税税前扣除。具体征管办法由国家税务总局另行制定。

对中等职业学校和高等院校实习生取得的符合我国个人所得税法规定的报酬，企业应代扣代缴其相应的个人所得税款。

二、本通知所称中等职业学校包括普通中等专业学校、成人中等专业学校、职业高中（职教中心）和技工学校；高等院校包括高等职业院校、普通高等院校和全日制成人高等院校。

三、本通知自2006年1月1日起执行。

请遵照执行。

140 国家税务总局关于个人住房转让所得征收个人所得税有关问题的通知

2006 年 7 月 18 日　国税发〔2006〕108 号

【全文有效】

　　【注释】《国家税务总局关于修改部分税收规范性文件的公告》（国家税务总局公告 2018 年第 31 号）对本文进行了修改。

　　各省、自治区、直辖市和计划单列市地方税务局，河北、黑龙江、江苏、浙江、山东、安徽、福建、江西、河南、湖南、广东、广西、重庆、贵州、青海、宁夏、新疆、甘肃省（自治区、直辖市）财政厅（局），青岛、宁波、厦门市财政局：

　　《中华人民共和国个人所得税法》及其实施条例规定，个人转让住房，以其转让收入额减除财产原值和合理费用后的余额为应纳税所得额，按照"财产转让所得"项目缴纳个人所得税。之后，根据我国经济形势发展需要，《财政部、国家税务总局、建设部关于个人出售住房所得征收个人所得税有关问题的通知》（财税字〔1999〕278 号）对个人转让住房的个人所得税应纳税所得额计算和换购住房的个人所得税有关问题做了具体规定。目前，在征收个人转让住房的个人所得税中，各地又反映出一些需要进一步明确的问题。为完善制度，加强征管，根据个人所得税法和税收征收管理法的有关规定精神，现就有关问题通知如下：

　　一、对住房转让所得征收个人所得税时，以实际成交价格为转让收入。纳税人申报的住房成交价格明显低于市场价格且无正当理由的，征收机关依法有权根据有关信息核定其转让收入，但必须保证各税种计税价格一致。

　　二、对转让住房收入计算个人所得税应纳税所得额时，纳税人可凭原购房合同、发票等有效凭证，经税务机关审核后，允许从其转让收入中减除房屋原值、转让住房过程中缴纳的税金及有关合理费用。

　　（一）房屋原值具体为：

　　1. 商品房：购置该房屋时实际支付的房价款及交纳的相关税费。

　　2. 自建住房：实际发生的建造费用及建造和取得产权时实际交纳的相关

税费。

3. 经济适用房（含集资合作建房、安居工程住房）：原购房人实际支付的房价款及相关税费，以及按规定交纳的土地出让金。

4. 已购公有住房：原购公有住房标准面积按当地经济适用房价格计算的房价款，加上原购公有住房超标准面积实际支付的房价款以及按规定向财政部门（或原产权单位）交纳的所得收益及相关税费。

已购公有住房是指城镇职工根据国家和县级（含县级）以上人民政府有关城镇住房制度改革政策规定，按照成本价（或标准价）购买的公有住房。

经济适用房价格按县级（含县级）以上地方人民政府规定的标准确定。

5. 城镇拆迁安置住房：根据《城市房屋拆迁管理条例》（国务院令第305号）和《建设部关于印发〈城市房屋拆迁估价指导意见〉的通知》（建住房〔2003〕234号）等有关规定，其原值分别为：

（1）房屋拆迁取得货币补偿后购置房屋的，为购置该房屋实际支付的房价款及交纳的相关税费；

（2）房屋拆迁采取产权调换方式的，所调换房屋原值为《房屋拆迁补偿安置协议》注明的价款及交纳的相关税费；

（3）房屋拆迁采取产权调换方式，被拆迁人除取得所调换房屋，又取得部分货币补偿的，所调换房屋原值为《房屋拆迁补偿安置协议》注明的价款和交纳的相关税费，减去货币补偿后的余额；

（4）房屋拆迁采取产权调换方式，被拆迁人取得所调换房屋，又支付部分货币的，所调换房屋原值为《房屋拆迁补偿安置协议》注明的价款，加上所支付的货币及交纳的相关税费。

（二）转让住房过程中缴纳的税金是指：纳税人在转让住房时实际缴纳的营业税、城市维护建设税、教育费附加、土地增值税、印花税等税金。

（三）合理费用是指：纳税人按照规定实际支付的住房装修费用、住房贷款利息、手续费、公证费等费用。

1. 支付的住房装修费用。纳税人能提供实际支付装修费用的税务统一发票，并且发票上所列付款人姓名与转让房屋产权人一致的，经税务机关审核，其转让的住房在转让前实际发生的装修费用，可在以下规定比例内扣除：

（1）已购公有住房、经济适用房：最高扣除限额为房屋原值的15%；

（2）商品房及其他住房：最高扣除限额为房屋原值的10%。

纳税人原购房为装修房，即合同注明房价款中含有装修费（铺装了地板，装配了洁具、厨具等）的，不得再重复扣除装修费用。

2. 支付的住房贷款利息。纳税人出售以按揭贷款方式购置的住房的，其向贷款银行实际支付的住房贷款利息,凭贷款银行出具的有效证明据实扣除。

3. 纳税人按照有关规定实际支付的手续费、公证费等,凭有关部门出具的有效证明据实扣除。

本条规定自 2006 年 8 月 1 日起执行。

三、纳税人未提供完整、准确的房屋原值凭证,不能正确计算房屋原值和应纳税额的,税务机关可根据《中华人民共和国税收征收管理法》第三十五条的规定,对其实行核定征税,即按纳税人住房转让收入的一定比例核定应纳个人所得税额。具体比例由省税务局或者省税务局授权的市税务局根据纳税人出售住房的所处区域、地理位置、建造时间、房屋类型、住房平均价格水平等因素,在住房转让收入 1% ~ 3% 的幅度内确定。

四、各级税务机关要严格执行《国家税务总局关于进一步加强房地产税收管理的通知》(国税发〔2005〕82 号)和《国家税务总局关于实施房地产税收一体化管理若干具体问题的通知》(国税发〔2005〕156 号)的规定。为方便出售住房的个人依法履行纳税义务,加强税收征管,主管税务机关要在房地产交易场所设置税收征收窗口,个人转让住房应缴纳的个人所得税,应与转让环节应缴纳的营业税、契税、土地增值税等税收一并办理;税务机关暂没有条件在房地产交易场所设置税收征收窗口的,应委托契税征收部门一并征收个人所得税等税收。

五、各级税务机关要认真落实有关住房转让个人所得税优惠政策。按照《财政部、国家税务总局、建设部关于个人出售住房所得征收个人所得税有关问题的通知》(财税字〔1999〕278 号)的规定,对出售自有住房并拟在现住房出售 1 年内按市场价重新购房的纳税人,其出售现住房所缴纳的个人所得税,先以纳税保证金形式缴纳,再视其重新购房的金额与原住房销售额的关系,全部或部分退还纳税保证金;对个人转让自用 5 年以上,并且是家庭唯一生活用房取得的所得,免征个人所得税。要不折不扣地执行上述优惠政策,确保维护纳税人的合法权益。

六、各级税务机关要做好住房转让的个人所得税纳税保证金收取、退还和有关管理工作。要按照《财政部、国家税务总局、建设部关于个人出售住房所得征收个人所得税有关问题的通知》(财税字〔1999〕278 号)和《国家税务总局、财政部、中国人民银行关于印发〈税务代保管资金账户管理办法〉的通知》(国税发〔2005〕181 号)要求,按规定建立个人所得税纳税保证金专户,为缴纳纳税保证金的纳税人建立档案,加强对纳税保证金信息的采集、比对、审核;向纳税人宣传解释纳税保证金的征收、退还政策及程序;认真做好纳税保证金退还事宜,符合条件的确保及时办理。

七、各级税务机关要认真宣传和落实有关税收政策,维护纳税人的各项合法权益。一是要持续、广泛地宣传个人所得税法及有关税收政策,加强对纳税人和征收人员如何缴纳住房交易所得个人所得税的纳税辅导;二是要加强与房地产管理部门、中介机构的协调、沟通,充分发挥中介机构协税护税作用,促使其协助纳税人准确计算税款;三是严格执行住房交易所得的减免税条件和审批程序,明确纳税人应报送的有关资料,做好涉税资料审查鉴定工作;四是对于符合减免税政策的个人住房交易所得,要及时办理减免税审批手续。

141 国家税务总局关于加强房地产交易个人无偿赠与不动产税收管理有关问题的通知

2006 年 9 月 14 日　国税发〔2006〕144 号

【条款失效】

【注释】

1. 第二条（二）中"受赠人取得赠与人无偿赠与的不动产后，再次转让该项不动产的，在缴纳个人所得税时，以财产转让收入减除受赠、转让住房过程中缴纳的税金及有关合理费用后的余额为应纳税所得额，按 20% 的适用税率计算缴纳个人所得税"废止。参见《国家税务总局关于公布全文失效废止　部分条款失效废止的税收规范性文件目录的公告》（国家税务总局公告 2011 年第 2 号）。

2. 本法第一条中"属于其他情况无偿赠与不动产的，受赠人应当提交房产所有人'赠与公证书'和受赠人'接受赠与公证书'，或持双方共同办理的'赠与合同公证书'"规定被废止。参见《国家税务总局关于简化个人无偿赠与不动产、土地使用权免征营业税手续的公告》（国家税务总局公告 2015 年第 50 号）。

3. 本法第一条第一款"关于加强个人无偿赠与不动产营业税税收管理问题"的规定被废止。参见《国家税务总局关于进一步简化和规范个人无偿赠与或受赠不动产免征营业税、个人所得税所需证明资料的公告》（国家税务总局公告 2015 年第 75 号）。

各省、自治区、直辖市和计划单列市地方税务局，西藏自治区国家税务局：

为加强房地产交易中个人无偿赠与不动产行为的税收管理，现将有关问题通知如下：

一、关于加强个人无偿赠与不动产税收管理问题

（一）关于加强个人无偿赠与不动产营业税税收管理问题

1. 个人向他人无偿赠与不动产，包括继承、遗产处分及其他无偿赠与不动产等三种情况，在办理营业税免税申请手续时，纳税人应区分不同情况向税务机

关提交相关证明材料:

(1) 属于继承不动产的,继承人应当提交公证机关出具的"继承权公证书"、房产所有权证和《个人无偿赠与不动产登记表》(见附件);

(2) 属于遗嘱人处分不动产的,遗嘱继承人或者受遗赠人须提交公证机关出具的"遗嘱公证书"和"遗嘱继承权公证书"或"接受遗赠公证书"、房产所有权证以及《个人无偿赠与不动产登记表》;

(3) 属于其他情况无偿赠与不动产的,受赠人应当提交房产所有人"赠与公证书"和受赠人"接受赠与公证书",或持双方共同办理的"赠与合同公证书",以及房产所有权证和《个人无偿赠与不动产登记表》。

上述证明材料必须提交原件。

税务机关应当认真审核上述材料,资料齐全并且填写正确规范的,在提交的《个人无偿赠与不动产登记表》上签字盖章后退提交人,将有关公证证书复印件留存,同时办理营业税免税手续。

2. 对个人无偿赠与不动产的,税务机关不得向其发售发票或者代为开具发票。

(二) 关于个人无偿赠与不动产契税、印花税税收管理问题

对于个人无偿赠与不动产行为,应对受赠人全额征收契税,在缴纳契税和印花税时,纳税人须提交经税务机关审核并签字盖章的《个人无偿赠与不动产登记表》,税务机关(或其他征收机关)应在纳税人的契税和印花税完税凭证上加盖"个人无偿赠与"印章,在《个人无偿赠与不动产登记表》中签字并将该表格留存。税务机关应积极与房管部门沟通协调,争取房管部门对持有加盖"个人无偿赠与"印章契税完税凭证的个人,办理赠与产权转移登记手续,对未持有加盖"个人无偿赠与"印章契税完税凭证的个人,不予办理赠与产权转移登记手续。

二、关于加强个人将受赠不动产对外销售税收管理问题

(一) 关于加强个人将受赠不动产对外销售营业税税收管理问题

个人将通过无偿受赠方式取得的住房对外销售征收营业税时,对通过继承、遗嘱、离婚、赡养关系、直系亲属赠与方式取得的住房,该住房的购房时间按照《国家税务总局关于房地产税收政策执行中几个具体问题的通知》(国税发〔2005〕172号)中第四条有关购房时间的规定执行;对通过其他无偿受赠方式取得的住房,该住房的购房时间按照发生受赠行为后新的房屋产权证或契税完税证明上注明的时间确定,不再执行国税发〔2005〕172号中第四条有关购房时间的规定。

(二) 关于加强个人将受赠不动产对外销售个人所得税税收管理问题

受赠人取得赠与人无偿赠与的不动产后,再次转让该项不动产的,在缴纳个

人所得税时，以财产转让收入减除受赠、转让住房过程中缴纳的税金及有关合理费用后的余额为应纳税所得额，按 20% 的适用税率计算缴纳个人所得税。

在计征个人受赠不动产个人所得税时，不得核定征收，必须严格按照税法规定据实征收。

三、关于加强对个人无偿赠与不动产后续管理的问题

（一）税务机关应对无偿赠与不动产的纳税人分户归档管理，定期将留存的公证证书复印件有关信息与公证机关核对，保证公证证书的真实、合法性

（二）税务机关应加强与房管部门的合作，定期将《个人无偿赠与不动产登记表》中的有关信息与房管部门的赠与房产所有权转移登记信息进行核对，强化对个人无偿赠与不动产的后续管理

（三）税务机关应加强对个人无偿赠与不动产的营业税纳税评估，将本期无偿赠与不动产的有关数据与历史数据（如上年同期）进行比较，出现异常情况的，要做进一步检查和核对，对确有问题的赠与行为，应按有关规定进行处理

（四）对个人赠与不动产过程中，向受赠人收取了货物、货币或其他经济利益，但提供虚假资料，申请办理无偿赠与的相关手续，没有按规定缴纳营业税的纳税人，由税务机关按照《中华人民共和国税收征收管理法》的有关规定追缴税款、滞纳金并进行相关处罚

（五）税务机关应向房屋中介机构做好税法宣传工作，使其协助做好无偿赠与不动产的税收管理工作

附件：个人无偿赠与不动产登记表（略）

142 国家税务总局关于印发《个人所得税自行纳税申报办法（试行）》的通知

2006年11月6日　国税发〔2006〕162号

【条款失效】

【注释】

1. 条款失效，附件1《个人所得税纳税申报表（适用于年所得12万元以上纳税人申报）》失效。参见《国家税务总局关于公布全文失效废止　部分条款失效废止的税收规范性文件目录的公告》（国家税务总局公告2011年第2号）。

2.《国家税务总局关于修改部分税收规范性文件的公告》（国家税务总局公告2018年第31号）对本文进行了修改。

3. 另据2019年2月12日人民日报消息，2019年1月1日起，纳税人无须再办理年所得12万元以上自行纳税申报。

个人所得税自行纳税申报办法（试行）

第一章　总　则

第一条　为进一步加强个人所得税征收管理，保障国家税收收入，维护纳税人的合法权益，方便纳税人自行纳税申报，规范自行纳税申报行为，根据《中华人民共和国个人所得税法》（以下简称个人所得税法）及其实施条例、《中华人民共和国税收征收管理法》（以下简称税收征管法）及其实施细则和其他法律、法规的有关规定，制定本办法。

第二条　凡依据个人所得税法负有纳税义务的纳税人，有下列情形之一的，应当按照本办法的规定办理纳税申报：

（一）年所得12万元以上的；

（二）从中国境内两处或者两处以上取得工资、薪金所得的；

（三）从中国境外取得所得的；

（四）取得应税所得，没有扣缴义务人的；

（五）国务院规定的其他情形。

第三条 本办法第二条第一项年所得12万元以上的纳税人，无论取得的各项所得是否已足额缴纳了个人所得税，均应当按照本办法的规定，于纳税年度终了后向主管税务机关办理纳税申报。

本办法第二条第二项至第四项情形的纳税人，均应当按照本办法的规定，于取得所得后向主管税务机关办理纳税申报。

本办法第二条第五项情形的纳税人，其纳税申报办法根据具体情形另行规定。

第四条 本办法第二条第一项所称年所得12万元以上的纳税人，不包括在中国境内无住所，且在一个纳税年度中在中国境内居住不满1年的个人。

本办法第二条第三项所称从中国境外取得所得的纳税人，是指在中国境内有住所，或者无住所而在一个纳税年度中在中国境内居住满1年的个人。

第二章 申报内容

第五条 年所得12万元以上的纳税人，在纳税年度终了后，应当填写《个人所得税纳税申报表（适用于年所得12万元以上的纳税人申报）》（见附表1），并在办理纳税申报时报送主管税务机关，同时报送个人有效身份证件复印件，以及主管税务机关要求报送的其他有关资料。

有效身份证件，包括纳税人的身份证、护照、回乡证、军人身份证件等。

第六条 本办法所称年所得12万元以上，是指纳税人在一个纳税年度取得以下各项所得的合计数额达到12万元：

（一）工资、薪金所得；

（二）个体工商户的生产、经营所得；

（三）对企事业单位的承包经营、承租经营所得；

（四）劳务报酬所得；

（五）稿酬所得；

（六）特许权使用费所得；

（七）利息、股息、红利所得；

（八）财产租赁所得；

（九）财产转让所得；

（十）偶然所得；

（十一）经国务院财政部门确定征税的其他所得。

第七条 本办法第六条规定的所得不含以下所得：

(一)个人所得税法第四条第一项至第九项规定的免税所得,即:

1. 省级人民政府、国务院部委、中国人民解放军军以上单位,以及外国组织、国际组织颁发的科学、教育、技术、文化、卫生、体育、环境保护等方面的奖金;

2. 国债和国家发行的金融债券利息;

3. 按照国家统一规定发给的补贴、津贴,即个人所得税法实施条例第十三条规定的按照国务院规定发放的政府特殊津贴、院士津贴、资深院士津贴以及国务院规定免纳个人所得税的其他补贴、津贴;

4. 福利费、抚恤金、救济金;

5. 保险赔款;

6. 军人的转业费、复员费;

7. 按照国家统一规定发给干部、职工的安家费、退职费、退休工资、离休工资、离休生活补助费;

8. 依照我国有关法律规定应予免税的各国驻华使馆、领事馆的外交代表、领事官员和其他人员的所得;

9. 中国政府参加的国际公约、签订的协议中规定免税的所得。

(二)个人所得税法实施条例第六条规定可以免税的来源于中国境外的所得。

(三)个人所得税法实施条例第二十五条规定的按照国家规定单位为个人缴付和个人缴付的基本养老保险费、基本医疗保险费、失业保险费、住房公积金。

第八条 本办法第六条所指各项所得的年所得按照下列方法计算:

(一)工资、薪金所得,按照未减除费用(每月1600元)及附加减除费用(每月3200元)的收入额计算。

(二)个体工商户的生产、经营所得,按照应纳税所得额计算。实行查账征收的,按照每一纳税年度的收入总额减除成本、费用以及损失后的余额计算;实行定期定额征收的,按照纳税人自行申报的年度应纳税所得额计算,或者按照其自行申报的年度应纳税经营额乘以应税所得率计算。

(三)对企事业单位的承包经营、承租经营所得,按照每一纳税年度的收入总额计算,即按照承包经营、承租经营者实际取得的经营利润,加上从承包、承租的企事业单位中取得的工资、薪金性质的所得计算。

(四)劳务报酬所得,稿酬所得,特许权使用费所得,按照未减除费用(每次800元或者每次收入的20%)的收入额计算。

(五)财产租赁所得,按照未减除费用(每次800元或者每次收入的20%)和修缮费用的收入额计算。

(六)财产转让所得,按照应纳税所得额计算,即按照已转让财产的收入额减除财产原值和转让财产过程中缴纳的税金及有关合理费用后的余额计算。

（七）利息、股息、红利所得，偶然所得和其他所得，按照收入额全额计算。

第九条 纳税人取得本办法第二条第二项至第四项所得，应当按规定填写并向主管税务机关报送相应的纳税申报表（见附表2~附表9），同时报送主管税务机关要求报送的其他有关资料。

第三章 申报地点

第十条 年所得12万元以上的纳税人，纳税申报地点分别为：

（一）在中国境内有任职、受雇单位的，向任职、受雇单位所在地主管税务机关申报。

（二）在中国境内有两处或者两处以上任职、受雇单位的，选择并固定向其中一处单位所在地主管税务机关申报。

（三）在中国境内无任职、受雇单位，年所得项目中有个体工商户的生产、经营所得或者对企事业单位的承包经营、承租经营所得（以下统称生产、经营所得）的，向其中一处实际经营所在地主管税务机关申报。

（四）在中国境内无任职、受雇单位，年所得项目中无生产、经营所得的，向户籍所在地主管税务机关申报。在中国境内有户籍，但户籍所在地与中国境内经常居住地不一致的，选择并固定向其中一地主管税务机关申报。在中国境内没有户籍的，向中国境内经常居住地主管税务机关申报。

第十一条 取得本办法第二条第二项至第四项所得的纳税人，纳税申报地点分别为：

（一）从两处或者两处以上取得工资、薪金所得的，选择并固定向其中一处单位所在地主管税务机关申报。

（二）从中国境外取得所得的，向中国境内户籍所在地主管税务机关申报。在中国境内有户籍，但户籍所在地与中国境内经常居住地不一致的，选择并固定向其中一地主管税务机关申报。在中国境内没有户籍的，向中国境内经常居住地主管税务机关申报。

（三）个体工商户向实际经营所在地主管税务机关申报。

（四）个人独资、合伙企业投资者兴办两个或两个以上企业的，区分不同情形确定纳税申报地点：

1. 兴办的企业全部是个人独资性质的，分别向各企业的实际经营管理所在地主管税务机关申报。

2. 兴办的企业中含有合伙性质的，向经常居住地主管税务机关申报。

3. 兴办的企业中含有合伙性质，个人投资者经常居住地与其兴办企业的经营管理所在地不一致的，选择并固定向其参与兴办的某一合伙企业的经营管理所在地主管税务机关申报。

（五）除以上情形外，纳税人应当向取得所得所在地主管税务机关申报。

第十二条 纳税人不得随意变更纳税申报地点，因特殊情况变更纳税申报地点的，须报原主管税务机关备案。

第十三条 本办法第十一条第四项第三目规定的纳税申报地点，除特殊情况外，5年以内不得变更。

第十四条 本办法所称经常居住地，是指纳税人离开户籍所在地最后连续居住1年以上的地方。

第四章 申报期限

第十五条 年所得12万元以上的纳税人，在纳税年度终了后3个月内向主管税务机关办理纳税申报。

第十六条 个体工商户和个人独资、合伙企业投资者取得的生产、经营所得应纳的税款，分月预缴的，纳税人在每月终了后7日内办理纳税申报；分季预缴的，纳税人在每个季度终了后7日内办理纳税申报。纳税年度终了后，纳税人在3个月内进行汇算清缴。

第十七条 纳税人年终一次性取得对企事业单位的承包经营、承租经营所得的，自取得所得之日起30日内办理纳税申报；在1个纳税年度内分次取得承包经营、承租经营所得的，在每次取得所得后的次月7日内申报预缴，纳税年度终了后3个月内汇算清缴。

第十八条 从中国境外取得所得的纳税人，在纳税年度终了后30日内向中国境内主管税务机关办理纳税申报。

第十九条 除本办法第十五条至第十八条规定的情形外，纳税人取得其他各项所得须申报纳税的，在取得所得的次月7日内向主管税务机关办理纳税申报。

第二十条 纳税人不能按照规定的期限办理纳税申报，需要延期的，按照税收征管法第二十七条和税收征管法实施细则第三十七条的规定办理。

第五章 申报方式

第二十一条 纳税人可以采取数据电文、邮寄等方式申报，也可以直接到主管税务机关申报，或者采取符合主管税务机关规定的其他方式申报。

第二十二条 纳税人采取数据电文方式申报的，应当按照税务机关规定的期限和要求保存有关纸质资料。

第二十三条 纳税人采取邮寄方式申报的，以邮政部门挂号信函收据作为申报凭据，以寄出的邮戳日期为实际申报日期。

第二十四条　纳税人可以委托有税务代理资质的中介机构或者他人代为办理纳税申报。

第六章　申报管理

第二十五条　主管税务机关应当将各类申报表，登载到税务机关的网站上，或者摆放到税务机关受理纳税申报的办税服务厅，免费供纳税人随时下载或取用。

第二十六条　主管税务机关应当在每年法定申报期间，通过适当方式，提醒年所得12万元以上的纳税人办理自行纳税申报。

第二十七条　受理纳税申报的主管税务机关根据纳税人的申报情况，按照规定办理税款的征、补、退、抵手续。

第二十八条　主管税务机关按照规定为已经办理纳税申报并缴纳税款的纳税人开具完税凭证。

第二十九条　税务机关依法为纳税人的纳税申报信息保密。

第三十条　纳税人变更纳税申报地点，并报原主管税务机关备案的，原主管税务机关应当及时将纳税人变更纳税申报地点的信息传递给新的主管税务机关。

第三十一条　主管税务机关对已办理纳税申报的纳税人建立纳税档案，实施动态管理。

第七章　法律责任

第三十二条　纳税人未按照规定的期限办理纳税申报和报送纳税资料的，依照税收征管法第六十二条的规定处理。

第三十三条　纳税人采取伪造、变造、隐匿、擅自销毁账簿、记账凭证，或者在账簿上多列支出或者不列、少列收入，或者经税务机关通知申报而拒不申报或者进行虚假的纳税申报，不缴或者少缴应纳税款的，依照税收征管法第六十三条的规定处理。

第三十四条　纳税人编造虚假计税依据的，依照税收征管法第六十四条第一款的规定处理。

第三十五条　纳税人有扣缴义务人支付的应税所得，扣缴义务人应扣未扣、应收未收税款的，依照税收征管法第六十九条的规定处理。

第三十六条　税务人员徇私舞弊或者玩忽职守，不征或者少征应征税款的，依照税收征管法第八十二条第一款的规定处理。

第三十七条　税务人员滥用职权、故意刁难纳税人的，依照税收征管法第八十二条第二款的规定处理。

第三十八条 税务机关和税务人员未依法为纳税人保密的,依照税收征管法第八十七条的规定处理。

第三十九条 税务代理人违反税收法律、行政法规,造成纳税人未缴或者少缴税款的,依照税收征管法实施细则第九十八条的规定处理。

第四十条 其他税收违法行为,依照税收法律、法规的有关规定处理。

第八章 附 则

第四十一条 纳税申报表由各省、自治区、直辖市和计划单列市税务局按照国家税务总局规定的式样统一印制。

第四十二条 纳税申报的其他事项,依照税收征管法、个人所得税法及其他有关法律、法规的规定执行。

第四十三条 本办法第二条第一项年所得12万元以上情形的纳税申报,按照第十届全国人民代表大会常务委员会第十八次会议通过的《关于修改〈中华人民共和国个人所得税法〉的决定》规定的施行时间,自2006年1月1日起执行。

第四十四条 本办法有关第二条第二项至第四项情形的纳税申报规定,自2007年1月1日起执行,《国家税务总局关于印发〈个人所得税自行申报纳税暂行办法〉的通知》(国税发〔1995〕77号)同时废止。

附件:个人所得税纳税申报表式样(略)

143 国家税务总局关于个人因公务用车制度改革取得补贴收入征收个人所得税问题的通知

2006年3月6日　国税函〔2006〕245号

【全文有效】

各省、自治区、直辖市和计划单列市地方税务局：

近来，一些地区要求明确个人因公务用车制度改革取得各种形式的补贴收入如何征收个人所得税问题。据了解，近年来，部分单位因公务用车制度改革，对用车人给予各种形式的补偿：直接以现金形式发放，在限额内据实报销用车支出，单位反租职工个人的车辆支付车辆租赁费（"私车公用"），单位向用车人支付车辆使用过程中的有关费用等。根据《中华人民共和国个人所得税法实施条例》第八条的有关规定，现对公务用车制度改革后各种形式的补贴收入征收个人所得税问题明确如下：

一、因公务用车制度改革而以现金、报销等形式向职工个人支付的收入，均应视为个人取得公务用车补贴收入，按照"工资、薪金所得"项目计征个人所得税。

二、具体计征方法，按《国家税务总局关于个人所得税有关政策问题的通知》（国税发〔1999〕58号）第二条"关于个人取得公务交通、通讯补贴收入征税问题"的有关规定执行。

144 国家税务总局关于酒店产权式经营业主税收问题的批复

2006年5月22日　国税函〔2006〕478号

【全文有效】

深圳市地方税务局：

你局《关于大梅沙海景酒店产权式经营业主税收问题的请示》（深地税发〔2006〕192号）收悉。经研究，现就有关税收处理问题批复如下：

酒店产权式经营业主（以下简称业主）在约定的时间内提供房产使用权与酒店进行合作经营，如房产产权并未归属新的经济实体，业主按照约定取得的固定收入和分红收入均应视为租金收入，根据有关税收法律、行政法规的规定，应按照"服务业——租赁业"征收营业税，按照财产租赁所得项目征收个人所得税。

145 国家税务总局关于离退休人员再任职界定问题的批复

2006年6月5日 国税函〔2006〕526号

【全文有效】

北京市地方税务局:

你局《关于学校外聘教师征收个人所得税问题的请示》(京地税个〔2006〕174号)收悉。经研究,批复如下:

《国家税务总局关于个人兼职和退休人员再任职取得收入如何计算征收个人所得税问题的批复》(国税函〔2005〕382号)所称的"退休人员再任职",应同时符合下列条件:

一、受雇人员与用人单位签订一年以上(含一年)劳动合同(协议),存在长期或连续的雇用与被雇用关系;

二、受雇人员因事假、病假、休假等原因不能正常出勤时,仍享受固定或基本工资收入;

三、受雇人员与单位其他正式职工享受同等福利、社保、培训及其他待遇;

四、受雇人员的职务晋升、职称评定等工作由用人单位负责组织。

146 国家税务总局关于陈嘉庚科学奖获奖个人取得的奖金收入免征个人所得税的通知

2006年6月9日　国税函〔2006〕561号

【全文有效】

北京市、山东省（市）地方税务局：

近接中国科学院《关于申请免征陈嘉庚科学奖奖金个人所得税的函》（科发学部字〔2006〕107号）。经研究，通知如下：

陈嘉庚基金会由中国科学院为业务主管部门，实行理事会负责制，由科技部、财政部、教育部、中国科学院、中国工程院、国家自然科学基金委员会、中国科学技术协会、中国银行等部门及中国科学院各学部主任和院士组成理事会，下设评选委员会。该基金会的主要职责是设立陈嘉庚科学奖，以奖励取得杰出科技成果的我国优秀科学家，促进中国科学技术事业的发展。该奖共设6个奖项，每个奖项奖金30万元人民币。目前，该奖已评选出2006年度陈嘉庚数理、生命、地球和信息技术科学4个奖项，共4人。

根据《中华人民共和国个人所得税法》第四条第一款的规定，对陈嘉庚科学奖2006年度获奖者个人取得的奖金收入（见附件），免予征收个人所得税。

在陈嘉庚科学奖业务主管、组织结构、评选办法不变的情况下，以后年度的陈嘉庚科学奖获奖个人的奖金收入，可根据《中华人民共和国个人所得税法》第四条第一款的规定，继续免征个人所得税。

附件：2006年度陈嘉庚科学奖获奖名单及奖金额（略）

147 国家税务总局关于个人股权转让过程中取得违约金收入征收个人所得税问题的批复

2006年9月19日 国税函〔2006〕866号

【全文有效】

四川省地方税务局：

你局《关于股权转让取得违约金收入如何征收个人所得税问题的请示》（川地税发〔2006〕48号）收悉。经研究，批复如下：

根据《中华人民共和国个人所得税法》的有关规定，股权成功转让后，转让方个人因受让方个人未按规定期限支付价款而取得的违约金收入，属于因财产转让而产生的收入。转让方个人取得的该违约金应并入财产转让收入，按照"财产转让所得"项目计算缴纳个人所得税，税款由取得所得的转让方个人向主管税务机关自行申报缴纳。

148 国家税务总局关于个人股票期权所得缴纳个人所得税有关问题的补充通知

2006年9月30日　国税函〔2006〕902号

【条款失效】

【注释】第七条、第八条条款废止。参见《财政部　税务总局关于个人所得税法修改后有关优惠政策衔接问题的通知》(财税〔2018〕164号)。

各省、自治区、直辖市和计划单列市地方税务局：

关于员工取得股票期权所得有关个人所得税处理问题，《财政部　国家税务总局关于个人股票期权所得征收个人所得税问题的通知》(财税〔2005〕35号)已经做出规定。现就有关执行问题补充通知如下：

一、员工接受雇主(含上市公司和非上市公司)授予的股票期权，凡该股票期权指定的股票为上市公司(含境内、外上市公司)股票的，均应按照财税〔2005〕35号文件进行税务处理。

二、财税〔2005〕35号文件第二条第（二）项所述"股票期权的转让净收入"，一般是指股票期权转让收入。如果员工以折价购入方式取得股票期权的，可以股票期权转让收入扣除折价购入股票期权时实际支付的价款后的余额，作为股票期权的转让净收入。

三、财税〔2005〕35号文件第二条第（二）项公式中所述"员工取得该股票期权支付的每股施权价"，一般是指员工行使股票期权购买股票实际支付的每股价格。如果员工以折价购入方式取得股票期权的，上述施权价可包括员工折价购入股票期权时实际支付的价格。

四、凡取得股票期权的员工在行权日不实际买卖股票，而按行权日股票期权所指定股票的市场价与施权价之间的差额，直接从授权企业取得价差收益的，该项价差收益应作为员工取得的股票期权形式的工资薪金所得，按照财税〔2005〕35号文件的有关规定计算缴纳个人所得税。

五、在确定员工取得股票期权所得的来源地时，按照财税〔2005〕35号文件第三条规定需划分境、内外工作期间月份数。该境、内外工作期间月份总数是指员工按企业股票期权计划规定,在可行权以前须履行工作义务的月份总数。

六、部分股票期权在授权时即约定可以转让,且在境内或境外存在公开市场及挂牌价格(以下称可公开交易的股票期权)。员工接受该可公开交易的股票期权时,应作为财税〔2005〕35号文件第二条第(一)项所述的另有规定情形,按以下规定进行税务处理:

(一)员工取得可公开交易的股票期权,属于员工已实际取得有确定价值的财产,应按授权日股票期权的市场价格,作为员工授权日所在月份的工资薪金所得,并按财税〔2005〕35号文件第四条第(一)项规定计算缴纳个人所得税。如果员工以折价购入方式取得股票期权的,可以授权日股票期权的市场价格扣除折价购入股票期权时实际支付的价款后的余额,作为授权日所在月份的工资薪金所得。

(二)员工取得上述可公开交易的股票期权后,转让该股票期权所取得的所得,属于财产转让所得,按财税〔2005〕35号文件第四条第(二)项规定进行税务处理。

(三)员工取得本条第(一)项所述可公开交易的股票期权后,实际行使该股票期权购买股票时,不再计算缴纳个人所得税。

七、员工以在一个公历月份中取得的股票期权形式工资薪金所得为一次。员工在一个纳税年度中多次取得股票期权形式工资薪金所得的,其在该纳税年度内首次取得股票期权形式的工资薪金所得应按财税〔2005〕35号文件第四条第(一)项规定的公式计算应纳税款;本年度内以后每次取得股票期权形式的工资薪金所得,应按以下公式计算应纳税款:

应纳税款=(本纳税年度内取得的股票期权形式工资薪金所得累计应纳税所得额÷规定月份数×适用税率-速算扣除数)×规定月份数-本纳税年度内股票期权形式的工资薪金所得累计已纳税款

上款公式中的本纳税年度内取得的股票期权形式工资薪金所得累计应纳税所得额,包括本次及本次以前各次取得的股票期权形式工资薪金所得应纳税所得额;上款公式中的规定月份数,是指员工取得来源于中国境内的股票期权形式工资薪金所得的境内工作期间月份数,长于12个月的,按12个月计算;上款公式中的适用税率和速算扣除数,以本纳税年度内取得的股票期权形式工资薪金所得累计应纳税所得额除以规定月份数后的商数,对照《国家税务总局关于印发〈征收个人所得税若干问题的规定〉的通知》(国税发〔1994〕89号)所附税率表确定;上款公式中的本纳税年度内股票期权形式的工资薪金所得累计已纳税款,不含本次股票期权形式的工资薪金所得应纳税款。

八、员工多次取得或者一次取得多项来源于中国境内的股票期权形式工资薪金所得,而且各次或各项股票期权形式工资薪金所得的境内工作期间月份数不相同的,以境内工作期间月份数的加权平均数为财税〔2005〕35号文件第四条第(一)项规定公式和本通知第七条规定公式中的规定月份数,但最长不超过12个月,计算公式如下:

规定月份数 = $\sum$ 各次或各项股票期权形式工资薪金应纳税所得额与该次或该项所得境内工作期间月份数的乘积 / $\sum$ 各次或各项股票期权形式工资薪金应纳税所得额。

149 国家税务总局关于中国社会保障论坛获奖征文奖金征收个人所得税问题的函

2006年12月22日　国税函〔2006〕1241号

【全文有效】

劳动和社会保障部：

你部《关于中国社会保障论坛获奖征文颁发奖金办理免税的函》（劳社部〔2006〕237号）收悉。经研究，现复函如下：

根据个人所得税法第四条第一项规定，中国社会保障论坛颁发给获奖征文的奖金不符合免税规定，因此，获奖人员的奖金应依法缴纳个人所得税。

你部在颁发奖金时，应根据个人所得税法的规定履行代扣代缴个人所得税义务。

150 财政部 国家税务总局关于单位低价向职工售房有关个人所得税问题的通知

2007年2月8日 财税〔2007〕13号

【条款失效】

【注释】条款第三条废止。参见《财政部 税务总局关于个人所得税法修改后有关优惠政策衔接问题的通知》（财税〔2018〕164号）。

各省、自治区、直辖市、计划单列市财政厅（局）、地方税务局：

近日部分地区来文反映，一些企事业单位将自建住房以低于购置或建造成本的价格销售给职工，对此是否征收个人所得税希望予以明确。经研究，现对有关政策问题的处理明确如下：

一、根据住房制度改革政策的有关规定，国家机关、企事业单位及其他组织（以下简称单位）在住房制度改革期间，按照所在地县级以上人民政府规定的房改成本价格向职工出售公有住房，职工因支付的房改成本价格低于房屋建造成本价格或市场价格而取得的差价收益，免征个人所得税。

二、除本通知第一条规定情形外，根据《中华人民共和国个人所得税法》及其实施条例的有关规定，单位按低于购置或建造成本价格出售住房给职工，职工因此而少支出的差价部分，属于个人所得税应税所得，应按照"工资、薪金所得"项目缴纳个人所得税。

前款所称差价部分，是指职工实际支付的购房价款低于该房屋的购置或建造成本价格的差额。

三、对职工取得的上述应税所得，比照《国家税务总局关于调整个人取得全年一次性奖金等计算征收个人所得税方法问题的通知》（国税发〔2005〕9号）规定的全年一次性奖金的征税办法，计算征收个人所得税，即先将全部所得数额除以12，按其商数并根据个人所得税法规定的税率表确定适用的税率和速算扣除数，再根据全部所得数额、适用的税率和速算扣除数，按照税法规定计算征税。

四、本通知自印发之日起执行。此前未征税款不再追征，已征税款不予退还。

请遵照执行。

151 财政部 国家税务总局关于个人取得有奖发票奖金征免个人所得税问题的通知

2007年2月27日 财税〔2007〕34号

【全文有效】

各省、自治区、直辖市、计划单列市财政厅（局）、地方税务局，新疆生产建设兵团财务局：

为促进有奖发票的使用和推广，鼓励单位和个人依法开具发票，规范发票管理，现就个人取得有奖发票奖金征免个人所得税问题通知如下：

一、个人取得单张有奖发票奖金所得不超过800元（含800元）的，暂免征收个人所得税；个人取得单张有奖发票奖金所得超过800元的，金额按照个人所得税法规定的"偶然所得"目征收个人所得税。

二、税务机关或其指定的有奖发票兑奖机构，是有奖发票奖金所得个人所得税的扣缴义务人，应依法认真做好个人所得税代扣代缴工作。

152 财政部 国家税务总局关于《建立亚洲开发银行协定》有关个人所得税问题的补充通知

2007年6月25日 财税〔2007〕93号

【全文有效】

各省、自治区、直辖市、计划单列市财政厅（局）、地方税务局，新疆生产建设兵团财务局：

近来，部分地区反映《财政部、国家税务总局关于贯彻〈国务院关于中国加入亚洲开发银行的通知〉的通知》（〔86〕财税外字第76号）中有关个人所得税免税权的执行口径不明确的问题。经研究，现就有关执行口径问题明确如下：

《建立亚洲开发银行协定》（以下简称《协定》）第五十六条第二款规定："对亚行付给董事、副董事、官员和雇员（包括为亚行执行任务的专家）的薪金和津贴不得征税。除非成员在递交批准书或接受书时，声明对亚行向其本国公民或国民支付的薪金和津贴该成员及其行政部门保留征税的权力。"鉴于我国在加入亚洲开发银行时，未作相关声明，因此，对由亚洲开发银行支付给我国公民或国民（包括为亚行执行任务的专家）的薪金和津贴，凡经亚洲开发银行确认这些人员为亚洲开发银行雇员或执行项目专家的，其取得的符合我国税法规定的有关薪金和津贴等报酬，应依《协定》的约定，免征个人所得税。

153 财政部 国家税务总局关于企业向个人支付不竞争款项征收个人所得税问题的批复

2007年9月12日 财税〔2007〕102号

【全文有效】

江苏省财政厅、地方税务局：

江苏省地方税务局《关于外商投资企业购买内资企业资产并向股东个人支付保密费用有关个人所得税问题的请示》（苏地税发〔2007〕42号）收悉。请示中要求明确对外商投资企业在购买内资企业经营资产过程中向内资企业自然人股东支付的不竞争款项，应如何征收个人所得税。经研究，现对企业向个人支付的不竞争款项有关征收个人所得税政策问题批复如下：

不竞争款项是指资产购买方企业与资产出售方企业自然人股东之间在资产购买交易中，通过签订保密和不竞争协议等方式，约定资产出售方企业自然人股东在交易完成后一定期限内，承诺不从事有市场竞争的相关业务，并负有相关技术资料的保密义务，资产购买方企业则在约定期限内，按一定方式向资产出售方企业自然人股东所支付的款项。

根据《中华人民共和国个人所得税法》第二条第十一项有关规定，鉴于资产购买方企业向个人支付的不竞争款项，属于个人因偶然因素取得的一次性所得，为此，资产出售方企业自然人股东取得的所得，应按照《中华人民共和国个人所得税法》第二条第十项"偶然所得"项目计算缴纳个人所得税，税款由资产购买方企业在向资产出售方企业自然人股东支付不竞争款项时代扣代缴。

请遵照执行。

154 国家税务总局关于加强和规范个人取得拍卖收入征收个人所得税有关问题的通知

2007年4月4日 国税发〔2007〕38号

【全文有效】

各省、自治区、直辖市和计划单列市地方税务局，宁夏、西藏自治区国家税务局：

据部分地区反映，对于个人通过拍卖市场拍卖各种财产（包括字画、瓷器、玉器、珠宝、邮品、钱币、古籍、古董等物品）的所得征收个人所得税有关规定不够细化，为增强可操作性，需进一步完善规范。为此，根据《中华人民共和国个人所得税法》及其实施条例和《中华人民共和国税收征收管理法》及其实施细则规定，现通知如下：

一、个人通过拍卖市场拍卖个人财产，对其取得所得按以下规定征税：

（一）根据《国家税务总局关于印发〈征收个人所得税若干问题的规定〉的通知》（国税发〔1994〕89号），作者将自己的文字作品手稿原件或复印件拍卖取得的所得，应以其转让收入额减除800元（转让收入额4000元以下）或者20%（转让收入额4000元以上）后的余额为应纳税所得额，按照"特许权使用费"所得项目适用20%税率缴纳个人所得税。

（二）个人拍卖除文字作品原稿及复印件外的其他财产，应以其转让收入额减除财产原值和合理费用后的余额为应纳税所得额，按照"财产转让所得"项目适用20%税率缴纳个人所得税。

二、对个人财产拍卖所得征收个人所得税时，以该项财产最终拍卖成交价格为其转让收入额。

三、个人财产拍卖所得适用"财产转让所得"项目计算应纳税所得额时，纳税人凭合法有效凭证（税务机关监制的正式发票、相关境外交易单据或海关报关单据、完税证明等），从其转让收入额中减除相应的财产原值、拍卖财产过程中缴纳的税金及有关合理费用。

（一）财产原值，是指售出方个人取得该拍卖品的价格（以合法有效凭证为准）。具体为：

1. 通过商店、画廊等途径购买的，为购买该拍卖品时实际支付的价款；
2. 通过拍卖行拍得的，为拍得该拍卖品实际支付的价款及缴纳的相关税费；
3. 通过祖传收藏的，为其收藏该拍卖品而发生的费用；
4. 通过赠送取得的，为其受赠该拍卖品时发生的相关税费；
5. 通过其他形式取得的，参照以上原则确定财产原值。

（二）拍卖财产过程中缴纳的税金，是指在拍卖财产时纳税人实际缴纳的相关税金及附加。

（三）有关合理费用，是指拍卖财产时纳税人按照规定实际支付的拍卖费（佣金）、鉴定费、评估费、图录费、证书费等费用。

四、纳税人如不能提供合法、完整、准确的财产原值凭证，不能正确计算财产原值的，按转让收入额的3%征收率计算缴纳个人所得税；拍卖品为经文物部门认定是海外回流文物的，按转让收入额的2%征收率计算缴纳个人所得税。

五、纳税人的财产原值凭证内容填写不规范，或者一份财产原值凭证包括多件拍卖品且无法确认每件拍卖品一一对应的原值的，不得将其作为扣除财产原值的计算依据，应视为不能提供合法、完整、准确的财产原值凭证，并按上述规定的征收率计算缴纳个人所得税。

六、纳税人能够提供合法、完整、准确的财产原值凭证，但不能提供有关税费凭证的，不得按征收率计算纳税，应当就财产原值凭证上注明的金额据实扣除，并按照税法规定计算缴纳个人所得税。

七、个人财产拍卖所得应纳的个人所得税税款，由拍卖单位负责代扣代缴，并按规定向拍卖单位所在地主管税务机关办理纳税申报。

八、拍卖单位代扣代缴个人财产拍卖所得应纳的个人所得税税款时，应给纳税人填开完税凭证，并详细标明每件拍卖品的名称、拍卖成交价格、扣缴税款额。

九、主管税务机关应加强对个人财产拍卖所得的税收征管工作，在拍卖单位举行拍卖活动期间派工作人员进入拍卖现场，了解拍卖的有关情况，宣传辅导有关税收政策，审核鉴定原值凭证和费用凭证，督促拍卖单位依法代扣代缴个人所得税。

十、本通知自5月1日起执行。《国家税务总局关于书画作品、古玩等拍卖收入征收个人所得税有关问题的通知》（国税发〔1997〕154号）同时废止。

155　国家税务总局关于中央企业负责人年度绩效薪金延期兑现收入和任期奖励征收个人所得税问题的通知

2007年10月29日　国税发〔2007〕118号

【条款失效】

【注释】第一条条款废止。参见《财政部　税务总局关于个人所得税法修改后有关优惠政策衔接问题的通知》（财税〔2018〕164号）。

北京、天津、河北、辽宁、吉林、黑龙江、上海、山东、湖北、湖南、广东、四川、陕西省（市）地方税务局，大连、深圳市地方税务局：

为建立中央企业负责人薪酬激励与约束的机制，根据《中央企业负责人经营业绩考核暂行办法》《中央企业负责人薪酬管理暂行办法》规定，国务院国有资产监督管理委员会对中央企业负责人的薪酬发放采取按年度经营业绩和任期经营业绩考核的方式，具体办法是：中央企业负责人薪酬由基薪、绩效薪金和任期奖励构成，其中基薪和绩效薪金的60%在当年度发放，绩效薪金的40%和任期奖励于任期结束后发放。为公平税负，加强征管，现对中央企业负责人于任期结束后取得的绩效薪金的40%和任期奖励收入征收个人所得税的问题通知如下：

一、中央企业负责人任期结束后取得的绩效薪金40%部分和任期奖励，按照《国家税务总局关于调整个人取得全年一次性奖金等计算征收个人所得税方法问题的通知》（国税发〔2007〕9号）第二条规定的方法，合并计算缴纳个人所得税。

二、根据《中央企业负责人经营业绩考核暂行办法》等规定，本通知后附的《国资委管理的中央企业名单》中的下列人员，适用本通知第一条规定，其他人员不得比照执行：

（一）国有独资企业和未设董事会的国有独资公司的总经理（总裁）、副总经理（副总裁）、总会计师；

（二）设董事会的国有独资公司（国资委确定的董事会试点企业除外）的董事长、副董事长、董事、总经理（总裁）、副总经理（副总裁）、总会计师；

（三）国有控股公司国有股权代表出任的董事长、副董事长、董事、总经理（总裁），列入国资委党委管理的副总经理（副总裁）、总会计师；

（四）国有独资企业、国有独资公司和国有控股公司党委（党组）书记、副书记、常委（党组成员）、纪委书记（纪检组长）。

附件：国资委管理的中央企业名单（略）

156 国家税务总局关于股权转让收入征收个人所得税问题的批复

2007 年 2 月 28 日　　国税函〔2007〕244 号

【全文有效】

广东省地方税务局：

你局《关于个人所得税财产转让所得中的转让股权的认定问题的请示》（粤地税发〔2006〕187 号）收悉。经研究，批复如下：

一、你省某温泉公司原全体股东，通过签订股权转让协议，以转让公司全部资产方式将股权转让给新股东，协议约定时间以前的债权债务由原股东负责，协议约定时间以后的债权债务由新股东负责。根据《中华人民共和国个人所得税法》及其实施条例的规定，原股东取得股权转让所得，应按"财产转让所得"项目征收个人所得税。

二、应纳税所得额的计算

（一）对于原股东取得转让收入后，根据持股比例先清收债权、归还债务后，再对每个股东进行分配的，应纳税所得额的计算公式为：

应纳税所得额 =（原股东股权转让总收入 - 原股东承担的债务总额 + 原股东所收回的债权总额 - 注册资本额 - 股权转让过程中的有关税费）× 原股东持股比例

其中，原股东承担的债务不包括应付未付股东的利润（下同）。

（二）对于原股东取得转让收入后，根据持股比例对股权转让收入、债权债务进行分配的，应纳税所得额的计算公式为：应纳税所得额 = 原股东分配取得股权转让收入 + 原股东清收公司债权收入 - 原股东承担公司债务支出 - 原股东向公司投资成本

157　国家税务总局关于个人取得房屋拍卖收入征收个人所得税问题的批复

2007年11月20日　国税函〔2007〕1145号

【全文有效】

广东省地方税务局：

你局《关于个人取得房屋拍卖收入适用个人所得税征收率问题的请示》（粤地税发〔2007〕131号）收悉。经研究，批复如下：

根据《国家税务总局关于加强和规范个人取得拍卖收入征收个人所得税有关问题的通知》（国税发〔2007〕38号）和《国家税务总局关于个人住房转让所得征收个人所得税有关问题的通知》（国税发〔2006〕108号）规定精神，个人通过拍卖市场取得的房屋拍卖收入在计征个人所得税时，其房屋原值应按照纳税人提供的合法、完整、准确的凭证予以扣除；不能提供完整、准确的房屋原值凭证，不能正确计算房屋原值和应纳税额的，统一按转让收入全额的3%计算缴纳个人所得税。

为方便纳税人依法履行纳税义务和税务机关加强税收征管，纳税人应比照国税发〔2006〕108号文件第四条的有关规定，在房屋拍卖后缴纳营业税、契税、土地增值税等税收的同时，一并申报缴纳个人所得税。

158 财政部 国家税务总局关于高级专家延长离休退休期间取得工资、薪金所得有关个人所得税问题的通知

2008年7月1日 财税〔2008〕7号

【全文有效】

各省、自治区、直辖市、计划单列市财政厅（局）、地方税务局，西藏、宁夏、青海省（自治区）国家税务局，新疆生产建设兵团财务局：

近来一些地区反映，对高级专家延长离休退休期间取得的工资、薪金所得，有关征免个人所得税政策口径问题需进一步明确。

经研究，现就有关政策问题明确如下：

一、《财政部 国家税务总局关于个人所得税若干政策问题的通知》（财税字〔1994〕20号）第二条第（七）项中所称延长离休退休年龄的高级专家是指：

（一）享受国家发放的政府特殊津贴的专家、学者；

（二）中国科学院、中国工程院院士。

二、高级专家延长离休退休期间取得的工资薪金所得，其免征个人所得税政策口径按下列标准执行：

（一）对高级专家从其劳动人事关系所在单位取得的，单位按国家有关规定向职工统一发放的工资、薪金、奖金、津贴、补贴等收入，视同离休、退休工资，免征个人所得税；

（二）除上述第（一）项所述收入以外各种名目的津补贴收入等，以及高级专家从其劳动人事关系所在单位之外的其他地方取得的培训费、讲课费、顾问费、稿酬等各种收入，依法计征个人所得税。

三、高级专家从两处以上取得应税工资、薪金所得以及具有税法规定应当自行纳税申报的其他情形的，应在税法规定的期限内自行向主管税务机关办理纳税申报。

159 财政部 国家税务总局关于生育津贴和生育医疗费有关个人所得税政策的通知

2008年3月7日 财税〔2008〕8号

【全文有效】

各省、自治区、直辖市、计划单列市财政厅（局）、地方税务局，新疆生产建设兵团财务局：

根据《中华人民共和国个人所得税法》有关规定，经国务院批准，现就生育津贴和生育医疗费有关个人所得税政策通知如下：

一、生育妇女按照县级以上人民政府根据国家有关规定制定的生育保险办法，取得的生育津贴、生育医疗费或其他属于生育保险性质的津贴、补贴，免征个人所得税。

二、上述规定自发文之日起执行。

160 财政部 国家税务总局关于廉租住房经济适用住房和住房租赁有关税收政策的通知

2008年3月3日 财税〔2008〕24号

【条款失效】

【注释】本篇法规中有关廉租住房税收政策的规定被《财政部 国家税务总局关于促进公共租赁住房发展有关税收优惠政策的通知》（财税〔2014〕52号）废止。

各省、自治区、直辖市、计划单列市财政厅（局）、国家税务局、地方税务局，新疆生产建设兵团财务局：

为贯彻落实《国务院关于解决城市低收入家庭住房困难的若干意见》（国发〔2007〕24号）精神，促进廉租住房、经济适用住房制度建设和住房租赁市场的健康发展，经国务院批准，现将有关税收政策通知如下：

一、支持廉租住房、经济适用住房建设的税收政策

（一）对廉租住房经营管理单位按照政府规定价格、向规定保障对象出租廉租住房的租金收入，免征营业税、房产税。

（二）对廉租住房、经济适用住房建设用地以及廉租住房经营管理单位按照政府规定价格、向规定保障对象出租的廉租住房用地，免征城镇土地使用税。

开发商在经济适用住房、商品住房项目中配套建造廉租住房，在商品住房项目中配套建造经济适用住房，如能提供政府部门出具的相关材料，可按廉租住房、经济适用住房建筑面积占总建筑面积的比例免征开发商应缴纳的城镇土地使用税。

（三）企事业单位、社会团体以及其他组织转让旧房作为廉租住房、经济适用住房房源且增值额未超过扣除项目金额20%的，免征土地增值税。

（四）对廉租住房、经济适用住房经营管理单位与廉租住房、经济适用住房相关的印花税以及廉租住房承租人、经济适用住房购买人涉及的印花税予以免征。

开发商在经济适用住房、商品住房项目中配套建造廉租住房，在商品住房项目中配套建造经济适用住房，如能提供政府部门出具的相关材料，可按廉租住房、经济适用住房建筑面积占总建筑面积的比例免征开发商应缴纳的印花税。

（五）对廉租住房经营管理单位购买住房作为廉租住房、经济适用住房经营管理单位回购经济适用住房继续作为经济适用住房房源的，免征契税。

（六）对个人购买经济适用住房，在法定税率基础上减半征收契税。

（七）对个人按《廉租住房保障办法》（建设部等9部委令第162号）规定取得的廉租住房货币补贴，免征个人所得税；对于所在单位以廉租住房名义发放的不符合规定的补贴，应征收个人所得税。

（八）企事业单位、社会团体以及其他组织于2008年1月1日前捐赠住房作为廉租住房的，按《中华人民共和国企业所得税暂行条例》（国务院令第137号）、《中华人民共和国外商投资企业和外国企业所得税法》有关公益性捐赠政策执行；2008年1月1日后捐赠的，按《中华人民共和国企业所得税法》有关公益性捐赠政策执行。个人捐赠住房作为廉租住房的，捐赠额未超过其申报的应纳税所得额30%的部分，准予从其应纳税所得额中扣除。

廉租住房、经济适用住房、廉租住房承租人、经济适用住房购买人以及廉租住房租金、货币补贴标准等须符合国发〔2007〕24号文件及《廉租住房保障办法》（建设部等9部委令第162号）、《经济适用住房管理办法》（建住房〔2007〕258号）的规定；廉租住房、经济适用住房经营管理单位为县级以上人民政府主办或确定的单位。

二、支持住房租赁市场发展的税收政策

（一）对个人出租住房取得的所得减按10%的税率征收个人所得税。

（二）对个人出租、承租住房签订的租赁合同，免征印花税。

（三）对个人出租住房，不区分用途，在3%税率的基础上减半征收营业税，按4%的税率征收房产税，免征城镇土地使用税。

（四）对企事业单位、社会团体以及其他组织按市场价格向个人出租用于居住的住房，减按4%的税率征收房产税。

上述与廉租住房、经济适用住房相关的新的优惠政策自2007年8月1日起执行，文到之日前已征税款在以后应缴税款中抵减。与住房租赁相关的新的优惠政策自2008年3月1日起执行。其他政策仍按现行规定继续执行。

各地要严格执行税收政策，加强管理，对执行过程中发现的问题，及时上报财政部、国家税务总局。

特此通知。

161 财政部 国家税务总局关于认真落实抗震救灾及灾后重建税收政策问题的通知

2008年5月19日 财税〔2008〕62号

【全文有效】

各省、自治区、直辖市、计划单列市财政厅（局）、国家税务局、地方税务局：

随着抗震救灾工作的不断深入，灾后重建工作也将陆续展开。为贯彻落实好党中央、国务院关于抗震救灾工作的重要指示精神，积极支持受灾地区做好抗震救灾及灾后重建工作，现就有关税收政策问题通知如下：

各级财政税务机关要将支持抗震救灾和灾后重建工作作为当前一项十分紧迫的重要任务，采取有效措施，认真贯彻落实好现行税收法律、法规中可以适用于抗震救灾及灾后重建的有关税收优惠政策。主要包括：

一、企业所得税

（一）企业实际发生的因地震灾害造成的财产损失，准予在计算应纳税所得额时扣除。

（二）企业发生的公益性捐赠支出，按企业所得税法及其实施条例的规定在计算应纳税所得额时扣除。

二、个人所得税

（一）因地震灾害造成重大损失的个人，可减征个人所得税。具体减征幅度和期限由受灾地区省、自治区、直辖市人民政府确定。

（二）对受灾地区个人取得的抚恤金、救济金，免征个人所得税。

（三）个人将其所得向地震灾区的捐赠，按照个人所得税法的有关规定从应纳税所得中扣除。

三、房产税

（一）经有关部门鉴定，对毁损不堪居住和使用的房屋和危险房屋，在停止使用后，可免征房产税。

（二）房屋大修停用在半年以上的，在大修期间免征房产税，免征税额由纳税人在申报缴纳房产税时自行计算扣除，并在申报表附表或备注栏中作相应说明。

四、契税

因地震灾害灭失住房而重新购买住房的，准予减征或者免征契税，具体的减免办法由受灾地区省级人民政府制定。

五、资源税

纳税人开采或者生产应税产品过程中，因地震灾害遭受重大损失的，由受灾地区省、自治区、直辖市人民政府决定减征或免征资源税。

六、城镇土地使用税

纳税人因地震灾害造成严重损失，缴纳确有困难的，可依法申请定期减免城镇土地使用税。

七、车船税

已完税的车船因地震灾害报废、灭失的，纳税人可申请退还自报废、灭失月份起至本年度终了期间的税款。

八、进出口税收

对外国政府、民间团体、企业、个人等向我国境内受灾地区捐赠的物资，包括食品、生活必需品、药品、抢救工具等，免征进口环节税收。

九、现行税收法律、法规中适用于抗震救灾及灾后重建的其他税收政策

162 财政部 国家税务总局关于调整个体工商户个人独资企业和合伙企业个人所得税税前扣除标准有关问题的通知

2008年6月3日 财税〔2008〕65号

【条款失效】

【注释】第一条停止执行。参见《财政部 国家税务总局关于调整个体工商户业主 个人独资企业和合伙企业自然人投资者个人所得税费用扣除标准的通知》(财税〔2011〕62号)。

各省、自治区、直辖市、计划单列市财政厅（局）、地方税务局，西藏、宁夏、青海省（自治区）国家税务局，新疆生产建设兵团财务局：

根据现行个人所得税法及其实施条例和相关政策规定，现将个体工商户、个人独资企业和合伙企业个人所得税税前扣除标准有关问题通知如下：

一、对个体工商户业主、个人独资企业和合伙企业投资者的生产经营所得依法计征个人所得税时，个体工商户业主、个人独资企业和合伙企业投资者本人的费用扣除标准统一确定为24000元/年（2000元/月）。

二、个体工商户、个人独资企业和合伙企业向其从业人员实际支付的合理的工资、薪金支出，允许在税前据实扣除。

三、个体工商户、个人独资企业和合伙企业拨缴的工会经费、发生的职工福利费、职工教育经费支出分别在工资薪金总额2%、14%、2.5%的标准内据实扣除。

四、个体工商户、个人独资企业和合伙企业每一纳税年度发生的广告费和业务宣传费用不超过当年销售（营业）收入15%的部分，可据实扣除；超过部分，准予在以后纳税年度结转扣除。

五、个体工商户、个人独资企业和合伙企业每一纳税年度发生的与其生产经营业务直接相关的业务招待费支出，按照发生额的60%扣除，但最高不得超过当年销售（营业）收入的5‰。

六、上述第一条规定自2008年3月1日起执行，第二、三、四、五条规定自 2008 年 1 月 1 日起执行。

七、《国家税务总局关于印发〈个体工商户个人所得税计税办法（试行）〉的通知》（国税发〔1997〕43 号）第十三条第一款、第二十九条根据上述规定作相应修改；增加一条作为第三十条："个体工商户拨缴的工会经费、发生的职工福利费、职工教育经费支出分别在工资薪金总额2%、14%、2.5%的标准内据实扣除。"同时对条文的顺序作相应调整。

《财政部　国家税务总局关于印发〈关于个人独资企业和合伙企业投资者征收个人所得税的规定〉的通知》（财税〔2000〕91 号）附件 1 第六条第（一）、（二）、（五）、（六）、（七）项根据上述规定作相应修改。

《财政部　国家税务总局关于调整个体工商户业主　个人独资企业和合伙企业投资者个人所得税费用扣除标准的通知》（财税〔2006〕44 号）停止执行。

163 财政部 国家税务总局关于企业为个人购买房屋或其他财产征收个人所得税问题的批复

2008年6月10日 财税〔2008〕83号

【全文有效】

江苏省财政厅、地方税务局：

江苏省地税局《关于以企业资金为个人购房是否征收个人所得税问题的请示》（苏地税发〔2007〕11号）收悉。经研究，批复如下：

一、根据《中华人民共和国个人所得税法》和《财政部 国家税务总局关于规范个人投资者个人所得税征收管理的通知》（财税〔2003〕158号）的有关规定，符合以下情形的房屋或其他财产，不论所有权人是否将财产无偿或有偿交付企业使用，其实质均为企业对个人进行了实物性质的分配，应依法计征个人所得税。

（一）企业出资购买房屋及其他财产，将所有权登记为投资者个人、投资者家庭成员或企业其他人员的；

（二）企业投资者个人、投资者家庭成员或企业其他人员向企业借款用于购买房屋及其他财产，将所有权登记为投资者、投资者家庭成员或企业其他人员，且借款年度终了后未归还借款的。

二、对个人独资企业、合伙企业的个人投资者或其家庭成员取得的上述所得，视为企业对个人投资者的利润分配，按照"个体工商户的生产、经营所得"项目计征个人所得税；对除个人独资企业、合伙企业以外其他企业的个人投资者或其家庭成员取得的上述所得，视为企业对个人投资者的红利分配，按照"利息、股息、红利所得"项目计征个人所得税；对企业其他人员取得的上述所得，按照"工资、薪金所得"项目计征个人所得税。

164 财政部 国家税务总局关于储蓄存款利息所得有关个人所得税政策的通知

2008年10月9日 财税〔2008〕132号

【全文有效】

各省、自治区、直辖市、计划单列市财政厅（局）、国家税务局，新疆生产建设兵团财务局：

为配合国家宏观调控政策需要，经国务院批准，自2008年10月9日起，对储蓄存款利息所得暂免征收个人所得税。即储蓄存款在1999年10月31日前滋生的利息所得，不征收个人所得税；储蓄存款在1999年11月1日至2007年8月14日滋生的利息所得，按照20%的比例税率征收个人所得税；储蓄存款在2007年8月15日至2008年10月8日滋生的利息所得，按照5%的比例税率征收个人所得税；储蓄存款在2008年10月9日后（含10月9日）滋生的利息所得，暂免征收个人所得税。

165 财政部 国家税务总局关于证券市场个人投资者证券交易结算资金利息所得有关个人所得税政策的通知

2008年10月26日 财税〔2008〕140号

【全文有效】

各省、自治区、直辖市、计划单列市财政厅（局）、地方税务局，西藏、宁夏、青海省（自治区）国家税务局，新疆生产建设兵团财务局：

根据《中华人民共和国个人所得税法》有关规定，经国务院批准，现就证券市场个人投资者取得的证券交易结算资金利息所得有关个人所得税政策通知如下：

自2008年10月9日起，对证券市场个人投资者取得的证券交易结算资金利息所得，暂免征收个人所得税，即证券市场个人投资者的证券交易结算资金在2008年10月9日后（含10月9日）滋生的利息所得，暂免征收个人所得税。

166 财政部 国家税务总局关于合伙企业合伙人所得税问题的通知

2008年12月23日 财税〔2008〕159号

【全文有效】

各省、自治区、直辖市、计划单列市财政厅（局）、国家税务局、地方税务局，新疆生产建设兵团财务局：

根据《中华人民共和国企业所得税法》及其实施条例和《中华人民共和国个人所得税法》有关规定，现将合伙企业合伙人的所得税问题通知如下：

一、本通知所称合伙企业是指依照中国法律、行政法规成立的合伙企业。

二、合伙企业以每一个合伙人为纳税义务人。合伙企业合伙人是自然人的，缴纳个人所得税；合伙人是法人和其他组织的，缴纳企业所得税。

三、合伙企业生产经营所得和其他所得采取"先分后税"的原则。具体应纳税所得额的计算按照《关于个人独资企业和合伙企业投资者征收个人所得税的规定》（财税〔2000〕91号）及《财政部 国家税务总局关于调整个体工商户个人独资企业和合伙企业个人所得税税前扣除标准有关问题的通知》（财税〔2008〕65号）的有关规定执行。

前款所称生产经营所得和其他所得，包括合伙企业分配给所有合伙人的所得和企业当年留存的所得（利润）。

四、合伙企业的合伙人按照下列原则确定应纳税所得额：

（一）合伙企业的合伙人以合伙企业的生产经营所得和其他所得，按照合伙协议约定的分配比例确定应纳税所得额。

（二）合伙协议未约定或者约定不明确的，以全部生产经营所得和其他所得，按照合伙人协商决定的分配比例确定应纳税所得额。

（三）协商不成的，以全部生产经营所得和其他所得，按照合伙人实缴出资比例确定应纳税所得额。

（四）无法确定出资比例的，以全部生产经营所得和其他所得，按照合伙人数量平均计算每个合伙人的应纳税所得额。

合伙协议不得约定将全部利润分配给部分合伙人。

五、合伙企业的合伙人是法人和其他组织的，合伙人在计算其缴纳企业所得税时，不得用合伙企业的亏损抵减其盈利。

六、上述规定自 2008 年 1 月 1 日起执行。此前规定与本通知有抵触的，以本通知为准。

167 财政部 国家税务总局 民政部 关于公益性捐赠税前扣除有关问题的通知

2008年12月31日　财税〔2008〕160号

【全文有效】

【注释】本篇法规第六条、第七条被《关于公益性捐赠税前扣除资格确认审批有关调整事项的通知》（财税〔2015〕141号）废止。

各省、自治区、直辖市、计划单列市财政厅（局）、国家税务局、地方税务局、民政厅（局），新疆生产建设兵团财务局、民政局：

为贯彻落实《中华人民共和国企业所得税法》和《中华人民共和国个人所得税法》，现对公益性捐赠所得税税前扣除有关问题明确如下：

一、企业通过公益性社会团体或者县级以上人民政府及其部门，用于公益事业的捐赠支出，在年度利润总额12%以内的部分，准予在计算应纳税所得额时扣除。年度利润总额，是指企业依照国家统一会计制度的规定计算的大于零的数额。

二、个人通过社会团体、国家机关向公益事业的捐赠支出，按照现行税收法律、行政法规及相关政策规定准予在所得税税前扣除。

三、本通知第一条所称的用于公益事业的捐赠支出，是指《中华人民共和国公益事业捐赠法》规定的向公益事业的捐赠支出，具体范围包括：

（一）救助灾害、救济贫困、扶助残疾人等困难的社会群体和个人的活动；

（二）教育、科学、文化、卫生、体育事业；

（三）环境保护、社会公共设施建设；

（四）促进社会发展和进步的其他社会公共和福利事业。

四、本通知第一条所称的公益性社会团体和第二条所称的社会团体均指依据国务院发布的《基金会管理条例》和《社会团体登记管理条例》的规定，经民政部门依法登记、符合以下条件的基金会、慈善组织等公益性社会团体：

（一）符合《中华人民共和国企业所得税法实施条例》第五十二条第（一）项到第（八）项规定的条件；

（二）申请前3年内未受到行政处罚；

（三）基金会在民政部门依法登记3年以上（含3年）的，应当在申请前连续2年年度检查合格，或最近1年年度检查合格且社会组织评估等级在3A以上（含3A），登记3年以下1年以上（含1年）的，应当在申请前1年年度检查合格或社会组织评估等级在3A以上（含3A），登记1年以下的基金会具备本款第（一）项、第（二）项规定的条件；

（四）公益性社会团体（不含基金会）在民政部门依法登记3年以上，净资产不低于登记的活动资金数额，申请前连续2年年度检查合格，或最近1年年度检查合格且社会组织评估等级在3A以上（含3A），申请前连续3年每年用于公益活动的支出不低于上年总收入的70%（含70%），同时需达到当年总支出的50%以上（含50%）。

前款所称年度检查合格是指民政部门对基金会、公益性社会团体（不含基金会）进行年度检查，作出年度检查合格的结论；社会组织评估等级在3A以上（含3A）是指社会组织在民政部门主导的社会组织评估中被评为3A、4A、5A级别，且评估结果在有效期内。

五、本通知第一条所称的县级以上人民政府及其部门和第二条所称的国家机关均指县级（含县级，下同）以上人民政府及其组成部门和直属机构。

六、符合本通知第四条规定的基金会、慈善组织等公益性社会团体，可按程序申请公益性捐赠税前扣除资格。

（一）经民政部批准成立的公益性社会团体，可分别向财政部、国家税务总局、民政部提出申请；

（二）经省级民政部门批准成立的基金会，可分别向省级财政、税务（国、地税，下同）、民政部门提出申请。经地方县级以上人民政府民政部门批准成立的公益性社会团体（不含基金会），可分别向省、自治区、直辖市和计划单列市财政、税务、民政部门提出申请；

（三）民政部门负责对公益性社会团体的资格进行初步审核，财政、税务部门会同民政部门对公益性社会团体的捐赠税前扣除资格联合进行审核确认；

（四）对符合条件的公益性社会团体，按照上述管理权限，由财政部、国家税务总局和民政部及省、自治区、直辖市和计划单列市财政、税务和民政部门分别定期予以公布。

七、申请捐赠税前扣除资格的公益性社会团体，需报送以下材料：

（一）申请报告；

（二）民政部或地方县级以上人民政府民政部门颁发的登记证书复印件；

（三）组织章程；

(四)申请前相应年度的资金来源、使用情况,财务报告,公益活动的明细,注册会计师的审计报告;

(五)民政部门出具的申请前相应年度的年度检查结论、社会组织评估结论。

八、公益性社会团体和县级以上人民政府及其组成部门和直属机构在接受捐赠时,应按照行政管理级次分别使用由财政部或省、自治区、直辖市财政部门印制的公益性捐赠票据,并加盖本单位的印章;对个人索取捐赠票据的,应予以开具。

新设立的基金会在申请获得捐赠税前扣除资格后,原始基金的捐赠人可凭捐赠票据依法享受税前扣除。

九、公益性社会团体和县级以上人民政府及其组成部门和直属机构在接受捐赠时,捐赠资产的价值,按以下原则确认:

(一)接受捐赠的货币性资产,应当按照实际收到的金额计算;

(二)接受捐赠的非货币性资产,应当以其公允价值计算。捐赠方在向公益性社会团体和县级以上人民政府及其组成部门和直属机构捐赠时,应当提供注明捐赠非货币性资产公允价值的证明,如果不能提供上述证明,公益性社会团体和县级以上人民政府及其组成部门和直属机构不得向其开具公益性捐赠票据。

十、存在以下情形之一的公益性社会团体,应取消公益性捐赠税前扣除资格:

(一)年度检查不合格或最近一次社会组织评估等级低于3A的;

(二)在申请公益性捐赠税前扣除资格时有弄虚作假行为的;

(三)存在偷税行为或为他人偷税提供便利的;

(四)存在违反该组织章程的活动,或者接受的捐赠款项用于组织章程规定用途之外的支出等情况的;

(五)受到行政处罚的。

被取消公益性捐赠税前扣除资格的公益性社会团体,存在本条第一款第(一)项情形的,1年内不得重新申请公益性捐赠税前扣除资格,存在第(二)项、第(三)项、第(四)项、第(五)项情形的,3年内不得重新申请公益性捐赠税前扣除资格。

对本条第一款第(三)项、第(四)项情形,应对其接受捐赠收入和其他各项收入依法补征企业所得税。

十一、本通知从2008年1月1日起执行。本通知发布前已经取得和未取得捐赠税前扣除资格的公益性社会团体,均应按本通知的规定提出申请。《财政部 国家税务总局关于公益救济性捐赠税前扣除政策及相关管理问题的通知》(财税〔2007〕6号)停止执行。

168 国家税务总局关于中国共产党党员交纳抗震救灾"特殊党费"在个人所得税前扣除问题的通知

2008年5月30日 国税发〔2008〕60号

【全文有效】

各省、自治区、直辖市和计划单列市地方税务局,西藏、宁夏、青海省(自治区)国家税务局:

"5·12"四川汶川特大地震发生后,广大党员响应党组织的号召,以"特殊党费"的形式积极向灾区捐款。党员个人通过党组织交纳的抗震救灾"特殊党费",属于对公益、救济事业的捐赠。党员个人的该项捐赠额,可以按照个人所得税法及其实施条例的规定,依法在缴纳个人所得税前扣除。

169 国家税务总局关于个人与房地产开发企业签订有条件优惠价格协议购买商店征收个人所得税问题的批复

2008年6月15日　国税函〔2008〕576号

【全文有效】

福建省地方税务局：

你局《关于个人与房地产开发企业签订有条件价格优惠协议购买商店征收个人所得税问题的请示》（闽地税发〔2008〕67号）收悉。经研究，批复如下：

房地产开发企业与商店购买者个人签订协议规定，房地产开发企业按优惠价格出售其开发的商店给购买者个人，但购买者个人在一定期限内必须将购买的商店无偿提供给房地产开发企业对外出租使用。其实质是购买者个人以所购商店交由房地产开发企业出租而取得的房屋租赁收入支付了部分购房价款。

根据个人所得税法的有关规定精神，对上述情形的购买者个人少支出的购房价款，应视同个人财产租赁所得，按照"财产租赁所得"项目征收个人所得税。每次财产租赁所得的收入额，按照少支出的购房价款和协议规定的租赁月份数平均计算确定。

170　国家税务总局关于离退休人员取得单位发放离退休工资以外奖金补贴征收个人所得税的批复

2008年8月7日　国税函〔2008〕723号

【全文有效】

福建省地方税务局：

你局《关于单位对离退休人员发放退休工资以外的奖金补贴如何征收个人所得税的请示》（闽地税发〔2008〕121号）收悉。经研究，批复如下：

离退休人员除按规定领取离退休工资或养老金外，另从原任职单位取得的各类补贴、奖金、实物，不属于《中华人民共和国个人所得税法》第四条规定可以免税的退休工资、离休工资、离休生活补助费。根据《中华人民共和国个人所得税法》及其实施条例的有关规定，离退休人员从原任职单位取得的各类补贴、奖金、实物，应在减除费用扣除标准后，按"工资、薪金所得"应税项目缴纳个人所得税。

171 关于个人通过网络买卖虚拟货币取得收入征收个人所得税问题的批复

2008年9月28日　国税函〔2008〕818号

【全文有效】

北京市地方税务局：

你局《关于个人通过网络销售虚拟货币取得收入计征个人所得税问题的请示》（京地税个〔2008〕114号）收悉。现批复如下：

一、个人通过网络收购玩家的虚拟货币，加价后向他人出售取得的收入，属于个人所得税应税所得，应按照"财产转让所得"项目计算缴纳个人所得税。

二、个人销售虚拟货币的财产原值为其收购网络虚拟货币所支付的价款和相关税费。

三、对于个人不能提供有关财产原值凭证的，由主管税务机关核定其财产原值。

172 财政部 国家税务总局关于股票增值权所得和限制性股票所得征收个人所得税有关问题的通知

2009年1月7日 财税〔2009〕5号

【全文有效】

各省、自治区、直辖市、计划单列市财政厅（局）、地方税务局，宁夏、西藏、青海省（自治区）国家税务局，新疆生产建设兵团财务局：

根据《中华人民共和国个人所得税法》《中华人民共和国税收征收管理法》等有关规定，现就股票增值权所得和限制性股票所得征收个人所得税有关问题通知如下：

一、对于个人从上市公司（含境内、外上市公司，下同）取得的股票增值权所得和限制性股票所得，比照《财政部 国家税务总局关于个人股票期权所得征收个人所得税问题的通知》（财税〔2005〕35号）、《国家税务总局关于个人股票期权所得缴纳个人所得税有关问题的补充通知》（国税函〔2006〕902号）的有关规定，计算征收个人所得税。

二、本通知所称股票增值权，是指上市公司授予公司员工在未来一定时期和约定条件下，获得规定数量的股票价格上升所带来收益的权利。被授权人在约定条件下行权，上市公司按照行权日与授权日二级市场股票差价乘以授权股票数量，发放给被授权人现金。

三、本通知所称限制性股票，是指上市公司按照股权激励计划约定的条件，授予公司员工一定数量本公司的股票。

四、实施股票增值权计划或限制性股票计划的境内上市公司，应在向中国证监会报备的同时，将企业股票增值权计划、限制性股票计划或实施方案等有关资料报送主管税务机关备案。

五、实施股票增值权计划或限制性股票计划的境内上市公司，应在做好个人所得税扣缴工作的同时，按照《国家税务总局关于印发〈个人所得税全员全额扣缴申报管理暂行办法〉的通知》（国税发〔2005〕205号）的有关规定，向主管税务机关报送其员工行权等涉税信息。

173 财政部 国家税务总局关于个人无偿受赠房屋有关个人所得税问题的通知

2009年5月25日 财税〔2009〕78号

【全文有效】

各省、自治区、直辖市、计划单列市财政厅（局）、地方税务局，宁夏、西藏、青海省（自治区）国家税务局，新疆生产建设兵团财务局：

为了加强个人所得税征管，堵塞税收漏洞，根据《中华人民共和国个人所得税法》有关规定，现就个人无偿受赠房屋有关个人所得税问题通知如下：

一、以下情形的房屋产权无偿赠与，对当事双方不征收个人所得税：

（一）房屋产权所有人将房屋产权无偿赠与配偶、父母、子女、祖父母、外祖父母、孙子女、外孙子女、兄弟姐妹；

（二）房屋产权所有人将房屋产权无偿赠与对其承担直接抚养或者赡养义务的抚养人或者赡养人；

（三）房屋产权所有人死亡，依法取得房屋产权的法定继承人、遗嘱继承人或者受遗赠人。

二、赠与双方办理免税手续时，应向税务机关提交以下资料：

（一）《国家税务总局关于加强房地产交易个人无偿赠与不动产税收管理有关问题的通知》（国税发〔2006〕144号）第一条规定的相关证明材料；

（二）赠与双方当事人的有效身份证件；

（三）属于本通知第一条第（一）项规定情形的，还须提供公证机构出具的赠与人和受赠人亲属关系的公证书（原件）；

（四）属于本通知第一条第（二）项规定情形的，还须提供公证机构出具的抚养关系或者赡养关系公证书（原件），或者乡镇政府或街道办事处出具的抚养关系或者赡养关系证明。

税务机关应当认真审核赠与双方提供的上述资料，资料齐全并且填写正确的，在提交的《个人无偿赠与不动产登记表》上签字盖章后复印留存，原件退还提交人，同时办理个人所得税不征税手续。

三、除本通知第一条规定情形以外，房屋产权所有人将房屋产权无偿赠与他人的，受赠人因无偿受赠房屋取得的受赠所得，按照"经国务院财政部门确定征税的其他所得"项目缴纳个人所得税，税率为20%。

四、对受赠人无偿受赠房屋计征个人所得税时，其应纳税所得额为房地产赠与合同上标明的赠与房屋价值减除赠与过程中受赠人支付的相关税费后的余额。赠与合同标明的房屋价值明显低于市场价格或房地产赠与合同未标明赠与房屋价值的，税务机关可依据受赠房屋的市场评估价格或采取其他合理方式确定受赠人的应纳税所得额。

五、受赠人转让受赠房屋的，以其转让受赠房屋的收入减除原捐赠人取得该房屋的实际购置成本以及赠与和转让过程中受赠人支付的相关税费后的余额，为受赠人的应纳税所得额，依法计征个人所得税。受赠人转让受赠房屋价格明显偏低且无正当理由的，税务机关可以依据该房屋的市场评估价格或其他合理方式确定的价格核定其转让收入。

六、本通知自发布之日起执行。

174 财政部 国家税务总局关于通过公益性群众团体的公益性捐赠税前扣除有关问题的通知

2009年12月8日 财税〔2009〕124号

【全文有效】

各省、自治区、直辖市、计划单列市财政厅（局）、国家税务局、地方税务局，新疆生产建设兵团财务局：

为贯彻落实《中华人民共和国企业所得税法》和《中华人民共和国个人所得税法》，现对企业和个人通过依照《社会团体登记管理条例》规定不需进行社团登记的人民团体以及经国务院批准免予登记的社会团体（以下简称群众团体）的公益性捐赠所得税税前扣除有关问题明确如下：

一、企业通过公益性群众团体用于公益事业的捐赠支出，在年度利润总额12%以内的部分，准予在计算应纳税所得额时扣除。年度利润总额，是指企业依照国家统一会计制度的规定计算的大于零的数额。

二、个人通过公益性群众团体向公益事业的捐赠支出，按照现行税收法律、行政法规及相关政策规定准予在所得税税前扣除。

三、本通知第一条和第二条所称的公益事业，是指《中华人民共和国公益事业捐赠法》规定的下列事项：

（一）救助灾害、救济贫困、扶助残疾人等困难的社会群体和个人的活动；

（二）教育、科学、文化、卫生、体育事业；

（三）环境保护、社会公共设施建设；

（四）促进社会发展和进步的其他社会公共和福利事业。

四、本通知第一条和第二条所称的公益性群众团体，是指同时符合以下条件的群众团体：

（一）符合《中华人民共和国企业所得税法实施条例》第五十二条第（一）项至第（八）项规定的条件；

（二）县级以上各级机构编制部门直接管理其机构编制；

（三）对接受捐赠的收入以及用捐赠收入进行的支出单独进行核算，且申请前连续3年接受捐赠的总收入中用于公益事业的支出比例不低于70%。

五、符合本通知第四条规定的公益性群众团体，可按程序申请公益性捐赠税前扣除资格。

（一）由中央机构编制部门直接管理其机构编制的群众团体，向财政部、国家税务总局提出申请；

（二）由县级以上地方各级机构编制部门直接管理其机构编制的群众团体，向省、自治区、直辖市和计划单列市财政、税务部门提出申请；

（三）对符合条件的公益性群众团体，按照上述管理权限，由财政部、国家税务总局和省、自治区、直辖市、计划单列市财政、税务部门分别每年联合公布名单。名单应当包括继续获得公益性捐赠税前扣除资格和新获得公益性捐赠税前扣除资格的群众团体，企业和个人在名单所属年度内向名单内的群众团体进行的公益性捐赠支出，可以按规定进行税前扣除。

六、申请公益性捐赠税前扣除资格的群众团体，需报送以下材料：

（一）申请报告；

（二）县级以上各级党委、政府或机构编制部门印发的"三定"规定；

（三）组织章程；

（四）申请前相应年度的受赠资金来源、使用情况，财务报告，公益活动的明细，注册会计师的审计报告或注册税务师的鉴证报告。

七、公益性群众团体在接受捐赠时，应按照行政管理级次分别使用由财政部或省、自治区、直辖市财政部门印制的公益性捐赠票据或者《非税收入一般缴款书》收据联，并加盖本单位的印章；对个人索取捐赠票据的，应予以开具。

八、公益性群众团体接受捐赠的资产价值，按以下原则确认：

（一）接受捐赠的货币性资产，应当按照实际收到的金额计算；

（二）接受捐赠的非货币性资产，应当以其公允价值计算。捐赠方在向公益性群众团体捐赠时，应当提供注明捐赠非货币性资产公允价值的证明，如果不能提供上述证明，公益性群众团体不得向其开具公益性捐赠票据或者《非税收入一般缴款书》收据联。

九、对存在以下情形之一的公益性群众团体，应取消其公益性捐赠税前扣除资格：

（一）前3年接受捐赠的总收入中用于公益事业的支出比例低于70%的；

（二）在申请公益性捐赠税前扣除资格时有弄虚作假行为的；

（三）存在逃避缴纳税款行为或为他人逃避缴纳税款提供便利的；

（四）存在违反该组织章程的活动，或者接受的捐赠款项用于组织章程规定用途之外的支出等情况的；

（五）受到行政处罚的。

被取消公益性捐赠税前扣除资格的公益性群众团体，存在本条第一款第（二）项、第（三）项、第（四）项、第（五）项情形的，3年内不得重新申请公益性捐赠税前扣除资格。

对存在本条第一款第（三）项、第（四）项情形的公益性群众团体，应对其接受捐赠收入和其他各项收入依法补征企业所得税。

十、对于通过公益性群众团体发生的公益性捐赠支出，主管税务机关应对照财政、税务部门联合发布的名单，接受捐赠的群众团体位于名单内，则企业或个人在名单所属年度发生的公益性捐赠支出可按规定进行税前扣除；接受捐赠的群众团体不在名单内，或虽在名单内但企业或个人发生的公益性捐赠支出不属于名单所属年度的，不得扣除。

十一、获得公益性捐赠税前扣除资格的公益性群众团体，应自不符合本通知第四条规定条件之一或存在本通知第九条规定情形之一之日起15日内向主管税务机关报告，主管税务机关可暂时明确其获得资格的次年内企业向该群众团体的公益性捐赠支出，不得税前扣除，同时提请财政部、国家税务总局或省级财政、税务部门明确其获得资格的次年不具有公益性捐赠税前扣除资格。

十二、本通知从2008年1月1日起执行。本通知发布前已经取得和未取得公益性捐赠税前扣除资格的群众团体，均应按本通知规定提出申请。

175 财政部 国家税务总局 证监会关于个人转让上市公司限售股所得征收个人所得税有关问题的通知

2009年12月31日 财税〔2009〕167号

【全文有效】

各省、自治区、直辖市、计划单列市财政厅（局）、国家税务局、地方税务局，新疆生产建设兵团财务局，上海、深圳证券交易所，中国证券登记结算公司：

为进一步完善股权分置改革后的相关制度，发挥税收对高收入者的调节作用，促进资本市场长期稳定健康发展，经国务院批准，现就个人转让上市公司限售流通股（以下简称限售股）取得的所得征收个人所得税有关问题通知如下：

一、自2010年1月1日起，对个人转让限售股取得的所得，按照"财产转让所得"，适用20%的比例税率征收个人所得税。

二、本通知所称限售股，包括：

1. 上市公司股权分置改革完成后股票复牌日之前股东所持原非流通股股份，以及股票复牌日至解禁日期间由上述股份滋生的送、转股（以下统称股改限售股）；

2. 2006年股权分置改革新老划断后，首次公开发行股票并上市的公司形成的限售股，以及上市首日至解禁日期间由上述股份滋生的送、转股（以下统称新股限售股）；

3. 财政部、税务总局、法制办和证监会共同确定的其他限售股。

三、个人转让限售股，以每次限售股转让收入，减除股票原值和合理税费后的余额，为应纳税所得额。即：

应纳税所得额 = 限售股转让收入 − （限售股原值 + 合理税费）

应纳税额 = 应纳税所得额 × 20%

本通知所称的限售股转让收入，是指转让限售股股票实际取得的收入。限售股原值，是指限售股买入时的买入价及按照规定缴纳的有关费用。合理税费，是指转让限售股过程中发生的印花税、佣金、过户费等与交易相关的税费。

如果纳税人未能提供完整、真实的限售股原值凭证的,不能准确计算限售股原值的,主管税务机关一律按限售股转让收入的15%核定限售股原值及合理税费。

四、限售股转让所得个人所得税,以限售股持有者为纳税义务人,以个人股东开户的证券机构为扣缴义务人。限售股个人所得税由证券机构所在地主管税务机关负责征收管理。

五、限售股转让所得个人所得税,采取证券机构预扣预缴、纳税人自行申报清算和证券机构直接扣缴相结合的方式征收。证券机构预扣预缴的税款,于次月7日内以纳税保证金形式向主管税务机关缴纳。主管税务机关在收取纳税保证金时,应向证券机构开具《中华人民共和国纳税保证金收据》,并纳入专户存储。

根据证券机构技术和制度准备完成情况,对不同阶段形成的限售股,采取不同的征收管理办法。

(一)证券机构技术和制度准备完成前形成的限售股,证券机构按照股改限售股股改复牌日收盘价,或新股限售股上市首日收盘价计算转让收入,按照计算出的转让收入的15%确定限售股原值和合理税费,以转让收入减去原值和合理税费后的余额,适用20%税率,计算预扣预缴个人所得税额。

纳税人按照实际转让收入与实际成本计算出的应纳税额,与证券机构预扣预缴税额有差异的,纳税人应自证券机构代扣并解缴税款的次月1日起3个月内,持加盖证券机构印章的交易记录和相关完整、真实凭证,向主管税务机关提出清算申报并办理清算事宜。主管税务机关审核确认后,按照重新计算的应纳税额,办理退(补)税手续。纳税人在规定期限内未到主管税务机关办理清算事宜的,税务机关不再办理清算事宜,已预扣预缴的税款从纳税保证金账户全额缴入国库。

(二)证券机构技术和制度准备完成后新上市公司的限售股,按照证券机构事先植入结算系统的限售股成本原值和发生的合理税费,以实际转让收入减去原值和合理税费后的余额,适用20%税率,计算直接扣缴个人所得税额。

六、纳税人同时持有限售股及该股流通股的,其股票转让所得,按照限售股优先原则,即:转让股票视同为先转让限售股,按规定计算缴纳个人所得税。

七、证券机构等应积极配合税务机关做好各项征收管理工作,并于每月15日前,将上月限售股减持的有关信息传递至主管税务机关。限售股减持信息包括:股东姓名、公民身份号码、开户证券公司名称及地址、限售股股票代码、本期减持股数及减持取得的收入总额。证券机构有义务向纳税人提供加盖印章的限售股交易记录。

八、对个人在上海证券交易所、深圳证券交易所转让从上市公司公开发行和转让市场取得的上市公司股票所得,继续免征个人所得税。

九、财政、税务、证监等部门要加强协调、通力合作,切实做好政策实施的各项工作。

176　国家税务总局关于明确个人所得税若干政策执行问题的通知

2009 年 8 月 17 日　国税发〔2009〕121 号

【全文有效】

各省、自治区、直辖市和计划单列市地方税务局，西藏、宁夏、青海省（自治区）国家税务局：

近期，部分地区反映个人所得税若干政策执行口径不够明确，为公平税负，加强征管，根据《中华人民共和国个人所得税法》及其实施条例等相关规定，现就个人所得税若干政策执行口径问题通知如下：

一、《国家税务总局关于个人所得税若干政策问题的批复》（国税函〔2002〕629 号）第一条有关"双薪制"计税方法停止执行

二、关于董事费征税问题

（一）《国家税务总局关于印发〈征收个人所得税若干问题的规定〉的通知》（国税发〔1994〕089 号）第八条规定的董事费按劳务报酬所得项目征税方法，仅适用于个人担任公司董事、监事，且不在公司任职、受雇的情形。

（二）个人在公司（包括关联公司）任职、受雇，同时兼任董事、监事的，应将董事费、监事费与个人工资收入合并，统一按工资、薪金所得项目缴纳个人所得税。

（三）《国家税务总局关于外商投资企业的董事担任直接管理职务征收个人所得税问题的通知》（国税发〔1996〕214 号）第一条停止执行。

三、关于华侨身份界定和适用附加费用扣除问题

（一）华侨身份的界定

根据《国务院侨务办公室关于印发〈关于界定华侨外籍华人归侨侨眷身份的规定〉的通知》（国侨发〔2009〕5 号）的规定，华侨是指定居在国外的中国

公民。具体界定如下：

1. "定居"是指中国公民已取得住在国长期或者永久居留权，并已在住在国连续居留两年，两年内累计居留不少于 18 个月。

2. 中国公民虽未取得住在国长期或者永久居留权，但已取得住在国连续 5 年以上（含 5 年）合法居留资格，5 年内在住在国累计居留不少于 30 个月，视为华侨。

3. 中国公民出国留学（包括公派和自费）在外学习期间，或因公务出国（包括外派劳务人员）在外工作期间，均不视为华侨。

（二）关于华侨适用附加扣除费用问题

对符合国侨发〔2009〕5 号文件规定的华侨身份的人员，其在中国工作期间取得的工资、薪金所得，税务机关可根据纳税人提供的证明其华侨身份的有关证明材料，按照《中华人民共和国个人所得税法实施条例》第三十条规定在计算征收个人所得税时，适用附加扣除费用。

四、关于个人转让离婚析产房屋的征税问题

（一）通过离婚析产的方式分割房屋产权是夫妻双方对共同共有财产的处置，个人因离婚办理房屋产权过户手续，不征收个人所得税。

（二）个人转让离婚析产房屋所取得的收入，允许扣除其相应的财产原值和合理费用后，余额按照规定的税率缴纳个人所得税；其相应的财产原值，为房屋初次购置全部原值和相关税费之和乘以转让者占房屋所有权的比例。

（三）个人转让离婚析产房屋所取得的收入，符合家庭生活自用 5 年以上唯一住房的，可以申请免征个人所得税，其购置时间按照《国家税务总局关于房地产税收政策执行中几个具体问题的通知》（国税发〔2005〕172 号）执行。

177 国家税务总局关于股权激励有关个人所得税问题的通知

2009 年 8 月 24 日　国税函〔2009〕461 号

【条款失效】

【注释】

1. 条款失效，第七条第（一）项括号内"间接控股限于上市公司对二级子公司的持股"废止。参见《国家税务总局关于关于个人所得税有关问题的公告》（国家税务总局公告 2011 年第 27 号）。

2. 本法第四条第（一）款中引用的"财税〔2005〕35 号文件第四条第一项"已被《关于个人所得税法修改后有关优惠政策衔接问题的通知》（财税〔2018〕164 号）所废止。

各省、自治区、直辖市和计划单列市地方税务局，西藏、宁夏、青海省（自治区）国家税务局：

为适应上市公司（含境内、境外上市公司，下同）薪酬制度改革和实施股权激励计划，根据《中华人民共和国个人所得税法》（以下简称个人所得税法）、《中华人民共和国个人所得税法实施条例》（以下简称实施条例）有关精神，财政部、国家税务总局先后下发了《关于个人股票期权所得征收个人所得税问题的通知》（财税〔2005〕35 号）和《关于股票增值权所得和限制性股票所得征收个人所得税有关问题的通知》（财税〔2009〕5 号）等文件。现就执行上述文件有关事项通知如下：

一、关于股权激励所得项目和计税方法的确定

根据个人所得税法及其实施条例和财税〔2009〕5 号文件等规定，个人因任职、受雇从上市公司取得的股票增值权所得和限制性股票所得，由上市公司或其境内机构按照"工资、薪金所得"项目和股票期权所得个人所得税计税方法，依法扣缴其个人所得税。

二、关于股票增值权应纳税所得额的确定

股票增值权被授权人获取的收益，是由上市公司根据授权日与行权日股票差价乘以被授权股数，直接向被授权人支付的现金。上市公司应于向股票增值权被授权人兑现时依法扣缴其个人所得税。被授权人股票增值权应纳税所得额计算公式为：

股票增值权某次行权应纳税所得额 =（行权日股票价格 - 授权日股票价格）× 行权股票份数

三、关于限制性股票应纳税所得额的确定

按照个人所得税法及其实施条例等有关规定，原则上应在限制性股票所有权归属于被激励对象时确认其限制性股票所得的应纳税所得额。即：上市公司实施限制性股票计划时，应以被激励对象限制性股票在中国证券登记结算公司（境外为证券登记托管机构）进行股票登记日期的股票市价（指当日收盘价，下同）和本批次解禁股票当日市价（指当日收盘价，下同）的平均价格乘以本批次解禁股票份数，减去被激励对象本批次解禁股份数所对应的为获取限制性股票实际支付资金数额，其差额为应纳税所得额。被激励对象限制性股票应纳税所得额计算公式为：

应纳税所得额 =（股票登记日股票市价 + 本批次解禁股票当日市价）÷ 2 × 本批次解禁股票份数 - 被激励对象实际支付的资金总额 ×（本批次解禁股票份数 ÷ 被激励对象获取的限制性股票总份数）

四、关于股权激励所得应纳税额的计算

（一）个人在纳税年度内第一次取得股票期权、股票增值权所得和限制性股票所得的，上市公司应按照财税〔2005〕35号文件第四条第一项所列公式计算扣缴其个人所得税。

（二）个人在纳税年度内两次以上（含两次）取得股票期权、股票增值权和限制性股票等所得，包括两次以上（含两次）取得同一种股权激励形式所得或者同时兼有不同股权激励形式所得的，上市公司应将其纳税年度内各次股权激励所得合并，按照《国家税务总局关于个人股票期权所得缴纳个人所得税有关问题的补充通知》（国税函〔2006〕902号）第七条、第八条所列公式计算扣缴个人所得税。

五、关于纳税义务发生时间

（一）股票增值权个人所得税纳税义务发生时间为上市公司向被授权人兑现股票增值权所得的日期；

（二）限制性股票个人所得税纳税义务发生时间为每一批次限制性股票解禁

的日期。

六、关于报送资料的规定

（一）实施股票期权、股票增值权计划的境内上市公司，应按照财税〔2005〕35 号文件第五条第（三）项规定报送有关资料。

（二）实施限制性股票计划的境内上市公司，应在中国证券登记结算公司（境外为证券登记托管机构）进行股票登记，并经上市公司公示后 15 日内，将本公司限制性股票计划或实施方案、协议书、授权通知书、股票登记日期及当日收盘价、禁售期限和股权激励人员名单等资料报送主管税务机关备案。

境外上市公司的境内机构，应向其主管税务机关报送境外上市公司实施股权激励计划的中（外）文资料备案。

（三）扣缴义务人和自行申报纳税的个人在代扣代缴税款或申报纳税时，应在税法规定的纳税申报期限内，将个人接受或转让的股权以及认购的股票情况（包括种类、数量、施权价格、行权价格、市场价格、转让价格等）、股权激励人员名单、应纳税所得额、应纳税额等资料报送主管税务机关。

七、其他有关问题的规定

（一）财税〔2005〕35 号、国税函〔2006〕902 号和财税〔2009〕5 号以及本通知有关股权激励个人所得税政策，适用于上市公司（含所属分支机构）和上市公司控股企业的员工，其中上市公司占控股企业股份比例最低为 30%（间接控股限于上市公司对二级子公司的持股）。

间接持股比例，按各层持股比例相乘计算，上市公司对一级子公司持股比例超过 50% 的，按 100% 计算。

（二）具有下列情形之一的股权激励所得，不适用本通知规定的优惠计税方法，直接计入个人当期所得征收个人所得税：

1. 除本条第（一）项规定之外的集团公司、非上市公司员工取得的股权激励所得；

2. 公司上市之前设立股权激励计划，待公司上市后取得的股权激励所得；

3. 上市公司未按照本通知第六条规定向其主管税务机关报备有关资料的。

（三）被激励对象为缴纳个人所得税款而出售股票，其出售价格与原计税价格不一致的，按原计税价格计算其应纳税所得额和税额。

八、本通知自发文之日起执行。本文下发之前已发生但尚未处理的事项，按本通知执行

178 国家税务总局关于个人转租房屋取得收入征收个人所得税问题的通知

2009 年 11 月 18 日　国税函〔2009〕639 号

【全文有效】

各省、自治区、直辖市和计划单列市地方税务局，西藏、宁夏、青海省（自治区）国家税务局：

为规范和加强人所得税管理，根据《中华人民共和国个人所得税法》及其实施条例的规定，现对个人取得转租房屋收入有关个人所得税问题通知如下：

一、个人将承租房屋转租取得的租金收入，属于个人所得税应税所得，应按"财产租赁所得"项目计算缴纳个人所得税。

二、取得转租收入的个人向房屋出租方支付的租金，凭房屋租赁合同和合法支付凭据允许在计算个人所得税时，从该项转租收入中扣除。

三、《国家税务总局关于个人所得税若干业务问题的批复》（国税函〔2002〕146 号）有关财产租赁所得个人所得税前扣除税费的扣除次序调整为：

（一）财产租赁过程中缴纳的税费；

（二）向出租方支付的租金；

（三）由纳税人负担的租赁财产实际开支的修缮费用；

（四）税法规定的费用扣除标准。

179 财政部 国家税务总局 民政部关于公益性捐赠税前扣除有关问题的补充通知

2010年7月21日 财税〔2010〕45号

【全文有效】

各省、自治区、直辖市、计划单列市财政厅（局）、国家税务局、地方税务局、民政厅（局），新疆生产建设兵团财务局、民政局：

为进一步规范公益性捐赠税前扣除政策，加强税收征管，根据《财政部 国家税务总局 民政部关于公益性捐赠税前扣除有关问题的通知》（财税〔2008〕160号）的有关规定，现将公益性捐赠税前扣除有关问题补充通知如下：

一、企业或个人通过获得公益性捐赠税前扣除资格的公益性社会团体或县级以上人民政府及其组成部门和直属机构，用于公益事业的捐赠支出，可以按规定进行所得税税前扣除。

县级以上人民政府及其组成部门和直属机构的公益性捐赠税前扣除资格不需要认定。

二、在财税〔2008〕160号文件下发之前已经获得公益性捐赠税前扣除资格的公益性社会团体，必须按规定的条件和程序重新提出申请，通过认定后才能获得公益性捐赠税前扣除资格。

符合财税〔2008〕160号文件第四条规定的基金会、慈善组织等公益性社会团体，应同时向财政、税务、民政部门提出申请，并分别报送财税〔2008〕160号文件第七条规定的材料。

民政部门负责对公益性社会团体资格进行初步审查，财政、税务部门会同民政部门对公益性捐赠税前扣除资格联合进行审核确认。

三、对获得公益性捐赠税前扣除资格的公益性社会团体，由财政部、国家税务总局和民政部以及省、自治区、直辖市、计划单列市财政、税务和民政部门每年分别联合公布名单。名单应当包括当年继续获得公益性捐赠税前扣除资格和新获得公益性捐赠税前扣除资格的公益性社会团体。

企业或个人在名单所属年度内向名单内的公益性社会团体进行的公益性捐赠支出，可按规定进行税前扣除。

四、2008年1月1日以后成立的基金会，在首次获得公益性捐赠税前扣除资格后，原始基金的捐赠人在基金会首次获得公益性捐赠税前扣除资格的当年进行所得税汇算清缴时，可按规定进行税前扣除。

五、对于通过公益性社会团体发生的公益性捐赠支出，企业或个人应提供省级以上（含省级）财政部门印制并加盖接受捐赠单位印章的公益性捐赠票据，或加盖接受捐赠单位印章的《非税收入一般缴款书》收据联，方可按规定进行税前扣除。

对于通过公益性社会团体发生的公益性捐赠支出，主管税务机关应对照财政、税务、民政部门联合公布的名单予以办理，即接受捐赠的公益性社会团体位于名单内的，企业或个人在名单所属年度向名单内的公益性社会团体进行的公益性捐赠支出可按规定进行税前扣除；接受捐赠的公益性社会团体不在名单内，或虽在名单内但企业或个人发生的公益性捐赠支出不属于名单所属年度的，不得扣除。

六、对已经获得公益性捐赠税前扣除资格的公益性社会团体，其年度检查连续两年基本合格视同为财税〔2008〕160号文件第十条规定的年度检查不合格，应取消公益性捐赠税前扣除资格。

七、获得公益性捐赠税前扣除资格的公益性社会团体，发现其不再符合财税〔2008〕160号文件第四条规定条件之一，或存在财税〔2008〕160号文件第十条规定情形之一的，应自发现之日起15日内向主管税务机关报告，主管税务机关可暂时明确其获得资格的次年内企业或个人向该公益性社会团体的公益性捐赠支出，不得税前扣除。同时，提请审核确认其公益性捐赠税前扣除资格的财政、税务、民政部门明确其获得资格的次年不具有公益性捐赠税前扣除资格。

税务机关在日常管理过程中，发现公益性社会团体不再符合财税〔2008〕160号文件第四条规定条件之一，或存在财税〔2008〕160号文件第十条规定情形之一的，也按上述规定处理。

180 财政部 国家税务总局 证监会 关于个人转让上市公司限售股所得征收个人所得税有关问题的补充通知

2010 年 11 月 10 日 财税〔2010〕70 号

【全文有效】

各省、自治区、直辖市、计划单列市财政厅（局）、国家税务局、地方税务局，新疆生产建设兵团财务局，上海、深圳证券交易所，中国证券登记结算公司：

为进一步规范个人转让上市公司限售股（以下简称限售股）税收政策，加强税收征管，根据财政部、国家税务总局、证监会《关于个人转让上市公司限售股征收个人所得税有关问题的通知》（财税〔2009〕167 号）的有关规定，现将个人转让限售股所得征收个人所得税有关政策问题补充通知如下：

一、本通知所称限售股，包括：

（一）财税〔2009〕167 号文件规定的限售股；

（二）个人从机构或其他个人受让的未解禁限售股；

（三）个人因依法继承或家庭财产依法分割取得的限售股；

（四）个人持有的从代办股份转让系统转到主板市场（或中小板、创业板市场）的限售股；

（五）上市公司吸收合并中，个人持有的原被合并方公司限售股所转换的合并方公司股份；

（六）上市公司分立中，个人持有的被分立方公司限售股所转换的分立后公司股份；

（七）其他限售股。

二、根据《个人所得税法实施条例》第八条、第十条的规定，个人转让限售股或发生具有转让限售股实质的其他交易，取得现金、实物、有价证券和其他形式的经济利益均应缴纳个人所得税。限售股在解禁前被多次转让的，转让方对每一次转让所得均应按规定缴纳个人所得税。对具有下列情形的，应按规定征收

个人所得税:

(一) 个人通过证券交易所集中交易系统或大宗交易系统转让限售股;

(二) 个人用限售股认购或申购交易型开放式指数基金 (ETF) 份额;

(三) 个人用限售股接受要约收购;

(四) 个人行使现金选择权将限售股转让给提供现金选择权的第三方;

(五) 个人协议转让限售股;

(六) 个人持有的限售股被司法扣划;

(七) 个人因依法继承或家庭财产分割让渡限售股所有权;

(八) 个人用限售股偿还上市公司股权分置改革中由大股东代其向流通股股东支付的对价;

(九) 其他具有转让实质的情形。

三、应纳税所得额的计算。

(一) 个人转让第一条规定的限售股,限售股所对应的公司在证券机构技术和制度准备完成前上市的,应纳税所得额的计算按照财税〔2009〕167号文件第五条第 (一) 项规定执行;在证券机构技术和制度准备完成后上市的,应纳税所得额的计算按照财税〔2009〕167号文件第五条第 (二) 项规定执行。

(二) 个人发生第二条第 (一)、(二)、(三)、(四) 项情形,由证券机构扣缴税款的,扣缴税款的计算按照财税〔2009〕167号文件规定执行。纳税人申报清算时,实际转让收入按照下列原则计算:

第二条第 (一) 项的转让收入以转让当日该股份实际转让价格计算,证券公司在扣缴税款时,佣金支出统一按照证券主管部门规定的行业最高佣金费率计算;第二条第 (二) 项的转让收入,通过认购ETF份额方式转让限售股的,以股份过户日的前一交易日该股份收盘价计算,通过申购ETF份额方式转让限售股的,以申购日的前一交易日该股份收盘价计算;第二条第 (三) 项的转让收入以要约收购的价格计算;第二条第 (四) 项的转让收入以实际行权价格计算。

(三) 个人发生第二条第 (五)、(六)、(七)、(八) 项情形,需向主管税务机关申报纳税的,转让收入按照下列原则计算:

第二条第 (五) 项的转让收入按照实际转让收入计算,转让价格明显偏低且无正当理由的,主管税务机关可以依据协议签订日的前一交易日该股收盘价或其他合理方式核定其转让收入;第二条第 (六) 项的转让收入以司法执行日的前一交易日该股收盘价计算;第二条第 (七)、(八) 项的转让收入以转让方取得该股时支付的成本计算。

(四) 个人转让因协议受让、司法扣划等情形取得未解禁限售股的,成本按照主管税务机关认可的协议受让价格、司法扣划价格核定,无法提供相关资料的，按照财税〔2009〕167号文件第五条第（一）项规定执行；个人转让因依法继承或家庭财产依法分割取得的限售股的，按财税〔2009〕167号文件规定缴纳个人所得税，成本按照该限售股前一持有人取得该股时实际成本及税费计算。

（五）在证券机构技术和制度准备完成后形成的限售股，自股票上市首日至解禁日期间发生送、转、缩股的，证券登记结算公司应依据送、转、缩股比例对限售股成本原值进行调整；而对于其他权益分派的情形（如现金分红、配股等），不对限售股的成本原值进行调整。

（六）因个人持有限售股中存在部分限售股成本原值不明确，导致无法准确计算全部限售股成本原值的，证券登记结算公司一律以实际转让收入的15%作为限售股成本原值和合理税费。

四、征收管理。

（一）纳税人发生第二条第（一）、（二）、（三）、（四）项情形的，对其应纳个人所得税按照财税〔2009〕167号文件规定，采取证券机构预扣预缴、纳税人自行申报清算和证券机构直接扣缴相结合的方式征收。

本通知所称的证券机构，包括证券登记结算公司、证券公司及其分支机构。其中，证券登记结算公司以证券账户为单位计算个人应纳税额，证券公司及其分支机构依据证券登记结算公司提供的数据负责对个人应缴纳的个人所得税以证券账户为单位进行预扣预缴。纳税人对证券登记结算公司计算的应纳税额有异议的，可持相关完整、真实凭证，向主管税务机关提出清算申报并办理清算事宜。主管税务机构审核确认后，按照重新计算的应纳税额，办理退（补）税手续。

（二）纳税人发生第二条第（五）、（六）、（七）、（八）项情形的，采取纳税人自行申报纳税的方式。纳税人转让限售股后，应在次月七日内到主管税务机关填报《限售股转让所得个人所得税清算申报表》，自行申报纳税。主管税务机关审核确认后应开具完税凭证，纳税人应持完税凭证、《限售股转让所得个人所得税清算申报表》复印件到证券登记结算公司办理限售股过户手续。纳税人未提供完税凭证和《限售股转让所得个人所得税清算申报表》复印件的，证券登记结算公司不予办理过户。

纳税人自行申报的，应一次办结相关涉税事宜，不再执行财税〔2009〕167号文件中有关纳税人自行申报清算的规定。对第二条第（六）项情形，如国家有权机关要求强制执行的，证券登记结算公司在履行告知义务后予以协助执行，并报告相关主管税务机关。

五、个人持有在证券机构技术和制度准备完成后形成的拟上市公司限售股，在公司上市前，个人应委托拟上市公司向证券登记结算公司提供有关限售股成本原值详细资料，以及会计师事务所或税务师事务所对该资料出具的鉴证报告。逾期未提供的,证券登记结算公司以实际转让收入的15%核定限售股原值和合理税费。

六、个人转让限售股所得需由证券机构预扣预缴税款的,应在客户资金账户留足资金供证券机构扣缴税款,依法履行纳税义务。证券机构应采取积极、有效措施依法履行扣缴税款义务,对纳税人资金账户暂无资金或资金不足的,证券机构应当及时通知个人投资者补足资金,并扣缴税款。个人投资者未补足资金的,证券机构应当及时报告相关主管税务机关,并依法提供纳税人相关资料。

181 财政部 国家税务总局 住房和城乡建设部关于调整房地产交易环节契税 个人所得税优惠政策的通知

2010年9月29日 财税〔2010〕94号

【全文有效】

各省、自治区、直辖市、计划单列市财政厅（局）、地方税务局、住房城乡建设厅（建委、房地局），西藏、宁夏、青海省（自治区）国税局，新疆生产建设兵团财务局、建设局：

经国务院批准，现就调整房地产交易环节契税、个人所得税有关优惠政策通知如下：

一、关于契税政策

（一）对个人购买普通住房，且该住房属于家庭（成员范围包括购房人、配偶以及未成年子女，下同）唯一住房的，减半征收契税。对个人购买90平方米及以下普通住房，且该住房属于家庭唯一住房的，减按1%税率征收契税。

征收机关应查询纳税人契税纳税记录；无记录或有记录但有疑义的，根据纳税人的申请或授权，由房地产主管部门通过房屋登记信息系统查询纳税人家庭住房登记记录，并出具书面查询结果。如因当地暂不具备查询条件而不能提供家庭住房登记查询结果的，纳税人应向征收机关提交家庭住房实有套数书面诚信保证。诚信保证不实的，属于虚假纳税申报，按照《中华人民共和国税收征收管理法》的有关规定处理。

具体操作办法由各省、自治区、直辖市财政、税务、房地产主管部门共同制定。

（二）个人购买的普通住房，凡不符合上述规定的，不得享受上述优惠政策。

二、关于个人所得税政策

对出售自有住房并在1年内重新购房的纳税人不再减免个人所得税。

本通知自 2010 年 10 月 1 日起执行。《财政部 国家税务总局关于调整房地产市场若干税收政策的通知》（财税字〔1999〕210 号）第一条有关契税的规定、《财政部 国家税务总局关于调整房地产交易环节税收政策的通知》（财税〔2008〕137 号）第一条、《财政部 国家税务总局 建设部关于个人出售住房所得征收个人所得税有关问题的通知》（财税字〔1999〕278 号）第三条同时废止。

特此通知。

182 财政部 国家税务总局关于个人独资企业和合伙企业投资者取得种植业养殖业饲养业捕捞业所得有关个人所得税问题的批复

2010年11月2日 财税〔2010〕96号

【全文有效】

福建省财政厅、地方税务局：

福建省地方税务局《关于个人独资和合伙企业投资者取得的"四业"经营所得征免个人所得税问题的请示》（闽地税发〔2009〕157号）收悉。经研究，批复如下：

根据《国务院关于个人独资企业和合伙企业征收所得税问题的通知》（国发〔2000〕16号）、《财政部国家税务总局关于个人所得税若干政策问题的通知》（财税字〔1994〕020号）和《财政部国家税务总局关于农村税费改革试点地区有关个人所得税问题的通知》（财税〔2004〕30号）等有关规定，对个人独资企业和合伙企业从事种植业、养殖业、饲养业和捕捞业（以下简称"四业"），其投资者取得的"四业"所得暂不征收个人所得税。

183 国家税务总局关于刘东生青年科学家奖和刘东生地球科学奖学金获奖者奖金免征个人所得税的通知

2010年2月11日　国税函〔2010〕74号

【全文有效】

各省、自治区、直辖市和计划单列市地方税务局：

现对刘东生青年科学家奖与刘东生地球科学奖学金有关个人所得税问题通知如下：

为推动地球科学发展，中国科学院设立了刘东生地球科学基金，用于奖励在第四纪、新生代古生物、青藏高原和环境地质研究领域做出创新性学术成果和取得优秀学术成果的国内青年科学家。2009年组织了第一次评奖活动，评选出刘东生青年科学家奖1人，奖金2万元；评选出刘东生地球科学奖学金3人，每人奖学金5000元。

根据《中华人民共和国个人所得税法》第四条第（一）项规定，对中国科学院首届"刘东生青年科学家奖""刘东生地球科学奖学金"的奖金收入免予征收个人所得税。

为了贯彻行政审批制度改革精神，对中国科学院严格按照刘东生地球科学基金章程及评奖办法，在以后年度评选出的上述奖项奖金收入，一律按照个人所得税法的有关规定直接免予征收个人所得税，无须报送审批；如果主办单位和评奖办法以后年度发生变化的，主办单位应重新报国家税务总局审核确认。

184 国家税务总局关于全国职工职业技能大赛奖金免征个人所得税的通知

2010年2月21日 国税函〔2010〕78号

【全文有效】

各省、自治区、直辖市和计划单列市地方税务局,西藏、宁夏、青海省(自治区)国家税务局:

为进一步激发广大职工学技术、练技能的热情,提高职工技术水平,中华全国总工会、科学技术部、人力资源和社会保障部联合举办了第三届全国职工职业技能大赛,分设钳工、焊工、维修电工、数控机床装调维修工、数控铣工、数控车工、加工中心操作工、速录师等8个工种的比赛;对第三届全国职工职业技能大赛每个工种决赛前20名选手分别给予不同数额的奖金,总计52.8万元(名单及奖金数额附后),全部由全国总工会承担。

根据《中华人民共和国个人所得税法》第四条有关国务院部委颁发的技术方面奖金免征个人所得税的规定,对第三届全国职工职业技能大赛获奖者取得的奖金免征个人所得税。

为了贯彻行政审批制度改革精神,对中华全国总工会、科学技术部、人力资源和社会保障部严格按照规定评奖办法,在以后年度评选出的上述奖项奖金收入,一律按照个人所得税法的有关规定直接免予征收个人所得税,无须报送审批;如果主办单位和评奖办法以后年度发生变化的,主办单位应重新报国家税务总局审核确认。

附件:第三届全国职工职业技能大赛各工种比赛获奖人员名单(略)

185 国家税务总局关于中华宝钢环境优秀奖奖金免征个人所得税问题的通知

2010年4月6日　国税函〔2010〕130号

【全文有效】

各省、自治区、直辖市和计划单列市地方税务局：

现对中华宝钢环境优秀奖获奖者奖金免征个人所得税的问题通知如下：

为表彰和奖励为我国环境保护事业做出重大贡献者，促进环境保护事业的发展，经环境保护部批准，中华环境保护基金会设立了中华环境奖（现冠名为中华宝钢环境奖）。由全国人大环境与资源保护委员会、全国政协人口资源环境委员会、教育部、民政部、环境保护部、文化部、国家广播电影电视总局、中华全国总工会、共青团中央、全国妇联等13家单位组成组织委员会，对其评选工作进行指导。该奖评选办公室设在中华环境保护基金会。目前第六届中华宝钢环境奖评选工作已经结束，评选出中华宝钢环境优秀奖获奖者个人7名，每人奖金5万元。

根据《中华人民共和国个人所得税法》第四条第一项有关规定，对第六届中华宝钢环境优秀奖获奖者个人所获奖金（详见附件），免予征收个人所得税。

为贯彻行政审批制度改革精神，对中华环境保护基金会严格按照中华环境奖评奖办法，在以后年度评选出的上述奖项奖金收入，一律按照个人所得税法的有关规定直接免予征收个人所得税，无须报送审批。主办单位和评奖办法以后年度发生变化的，主办单位应重新报国家税务总局审核确认。

附件：第六届中华宝钢环境优秀奖个人获奖者名单（略）

186 财政部 国家税务总局关于企业促销展业赠送礼品有关个人所得税问题的通知

2011 年 6 月 9 日　财税〔2011〕50 号

【全文有效】

各省、自治区、直辖市、计划单列市财政厅（局）、地方税务局，西藏、宁夏、青海省（自治区）国家税务局，新疆生产建设兵团财务局：

根据《中华人民共和国个人所得税法》及其实施条例有关规定，现对企业和单位（包括企业、事业单位、社会团体、个人独资企业、合伙企业和个体工商户等，以下简称企业）在营销活动中以折扣折让、赠品、抽奖等方式，向个人赠送现金、消费券、物品、服务等（以下简称礼品）有关个人所得税问题通知如下：

一、企业在销售商品（产品）和提供服务过程中向个人赠送礼品，属于下列情形之一的，不征收个人所得税：

1. 企业通过价格折扣、折让方式向个人销售商品（产品）和提供服务；

2. 企业在向个人销售商品（产品）和提供服务的同时给予赠品，如通信企业对个人购买手机赠话费、入网费，或者购话费赠手机等；

3. 企业对累积消费达到一定额度的个人按消费积分反馈礼品。

二、企业向个人赠送礼品，属于下列情形之一的，取得该项所得的个人应依法缴纳个人所得税，税款由赠送礼品的企业代扣代缴：

1. 企业在业务宣传、广告等活动中，随机向本单位以外的个人赠送礼品，对个人取得的礼品所得，按照"其他所得"项目，全额适用 20% 的税率缴纳个人所得税。

2. 企业在年会、座谈会、庆典以及其他活动中向本单位以外的个人赠送礼品，对个人取得的礼品所得，按照"其他所得"项目，全额适用 20% 的税率缴纳个人所得税。

3. 企业对累积消费达到一定额度的顾客，给予额外抽奖机会，个人的获奖所得，按照"偶然所得"项目，全额适用20%的税率缴纳个人所得税。

三、企业赠送的礼品是自产产品（服务）的，按该产品（服务）的市场销售价格确定个人的应税所得；是外购商品（服务）的，按该商品（服务）的实际购置价格确定个人的应税所得。

四、本通知自发布之日起执行。《国家税务总局关于个人所得税有关问题的批复》（国税函〔2000〕57号）、《国家税务总局关于个人所得税若干政策问题的批复》（国税函〔2002〕629号）第二条同时废止。

187 财政部 国家税务总局关于地方政府债券利息所得免征所得税问题的通知

2011年8月26日 财税〔2011〕76号

【全文有效】

各省、自治区、直辖市、计划单列市财政厅（局）、国家税务局、地方税务局，新疆生产建设兵团财务局：

经国务院批准，现就地方政府债券利息所得有关所得税政策通知如下：

一、对企业和个人取得的2009年、2010年和2011年发行的地方政府债券利息所得，免征企业所得税和个人所得税。

二、地方政府债券是指经国务院批准，以省、自治区、直辖市和计划单列市政府为发行和偿还主体的债券。

188 财政部 国家税务总局关于证券机构技术和制度准备完成后个人转让上市公司限售股有关个人所得税问题的通知

2011年12月30日 财税〔2011〕108号

【全文有效】

各省、自治区、直辖市、计划单列市财政厅（局）、地方税务局，宁夏、西藏、青海省（自治区）国家税务局，新疆生产建设兵团财务局，上海、深圳证券交易所，中国证券登记结算公司，各证券公司：

根据《财政部 国家税务总局 证监会关于个人转让上市公司限售股所得征收个人所得税有关问题的通知》（财税〔2009〕167号）和《财政部 国家税务总局 证监会关于个人转让上市公司限售股所得征收个人所得税有关问题的补充通知》（财税〔2010〕70号）有关规定，为进一步完善个人转让上市公司限售股所得征收个人所得税办法，现就有关问题通知如下：

一、自2012年3月1日起，网上发行资金申购日在2012年3月1日（含）之后的首次公开发行上市公司（以下简称新上市公司）按照证券登记结算公司业务规定做好各项资料准备工作，在向证券登记结算公司申请办理股份初始登记时一并申报由个人限售股股东提供的有关限售股成本原值详细资料，以及会计师事务所或税务师事务所对该资料出具的鉴证报告。

限售股成本原值，是指限售股买入时的买入价及按照规定缴纳的有关税费。

二、新上市公司提供的成本原值资料和鉴证报告中应包括但不限于以下内容：证券持有人名称、有效身份证照号码、证券账户号码、新上市公司全称、持有新上市公司限售股数量、持有新上市公司限售股每股成本原值等。

新上市公司每位持有限售股的个人股东应仅申报一个成本原值。个人取得的限售股有不同成本的，应对所持限售股以每次取得股份数量为权重进行成本加权平均以计算出每股的成本原值，即：

分次取得限售股的加权平均成本＝（第一次取得限售股的每股成本原值×第一次取得限售股的股份数量＋…＋第 n 次取得限售股的每股成本原值×第 n 次取

得限售股的股份数量）÷累计取得限售股的股份数量

三、证券登记结算公司收到新上市公司提供的相关资料后，应及时将有关成本原值数据植入证券结算系统。个人转让新上市公司限售股的，证券登记结算公司根据实际转让收入和植入证券结算系统的标的限售股成本原值，以实际转让收入减去成本原值和合理税费后的余额，适用20%税率，直接计算需扣缴的个人所得税额。

合理税费是指转让限售股过程中发生的印花税、佣金、过户费等与交易相关的税费。

四、新上市公司在申请办理股份初始登记时，确实无法提供有关成本原值资料和鉴证报告的，证券登记结算公司在完成股份初始登记后，将不再接受新上市公司申报有关成本原值资料和鉴证报告，并按规定以实际转让收入的15%核定限售股成本原值和合理税费。

五、个人在证券登记结算公司以非交易过户方式办理应纳税未解禁限售股过户登记的，受让方所取得限售股的成本原值按照转让方完税凭证、《限售股转让所得个人所得税清算申报表》等材料确定的转让价格进行确定；如转让方证券账户为机构账户，在受让方再次转让该限售股时，以受让方实际转让收入的15%核定其转让限售股的成本原值和合理税费。

六、对采取自行纳税申报方式的纳税人，其个人转让限售股不需要纳税或应纳税额为零的，纳税人应持经主管税务机关审核确认并加盖受理印章的《限售股转让所得个人所得税清算申报表》原件，到证券登记结算公司办理限售股过户手续。未提供原件的，证券登记结算公司不予办理过户手续。

七、对于个人持有的新上市公司未解禁限售股被司法扣划至其他个人证券账户，如国家有权机关要求强制执行但未能提供完税凭证等材料，证券登记结算公司在履行告知义务后予以协助执行，并在受让方转让该限售股时，以其实际转让收入的15%核定其转让限售股的成本原值和合理税费。

八、证券公司应将每月所扣个人所得税款，于次月15日内缴入国库，并向当地主管税务机关报送《限售股转让所得扣缴个人所得税报告表》及税务机关要求报送的其他资料。

九、对个人转让新上市公司限售股，按财税〔2010〕70号文件规定，需纳税人自行申报纳税的，继续按照原规定以及本通知第六、第七条的相关规定执行。

请遵照执行。

189 财政部 国家税务总局关于退役士兵退役金和经济补助免征个人所得税问题的通知

2011 年 12 月 6 日　财税〔2011〕109 号

【全文有效】

各省、自治区、直辖市、计划单列市财政厅（局）、地方税务局，西藏、宁夏、青海省（自治区）国家税务局，新疆生产建设兵团财务局：

为贯彻落实《中华人民共和国兵役法》《退役士兵安置条例》（国务院、中央军委令第608号）和国务院有关文件精神，根据个人所得税法第四条中"经国务院财政部门批准免税的所得"的规定，现就退役士兵取得的退役金和经济补助有关个人所得税政策明确如下：

一、对退役士兵按照《退役士兵安置条例》（国务院、中央军委令第608号）规定，取得的一次性退役金以及地方政府发放的一次性经济补助，免征个人所得税。

二、本通知自2011年11月1日起执行。

190 国家税务总局关于个人提前退休取得补贴收入个人所得税问题的公告

2011年1月17日　国家税务总局公告2011年第6号

【条款失效】

　　【注释】第二条条款废止。参见《财政部　税务总局关于个人所得税法修改后有关优惠政策衔接问题的通知》（财税〔2018〕164号）。

　　根据《中华人民共和国个人所得税法》及其实施条例的规定，现对个人提前退休取得一次性补贴收入征收个人所得税问题公告如下：

　　一、机关、企事业单位对未达到法定退休年龄、正式办理提前退休手续的个人，按照统一标准向提前退休工作人员支付一次性补贴，不属于免税的离退休工资收入，应按照"工资、薪金所得"项目征收个人所得税。

　　二、个人因办理提前退休手续而取得的一次性补贴收入，应按照办理提前退休手续至法定退休年龄之间所属月份平均分摊计算个人所得税。计税公式：

　　应纳税额＝｛[（一次性补贴收入÷办理提前退休手续至法定退休年龄的实际月份数）－费用扣除标准]×适用税率－速算扣除数｝×提前办理退休手续至法定退休年龄的实际月份数

　　三、本公告自2011年1月1日起执行。

　　特此公告。

191 国家税务总局关于个人所得税有关问题的公告

2011年4月18日　国家税务总局公告2011年第27号

【全文有效】

根据《中华人民共和国个人所得税法》及其实施条例等规定，现将个人所得税有关问题公告如下：

一、关于上市公司股权激励个人所得税持股比例的计算问题

企业由上市公司持股比例不低于30%的，其员工以股权激励方式持有上市公司股权的，可以按照《国家税务总局关于股权激励有关个人所得税问题的通知》（国税函〔2009〕461号）规定的计算方法，计算应扣缴的股权激励个人所得税，不再受上市公司控股企业层级限制。

《国家税务总局关于股权激励有关个人所得税问题的通知》（国税函〔2009〕461号）第七条第（一）项括号内"间接控股限于上市公司对二级子公司的持股"废止。

二、关于离退休人员再任职的界定条件问题

《国家税务总局关于离退休人员再任职界定问题的批复》（国税函〔2006〕526号）第三条中，单位是否为离退休人员缴纳社会保险费，不再作为离退休人员再任职的界定条件。

本公告自2011年5月1日起执行。

特此公告。

192 国家税务总局关于雇主为雇员承担全年一次性奖金部分税款有关个人所得税计算方法问题的公告

2011年4月28日 国家税务总局公告2011年第28号

【全文有效】

为公平税负，规范管理，根据《中华人民共和国个人所得税法》《国家税务总局关于雇主为其雇员负担个人所得税税款计征问题的通知》（国税发〔1996〕199号）和《国家税务总局关于调整个人取得全年一次性奖金等计算征收个人所得税方法问题的通知》（国税发〔2005〕9号）等规定，现对雇员取得全年一次性奖金并由雇主负担部分税款有关个人所得税计算方法问题公告如下：

一、雇主为雇员负担全年一次性奖金部分个人所得税款，属于雇员又额外增加了收入，应将雇主负担的这部分税款并入雇员的全年一次性奖金，换算为应纳税所得额后，按照规定方法计征个人所得税。

二、将不含税全年一次性奖金换算为应纳税所得额的计算方法。

（一）雇主为雇员定额负担税款的计算公式：

应纳税所得额 = 雇员取得的全年一次性奖金 + 雇主替雇员定额负担的税款 - 当月工资薪金低于费用扣除标准的差额

（二）雇主为雇员按一定比例负担税款的计算公式：

1. 查找不含税全年一次性奖金的适用税率和速算扣除数

未含雇主负担税款的全年一次性奖金收入÷12，根据其商数找出不含税级距对应的适用税率A和速算扣除数A

2. 计算含税全年一次性奖金

应纳税所得额 = （未含雇主负担税款的全年一次性奖金收入 - 当月工资薪金低于费用扣除标准的差额 - 不含税级距的速算扣除数A×雇主负担比例）÷（1 - 不含税级距的适用税率A×雇主负担比例）

三、对上述应纳税所得额，扣缴义务人应按照国税发〔2005〕9号文件规定的方法计算应扣缴税款。即：将应纳税所得额÷12，根据其商数找出对应的适用税率 B 和速算扣除数 B，据以计算税款。计算公式：

应纳税额 = 应纳税所得额 × 适用税率 B – 速算扣除数 B

实际缴纳税额 = 应纳税额 – 雇主为雇员负担的税额

四、雇主为雇员负担的个人所得税款，应属于个人工资薪金的一部分。凡单独作为企业管理费列支的，在计算企业所得税时不得税前扣除。

本公告自 2011 年 5 月 1 日起施行。

特此公告。

193 国家税务总局关于企业转让上市公司限售股有关所得税问题的公告

2011年7月7日　国家税务总局公告2011年第39号

【全文有效】

根据《中华人民共和国企业所得税法》(以下简称企业所得税法)及其实施条例的有关规定,现就企业转让上市公司限售股(以下简称限售股)有关所得税问题,公告如下:

一、纳税义务人的范围界定问题

根据企业所得税法第一条及其实施条例第三条的规定,转让限售股取得收入的企业(包括事业单位、社会团体、民办非企业单位等),为企业所得税的纳税义务人。

二、企业转让代个人持有的限售股征税问题

因股权分置改革造成原由个人出资而由企业代持有的限售股,企业在转让时按以下规定处理:

(一)企业转让上述限售股取得的收入,应作为企业应税收入计算纳税。

上述限售股转让收入扣除限售股原值和合理税费后的余额为该限售股转让所得。企业未能提供完整、真实的限售股原值凭证,不能准确计算该限售股原值的,主管税务机关一律按该限售股转让收入的15%,核定为该限售股原值和合理税费。

依照本条规定完成纳税义务后的限售股转让收入余额转付给实际所有人时不再纳税。

(二)依法院判决、裁定等原因,通过证券登记结算公司,企业将其代持的个人限售股直接变更到实际所有人名下的,不视同转让限售股。

三、企业在限售股解禁前转让限售股征税问题

企业在限售股解禁前将其持有的限售股转让给其他企业或个人（以下简称受让方），其企业所得税问题按以下规定处理：

（一）企业应按减持在证券登记结算机构登记的限售股取得的全部收入，计入企业当年度应税收入计算纳税。

（二）企业持有的限售股在解禁前已签订协议转让给受让方，但未变更股权登记仍由企业持有的，企业实际减持该限售股取得的收入，依照本条第一项规定纳税后，其余额转付给受让方的，受让方不再纳税。

四、本公告自 2011 年 7 月 1 日起执行。本公告生效后尚未处理的纳税事项，按照本公告规定处理；已经处理的纳税事项，不再调整

特此公告。

194 国家税务总局关于个人终止投资经营收回款项征收个人所得税问题的公告

2011年7月25日　国家税务总局公告2011年第41号

【全文有效】

根据《中华人民共和国个人所得税法》及其实施条例等规定，现对个人终止投资、联营、经营合作等行为收回款项征收个人所得税问题公告如下：

一、个人因各种原因终止投资、联营、经营合作等行为，从被投资企业或合作项目、被投资企业的其他投资者以及合作项目的经营合作人取得股权转让收入、违约金、补偿金、赔偿金及以其他名目收回的款项等，均属于个人所得税应税收入，应按照"财产转让所得"项目适用的规定计算缴纳个人所得税。

应纳税所得额的计算公式如下：

应纳税所得额＝个人取得的股权转让收入、违约金、补偿金、赔偿金及以其他名目收回款项合计数－原实际出资额（投入额）及相关税费

二、本公告有关个人所得税征管问题，按照《国家税务总局关于加强股权转让所得征收个人所得税管理的通知》（国税函〔2009〕285号）执行。

本公告自发布之日起施行，此前未处理事项依据本公告处理。

特此公告。

195 国家税务总局关于代开货物运输业发票个人所得税预征率问题的公告

2011年7月27日 国家税务总局公告2011年第44号

【全文有效】

为贯彻落实《全国人大常委会关于修改〈中华人民共和国个人所得税法〉的决定》和有关法律法规规定，现对代开货物运输业发票的个体工商户、个人独资企业和合伙企业（以下简称代开货运发票的个人所得税纳税人）个人所得税预征率问题公告如下：

一、对《国家税务总局关于货物运输业若干税收问题的通知》（国税发〔2004〕88号）第四条规定的代开货运发票的个人所得税纳税人，统一按开票金额的1.5%预征个人所得税。

二、年度终了后，查账征税的代开货运发票个人所得税纳税人，按本公告第一条规定被预征的个人所得税可以在汇算清缴时扣除；实行核定征收个人所得税的，按本公告第一条规定被预征的个人所得税，不得从已核定税额中扣除。

三、本公告自2011年9月1日起施行。《国家税务总局关于代开货物运输业发票个人所得税预征率问题的通知》（国税函〔2008〕977号）同时废止。

196　国家税务总局关于 2011 年度李四光地质科学奖奖金免征个人所得税的公告

2011 年 12 月 6 日　国家税务总局公告 2011 年第 68 号

【全文有效】

　　现将 2011 年度李四光地质科学奖奖金免征个人所得税有关问题公告如下：

　　为奖励长期奋战在工作环境恶劣、生活条件艰苦的地质工作第一线并做出突出贡献的地质科技工作者，国土资源部根据《李四光地质科学奖章程》，经过专家初评、评奖委员会终评和社会公示，2011 年共评出 15 位获奖者，每人奖金 10 万元人民币。根据《中华人民共和国个人所得税法》第四条第一项关于国务院部委颁发的科学、教育、技术等方面的奖金免征个人所得税的规定，对 2011 年度李四光地质科学奖获奖者（详见附件）个人所获奖金，免予征收个人所得税。

　　同时，为了贯彻落实国家行政审批制度改革有关要求，对国土资源部和李四光地质科学奖基金会严格按照李四光地质科学奖章程和评奖办法，在以后年度评选出的上述奖项奖金收入，一律按照个人所得税法的有关规定直接免予征收个人所得税，无须报送审批；如果主办单位和评奖办法以后年度发生变化，主办单位应重新报国家税务总局审核确认。

　　特此公告。

197 财政部 国家税务总局关于工伤职工取得的工伤保险待遇有关个人所得税政策的通知

2012年5月3日 财税〔2012〕40号

【全文有效】

各省、自治区、直辖市、计划单列市财政厅（局）、地方税务局，新疆生产建设兵团财务局：

为贯彻落实《工伤保险条例》（国务院令第586号），根据个人所得税法第四条中"经国务院财政部门批准免税的所得"的规定，现就工伤职工取得的工伤保险待遇有关个人所得税政策通知如下：

一、对工伤职工及其近亲属按照《工伤保险条例》（国务院令第586号）规定取得的工伤保险待遇，免征个人所得税。

二、本通知第一条所称的工伤保险待遇，包括工伤职工按照《工伤保险条例》（国务院令第586号）规定取得的一次性伤残补助金、伤残津贴、一次性工伤医疗补助金、一次性伤残就业补助金、工伤医疗待遇、住院伙食补助费、外地就医交通食宿费用、工伤康复费用、辅助器具费用、生活护理费等，以及职工因工死亡，其近亲属按照《工伤保险条例》（国务院令第586号）规定取得的丧葬补助金、供养亲属抚恤金和一次性工亡补助金等。

三、本通知自2011年1月1日起执行。对2011年1月1日之后已征税款，由纳税人向主管税务机关提出申请，主管税务机关按相关规定予以退还。

198 关于实施上市公司股息红利差别化个人所得税政策有关问题的通知

2012年11月16日 财税〔2012〕85号

【全文有效】

各省、自治区、直辖市、计划单列市财政厅（局）、国家税务局、地方税务局，新疆生产建设兵团财务局，上海、深圳证券交易所，中国证券登记结算公司：

经国务院批准，现就实施上市公司股息红利差别化个人所得税政策有关问题通知如下：

一、个人从公开发行和转让市场取得的上市公司股票，持股期限在1个月以内（含1个月）的，其股息红利所得全额计入应纳税所得额；持股期限在1个月以上至1年（含1年）的，暂减按50%计入应纳税所得额；持股期限超过1年的，暂减按25%计入应纳税所得额。上述所得统一适用20%的税率计征个人所得税。

前款所称上市公司是指在上海证券交易所、深圳证券交易所挂牌交易的上市公司；持股期限是指个人从公开发行和转让市场取得上市公司股票之日至转让交割该股票之日前一日的持有时间。

二、上市公司派发股息红利时，对截止股权登记日个人已持股超过1年的，其股息红利所得，按25%计入应纳税所得额。对截止股权登记日个人持股1年以内（含1年）且尚未转让的，税款分两步代扣代缴：第一步，上市公司派发股息红利时，统一暂按25%计入应纳税所得额，计算并代扣税款。第二步，个人转让股票时，证券登记结算公司根据其持股期限计算实际应纳税额，超过已扣缴税款的部分，由证券公司等股份托管机构从个人资金账户中扣收并划付证券登记结算公司，证券登记结算公司应于次月5个工作日内划付上市公司，上市公司在收到税款当月的法定申报期内向主管税务机关申报缴纳。

个人应在资金账户留足资金，依法履行纳税义务。证券公司等股份托管机构应依法划扣税款，对个人资金账户暂无资金或资金不足的，证券公司等股份托管机构应当及时通知个人补足资金,并划扣税款。

三、个人转让股票时,按照先进先出的原则计算持股期限,即证券账户中先取得的股票视为先转让。

应纳税所得额以个人投资者证券账户为单位计算,持股数量以每日日终结算后个人投资者证券账户的持有记录为准,证券账户取得或转让的股份数为每日日终结算后的净增(减)股份数。

四、对个人持有的上市公司限售股,解禁后取得的股息红利,按照本通知规定计算纳税,持股时间自解禁日起计算;解禁前取得的股息红利继续暂减按50%计入应纳税所得额,适用20%的税率计征个人所得税。

前款所称限售股,是指财税〔2009〕167号文件和财税〔2010〕70号文件规定的限售股。

五、证券投资基金从上市公司取得的股息红利所得,按照本通知规定计征个人所得税。

六、本通知所称个人从公开发行和转让市场取得的上市公司股票包括:

(一)通过证券交易所集中交易系统或大宗交易系统取得的股票;

(二)通过协议转让取得的股票;

(三)因司法扣划取得的股票;

(四)因依法继承或家庭财产分割取得的股票;

(五)通过收购取得的股票;

(六)权证行权取得的股票;

(七)使用可转换公司债券转换的股票;

(八)取得发行的股票、配股、股份股利及公积金转增股本;

(九)持有从代办股份转让系统转到主板市场(或中小板、创业板市场)的股票;

(十)上市公司合并,个人持有的被合并公司股票转换的合并后公司股票;

(十一)上市公司分立,个人持有的被分立公司股票转换的分立后公司股票;

(十二)其他从公开发行和转让市场取得的股票。

七、本通知所称转让股票包括下列情形:

(一)通过证券交易所集中交易系统或大宗交易系统转让股票;

(二)协议转让股票;

(三)持有的股票被司法扣划;

(四)因依法继承、捐赠或家庭财产分割让渡股票所有权;

(五)用股票接受要约收购;

(六)行使现金选择权将股票转让给提供现金选择权的第三方;

（七）用股票认购或申购交易型开放式指数基金（ETF）份额；

（八）其他具有转让实质的情形。

八、本通知所称年（月）是指自然年（月），即持股一年是指从上一年某月某日至本年同月同日的前一日连续持股，持股一个月是指从上月某日至本月同日的前一日连续持股。

九、财政、税务、证监等部门要加强协调、通力合作，切实做好政策实施的各项工作。

上市公司、证券登记结算公司以及证券公司等股份托管机构应积极配合税务机关做好股息红利个人所得税征收管理工作。

十、本通知自2013年1月1日起施行。上市公司派发股息红利，股权登记日在2013年1月1日之后的，股息红利所得按照本通知的规定执行。本通知实施之日个人投资者证券账户已持有的上市公司股票，其持股时间自取得之日起计算。

《财政部 国家税务总局关于股息红利个人所得税有关政策的通知》（财税〔2005〕102号）和《财政部 国家税务总局关于股息红利有关个人所得税政策的补充通知》（财税〔2005〕107号）在本通知实施之日同时废止。

199 国家税务总局关于第五届黄汲清青年地质科学技术奖奖金免征个人所得税问题的公告

2012年1月31日　国家税务总局公告2012年第4号

【全文有效】

  现将第五届黄汲清青年地质科学技术奖奖金免征个人所得税有关问题公告如下：

  为奖励在我国地质学领域做出重要贡献的杰出青年地质工作者，由国土资源部主管的黄汲清青年地质科学技术奖基金管理委员会根据《黄汲清青年地质科学技术奖基金章程》《黄汲清青年地质科学技术奖奖励条例》规定，经过专家初评、社会公示和评奖委员会终评，第五届黄汲清青年地质科学技术奖共评出15位获奖者，每人奖金1万元人民币。根据《中华人民共和国个人所得税法》第四条第一项关于国务院部委颁发的科学、教育、技术等方面的奖金免征个人所得税的规定，对第五届黄汲清青年地质科学技术奖获奖者（详见附件）所获奖金，免予征收个人所得税。

  同时，为了贯彻落实国家行政审批制度改革有关要求，对国土资源部和黄汲清青年地质科学技术奖基金管理委员会严格按照黄汲清青年地质科学技术奖基金章程、奖励条例和评奖办法，在以后年度评选出的上述奖项奖金收入，一律按照个人所得税法的有关规定直接免予征收个人所得税，无须报送审批；如果主办单位和评奖办法以后年度发生变化的，主办单位应重新报国家税务总局审核确认。

  特此公告。

200 国家税务总局关于执行内地与港澳间税收安排涉及个人受雇所得有关问题的公告

2012年4月26日　国家税务总局公告2012年第16号

【全文有效】

为了解决往来内地与港、澳间跨境工作个人双重征税问题，根据内地与香港、澳门签署的关于对所得避免双重征税和防止偷漏税安排（以下简称《安排》）受雇所得条款（与澳门间安排为非独立个人劳务条款，以下统称受雇所得条款）的有关规定，经与相关税务主管当局协商，现就在港、澳受雇或在内地与港、澳间双重受雇的港澳税收居民执行《安排》受雇所得条款涉及的居民个人所得税问题公告如下：

一、执行《安排》受雇所得条款相关规定及计税方法

（一）港澳税收居民在内地从事相关活动取得所得，根据《安排》受雇所得条款第一款的规定，应仅就归属于内地工作期间的所得，在内地缴纳个人所得税。计算公式为：

应纳税额＝（当期境内外工资薪金应纳税所得额×适用税率－速算扣除数）×当期境内实际停留天数÷当期公历天数

（二）港澳税收居民在内地从事相关活动取得所得，根据《安排》受雇所得条款第二款的规定，可就符合条件部分在内地免予征税；内地征税部分的计算公式为：

应纳税额＝（当期境内外工资薪金应纳税所得额×适用税率－速算扣除数）×（当期境内实际停留天数÷当期公历天数）×（当期境内支付工资÷当期境内外支付工资总额）

二、有关公式项目或用语的解释

（一）"当期"：指按国内税收规定计算工资薪金所得应纳税所得额的当个所

属期间。

（二）"当期境内外工资薪金应纳税所得额"：指应当计入当期的工资薪金收入按照国内税收规定计算的应纳税所得额。

（三）"适用税率"和"速算扣除数"均按照国内税收规定确定。

（四）"当期境内支付工资"：指当期境内外支付工资总额中由境内居民或常设机构支付或负担的部分。

（五）"当期境内外支付工资总额"：指应当计入当期的工资薪金收入总额，包括未做任何费用减除计算的各种境内外来源数额。

（六）"当期境内实际停留天数"指港澳税收居民当期在内地的实际停留天数，但对其入境、离境、往返或多次往返境内外的当日，按半天计算为当期境内实际停留天数。

（七）"当期公历天数"指当期包含的全部公历天数，不因当日实际停留地是否在境内而做任何扣减。

三、一次取得跨多个计税期间收入

港澳税收居民一次取得跨多个计税期间的各种形式的奖金、加薪、劳动分红等（以下统称奖金，不包括应按每个计税期间支付的奖金），仍应以按照国内税收规定确定的计税期间作为执行"安排"规定的所属期间，并分别情况适用本公告第一条第（一）项或第（二）项公式计算个人所得税应纳税额。在适用本公告上述公式时，公式中"当期境内实际停留天数"指在据以获取该奖金的期间中属于在境内实际停留的天数；"当期公历天数"指据以获取该奖金的期间所包含的全部公历天数。

四、备案报告

港澳税收居民在每次按本公告规定享受《安排》相关待遇时，应该按照《非居民享受税收协定待遇管理办法（试行）》（国税发〔2009〕124号）的有关规定，向主管税务机关备案，并按照《国家税务总局关于在中国境内无住所的个人计算缴纳个人所得税若干具体问题的通知》（国税函发〔1995〕125号）第五条规定提供有关资料。

五、执行日期

本公告适用于自2012年6月1日起取得的工资、薪金所得。

港澳税收居民执行上述规定在计算缴纳个人所得税时不再执行下列文件条款规定，但在处理与《安排》受雇所得条款规定无关税务问题时，下列文件条款规定的效力不受本公告影响：

（一）《国家税务总局关于在中国境内无住所的个人取得工资薪金所得纳税义务问题的通知》（国税发〔1994〕148号）第二条、第三条和第六条；

（二）《国家税务总局关于在中国境内无住所的个人计算缴纳个人所得税若干具体问题的通知》（国税函发〔1995〕125号）第一条和第二条；

（三）《国家税务总局关于三井物产（株）大连事务所外籍雇员取得数月奖金确定纳税义务问题的批复》（国税函发〔1997〕546号）第一条；

（四）国家税务总局关于在中国境内无住所的个人执行税收协定和个人所得税法若干问题的通知》（国税发〔2004〕97号）第二条以及第三条第一款第（一）项和第（二）项。

201 国家税务总局关于"明天小小科学家"奖金免征个人所得税问题的公告

2012年6月28日　国家税务总局公告2012年第28号

【全文有效】

现对"明天小小科学家"奖金免征个人所得税问题公告如下：

为贯彻科教兴国和可持续发展战略，加强对青少年创新精神和实践能力的培养，在青少年科技爱好者中选拔和培养科技后备人才，教育部、中国科学技术协会和香港周凯旋基金会自2001年起每年开展一次"明天小小科学家"奖励活动，对内地各省、自治区、直辖市以及香港、澳门特别行政区的高中三年级学生在近年来完成的优秀科技项目和科学研究项目进行奖励，所需奖金由香港周凯旋基金会提供。

2011年度，第十一届"明天小小科学家"奖励活动已评选结束。评出一等奖13名，其中前3名获"明天小小科学家"称号，每名奖金10万元人民币，其中奖励学生个人5万元人民币，学生所在学校和辅导机构5万元人民币；其余10名每名奖金4万元人民币，其中奖励学生个人2万元人民币，学生所在学校和辅导机构2万元人民币；二等奖35名，每名奖金2万元人民币，其中奖励学生个人1万元人民币，学生所在学校和辅导机构1万元人民币；三等奖47名，奖励学生个人1000元人民币（详见附件）。

根据《中华人民共和国个人所得税法》第四条第一项关于国务院部委颁发的教育等方面的奖金免征个人所得税的规定，对学生个人参与"明天小小科学家"活动获得的奖金，免予征收个人所得税。

同时，为贯彻落实国家行政审批制度改革有关要求，对教育部、中国科学技术协会和香港周凯旋基金会依照"明天小小科学家"评奖办法，在以后年度评选出的"明天小小科学家"奖金收入，按照个人所得税法的有关规定直接免予征收个人所得税，无须报送审批；如主办单位和评奖办法以后年度发生变化，主办单位应重新报国家税务总局审核确认。

特此公告。

202 国家税务总局关于律师事务所从业人员有关个人所得税问题的公告

2012年12月7日　国家税务总局公告2012年第53号

【全文有效】

现对律师事务所从业人员有关个人所得税问题公告如下：

一、《国家税务总局关于律师事务所从业人员取得收入征收个人所得税有关业务问题的通知》（国税发〔2000〕149号）第五条第二款规定的作为律师事务所雇员的律师从其分成收入中扣除办理案件支出费用的标准，由现行在律师当月分成收入的30%比例内确定，调整为35%比例内确定。

实行上述收入分成办法的律师办案费用不得在律师事务所重复列支。前款规定自2013年1月1日至2015年12月31日执行。

二、废止国税发〔2000〕149号第八条的规定，律师从接受法律事务服务的当事人处取得法律顾问费或其他酬金等收入，应并入其从律师事务所取得的其他收入，按照规定计算缴纳个人所得税。

三、合伙人律师在计算应纳税所得额时，应凭合法有效凭据按照个人所得税法和有关规定扣除费用；对确实不能提供合法有效凭据而实际发生与业务有关的费用，经当事人签名确认后，可再按下列标准扣除费用：个人年营业收入不超过50万元的部分，按8%扣除；个人年营业收入超过50万元至100万元的部分，按6%扣除；个人年营业收入超过100万元的部分，按5%扣除。

不执行查账征收的，不适用前款规定。前款规定自2013年1月1日至2015年12月31日执行。

四、律师个人承担的按照律师协会规定参加的业务培训费用，可据实扣除。

五、律师事务所和律师个人发生的其他费用和列支标准，按照《国家税务总局关于印发〈个体工商户个人所得税计税办法（试行）〉的通知》（国税发〔1997〕43号）等文件的规定执行。

六、本公告自2013年1月1日起执行。

特此公告。

203 财政部 国家税务总局关于地方政府债券利息免征所得税问题的通知

2013年2月6日 财税〔2013〕5号

【全文有效】

各省、自治区、直辖市、计划单列市财政厅（局）、国家税务局、地方税务局，新疆生产建设兵团财务局：

经国务院批准，现就地方政府债券利息有关所得税政策通知如下：

一、对企业和个人取得的2012年及以后年度发行的地方政府债券利息收入，免征企业所得税和个人所得税。

二、地方政府债券是指经国务院批准同意，以省、自治区、直辖市和计划单列市政府为发行和偿还主体的债券。

204 财政部 海关总署 国家税务总局关于第二届夏季青年奥林匹克运动会等三项国际综合运动会税收政策的通知

2013年1月22日 财税〔2013〕11号

【全文有效】

各省、自治区、直辖市、计划单列市财政厅（局）、国家税务局、地方税务局，新疆生产建设兵团财务局，海关总署广东分署、各直属海关：

经国务院批准，现就2014年南京第二届夏季青年奥林匹克运动会（以下简称青奥会）、2013年南京第二届亚洲青年运动会（以下简称亚青会）和2013年天津第六届东亚运动会（以下简称东亚会）等三项国际综合运动会的有关税收政策问题通知如下：

一、关于青奥会组织委员会、亚青会组织委员会和东亚会组织委员会（以下统称组委会）的税收政策

1. 对组委会取得的电视转播权销售分成收入、赞助计划分成收入（包括实物和资金），免征应缴纳的营业税。

2. 对组委会取得的国内外赞助收入、转让无形资产（如标志）特许收入、宣传推广费收入、销售门票收入及所发收费卡收入，免征应缴纳的营业税。

3. 对组委会取得的与国家邮政局合作发行纪念邮票收入、与中国人民银行合作发行纪念币收入，免征应缴纳的营业税。

4. 对组委会取得的来源于广播、因特网、电视等媒体收入，免征应缴纳的营业税。

5. 对组委会按国际奥委会、亚奥理事会或东亚运动会联合会理事会核定价格收取的运动员食宿费及提供有关服务取得的收入，免征应缴纳的营业税。

6. 对组委会赛后出让资产取得的收入，免征应缴纳的营业税。

7. 对组委会使用的营业账簿和签订的各类合同等应税凭证，免征组委会应缴纳的印花税。

8. 对组委会的车船,由江苏省、天津市人民政府根据车船税法实施条例第十条第二款的规定,确定相应车船税的具体减免期限和数额,并报国务院备案。

二、关于青奥会、亚青会和东亚会参与者的税收政策

1. 对参赛运动员因青奥会、亚青会和东亚会比赛获得的奖金和其他奖赏收入,按现行税收法律法规的有关规定征免应缴纳的个人所得税。

2. 对企事业单位、社会团体和其他组织以及个人通过公益性社会团体或者县级以上人民政府及其部门捐赠青奥会、亚青会和东亚会的资金、物资支出,在计算企业和个人应纳税所得额时按现行税收法律法规的有关规定予以税前扣除。

3. 对财产所有人将财产(物品)捐赠给组委会所书立的产权转移书据,免征应缴纳的印花税。

三、关于青奥会、亚青会和东亚会(以下统称运动会)的进口税收政策

1. 对组委会为举办运动会进口的国际奥委会、亚奥理事会、东亚运动会联合会理事会或国际单项体育组织指定的,国内不能生产或性能不能满足需要的直接用于运动会比赛的消耗品,免征关税、进口环节增值税和消费税。

享受免税政策的进口比赛用消耗品的范围、数量清单,由组委会汇总后报财政部商有关部门审核确定。

2. 对组委会进口的其他特需物资,包括:国际奥委会、亚奥理事会、东亚运动会联合会理事会或国际单项体育组织指定的、我国国内不能生产或性能不能满足需要的体育竞赛器材、医疗检测设备、安全保障设备、交通通信设备、技术设备,在运动会期间按暂准进口货物规定办理,运动会结束后复运出境的予以核销;留在境内或做变卖处理的,按有关规定办理正式进口手续,并照章缴纳关税、进口环节增值税和消费税。

四、关于税收政策的执行时间

青奥会税收政策自 2011 年 1 月 1 日起执行,亚青会、东亚会税收政策自 2012 年 1 月 1 日起执行。

各地财政、税务及海关等管理部门要密切关注税收政策的执行情况,对发现的问题及时逐级向财政部、国家税务总局和海关总署反映。

205　财政部　国家税务总局关于棚户区改造有关税收政策的通知

2013 年 12 月 2 日　财税〔2013〕101 号

【全文有效】

各省、自治区、直辖市、计划单列市财政厅（局）、地方税务局，西藏、宁夏、青海省（自治区）国家税务局，新疆生产建设兵团财务局：

为贯彻落实《国务院关于加快棚户区改造工作的意见》（国发〔2013〕25 号）有关要求，现将棚户区改造相关税收政策通知如下：

一、对改造安置住房建设用地免征城镇土地使用税。对改造安置住房经营管理单位、开发商与改造安置住房相关的印花税以及购买安置住房的个人涉及的印花税予以免征。

在商品住房等开发项目中配套建造安置住房的，依据政府部门出具的相关材料、房屋征收（拆迁）补偿协议或棚户区改造合同（协议），按改造安置住房建筑面积占总建筑面积的比例免征城镇土地使用税、印花税。

二、企事业单位、社会团体以及其他组织转让旧房作为改造安置住房房源且增值额未超过扣除项目金额 20% 的，免征土地增值税。

三、对经营管理单位回购已分配的改造安置住房继续作为改造安置房源的，免征契税。

四、个人首次购买 90 平方米以下改造安置住房，按 1% 的税率计征契税；购买超过 90 平方米，但符合普通住房标准的改造安置住房，按法定税率减半计征契税。

五、个人因房屋被征收而取得货币补偿并用于购买改造安置住房，或因房屋被征收而进行房屋产权调换并取得改造安置住房，按有关规定减免契税。个人取得的拆迁补偿款按有关规定免征个人所得税。

六、本通知所称棚户区是指简易结构房屋较多、建筑密度较大、房屋使用年限较长、使用功能不全、基础设施简陋的区域，具体包括城市棚户区、国有工矿（含煤矿）棚户区、国有林区棚户区和国有林场危旧房、国有垦区危房。棚户区改造是指列入省级人民政府批准的棚户区改造规划或年度改造计划的改造项目；改造安置住房是指相关部门和单位与棚户区被征收人签订的房屋征收（拆迁）补偿协议或棚户区改造合同（协议）中明确用于安置被征收人的住房或通过改建、扩建、翻建等方式实施改造的住房。

七、本通知自 2013 年 7 月 4 日起执行。《财政部 国家税务总局关于城市和国有工矿棚户区改造项目有关税收优惠政策的通知》（财税〔2010〕42 号）同时废止。2013 年 7 月 4 日至文到之日的已征税款，按有关规定予以退税。

206 财政部 人力资源社会保障部 国家税务总局关于企业年金 职业年金个人所得税有关问题的通知

2013年12月6日 财税〔2013〕103号

【条款失效】

【注释】本篇法规第三条第1项和第3项被废止被《关于个人所得税法修改后有关优惠政策衔接问题的通知》（财税〔2013〕103号）部分废止。

各省、自治区、直辖市、计划单列市财政厅（局）、人力资源社会保障厅（局）、地方税务局，新疆生产建设兵团财务局、人力资源社会保障局：

为促进我国多层次养老保险体系的发展，根据个人所得税法相关规定，现就企业年金和职业年金个人所得税有关问题通知如下：

一、企业年金和职业年金缴费的个人所得税处理。

1. 企业和事业单位（以下统称单位）根据国家有关政策规定的办法和标准，为在本单位任职或者受雇的全体职工缴付的企业年金或职业年金（以下统称年金）单位缴费部分，在计入个人账户时，个人暂不缴纳个人所得税。

2. 个人根据国家有关政策规定缴付的年金个人缴费部分，在不超过本人缴费工资计税基数的4%标准内的部分，暂从个人当期的应纳税所得额中扣除。

3. 超过本通知第一条第1项和第2项规定的标准缴付的年金单位缴费和个人缴费部分，应并入个人当期的工资、薪金所得，依法计征个人所得税。税款由建立年金的单位代扣代缴，并向主管税务机关申报解缴。

4. 企业年金个人缴费工资计税基数为本人上一年度月平均工资。月平均工资按国家统计局规定列入工资总额统计的项目计算。月平均工资超过职工工作地所在设区城市上一年度职工月平均工资300%以上的部分，不计入个人缴费工资计税基数。

职业年金个人缴费工资计税基数为职工岗位工资和薪级工资之和。职工岗位工资和薪级工资之和超过职工工作地所在设区城市上一年度职工月平均工资300%以上的部分，不计入个人缴费工资计税基数。

二、年金基金投资运营收益的个人所得税处理。

年金基金投资运营收益分配计入个人账户时,个人暂不缴纳个人所得税。

三、领取年金的个人所得税处理。

1. 个人达到国家规定的退休年龄,在本通知实施之后按月领取的年金,全额按照"工资、薪金所得"项目适用的税率,计征个人所得税;在本通知实施之后按年或按季领取的年金,平均分摊计入各月,每月领取额全额按照"工资、薪金所得"项目适用的税率,计征个人所得税。

2. 对单位和个人在本通知实施之前开始缴付年金缴费,个人在本通知实施之后领取年金的,允许其从领取的年金中减除在本通知实施之前缴付的年金单位缴费和个人缴费且已经缴纳个人所得税的部分,就其余额按照本通知第三条第1项的规定征税。在个人分期领取年金的情况下,可按本通知实施之前缴付的年金缴费金额占全部缴费金额的百分比减计当期的应纳税所得额,减计后的余额,按照本通知第三条第1项的规定,计算缴纳个人所得税。

3. 对个人因出境定居而一次性领取的年金个人账户资金,或个人死亡后,其指定的受益人或法定继承人一次性领取的年金个人账户余额,允许领取人将一次性领取的年金个人账户资金或余额按12个月分摊到各月,就其每月分摊额,按照本通知第三条第1项和第2项的规定计算缴纳个人所得税。对个人除上述特殊原因外一次性领取年金个人账户资金或余额的,则不允许采取分摊的方法,而是就其一次性领取的总额,单独作为一个月的工资薪金所得,按照本通知第三条第1项和第2项的规定,计算缴纳个人所得税。

4. 个人领取年金时,其应纳税款由受托人代表委托人委托托管人代扣代缴。年金账户管理人应及时向托管人提供个人年金缴费及对应的个人所得税纳税明细。托管人根据受托人指令及账户管理人提供的资料,按照规定计算扣缴个人当期领取年金待遇的应纳税款,并向托管人所在地主管税务机关申报解缴。

5. 建立年金计划的单位、年金托管人,应按照个人所得税法和税收征收管理法的有关规定,实行全员全额扣缴明细申报。受托人有责任协调相关管理人依法向税务机关办理扣缴申报、提供相关资料。

四、建立年金计划的单位应于建立年金计划的次月15日内,向其所在地主管税务机关报送年金方案、人力资源社会保障部门出具的方案备案函、计划确认函以及主管税务机关要求报送的其他相关资料。年金方案、受托人、托管人发生变化的,应于发生变化的次月15日内重新向其主管税务机关报送上述资料。

五、财政、税务、人力资源社会保障等相关部门以及年金机构之间要加强协调,通力合作,共同做好政策实施各项工作。

六、本通知所称企业年金,是指根据《企业年金试行办法》(原劳动和社会保障部令第 20 号）的规定，企业及其职工在依法参加基本养老保险的基础上，自愿建立的补充养老保险制度。所称职业年金是指根据《事业单位职业年金试行办法》（国办发〔2011〕37 号）的规定，事业单位及其工作人员在依法参加基本养老保险的基础上，建立的补充养老保险制度。

七、本通知自 2014 年 1 月 1 日起执行。《国家税务总局关于企业年金个人所得税征收管理有关问题的通知》（国税函〔2009〕694 号）、《国家税务总局关于企业年金个人所得税有关问题补充规定的公告》（国家税务总局公告 2011 年第 9 号）同时废止。

207 国家税务总局关于个人投资者收购企业股权后将原盈余积累转增股本个人所得税问题的公告

2013年5月7日　国家税务总局公告2013年第23号

【全文有效】

根据《中华人民共和国个人所得税法》及有关规定，对个人投资者收购企业股权后，将企业原有盈余积累转增股本有关个人所得税问题公告如下：

一、1名或多名个人投资者以股权收购方式取得被收购企业100%股权，股权收购前，被收购企业原账面金额中的"资本公积、盈余公积、未分配利润"等盈余积累未转增股本，而在股权交易时将其一并计入股权转让价格并履行了所得税纳税义务。股权收购后，企业将原账面金额中的盈余积累向个人投资者（新股东，下同）转增股本，有关个人所得税问题区分以下情形处理：

（一）新股东以不低于净资产价格收购股权的，企业原盈余积累已全部计入股权交易价格，新股东取得盈余积累转增股本的部分，不征收个人所得税。

（二）新股东以低于净资产价格收购股权的，企业原盈余积累中，对于股权收购价格减去原股本的差额部分已经计入股权交易价格，新股东取得盈余积累转增股本的部分，不征收个人所得税；对于股权收购价格低于原所有者权益的差额部分未计入股权交易价格，新股东取得盈余积累转增股本的部分，应按照"利息、股息、红利所得"项目征收个人所得税。

新股东以低于净资产价格收购企业股权后转增股本，应按照下列顺序进行，即：先转增应税的盈余积累部分，然后再转增免税的盈余积累部分。

二、新股东将所持股权转让时，其财产原值为其收购企业股权实际支付的对价及相关税费。

三、企业发生股权交易及转增股本等事项后，应在次月15日内，将股东及其股权变化情况、股权交易前原账面记载的盈余积累数额、转增股本数额及扣缴税款情况报告主管税务机关。

四、本公告自发布后30日起施行。此前尚未处理的涉税事项按本公告执行。

特此公告。

208 国家税务总局关于房屋买受人按照约定退房取得的补偿款有关个人所得税问题的批复

2013年12月30日　税总函〔2013〕748号

【全文有效】

浙江省地方税务局：

你局《关于买受人退房取得的补偿款个人所得税问题的请示》（浙地税发〔2013〕40号）收悉。经研究，批复如下：

根据《中华人民共和国个人所得税法》及其实施条例有关规定，房屋买受人在未办理房屋产权证的情况下，按照与房地产公司约定条件（如对房屋的占有、使用、收益和处分权进行限制）在一定时期后无条件退房而取得的补偿款，应按照"利息、股息、红利所得"项目缴纳个人所得税，税款由支付补偿款的房地产公司代扣代缴。

特此批复。

209 财政部 国家税务总局关于福建平潭综合实验区个人所得税优惠政策的通知

2014年3月28日 财税〔2014〕24号

【全文有效】

福建省财政厅、地方税务局：

根据国务院有关批复精神，现就福建平潭综合实验区有关个人所得税政策通知如下：

一、在平潭综合实验区工作的台湾居民，应按照《中华人民共和国个人所得税法》的有关规定，缴纳个人所得税。

二、福建省人民政府根据《国务院关于平潭综合实验区总体发展规划的批复》（国函〔2011〕142号）以及《平潭综合实验区总体发展规划》有关规定，按不超过内地与台湾地区个人所得税负差额，给予在平潭综合实验区工作的台湾居民的补贴，免征个人所得税。

三、本通知所称台湾居民，是指持有《台湾居民来往大陆通行证》的个人。

四、本通知所称平潭综合实验区是指国务院2011年11月批复的《平潭综合实验区总体发展规划》规划的平潭综合实验区范围。

五、本通知自2013年1月1日起至2020年12月31日止执行。

210 财政部 国家税务总局 证监会关于实施全国中小企业股份转让系统挂牌公司股息红利差别化个人所得税政策有关问题的通知

2014年6月27日 财税〔2014〕48号

【全文有效】

各省、自治区、直辖市、计划单列市财政厅（局）、国家税务局、地方税务局，新疆生产建设兵团财务局，全国中小企业股份转让系统有限责任公司，中国证券登记结算公司：

根据《国务院关于全国中小企业股份转让系统有关问题的决定》（国发〔2013〕49号）的有关规定，现就实施全国中小企业股份转让系统挂牌公司股息红利差别化个人所得税政策有关问题通知如下：

一、个人持有全国中小企业股份转让系统（简称全国股份转让系统）挂牌公司的股票，持股期限在1个月以内（含1个月）的，其股息红利所得全额计入应纳税所得额；持股期限在1个月以上至1年（含1年）的，暂减按50%计入应纳税所得额；持股期限超过1年的，暂减按25%计入应纳税所得额。上述所得统一适用20%的税率计征个人所得税。

前款所称挂牌公司是指股票在全国股份转让系统挂牌公开转让的非上市公众公司；持股期限是指个人取得挂牌公司股票之日至转让交割该股票之日前一日的持有时间。

二、挂牌公司派发股息红利时，对截至股权登记日个人已持股超过1年的，其股息红利所得，按25%计入应纳税所得额，直接由挂牌公司计算并代扣代缴税款。对截至股权登记日个人持股1年以内（含1年）且尚未转让的，税款分两步代扣代缴：第一步，挂牌公司派发股息红利时，统一暂按25%计入应纳税所得额，计算并代扣税款。第二步，个人转让股票时，证券登记结算公司根据其持股期限计算实际应纳税额，超过已扣缴税款的部分，由证券公司等股票托管机构从个人资金账户中扣收并划付证券登记结算公司，证券登记结算公司应于次月5个工作日内划付挂牌公司，挂牌公司在收到税款当月的法定申报期内向主管税务机关申报缴纳。

个人应在资金账户留足资金，依法履行纳税义务。证券公司等股票托管机构应依法划扣税款，对个人资金账户暂无资金或资金不足的，证券公司等股票托管机构应当及时通知个人补足资金，并划扣税款。

三、个人转让股票时，按照先进先出的原则计算持股期限，即证券账户中先取得的股票视为先转让。

应纳税所得额以个人投资者证券账户为单位计算，持股数量以每日日终结算后个人投资者证券账户的持有记录为准，证券账户取得或转让的股票数为每日日终结算后的净增（减）股票数。

四、证券投资基金从挂牌公司取得的股息红利所得，按照本通知规定计征个人所得税。

五、本通知所称个人持有全国股份转让系统挂牌公司的股票包括：

（一）在全国股份转让系统挂牌前取得的股票；

（二）通过全国股份转让系统转让取得的股票；

（三）因司法扣划取得的股票；

（四）因依法继承或家庭财产分割取得的股票；

（五）通过收购取得的股票；

（六）权证行权取得的股票；

（七）使用附认股权、可转换成股份条款的公司债券认购或者转换的股票；

（八）取得发行的股票、配股、股票股利及公积金转增股本；

（九）挂牌公司合并，个人持有的被合并公司股票转换的合并后公司股票；

（十）挂牌公司分立，个人持有的被分立公司股票转换的分立后公司股票；

（十一）其他从全国股份转让系统取得的股票。

六、本通知所称转让股票包括下列情形：

（一）通过全国股份转让系统转让股票；

（二）持有的股票被司法扣划；

（三）因依法继承、捐赠或家庭财产分割让渡股票所有权；

（四）用股票接受要约收购；

（五）行使现金选择权将股票转让给提供现金选择权的第三方；

（六）用股票认购或申购交易型开放式指数基金（ETF）份额；

（七）其他具有转让实质的情形。

七、个人和证券投资基金从全国股份转让系统挂牌的原STAQ、NET系统挂牌公司（简称两网公司）取得的股息红利所得，按照本通知规定计征个人所得税；从全国股份转让系统挂牌的退市公司取得的股息红利所得，按照财税〔2012〕85号文件的有关规定计征个人所得税。

八、本通知所称年（月）是指自然年（月），即持股一年是指从上一年某月某日至本年同月同日的前一日连续持股，持股一个月是指从上月某日至本月同日的前一日连续持股。

九、财政、税务、证监等部门要加强协调、通力合作，切实做好政策实施的各项工作。

挂牌公司、两网公司、退市公司，证券登记结算公司以及证券公司等股票托管机构应积极配合税务机关做好股息红利个人所得税征收管理工作。

十、本通知自2014年7月1日起至2019年6月30日止执行。挂牌公司、两网公司、退市公司派发股息红利，股权登记日在2014年7月1日至2019年6月30日的，股息红利所得按照本通知的规定执行。本通知实施之日个人投资者证券账户已持有的挂牌公司、两网公司、退市公司股票，其持股时间自取得之日起计算。

211 财政部 国家税务总局 证监会关于沪港股票市场交易互联互通机制试点有关税收政策的通知

2014年10月31日　财税〔2014〕81号

【全文有效】

各省、自治区、直辖市、计划单列市财政厅（局）、国家税务局、地方税务局，新疆生产建设兵团财务局，上海、深圳证券交易所，中国证券登记结算公司：

经国务院批准，现就沪港股票市场交易互联互通机制试点涉及的有关税收政策问题明确如下：

一、关于内地投资者通过沪港通投资香港联合交易所有限公司（以下简称香港联交所）上市股票的所得税问题

（一）内地个人投资者通过沪港通投资香港联交所上市股票的转让差价所得税。

对内地个人投资者通过沪港通投资香港联交所上市股票取得的转让差价所得，自2014年11月17日起至2017年11月16日止，暂免征收个人所得税。

（二）内地企业投资者通过沪港通投资香港联交所上市股票的转让差价所得税。

对内地企业投资者通过沪港通投资香港联交所上市股票取得的转让差价所得，计入其收入总额，依法征收企业所得税。

（三）内地个人投资者通过沪港通投资香港联交所上市股票的股息红利所得税。

对内地个人投资者通过沪港通投资香港联交所上市H股取得的股息红利，H股公司应向中国证券登记结算有限责任公司（以下简称中国结算）提出申请，由中国结算向H股公司提供内地个人投资者名册，H股公司按照20%的税率代扣个人所得税。内地个人投资者通过沪港通投资香港联交所上市的非H股取得

的股息红利,由中国结算按照 20% 的税率代扣个人所得税。个人投资者在国外已缴纳的预提税,可持有效扣税凭证到中国结算的主管税务机关申请税收抵免。

对内地证券投资基金通过沪港通投资香港联交所上市股票取得的股息红利所得,按照上述规定计征个人所得税。

(四) 内地企业投资者通过沪港通投资香港联交所上市股票的股息红利所得税。

1. 对内地企业投资者通过沪港通投资香港联交所上市股票取得的股息红利所得,计入其收入总额,依法计征企业所得税。其中,内地居民企业连续持有 H 股满 12 个月取得的股息红利所得,依法免征企业所得税。

2. 香港联交所上市 H 股公司应向中国结算提出申请,由中国结算向 H 股公司提供内地企业投资者名册,H 股公司对内地企业投资者不代扣股息红利所得税款,应纳税款由企业自行申报缴纳。

3. 内地企业投资者自行申报缴纳企业所得税时,对香港联交所非 H 股上市公司已代扣代缴的股息红利所得税,可依法申请税收抵免。

二、关于香港市场投资者通过沪港通投资上海证券交易所(以下简称上交所)上市 A 股的所得税问题

1. 对香港市场投资者(包括企业和个人)投资上交所上市 A 股取得的转让差价所得,暂免征收所得税。

2. 对香港市场投资者(包括企业和个人)投资上交所上市 A 股取得的股息红利所得,在香港中央结算有限公司(以下简称香港结算)不具备向中国结算提供投资者的身份及持股时间等明细数据的条件之前,暂不执行按持股时间实行差别化征税政策,由上市公司按照 10% 的税率代扣所得税,并向其主管税务机关办理扣缴申报。对于香港投资者中属于其他国家税收居民且其所在国与中国签订的税收协定规定股息红利所得税率低于 10% 的,企业或个人可以自行或委托代扣代缴义务人,向上市公司主管税务机关提出享受税收协定待遇的申请,主管税务机关审核后,应按已征税款和根据税收协定税率计算的应纳税款的差额予以退税。

三、关于内地和香港市场投资者通过沪港通买卖股票的营业税问题

1. 对香港市场投资者(包括单位和个人)通过沪港通买卖上交所上市 A 股取得的差价收入,暂免征收营业税。

2. 对内地个人投资者通过沪港通买卖香港联交所上市股票取得的差价收入,按现行政策规定暂免征收营业税。

3. 对内地单位投资者通过沪港通买卖香港联交所上市股票取得的差价收入，按现行政策规定征免营业税。

四、关于内地和香港市场投资者通过沪港通转让股票的证券（股票）交易印花税问题

香港市场投资者通过沪港通买卖、继承、赠与上交所上市A股，按照内地现行税制规定缴纳证券（股票）交易印花税。内地投资者通过沪港通买卖、继承、赠与联交所上市股票，按照香港特别行政区现行税法规定缴纳印花税。

中国结算和香港结算可互相代收上述税款。

五、本通知自 2014 年 11 月 17 日起执行

212 国家税务总局关于委托投资情况下认定受益所有人问题的公告

2014年4月21日　国家税务总局公告2014年第24号

【全文有效】

根据《国家税务总局关于印发〈非居民享受税收协定待遇管理办法（试行）〉的通知》（国税发〔2009〕124号）、《国家税务总局关于如何理解和认定税收协定中"受益所有人"的通知》（国税函〔2009〕601号）和《国家税务总局关于认定税收协定中"受益所有人"的公告》（国家税务总局公告2012年第30号）的有关规定，对于委托投资情况下受益所有人身份的认定问题，在符合上述文件规定的前提下，补充公告如下：

一、本公告所称"委托投资"是指非居民将自有资金直接委托给境外专业机构用于对居民企业的股权、债权投资，其中的"境外专业机构"指经其所在地国家或地区政府许可从事证券经纪、资产管理、资金以及证券托管等业务的金融机构。在委托投资期间，境外专业机构将受托资金独立于其自有资金进行专项管理。境外专业机构根据相应的委托或代理协议收取服务费或佣金。受托资金的投资收益和风险应由该非居民取得和承担。

二、非居民通过委托投资取得投资收益提出享受税收协定待遇申请的，应向税务机关提供以下资料：

（一）投资链条各方（包括该非居民、投资管理人或投资经理、各级托管人、证券公司等）签署的与投资相关的合同或协议，以及能够说明投资业务的其他资料，资料内容应包括委托投资本金来源和组成情况以及各方收取费用或取得所得的约定；

（二）投资收益和其他所得逐级返回至该非居民的信息和凭据，以及对所得类型认定与划分的说明资料；

（三）税务机关为认定受益所有人所需要的其他资料。

三、税务机关应对非居民提交的资料进行审核，并区分所得类型进行处理：

（一）如果投资收益的所得类型为股息或利息，该所得在逐级返回至该非居民的过程中所得性质未发生改变,且有凭据证明该所得实际返回至该非居民,则可以认定该非居民为该笔所得的受益所有人,能够享受税收协定相应条款规定的待遇;

(二)如果投资链条上除该非居民以外的各方收取的费用或取得的报酬与股息、利息有关,则该非居民不是该部分费用或报酬的受益所有人,该部分费用或报酬不得享受税收协定股息和利息条款规定的待遇;

(三)如果投资收益的所得类型为财产收益,或其他不适用受益所有人规则的所得类型,则应按税收协定相应条款的规定处理。

四、非居民或其委托代理人拒绝提供资料,或提供的资料不能区分非居民委托投资收益与投资链条上其他各方报酬的,税务机关应不予批准相应的税收协定待遇。

五、非居民与投资链条上一方或多方形成关联关系的,应向税务机关提供关联交易定价原则、方法及相关资料。不提供资料或提供资料不足以证明相关联各方交易符合独立交易原则的,税务机关可拒绝给予相应的税收协定待遇。

六、对于非居民或其委托代理人提供的凭据、所得类型认定与划分及其他相关证明资料,税务机关可视情况通过信息交换方式核实其真实性和准确性。经核实与实际情况不符,不应享受税收协定待遇而税务机关已批准享受的,应撤销原审批决定,并按税收征管法和国税发〔2009〕124号文件有关规定处理。

七、税务机关按照本公告第三条的规定认定非居民为受益所有人,且根据税收协定股息或利息条款的规定,该非居民取得股息或利息应仅在缔约国对方征税的,如果该非居民通过委托投资取得投资收益同时符合以下条件,则在其首次享受股息或利息条款税收协定待遇之日起3个公历年度内(含本年度),同一主管税务机关可免于对其受益所有人身份进行重复认定,但应对其取得的投资收益所得类型进行审核:

(一)通过同一架构安排进行委托投资;

(二)投资链条上除被投资企业之外的各方保持不变;

(三)投资链条上除被投资企业之外的各方签署的与投资相关的合同或协议保持不变。

该非居民与受益所有人身份认定有关的信息发生变化的,应及时告知主管税务机关。该非居民因信息变化不能继续享受税收协定待遇的,应自发生变化之日起停止享受有关税收协定待遇,并按国内法规定申报纳税。

八、本公告自2014年6月1日起施行。本公告施行前已发生但税务处理未完结的事项,按本公告执行。

特此公告。

213 国家税务总局关于个体工商户、个人独资企业和合伙企业个人所得税问题的公告

2014年4月23日　国家税务总局公告2014年第25号

【条款失效】

【注释】2018年修订的《个人所得税法》,已经将月减除费用标准提高到5000元/月。

为规范个人所得税征收管理,根据个人所得税法规定,现就个体工商户、个人独资企业和合伙企业有关个人所得税问题公告如下:

个体工商户、个人独资企业和合伙企业因在纳税年度中间开业、合并、注销及其他原因,导致该纳税年度的实际经营期不足1年的,对个体工商户业主、个人独资企业投资者和合伙企业自然人合伙人的生产经营所得计算个人所得税时,以其实际经营期为1个纳税年度。投资者本人的费用扣除标准,应按照其实际经营月份数,以每月3500元的减除标准确定。计算公式如下:

应纳税所得额=该年度收入总额−成本、费用及损失−当年投资者本人的费用扣除额

当年投资者本人的费用扣除额=月减除费用(3500元/月)×当年实际经营月份数

应纳税额=应纳税所得额×税率−速算扣除数

本公告自发布之日起施行。2014年度个体工商户、个人独资企业和合伙企业生产经营所得的个人所得税计算,适用本公告。

特此公告。

214 国家税务总局关于发布《股权转让所得个人所得税管理办法（试行）》的公告

2014年12月7日　国家税务总局公告2014年第67号

【全文有效】

股权转让所得个人所得税管理办法（试行）

第一章 总 则

第一条 为加强股权转让所得个人所得税征收管理，规范税务机关、纳税人和扣缴义务人征纳行为，维护纳税人合法权益，根据《中华人民共和国个人所得税法》及其实施条例、《中华人民共和国税收征收管理法》及其实施细则，制定本办法。

第二条 本办法所称股权是指自然人股东（以下简称个人）投资于在中国境内成立的企业或组织（以下统称被投资企业，不包括个人独资企业和合伙企业）的股权或股份。

第三条 本办法所称股权转让是指个人将股权转让给其他个人或法人的行为，包括以下情形：

（一）出售股权；

（二）公司回购股权；

（三）发行人首次公开发行新股时，被投资企业股东将其持有的股份以公开发行方式一并向投资者发售；

（四）股权被司法或行政机关强制过户；

（五）以股权对外投资或进行其他非货币性交易；

（六）以股权抵偿债务；

（七）其他股权转移行为。

第四条 个人转让股权,以股权转让收入减除股权原值和合理费用后的余额为应纳税所得额,按"财产转让所得"缴纳个人所得税。

合理费用是指股权转让时按照规定支付的有关税费。

第五条 个人股权转让所得个人所得税,以股权转让方为纳税人,以受让方为扣缴义务人。

第六条 扣缴义务人应于股权转让相关协议签订后5个工作日内,将股权转让的有关情况报告主管税务机关。

被投资企业应当详细记录股东持有本企业股权的相关成本,如实向税务机关提供与股权转让有关的信息,协助税务机关依法执行公务。

第二章 股权转让收入的确认

第七条 股权转让收入是指转让方因股权转让而获得的现金、实物、有价证券和其他形式的经济利益。

第八条 转让方取得与股权转让相关的各种款项,包括违约金、补偿金以及其他名目的款项、资产、权益等,均应当并入股权转让收入。

第九条 纳税人按照合同约定,在满足约定条件后取得的后续收入,应当作为股权转让收入。

第十条 股权转让收入应当按照公平交易原则确定。

第十一条 符合下列情形之一的,主管税务机关可以核定股权转让收入:

(一)申报的股权转让收入明显偏低且无正当理由的;

(二)未按照规定期限办理纳税申报,经税务机关责令限期申报,逾期仍不申报的;

(三)转让方无法提供或拒不提供股权转让收入的有关资料;

(四)其他应核定股权转让收入的情形。

第十二条 符合下列情形之一,视为股权转让收入明显偏低:

(一)申报的股权转让收入低于股权对应的净资产份额的。其中,被投资企业拥有土地使用权、房屋、房地产企业未销售房产、知识产权、探矿权、采矿权、股权等资产的,申报的股权转让收入低于股权对应的净资产公允价值份额的;

(二)申报的股权转让收入低于初始投资成本或低于取得该股权所支付的价款及相关税费的;

(三)申报的股权转让收入低于相同或类似条件下同一企业同一股东或其他股东股权转让收入的;

(四)申报的股权转让收入低于相同或类似条件下同类行业的企业股权转让

收入的;

（五）不具合理性的无偿让渡股权或股份;

（六）主管税务机关认定的其他情形。

第十三条　符合下列条件之一的股权转让收入明显偏低，视为有正当理由：

（一）能出具有效文件，证明被投资企业因国家政策调整，生产经营受到重大影响，导致低价转让股权;

（二）继承或将股权转让给其能提供具有法律效力身份关系证明的配偶、父母、子女、祖父母、外祖父母、孙子女、外孙子女、兄弟姐妹以及对转让人承担直接抚养或者赡养义务的抚养人或者赡养人;

（三）相关法律、政府文件或企业章程规定，并有相关资料充分证明转让价格合理且真实的本企业员工持有的不能对外转让股权的内部转让;

（四）股权转让双方能够提供有效证据证明其合理性的其他合理情形。

第十四条　主管税务机关应依次按照下列方法核定股权转让收入：

（一）净资产核定法。

股权转让收入按照每股净资产或股权对应的净资产份额核定。

被投资企业的土地使用权、房屋、房地产企业未销售房产、知识产权、探矿权、采矿权、股权等资产占企业总资产比例超过20%的，主管税务机关可参照纳税人提供的具有法定资质的中介机构出具的资产评估报告核定股权转让收入。

6个月内再次发生股权转让且被投资企业净资产未发生重大变化的，主管税务机关可参照上一次股权转让时被投资企业的资产评估报告核定此次股权转让收入。

（二）类比法。

1. 参照相同或类似条件下同一企业同一股东或其他股东股权转让收入核定;

2. 参照相同或类似条件下同类行业企业股权转让收入核定。

（三）其他合理方法。

主管税务机关采用以上方法核定股权转让收入存在困难的，可以采取其他合理方法核定。

第三章　股权原值的确认

第十五条　个人转让股权的原值依照以下方法确认：

（一）以现金出资方式取得的股权，按照实际支付的价款与取得股权直接相关的合理税费之和确认股权原值;

（二）以非货币性资产出资方式取得的股权，按照税务机关认可或核定的投资入股时非货币性资产价格与取得股权直接相关的合理税费之和确认股权原值;

（三）通过无偿让渡方式取得股权，具备本办法第十三条第二项所列情形

的,按取得股权发生的合理税费与原持有人的股权原值之和确认股权原值;

(四)被投资企业以资本公积、盈余公积、未分配利润转增股本,个人股东已依法缴纳个人所得税的,以转增额和相关税费之和确认其新转增股本的股权原值;

(五)除以上情形外,由主管税务机关按照避免重复征收个人所得税的原则合理确认股权原值。

第十六条 股权转让人已被主管税务机关核定股权转让收入并依法征收个人所得税的,该股权受让人的股权原值以取得股权时发生的合理税费与股权转让人被主管税务机关核定的股权转让收入之和确认。

第十七条 个人转让股权未提供完整、准确的股权原值凭证,不能正确计算股权原值的,由主管税务机关核定其股权原值。

第十八条 对个人多次取得同一被投资企业股权的,转让部分股权时,采用"加权平均法"确定其股权原值。

第四章 纳税申报

第十九条 个人股权转让所得个人所得税以被投资企业所在地地税机关为主管税务机关。

第二十条 具有下列情形之一的,扣缴义务人、纳税人应当依法在次月15日内向主管税务机关申报纳税:

(一)受让方已支付或部分支付股权转让价款的;

(二)股权转让协议已签订生效的;

(三)受让方已经实际履行股东职责或者享受股东权益的;

(四)国家有关部门判决、登记或公告生效的;

(五)本办法第三条第四至第七项行为已完成的;

(六)税务机关认定的其他有证据表明股权已发生转移的情形。

第二十一条 纳税人、扣缴义务人向主管税务机关办理股权转让纳税(扣缴)申报时,还应当报送以下资料:

(一)股权转让合同(协议);

(二)股权转让双方身份证明;

(三)按规定需要进行资产评估的,需提供具有法定资质的中介机构出具的净资产或土地房产等资产价值评估报告;

(四)计税依据明显偏低但有正当理由的证明材料;

(五)主管税务机关要求报送的其他材料。

第二十二条 被投资企业应当在董事会或股东会结束后5个工作日内,向主管税务机关报送与股权变动事项相关的董事会或股东会决议、会议纪要等资料。

被投资企业发生个人股东变动或者个人股东所持股权变动的，应当在次月15 日内向主管税务机关报送含有股东变动信息的《个人所得税基础信息表（A 表）》及股东变更情况说明。

主管税务机关应当及时向被投资企业核实其股权变动情况，并确认相关转让所得，及时督促扣缴义务人和纳税人履行法定义务。

第二十三条　转让的股权以人民币以外的货币结算的，按照结算当日人民币汇率中间价，折算成人民币计算应纳税所得额。

第五章　征收管理

第二十四条　税务机关应加强与工商部门合作，落实和完善股权信息交换制度，积极开展股权转让信息共享工作。

第二十五条　税务机关应当建立股权转让个人所得税电子台账，将个人股东的相关信息录入征管信息系统，强化对每次股权转让间股权转让收入和股权原值的逻辑审核，对股权转让实施链条式动态管理。

第二十六条　税务机关应当落实好国税部门、地税部门之间的信息交换与共享制度，不断提升股权登记信息应用能力。

第二十七条　税务机关应当加强对股权转让所得个人所得税的日常管理和税务检查，积极推进股权转让各税种协同管理。

第二十八条　纳税人、扣缴义务人及被投资企业未按照规定期限办理纳税（扣缴）申报和报送相关资料的，依照《中华人民共和国税收征收管理法》及其实施细则有关规定处理。

第二十九条　各地可通过政府购买服务的方式，引入中介机构参与股权转让过程中相关资产的评估工作。

第六章　附　则

第三十条　个人在上海证券交易所、深圳证券交易所转让从上市公司公开发行和转让市场取得的上市公司股票，转让限售股，以及其他有特别规定的股权转让，不适用本办法。

第三十一条　各省、自治区、直辖市和计划单列市地方税务局可以根据本办法，结合本地实际，制定具体实施办法。

第三十二条　本办法自 2015 年 1 月 1 日起施行。《国家税务总局关于加强股权转让所得征收个人所得税管理的通知》（国税函〔2009〕285 号）、《国家税务总局关于股权转让个人所得税计税依据核定问题的公告》（国家税务总局公告 2010 年第 27 号）同时废止。

215 财政部 海关总署 国家税务总局关于支持鲁甸地震灾后恢复重建有关税收政策问题的通知

2015年1月26日　财税〔2015〕27号

【全文有效】

各省、自治区、直辖市、计划单列市财政厅（局）、国家税务局、地方税务局，新疆生产建设兵团财务局，广东分署、各直属海关：

为支持和帮助鲁甸地震受灾地区积极开展生产自救，重建家园，鼓励和引导社会各方面力量参与灾后恢复重建工作，使灾区基本生产生活条件和经济社会发展全面恢复并超过灾前水平，根据《国务院关于支持鲁甸地震灾后恢复重建政策措施的意见》（国发〔2014〕57号）的有关规定，现就支持鲁甸地震灾后恢复重建有关税收政策问题通知如下：

一、关于减轻企业税收负担的税收政策

1. 对受灾严重地区损失严重的企业，免征2014年度至2016年度的企业所得税。

2. 自2014年8月3日起，对受灾地区企业通过公益性社会团体、县级以上人民政府及其部门取得的抗震救灾和灾后恢复重建款项和物资，以及税收法律、法规规定和国务院批准的减免税金及附加收入，免征企业所得税。

3. 自2014年1月1日至2018年12月31日，对受灾地区农村信用社免征企业所得税。

4. 自2014年8月3日起，对受灾地区企业、单位或支援受灾地区重建的企业、单位，在3年内进口国内不能满足供应并直接用于灾后恢复重建的大宗物资、设备等，给予进口税收优惠。

各省、自治区、直辖市、计划单列市人民政府或国务院有关部门负责将所在地企业或归口管理的单位提交的直接用于灾后恢复重建的进口国内不能满足供应的物资减免税申请汇总后报财政部，由财政部会同海关总署、国家税务总局等部门审核提出处理意见,报请国务院批准后执行。

二、关于减轻个人税收负担的税收政策

自 2014 年 8 月 3 日起,对受灾地区个人接受捐赠的款项、取得的各级政府发放的救灾款项,以及参与抗震救灾的一线人员,按照地方各级人民政府及其部门规定标准取得的与抗震救灾有关的补贴收入,免征个人所得税。

三、关于支持基础设施、房屋建筑物等恢复重建的税收政策

1. 对政府为受灾居民组织建设的安居房建设用地,免征城镇土地使用税,转让时免征土地增值税。

2. 对因地震住房倒塌的农民重建住房占用耕地的,在规定标准内的部分免征耕地占用税。

3. 由政府组织建设的安居房,对所签订的建筑工程勘察设计合同、建筑安装工程承包合同、产权转移书据、房屋租赁合同,免征印花税。

4. 对受灾居民购买安居房,免征契税;对在地震中损毁的应缴而未缴契税的居民住房,不再征收契税。

5. 经省级人民政府批准,对经有关部门鉴定的因灾损毁的房产、土地,免征 2014 年度至 2016 年度的房产税、城镇土地使用税。对经批准免税的纳税人已缴税款可以从以后年度的应缴税款中抵扣。

本通知所称安居房,按照国务院有关部门确定的标准执行。所称毁损的居民住房,是指经县级以上(含县级)人民政府房屋主管部门出具证明,在地震中倒塌或遭受严重破坏而不能居住的居民住房。

四、关于鼓励社会各界支持抗震救灾和灾后恢复重建的税收政策

1. 自 2014 年 8 月 3 日起,对单位和个体经营者将自产、委托加工或购买的货物,通过公益性社会团体、县级以上人民政府及其部门捐赠给受灾地区的,免征增值税、城市维护建设税及教育费附加。

2. 自 2014 年 8 月 3 日起,对企业、个人通过公益性社会团体、县级以上人民政府及其部门向受灾地区的捐赠,允许在当年企业所得税前和当年个人所得税前全额扣除。

3. 对财产所有人将财产(物品)直接捐赠或通过公益性社会团体、县级以上人民政府及其部门捐赠给受灾地区或受灾居民所书立的产权转移书据,免征印花税。

4. 对专项用于抗震救灾和灾后恢复重建、能够提供由县级以上(含县级)

人民政府或其授权单位出具的抗震救灾证明的新购特种车辆，免征车辆购置税。符合免税条件但已经征税的特种车辆，退还已征税款。

新购特种车辆是指 2014 年 8 月 3 日至 2016 年 12 月 31 日期间购买的警车、消防车、救护车、工程救险车，且车辆的所有者是受灾地区单位和个人。

五、关于促进就业的税收政策

1. 受灾严重地区的商贸企业、服务型企业、劳动就业服务企业中的加工型企业和街道社区具有加工性质的小型企业实体在新增加的就业岗位中，招用当地因地震灾害失去工作的人员，与其签订 1 年以上期限劳动合同并依法缴纳社会保险费的，经县级人力资源社会保障部门认定，按实际招用人数和实际工作时间予以定额依次扣减增值税、营业税、城市维护建设税、教育费附加、地方教育附加和企业所得税。

定额标准为每人每年 4000 元，最高可上浮 30%，由云南省人民政府根据当地实际情况具体确定。

按上述标准计算的税收抵扣额应在企业当年实际应缴纳的增值税、营业税、城市维护建设税、教育费附加、地方教育附加和企业所得税税额中扣减，当年扣减不足的，不得结转下年使用。

2. 受灾严重地区因地震灾害失去工作后从事个体经营的人员，以及因地震灾害损失严重的个体工商户，按每户每年 8000 元为限额依次扣减其当年实际应缴纳的增值税、营业税、城市维护建设税、教育费附加、地方教育附加和个人所得税。限额标准最高可上浮 20%，由云南省人民政府根据当地实际情况具体确定。

纳税人年度应缴纳税款小于上述扣减限额的，以其实际缴纳的税款为限；大于上述扣减限额的，应以上述扣减限额为限。

六、关于税收政策的适用范围

根据《云南鲁甸 6.5 级地震灾害损失评估报告》（民函〔2014〕269 号）的规定，本通知所称"受灾严重地区"是指极重灾区和重灾区，"受灾地区"是指极重灾区、重灾区和一般灾区。具体受灾地区范围见附件。

七、关于税收政策的执行期限

以上税收政策，凡未注明具体期限的，一律执行至 2016 年 12 月 31 日。

各地财政、税务部门和各直属海关要加强领导、周密部署，把大力支持灾后恢复重建工作作为当前的一项重要任务，贯彻落实好相关税收优惠政策。

同时，要密切关注税收政策的执行情况，对发现的问题及时逐级向财政部、海关总署、国家税务总局反映。

216 财政部 国家税务总局关于个人非货币性资产投资有关个人所得税政策的通知

2015年3月30日 财税〔2015〕41号

【全文有效】

各省、自治区、直辖市、计划单列市财政厅（局）、地方税务局，新疆生产建设兵团财务局：

为进一步鼓励和引导民间个人投资，经国务院批准，将在上海自由贸易试验区试点的个人非货币性资产投资分期缴税政策推广至全国。现就个人非货币性资产投资有关个人所得税政策通知如下：

一、个人以非货币性资产投资，属于个人转让非货币性资产和投资同时发生。对个人转让非货币性资产的所得，应按照"财产转让所得"项目，依法计算缴纳个人所得税。

二、个人以非货币性资产投资，应按评估后的公允价值确认非货币性资产转让收入。非货币性资产转让收入减除该资产原值及合理税费后的余额为应纳税所得额。

个人以非货币性资产投资，应于非货币性资产转让、取得被投资企业股权时，确认非货币性资产转让收入的实现。

三、个人应在发生上述应税行为的次月15日内向主管税务机关申报纳税。纳税人一次性缴税有困难的，可合理确定分期缴纳计划并报主管税务机关备案后，自发生上述应税行为之日起不超过5个公历年度内（含）分期缴纳个人所得税。

四、个人以非货币性资产投资交易过程中取得现金补价的，现金部分应优先用于缴税；现金不足以缴纳的部分，可分期缴纳。

个人在分期缴税期间转让其持有的上述全部或部分股权，并取得现金收入的，该现金收入应优先用于缴纳尚未缴清的税款。

五、本通知所称非货币性资产，是指现金、银行存款等货币性资产以外的资产,包括股权、不动产、技术发明成果以及其他形式的非货币性资产。

本通知所称非货币性资产投资,包括以非货币性资产出资设立新的企业,以及以非货币性资产出资参与企业增资扩股、定向增发股票、股权置换、重组改制等投资行为。

六、本通知规定的分期缴税政策自 2015 年 4 月 1 日起施行。对 2015 年 4 月 1 日之前发生的个人非货币性资产投资,尚未进行税收处理且自发生上述应税行为之日起期限未超过 5 年的,可在剩余的期限内分期缴纳其应纳税款。

217 财政部 国家税务总局关于推广中关村国家自主创新示范区税收试点政策有关问题的通知

2015年6月9日 财税〔2015〕62号

【全文有效】

各省、自治区、直辖市、计划单列市财政厅（局）、国家税务局、地方税务局，新疆生产建设兵团财务局：

根据国务院决定，中关村国家自主创新示范区有关税收试点政策推广至国家自主创新示范区、合芜蚌自主创新综合试验区和绵阳科技城（以下统称示范地区）实施。现就有关税收政策问题明确如下：

一、关于股权奖励个人所得税政策

1. 对示范地区内的高新技术企业转化科技成果，给予本企业相关技术人员的股权奖励，技术人员一次缴纳税款有困难的，经主管税务机关审核，可分期缴纳个人所得税，但最长不得超过5年。

2. 本通知所称股权奖励，是指企业无偿授予相关技术人员一定份额的股权或一定数量的股份。股权奖励的计税价格参照获得股权时的公平市场价格确定。

3. 本通知所称相关技术人员，具体范围依照《财政部国家税务总局科技部关于中关村国家自主创新示范区有关股权奖励个人所得税试点政策的通知》（财税〔2014〕63号）的相关规定执行。

4. 技术人员转让奖励的股权（含奖励股权滋生的送、转股）并取得现金收入的，该现金收入应优先用于缴纳尚未缴清的税款。

5. 技术人员在转让奖励的股权之前企业依法宣告破产，技术人员进行相关权益处置后没有取得收益或资产，或取得的收益和资产不足以缴纳其取得股权尚未缴纳的应纳税款的，经主管税务机关审核，尚未缴纳的个人所得税可不予追征。

二、关于有限合伙制创业投资企业法人合伙人企业所得税政策

1. 注册在示范地区的有限合伙制创业投资企业采取股权投资方式投资于未上市的中小高新技术企业2年（24个月）以上的，该有限合伙制创业投资企业的法人合伙人可按照其对未上市中小高新技术企业投资额的70%抵扣该法人合伙人从该有限合伙制创业投资企业分得的应纳税所得额，当年不足抵扣的，可以在以后纳税年度结转抵扣。

2. 有限合伙制创业投资企业的法人合伙人对未上市中小高新技术企业的投资额，按照有限合伙制创业投资企业对中小高新技术企业的投资额和合伙协议约定的法人合伙人占有限合伙制创业投资企业的出资比例计算确定。

三、关于技术转让所得企业所得税政策

1. 注册在示范地区的居民企业在一个纳税年度内，转让技术的所有权或5年以上（含5年）许可使用权取得的所得不超过500万元的部分，免征企业所得税；超过500万元的部分，减半征收企业所得税。

2. 本通知所称技术，包括专利（含国防专利）、计算机软件著作权、集成电路布图设计专有权、植物新品种权、生物医药新品种，以及财政部和国家税务总局确定的其他技术。其中，专利是指法律授予独占权的发明、实用新型以及非简单改变产品图案和形状的外观设计。

四、关于企业转增股本个人所得税政策

1. 示范地区内中小高新技术企业，以未分配利润、盈余公积、资本公积向个人股东转增股本时，个人股东应按照"利息、股息、红利所得"项目，适用20%税率征收个人所得税。个人股东一次缴纳个人所得税确有困难的，经主管税务机关审核，可分期缴纳，但最长不得超过5年。

2. 股东转让股权并取得现金收入的，该现金收入应优先用于缴纳尚未缴清的税款。

3. 在股东转让该部分股权之前，企业依法宣告破产，股东进行相关权益处置后没有取得收益或收益小于初始投资额的，经主管税务机关审核，尚未缴纳的个人所得税可不予追征。

4. 本通知所称中小高新技术企业，是指注册在示范地区内实行查账征收的、经认定取得高新技术企业资格，且年销售额和资产总额均不超过2亿元、从业人数不超过500人的企业。

5. 上市中小高新技术企业或在全国中小企业股份转让系统挂牌的中小高新

技术企业向个人股东转增股本,股东应纳的个人所得税,继续按照现行有关股息红利差别化个人所得税政策执行,不适用本通知规定的分期纳税政策。

五、**本通知自 2015 年 1 月 1 日起执行。**实施范围包括中关村等所有国家自主创新示范区、合芜蚌自主创新综合试验区和绵阳科技城

218 财政部 国家税务总局 证监会关于上市公司股息红利差别化个人所得税政策有关问题的通知

2015年9月7日　财税〔2015〕101号

【全文有效】

各省、自治区、直辖市、计划单列市财政厅（局）、国家税务局、地方税务局，新疆生产建设兵团财务局，上海、深圳证券交易所，全国中小企业股份转让系统有限责任公司，中国证券登记结算公司：

经国务院批准，现就上市公司股息红利差别化个人所得税政策等有关问题通知如下：

一、个人从公开发行和转让市场取得的上市公司股票，持股期限超过1年的，股息红利所得暂免征收个人所得税。

个人从公开发行和转让市场取得的上市公司股票，持股期限在1个月以内（含1个月）的，其股息红利所得全额计入应纳税所得额；持股期限在1个月以上至1年（含1年）的，暂减按50%计入应纳税所得额；上述所得统一适用20%的税率计征个人所得税。

二、上市公司派发股息红利时，对个人持股1年以内（含1年）的，上市公司暂不扣缴个人所得税；待个人转让股票时，证券登记结算公司根据其持股期限计算应纳税额，由证券公司等股份托管机构从个人资金账户中扣收并划付证券登记结算公司，证券登记结算公司应于次月5个工作日内划付上市公司，上市公司在收到税款当月的法定申报期内向主管税务机关申报缴纳。

三、上市公司股息红利差别化个人所得税政策其他有关操作事项，按照《财政部　国家税务总局　证监会关于实施上市公司股息红利差别化个人所得税政策有关问题的通知》（财税〔2012〕85号）的相关规定执行。

四、全国中小企业股份转让系统挂牌公司股息红利差别化个人所得税政策，按照本通知规定执行。其他有关操作事项，按照《财政部　国家税务总局　证监会关于实施全国中小企业股份转让系统挂牌公司股息红利差别化个人所得税政策有关问题的通知》(财税〔2014〕48号)的相关规定执行。

五、本通知自2015年9月8日起施行。

上市公司派发股息红利,股权登记日在2015年9月8日之后的,股息红利所得按照本通知的规定执行。本通知实施之日个人投资者证券账户已持有的上市公司股票,其持股时间自取得之日起计算。

219 关于将国家自主创新示范区有关税收试点政策推广到全国范围实施的通知

2015年10月23日　财税〔2015〕116号

【全文有效】

各省、自治区、直辖市、计划单列市财政厅（局）、国家税务局、地方税务局，新疆生产建设兵团财务局：

根据国务院常务会议决定精神，将国家自主创新示范区试点的四项所得税政策推广至全国范围实施。现就有关税收政策问题明确如下：

一、关于有限合伙制创业投资企业法人合伙人企业所得税政策

1. 自2015年10月1日起，全国范围内的有限合伙制创业投资企业采取股权投资方式投资于未上市的中小高新技术企业满2年（24个月）的，该有限合伙制创业投资企业的法人合伙人可按照其对未上市中小高新技术企业投资额的70%抵扣该法人合伙人从该有限合伙制创业投资企业分得的应纳税所得额，当年不足抵扣的，可以在以后纳税年度结转抵扣。

2. 有限合伙制创业投资企业的法人合伙人对未上市中小高新技术企业的投资额，按照有限合伙制创业投资企业对中小高新技术企业的投资额和合伙协议约定的法人合伙人占有限合伙制创业投资企业的出资比例计算确定。

二、关于技术转让所得企业所得税政策

1. 自2015年10月1日起，全国范围内的居民企业转让5年以上非独占许可使用权取得的技术转让所得，纳入享受企业所得税优惠的技术转让所得范围。居民企业的年度技术转让所得不超过500万元的部分，免征企业所得税；超过500万元的部分，减半征收企业所得税。

2. 本通知所称技术，包括专利（含国防专利）、计算机软件著作权、集成电路布图设计专有权、植物新品种权、生物医药新品种，以及财政部和国家税务总

局确定的其他技术。其中，专利是指法律授予独占权的发明、实用新型以及非简单改变产品图案和形状的外观设计。

三、关于企业转增股个人所得税政策

1. 自 2016 年 1 月 1 日起，全国范围内的中小高新技术企业以未分配利润、盈余公积、资本公积向个人股东转增股本时，个人股东一次缴纳个人所得税确有困难的，可根据实际情况自行制订分期缴税计划，在不超过 5 个公历年度内（含）分期缴纳，并将有关资料报主管税务机关备案。

2. 个人股东获得转增的股本，应按照"利息、股息、红利所得"项目，适用 20% 税率征收个人所得税。

3. 股东转让股权并取得现金收入的，该现金收入应优先用于缴纳尚未缴清的税款。

4. 在股东转让该部分股权之前，企业依法宣告破产，股东进行相关权益处置后没有取得收益或收益小于初始投资额的，主管税务机关对其尚未缴纳的个人所得税可不予追征。

5. 本通知所称中小高新技术企业，是指注册在中国境内实行查账征收的、经认定取得高新技术企业资格，且年销售额和资产总额均不超过 2 亿元、从业人数不超过 500 人的企业。

6. 上市中小高新技术企业或在全国中小企业股份转让系统挂牌的中小高新技术企业向个人股东转增股本，股东应纳的个人所得税，继续按照现行有关股息红利差别化个人所得税政策执行，不适用本通知规定的分期纳税政策。

四、关于股权奖励个人所得税政策

1. 自 2016 年 1 月 1 日起，全国范围内的高新技术企业转化科技成果，给予本企业相关技术人员的股权奖励，个人一次缴纳税款有困难的，可根据实际情况自行制订分期缴税计划，在不超过 5 个公历年度内（含）分期缴纳，并将有关资料报主管税务机关备案。

2. 个人获得股权奖励时，按照"工资薪金所得"项目，参照《财政部　国家税务总局关于个人股票期权所得征收个人所得税问题的通知》（财税〔2005〕35 号）有关规定计算确定应纳税额。股权奖励的计税价格参照获得股权时的公平市场价格确定。

3. 技术人员转让奖励的股权（含奖励股权滋生的送、转股）并取得现金收入的，该现金收入应优先用于缴纳尚未缴清的税款。

4. 技术人员在转让奖励的股权之前企业依法宣告破产，技术人员进行相关

权益处置后没有取得收益或资产,或取得的收益和资产不足以缴纳其取得股权尚未缴纳的应纳税款的部分,税务机关可不予追征。

5. 本通知所称相关技术人员,是指经公司董事会和股东大会决议批准获得股权奖励的以下两类人员:

(1)对企业科技成果研发和产业化作出突出贡献的技术人员,包括企业内关键职务科技成果的主要完成人、重大开发项目的负责人、对主导产品或者核心技术、工艺流程作出重大创新或者改进的主要技术人员。

(2)对企业发展作出突出贡献的经营管理人员,包括主持企业全面生产经营工作的高级管理人员、负责企业主要产品(服务)生产经营合计占主营业务收入(或者主营业务利润)50%以上的中、高级经营管理人员。

企业面向全体员工实施的股权奖励,不得按本通知规定的税收政策执行。

6. 本通知所称股权奖励,是指企业无偿授予相关技术人员一定份额的股权或一定数量的股份。

7. 本通知所称高新技术企业,是指实行查账征收、经省级高新技术企业认定管理机构认定的高新技术企业。

220 财政部 国家税务总局 证监会关于内地与香港基金互认有关税收政策的通知

2015年12月14日　财税〔2015〕125号

【全文有效】

各省、自治区、直辖市、计划单列市财政厅（局）、国家税务局、地方税务局，新疆生产建设兵团财务局，上海、深圳证券交易所，中国证券登记结算公司：

经国务院批准，现就内地与香港基金互认涉及的有关税收政策问题明确如下：

一、关于内地投资者通过基金互认买卖香港基金份额的所得税问题。

1. 对内地个人投资者通过基金互认买卖香港基金份额取得的转让差价所得，自2015年12月18日起至2018年12月17日止，三年内暂免征收个人所得税。

2. 对内地企业投资者通过基金互认买卖香港基金份额取得的转让差价所得，计入其收入总额，依法征收企业所得税。

3. 内地个人投资者通过基金互认从香港基金分配取得的收益，由该香港基金在内地的代理人按照20%的税率代扣代缴个人所得税。

前款所称代理人是指依法取得中国证监会核准的公募基金管理资格或托管资格，根据香港基金管理人的委托，代为办理该香港基金内地事务的机构。

4. 对内地企业投资者通过基金互认从香港基金分配取得的收益，计入其收入总额，依法征收企业所得税。

二、关于香港市场投资者通过基金互认买卖内地基金份额的所得税问题。

1. 对香港市场投资者（包括企业和个人）通过基金互认买卖内地基金份额取得的转让差价所得，暂免征收所得税。

2. 对香港市场投资者（包括企业和个人）通过基金互认从内地基金分配取得的收益，由内地上市公司向该内地基金分配股息红利时，对香港市场投资者按照10%的税率代扣所得税；或发行债券的企业向该内地基金分配利息时，对香港市场投资者按照 7% 的税率代扣所得税,并由内地上市公司或发行债券的企业向其主管税务机关办理扣缴申报。该内地基金向投资者分配收益时,不再扣缴所得税。

内地基金管理人应当向相关证券登记结算机构提供内地基金的香港市场投资者的相关信息。

三、关于内地投资者通过基金互认买卖香港基金份额和香港市场投资者买卖内地基金份额的营业税问题。

1. 对香港市场投资者(包括单位和个人)通过基金互认买卖内地基金份额取得的差价收入,暂免征收营业税。

2. 对内地个人投资者通过基金互认买卖香港基金份额取得的差价收入,按现行政策规定暂免征收营业税。

3. 对内地单位投资者通过基金互认买卖香港基金份额取得的差价收入,按现行政策规定征免营业税。

四、关于内地投资者通过基金互认买卖香港基金份额和香港市场投资者通过基金互认买卖内地基金份额的印花税问题。

1. 对香港市场投资者通过基金互认买卖、继承、赠予内地基金份额,按照内地现行税制规定,暂不征收印花税。

2. 对内地投资者通过基金互认买卖、继承、赠予香港基金份额,按照香港特别行政区现行印花税税法规定执行。

五、财政、税务、证监等部门要加强协调,通力合作,切实做好政策实施的各项工作。

基金管理人、基金代理机构、相关证券登记结算机构以及上市公司和发行债券的企业,应依照法律法规积极配合税务机关做好基金互认税收的扣缴申报、征管及纳税服务工作。

六、本通知所称基金互认,是指内地基金或香港基金经香港证监会认可或中国证监会注册,在双方司法管辖区内向公众销售。所称内地基金,是指中国证监会根据《中华人民共和国证券投资基金法》注册的公开募集证券投资基金。所称香港基金,是指香港证监会根据香港法律认可公开销售的单位信托、互惠基金或者其他形式的集体投资计划。所称买卖基金份额,包括申购与赎回、交易。

七、本通知自 2015 年 12 月 18 日起执行。

221 国家税务总局关于个人非货币性资产投资有关个人所得税征管问题的公告

2015年4月8日　国家税务总局公告2015年第20号

【全文有效】

为落实国务院第83次常务会议决定，鼓励和引导民间个人投资，根据《中华人民共和国个人所得税法》及其实施条例、《中华人民共和国税收征收管理法》及其实施细则、《财政部　国家税务总局关于个人非货币性资产投资有关个人所得税政策的通知》（财税〔2015〕41号）规定，现就落实个人非货币性资产投资有关个人所得税征管问题公告如下：

一、非货币性资产投资个人所得税以发生非货币性资产投资行为并取得被投资企业股权的个人为纳税人。

二、非货币性资产投资个人所得税由纳税人向主管税务机关自行申报缴纳。

三、纳税人以不动产投资的，以不动产所在地地税机关为主管税务机关；纳税人以其持有的企业股权对外投资的，以该企业所在地地税机关为主管税务机关；纳税人以其他非货币资产投资的，以被投资企业所在地地税机关为主管税务机关。

四、纳税人非货币性资产投资应纳税所得额为非货币性资产转让收入减除该资产原值及合理税费后的余额。

五、非货币性资产原值为纳税人取得该项资产时实际发生的支出。

纳税人无法提供完整、准确的非货币性资产原值凭证，不能正确计算非货币性资产原值的，主管税务机关可依法核定其非货币性资产原值。

六、合理税费是指纳税人在非货币性资产投资过程中发生的与资产转移相关的税金及合理费用。

七、纳税人以股权投资的，该股权原值确认等相关问题依照《股权转让所得个人所得税管理办法（试行）》（国家税务总局公告2014年第67号发布）有关规定执行。

八、纳税人非货币性资产投资需要分期缴纳个人所得税的，应于取得被投资企业股权之日的次月15日内，自行制订缴税计划并向主管税务机关报送《非货币性资产投资分期缴纳个人所得税备案表》（见附件）、纳税人身份证明、投资协议、非货币性资产评估价格证明材料、能够证明非货币性资产原值及合理税费的相关资料。

2015年4月1日之前发生的非货币性资产投资，期限未超过5年，尚未进行税收处理且需要分期缴纳个人所得税的，纳税人应于本公告下发之日起30日内向主管税务机关办理分期缴税备案手续。

九、纳税人分期缴税期间提出变更原分期缴税计划的，应重新制订分期缴税计划并向主管税务机关重新报送《非货币性资产投资分期缴纳个人所得税备案表》。

十、纳税人按分期缴税计划向主管税务机关办理纳税申报时，应提供已在主管税务机关备案的《非货币性资产投资分期缴纳个人所得税备案表》和本期之前各期已缴纳个人所得税的完税凭证。

十一、纳税人在分期缴税期间转让股权的，应于转让股权之日的次月15日内向主管税务机关申报纳税。

十二、被投资企业应将纳税人以非货币性资产投入本企业取得股权和分期缴税期间纳税人股权变动情况，分别于相关事项发生后15日内向主管税务机关报告，并协助税务机关执行公务。

十三、纳税人和被投资企业未按规定备案、缴税和报送资料的，按照《中华人民共和国税收征收管理法》及有关规定处理。

十四、本公告自2015年4月1日起施行。

特此公告。

222 国家税务总局关于建筑安装业跨省异地工程作业人员个人所得税征收管理问题的公告

2015年7月20日　国家税务总局公告2015年第52号

【全文有效】

为规范和加强建筑安装业跨省（自治区、直辖市和计划单列市，下同）异地工程作业人员个人所得税征收管理，根据《中华人民共和国个人所得税法》等相关法律法规规定，现就有关问题公告如下：

一、总承包企业、分承包企业派驻跨省异地工程项目的管理人员、技术人员和其他工作人员在异地工作期间的工资、薪金所得个人所得税，由总承包企业、分承包企业依法代扣代缴并向工程作业所在地税务机关申报缴纳。

总承包企业和分承包企业通过劳务派遣公司聘用劳务人员跨省异地工作期间的工资、薪金所得个人所得税，由劳务派遣公司依法代扣代缴并向工程作业所在地税务机关申报缴纳。

二、跨省异地施工单位应就其所支付的工程作业人员工资、薪金所得，向工程作业所在地税务机关办理全员全额扣缴明细申报。凡实行全员全额扣缴明细申报的，工程作业所在地税务机关不得核定征收个人所得税。

三、总承包企业、分承包企业和劳务派遣公司机构所在地税务机关需要掌握异地工程作业人员工资、薪金所得个人所得税缴纳情况的，工程作业所在地税务机关应及时提供。总承包企业、分承包企业和劳务派遣公司机构所在地税务机关不得对异地工程作业人员已纳税工资、薪金所得重复征税。两地税务机关应加强沟通协调，切实维护纳税人权益。

四、建筑安装业省内异地施工作业人员个人所得税征收管理参照本公告执行。

五、本公告自2015年9月1日起施行。《国家税务总局关于印发〈建筑安装业个人所得税征收管理暂行办法〉的通知》（国税发〔1996〕127号）第十一条规定同时废止。

特此公告。

223 国家税务总局关于股权奖励和转增股本个人所得税征管问题的公告

2015年11月16日　国家税务总局公告2015年第80号

【全文有效】

为贯彻落实《财政部　国家税务总局关于将国家自主创新示范区有关税收试点政策推广到全国范围实施的通知》（财税〔2015〕116号）规定，现就股权奖励和转增股本个人所得税征管有关问题公告如下：

一、关于股权奖励

（一）股权奖励的计税价格参照获得股权时的公平市场价格确定，具体按以下方法确定：

1. 上市公司股票的公平市场价格，按照取得股票当日的收盘价确定。取得股票当日为非交易时间的，按照上一个交易日收盘价确定。

2. 非上市公司股权的公平市场价格，依次按照净资产法、类比法和其他合理方法确定。

（二）计算股权奖励应纳税额时，规定月份数按员工在企业的实际工作月份数确定。员工在企业工作月份数超过12个月的，按12个月计算。

二、关于转增股本

（一）非上市及未在全国中小企业股份转让系统挂牌的中小高新技术企业以未分配利润、盈余公积、资本公积向个人股东转增股本，并符合财税〔2015〕116号文件有关规定的，纳税人可分期缴纳个人所得税；非上市及未在全国中小企业股份转让系统挂牌的其他企业转增股本，应及时代扣代缴个人所得税。

（二）上市公司或在全国中小企业股份转让系统挂牌的企业转增股本（不含以股票发行溢价形成的资本公积转增股本），按现行有关股息红利差别化政策执行。

三、关于备案办理

（一）获得股权奖励的企业技术人员、企业转增股本涉及的股东需要分期缴纳个人所得税的，应自行制订分期缴税计划，由企业于发生股权奖励、转增股本的次月15日内，向主管税务机关办理分期缴税备案手续。

办理股权奖励分期缴税，企业应向主管税务机关报送高新技术企业认定证书、股东大会或董事会决议、《个人所得税分期缴纳备案表（股权奖励）》、相关技术人员参与技术活动的说明材料、企业股权奖励计划、能够证明股权或股票价格的有关材料、企业转化科技成果的说明、最近一期企业财务报表等。

办理转增股本分期缴税，企业应向主管税务机关报送高新技术企业认定证书、股东大会或董事会决议、《个人所得税分期缴纳备案表（转增股本）》、上年度及转增股本当月企业财务报表、转增股本有关情况说明等。

高新技术企业认定证书、股东大会或董事会决议的原件，主管税务机关进行形式审核后退还企业，复印件及其他有关资料税务机关留存。

（二）纳税人分期缴税期间需要变更原分期缴税计划的，应重新制订分期缴税计划，由企业向主管税务机关重新报送《个人所得税分期缴纳备案表》。

四、关于代扣代缴

（一）企业在填写《扣缴个人所得税报告表》时，应将纳税人取得股权奖励或转增股本情况单独填列，并在"备注"栏中注明"股权奖励"或"转增股本"字样。

（二）纳税人在分期缴税期间取得分红或转让股权的，企业应及时代扣股权奖励或转增股本尚未缴清的个人所得税，并于次月15日内向主管税务机关申报纳税。

本公告自2016年1月1日起施行。

特此公告。

附件：
1. 《个人所得税分期缴纳备案表（股权奖励）》及填报说明（略）
2. 《个人所得税分期缴纳备案表（转增股本）》及填报说明（略）

224 关于营改增后契税 房产税 土地增值税 个人所得税计税依据问题的通知

2016年4月25日 财税〔2016〕43号

【全文有效】

各省、自治区、直辖市、计划单列市财政厅（局）、地方税务局，西藏、宁夏、青海省（自治区）国家税务局，新疆生产建设兵团财务局：

经研究，现将营业税改征增值税后契税、房产税、土地增值税、个人所得税计税依据有关问题明确如下：

一、计征契税的成交价格不含增值税。

二、房产出租的，计征房产税的租金收入不含增值税。

三、土地增值税纳税人转让房地产取得的收入为不含增值税收入。

《中华人民共和国土地增值税暂行条例》等规定的土地增值税扣除项目涉及的增值税进项税额，允许在销项税额中计算抵扣的，不计入扣除项目，不允许在销项税额中计算抵扣的，可以计入扣除项目。

四、个人转让房屋的个人所得税应税收入不含增值税，其取得房屋时所支付价款中包含的增值税计入财产原值，计算转让所得时可扣除的税费不包括本次转让缴纳的增值税。

个人出租房屋的个人所得税应税收入不含增值税，计算房屋出租所得可扣除的税费不包括本次出租缴纳的增值税。个人转租房屋的，其向房屋出租方支付的租金及增值税额，在计算转租所得时予以扣除。

五、免征增值税的，确定计税依据时，成交价格、租金收入、转让房地产取得的收入不扣减增值税额。

六、在计征上述税种时，税务机关核定的计税价格或收入不含增值税。

本通知自2016年5月1日起执行。

225 财政部 国家税务总局关于行政和解金有关税收政策问题的通知

2016年9月18日 财税〔2016〕100号

【前文有效】

各省、自治区、直辖市、计划单列市财政厅（局）、国家税务局、地方税务局，新疆生产兵团财务局：

根据《中华人民共和国企业所得税法》及《中华人民共和国个人所得税法》的有关规定，现就证券期货领域有关行政和解金税收政策问题明确如下：

一、行政相对人交纳的行政和解金，不得在所得税税前扣除。

二、中国证券投资者保护基金公司（简称投保基金公司）代收备付的行政和解金不属于投保基金公司的收入，不征收企业所得税。

投保基金公司取得行政和解金时应使用财政票据。

三、对企业投资者从投保基金公司取得的行政和解金，应计入企业当期收入，依法征收企业所得税；对个人投资者从投保基金公司取得的行政和解金，暂免征收个人所得税。

四、本通知自2016年1月1日起执行。

226 财政部 国家税务总局关于完善股权激励和技术入股有关所得税政策的通知

2016年9月20日　　财税〔2016〕101号

【全文有效】

各省、自治区、直辖市、计划单列市财政厅（局）、国家税务局、地方税务局，新疆生产建设兵团财务局：

为支持国家大众创业、万众创新战略的实施，促进我国经济结构转型升级，经国务院批准，现就完善股权激励和技术入股有关所得税政策通知如下：

一、对符合条件的非上市公司股票期权、股权期权、限制性股票和股权奖励实行递延纳税政策

（一）非上市公司授予本公司员工的股票期权、股权期权、限制性股票和股权奖励，符合规定条件的，经向主管税务机关备案，可实行递延纳税政策，即员工在取得股权激励时可暂不纳税，递延至转让该股权时纳税；股权转让时，按照股权转让收入减除股权取得成本以及合理税费后的差额，适用"财产转让所得"项目，按照20%的税率计算缴纳个人所得税。

股权转让时，股票（权）期权取得成本按行权价确定，限制性股票取得成本按实际出资额确定，股权奖励取得成本为零。

（二）享受递延纳税政策的非上市公司股权激励（包括股票期权、股权期权、限制性股票和股权奖励，下同）须同时满足以下条件：

1. 属于境内居民企业的股权激励计划。

2. 股权激励计划经公司董事会、股东（大）会审议通过。未设股东（大）会的国有单位，经上级主管部门审核批准。股权激励计划应列明激励目的、对象、标的、有效期、各类价格的确定方法、激励对象获取权益的条件、程序等。

3. 激励标的应为境内居民企业的本公司股权。股权奖励的标的可以是技术成果投资入股到其他境内居民企业所取得的股权。激励标的股票（权）包括通

过增发、大股东直接让渡以及法律法规允许的其他合理方式授予激励对象的股票（权）。

4. 激励对象应为公司董事会或股东（大）会决定的技术骨干和高级管理人员，激励对象人数累计不得超过本公司最近6个月在职职工平均人数的30%。

5. 股票（权）期权自授予日起应持有满3年，且自行权日起持有满1年；限制性股票自授予日起应持有满3年，且解禁后持有满1年；股权奖励自获得奖励之日起应持有满3年。上述时间条件须在股权激励计划中列明。

6. 股票（权）期权自授予日至行权日的时间不得超过10年。

7. 实施股权奖励的公司及其奖励股权标的公司所属行业均不属于《股权奖励税收优惠政策限制性行业目录》范围（见附件）。公司所属行业按公司上一纳税年度主营业务收入占比最高的行业确定。

（三）本通知所称股票（权）期权是指公司给予激励对象在一定期限内以事先约定的价格购买本公司股票（权）的权利；所称限制性股票是指公司按照预先确定的条件授予激励对象一定数量的本公司股权，激励对象只有工作年限或业绩目标符合股权激励计划规定条件的才可以处置该股权；所称股权奖励是指企业无偿授予激励对象一定份额的股权或一定数量的股份。

（四）股权激励计划所列内容不同时满足第一条第（二）款规定的全部条件，或递延纳税期间公司情况发生变化，不再符合第一条第（二）款第4至6项条件的，不得享受递延纳税优惠，应按规定计算缴纳个人所得税。

二、对上市公司股票期权、限制性股票和股权奖励适当延长纳税期限

（一）上市公司授予个人的股票期权、限制性股票和股权奖励，经向主管税务机关备案，个人可自股票期权行权、限制性股票解禁或取得股权奖励之日起，在不超过12个月的期限内缴纳个人所得税。《财政部 国家税务总局关于上市公司高管人员股票期权所得缴纳个人所得税有关问题的通知》（财税〔2009〕40号）自本通知施行之日起废止。

（二）上市公司股票期权、限制性股票应纳税款的计算，继续按照《财政部 国家税务总局关于个人股票期权所得征收个人所得税问题的通知》（财税〔2005〕35号）、《财政部 国家税务总局关于股票增值权所得和限制性股票所得征收个人所得税有关问题的通知》（财税〔2009〕5号）、《国家税务总局关于股权激励有关个人所得税问题的通知》（国税函〔2009〕461号）等相关规定执行。股权奖励应纳税款的计算比照上述规定执行。

三、对技术成果投资入股实施选择性税收优惠政策

（一）企业或个人以技术成果投资入股到境内居民企业，被投资企业支付的

对价全部为股票（权）的，企业或个人可选择继续按现行有关税收政策执行，也可选择适用递延纳税优惠政策。

选择技术成果投资入股递延纳税政策的，经向主管税务机关备案，投资入股当期可暂不纳税，允许递延至转让股权时，按股权转让收入减去技术成果原值和合理税费后的差额计算缴纳所得税。

（二）企业或个人选择适用上述任一项政策，均允许被投资企业按技术成果投资入股时的评估值入账并在企业所得税前摊销扣除。

（三）技术成果是指专利技术（含国防专利）、计算机软件著作权、集成电路布图设计专有权、植物新品种权、生物医药新品种，以及科技部、财政部、国家税务总局确定的其他技术成果。

（四）技术成果投资入股，是指纳税人将技术成果所有权让渡给被投资企业、取得该企业股票（权）的行为。

四、相关政策

（一）个人从任职受雇企业以低于公平市场价格取得股票（权）的，凡不符合递延纳税条件，应在获得股票（权）时，对实际出资额低于公平市场价格的差额，按照"工资、薪金所得"项目，参照《财政部 国家税务总局关于个人股票期权所得征收个人所得税问题的通知》（财税〔2005〕35号）有关规定计算缴纳个人所得税。

（二）个人因股权激励、技术成果投资入股取得股权后，非上市公司在境内上市的，处置递延纳税的股权时，按照现行限售股有关征税规定执行。

（三）个人转让股权时，视同享受递延纳税优惠政策的股权优先转让。递延纳税的股权成本按照加权平均法计算，不与其他方式取得的股权成本合并计算。

（四）持有递延纳税的股权期间，因该股权产生的转增股本收入，以及以该递延纳税的股权再进行非货币性资产投资的，应在当期缴纳税款。

（五）全国中小企业股份转让系统挂牌公司按照本通知第一条规定执行。

适用本通知第二条规定的上市公司是指其股票在上海证券交易所、深圳证券交易所上市交易的股份有限公司。

五、配套管理措施

（一）对股权激励或技术成果投资入股选择适用递延纳税政策的，企业应在规定期限内到主管税务机关办理备案手续。未办理备案手续的，不得享受本通知规定的递延纳税优惠政策。

（二）企业实施股权激励或个人以技术成果投资入股，以实施股权激励或取得技术成果的企业为个人所得税扣缴义务人。递延纳税期间，扣缴义务人应在每个纳税年度终了后向主管税务机关报告递延纳税有关情况。

（三）工商部门应将企业股权变更信息及时与税务部门共享，暂不具备联网实时共享信息条件的，工商部门应在股权变更登记 3 个工作日内将信息与税务部门共享。

六、本通知自 2016 年 9 月 1 日起施行

中关村国家自主创新示范区 2016 年 1 月 1 日至 8 月 31 日之间发生的尚未纳税的股权奖励事项，符合本通知规定的相关条件的，可按本通知有关政策执行。

附件：

股权奖励税收优惠政策限制性行业目录

门类代码	类别名称
A（农、林、牧、渔业）	（1）03 畜牧业（科学研究、籽种繁育性质项目除外）（2）04 渔业（科学研究、籽种繁育性质项目除外）
B（采矿业）	（3）采矿业（除第 11 类开采辅助活动）
C（制造业）	（4）16 烟草制品业（5）17 纺织业（除第 178 类非家用纺织制成品制造）（6）19 皮革、毛皮、羽毛及其制品和制鞋业（7）20 木材加工和木、竹、藤、棕、草制品业（8）22 造纸和纸制品业（除第 223 类纸制品制造）（9）31 黑色金属冶炼和压延加工业（除第 314 类钢压延加工）
F（批发和零售业）	（10）批发和零售业
G（交通运输、仓储和邮政业）	（11）交通运输、仓储和邮政业
H（住宿和餐饮业）	（12）住宿和餐饮业
J（金融业）	（13）66 货币金融服务（14）68 保险业
K（房地产业）	（15）房地产业
L（租赁和商务服务业）	（16）租赁和商务服务业
O（居民服务、修理和其他服务业）	（17）79 居民服务业
Q（卫生和社会工作）	（18）84 社会工作
R（文化、体育和娱乐业）	（19）88 体育（20）89 娱乐业
S（公共管理、社会保障和社会组织）	（21）公共管理、社会保障和社会组织（除第 9421 类专业性团体和 9422 类行业性团体）

说明：以上目录按照《国民经济行业分类》（GB/T 4754—2011）编制。

227 财政部 国家税务总局 证监会 关于深港股票市场交易互联互通机制试点有关税收政策的通知

2016年11月5日　财税〔2016〕127号

【全文有效】

各省、自治区、直辖市、计划单列市财政厅（局）、国家税务局、地方税务局，新疆生产建设兵团财务局，上海、深圳证券交易所，中国证券登记结算公司：

经国务院批准，现就深港股票市场交易互联互通机制试点（以下简称深港通）涉及的有关税收政策问题明确如下：

一、关于内地投资者通过深港通投资香港联合交易所有限公司（以下简称香港联交所）上市股票的所得税问题

（一）内地个人投资者通过深港通投资香港联交所上市股票的转让差价所得税。

对内地个人投资者通过深港通投资香港联交所上市股票取得的转让差价所得，自2016年12月5日起至2019年12月4日止，暂免征收个人所得税。

（二）内地企业投资者通过深港通投资香港联交所上市股票的转让差价所得税。

对内地企业投资者通过深港通投资香港联交所上市股票取得的转让差价所得，计入其收入总额，依法征收企业所得税。

（三）内地个人投资者通过深港通投资香港联交所上市股票的股息红利所得税。

对内地个人投资者通过深港通投资香港联交所上市H股取得的股息红利，H股公司应向中国证券登记结算有限责任公司（以下简称中国结算）提出申请，由中国结算向H股公司提供内地个人投资者名册，H股公司按照20%的税率代扣个人所得税。内地个人投资者通过深港通投资香港联交所上市的非H股取得

的股息红利，由中国结算按照 20% 的税率代扣个人所得税。个人投资者在国外已缴纳的预提税，可持有效扣税凭证到中国结算的主管税务机关申请税收抵免。

对内地证券投资基金通过深港通投资香港联交所上市股票取得的股息红利所得，按照上述规定计征个人所得税。

（四）内地企业投资者通过深港通投资香港联交所上市股票的股息红利所得税。

1. 对内地企业投资者通过深港通投资香港联交所上市股票取得的股息红利所得，计入其收入总额，依法计征企业所得税。其中，内地居民企业连续持有 H 股满 12 个月取得的股息红利所得，依法免征企业所得税。

2. 香港联交所上市 H 股公司应向中国结算提出申请，由中国结算向 H 股公司提供内地企业投资者名册，H 股公司对内地企业投资者不代扣股息红利所得税款，应纳税款由企业自行申报缴纳。

3. 内地企业投资者自行申报缴纳企业所得税时，对香港联交所非 H 股上市公司已代扣代缴的股息红利所得税，可依法申请税收抵免。

二、关于香港市场投资者通过深港通投资深圳证券交易所（以下简称深交所）上市 A 股的所得税问题

1. 对香港市场投资者（包括企业和个人）投资深交所上市 A 股取得的转让差价所得，暂免征收所得税。

2. 对香港市场投资者（包括企业和个人）投资深交所上市 A 股取得的股息红利所得，在香港中央结算有限公司（以下简称香港结算）不具备向中国结算提供投资者的身份及持股时间等明细数据的条件之前，暂不执行按持股时间实行差别化征税政策，由上市公司按照 10% 的税率代扣所得税，并向其主管税务机关办理扣缴申报。对于香港投资者中属于其他国家税收居民且其所在国与中国签订的税收协定规定股息红利所得税率低于 10% 的，企业或个人可以自行或委托代扣代缴义务人，向上市公司主管税务机关提出享受税收协定待遇退还多缴税款的申请，主管税务机关查实后，对符合退税条件的，应按已征税款和根据税收协定税率计算的应纳税款的差额予以退税。

三、关于内地和香港市场投资者通过深港通买卖股票的增值税问题

1. 对香港市场投资者（包括单位和个人）通过深港通买卖深交所上市 A 股取得的差价收入，在营改增试点期间免征增值税。

2. 对内地个人投资者通过深港通买卖香港联交所上市股票取得的差价收入，在营改增试点期间免征增值税。

3. 对内地单位投资者通过深港通买卖香港联交所上市股票取得的差价收入，在营改增试点期间按现行政策规定征免增值税。

四、关于内地和香港市场投资者通过深港通转让股票的证券（股票）交易印花税问题

香港市场投资者通过深港通买卖、继承、赠予深交所上市 A 股，按照内地现行税制规定缴纳证券（股票）交易印花税。内地投资者通过深港通买卖、继承、赠予香港联交所上市股票，按照香港特别行政区现行税法规定缴纳印花税。

中国结算和香港结算可互相代收上述税款。

五、关于香港市场投资者通过沪股通和深股通参与股票担保卖空的证券（股票）交易印花税问题

对香港市场投资者通过沪股通和深股通参与股票担保卖空涉及的股票借入、归还，暂免征收证券（股票）交易印花税。

六、本通知自 2016 年 12 月 5 日起执行

228 国家税务总局关于个人保险代理人税收征管有关问题的公告

2016年7月7日 国家税务总局公告2016年第45号

【条款失效】

【注释】依据《财政部关于个人所得税法修改后有关优惠政策衔接问题的通知》（财税〔2018〕164号）。本法规第二条有关概念及计算方式自2019年1月1日起调整。

现将个人保险代理人为保险企业提供保险代理服务税收征管有关问题公告如下：

一、个人保险代理人为保险企业提供保险代理服务应当缴纳的增值税和城市维护建设税、教育费附加、地方教育附加，税务机关可以根据《国家税务总局关于发布〈委托代征管理办法〉的公告》（国家税务总局公告2013年第24号）的有关规定，委托保险企业代征。

个人保险代理人为保险企业提供保险代理服务应当缴纳的个人所得税，由保险企业按照现行规定依法代扣代缴。

二、个人保险代理人以其取得的佣金、奖励和劳务费等相关收入（以下简称"佣金收入"），不含增值税减去地方税费附加及展业成本，按照规定计算个人所得税。

展业成本，为佣金收入减去地方税费附加余额的40%。

三、接受税务机关委托代征税款的保险企业，向个人保险代理人支付佣金费用后，可代个人保险代理人统一向主管税务机关申请汇总代开增值税普通发票或增值税专用发票。

四、保险企业代个人保险代理人申请汇总代开增值税发票时，应向主管税务机关出具个人保险代理人的姓名、身份证号码、联系方式、付款时间、付款金额、代征税款的详细清单。

保险企业应将个人保险代理人的详细信息，作为代开增值税发票的清单，随发票入账。

五、主管税务机关为个人保险代理人汇总代开增值税发票时,应在备注栏内注明"个人保险代理人汇总代开"字样。

六、本公告所称个人保险代理人,是指根据保险企业的委托,在保险企业授权范围内代为办理保险业务的自然人,不包括个体工商户。

七、证券经纪人、信用卡和旅游等行业的个人代理人比照上述规定执行。信用卡、旅游等行业的个人代理人计算个人所得税时,不执行本公告第二条有关展业成本的规定。

个人保险代理人和证券经纪人其他个人所得税问题,按照《国家税务总局关于保险营销员取得佣金收入征免个人所得税问题的通知》(国税函〔2006〕454号)、《国家税务总局关于证券经纪人佣金收入征收个人所得税问题的公告》(国家税务总局公告2012年第45号)执行。

本公告自发布之日起施行。

特此公告。

229 国家税务总局关于股权激励和技术入股所得税征管问题的公告

2016年9月28日　国家税务总局公告2016年第62号

【全文有效】

为贯彻落实《财政部　国家税务总局关于完善股权激励和技术入股有关所得税政策的通知》(财税〔2016〕101号,以下简称《通知》),现就股权激励和技术入股有关所得税征管问题公告如下:

一、关于个人所得税征管问题

(一)非上市公司实施符合条件的股权激励,本公司最近6个月在职职工平均人数,按照股票(权)期权行权、限制性股票解禁、股权奖励获得之上月起前6个月"工资薪金所得"项目全员全额扣缴明细申报的平均人数确定。

(二)递延纳税期间,非上市公司情况发生变化,不再同时符合《通知》第一条第(二)款第4至6项条件的,应于情况发生变化之次月15日内,按《通知》第四条第(一)款规定计算缴纳个人所得税。

(三)员工以在一个公历月份中取得的股票(权)形式工资薪金所得为一次。员工取得符合条件、实行递延纳税政策的股权激励,与不符合递延纳税条件的股权激励分别计算。

员工在一个纳税年度中多次取得不符合递延纳税条件的股票(权)形式工资薪金所得的,参照《国家税务总局关于个人股票期权所得缴纳个人所得税有关问题的补充通知》(国税函〔2006〕902号)第七条规定执行。

(四)《通知》所称公平市场价格按以下方法确定:

1. 上市公司股票的公平市场价格,按照取得股票当日的收盘价确定。取得股票当日为非交易日的,按照上一个交易日收盘价确定。

2. 非上市公司股票(权)的公平市场价格,依次按照净资产法、类比法和其他合理方法确定。净资产法按照取得股票(权)的上年末净资产确定。

(五)企业备案具体按以下规定执行:

1. 非上市公司实施符合条件的股权激励,个人选择递延纳税的,非上市公司应于股票(权)期权行权、限制性股票解禁、股权奖励获得之次月15日内,向主管税务机关报送《非上市公司股权激励个人所得税递延纳税备案表》(附件1)、股权激励计划、董事会或股东大会决议、激励对象任职或从事技术工作情况说明等。实施股权奖励的企业同时报送本企业及其奖励股权标的企业上一纳税年度主营业务收入构成情况说明。

2. 上市公司实施股权激励,个人选择在不超过12个月期限内缴税的,上市公司应自股票期权行权、限制性股票解禁、股权奖励获得之次月15日内,向主管税务机关报送《上市公司股权激励个人所得税延期纳税备案表》(附件2)。上市公司初次办理股权激励备案时,还应一并向主管税务机关报送股权激励计划、董事会或股东大会决议。

3. 个人以技术成果投资入股境内公司并选择递延纳税的,被投资公司应于取得技术成果并支付股权之次月15日内,向主管税务机关报送《技术成果投资入股个人所得税递延纳税备案表》(附件3)、技术成果相关证书或证明材料、技术成果投资入股协议、技术成果评估报告等资料。

(六)个人因非上市公司实施股权激励或以技术成果投资入股取得的股票(权),实行递延纳税期间,扣缴义务人应于每个纳税年度终了后30日内,向主管税务机关报送《个人所得税递延纳税情况年度报告表》(附件4)。

(七)递延纳税股票(权)转让、办理纳税申报时,扣缴义务人、个人应向主管税务机关一并报送能够证明股票(权)转让价格、递延纳税股票(权)原值、合理税费的有关资料,具体包括转让协议、评估报告和相关票据等。资料不全或无法充分证明有关情况,造成计税依据偏低,又无正当理由的,主管税务机关可依据税收征管法有关规定进行核定。

二、关于企业所得税征管问题

(一)选择适用《通知》中递延纳税政策的,应当为实行查账征收的居民企业以技术成果所有权投资。

(二)企业适用递延纳税政策的,应在投资完成后首次预缴申报时,将相关内容填入《技术成果投资入股企业所得税递延纳税备案表》(附件5)。

(三)企业接受技术成果投资入股,技术成果评估值明显不合理的,主管税务机关有权进行调整。

三、实施时间

本公告自2016年9月1日起实施。中关村国家自主创新示范区2016年1月

1日至8月31日之间发生的尚未纳税的股权奖励事项,按《通知》有关政策执行的,可按本公告有关规定办理相关税收事宜。《国家税务总局关于3项个人所得税事项取消审批实施后续管理的公告》(国家税务总局公告2016年第5号)第二条第(一)项同时废止。

特此公告。

附件:1.《非上市公司股权激励个人所得税递延纳税备案表》及填报说明(略)

2.《上市公司股权激励个人所得税延期纳税备案表》及填报说明(略)

3.《技术成果投资入股个人所得税递延纳税备案表》及填报说明(略)

4.《个人所得税递延纳税情况年度报告表》及填报说明(略)

5.《技术成果投资入股企业所得税递延纳税备案表》及填报说明(略)

230 国家税务总局关于进一步完善税收协定中教师和研究人员条款执行有关规定的公告

2016年12月29日　国家税务总局公告2016年第91号

【全文有效】

我国对外签署的部分避免双重征税协定或安排（以下统称"税收协定"）列有教师和研究人员条款。根据该条款，缔约一方的教师和研究人员在缔约另一方的大学、学院、学校或其他政府承认的教育机构或科研机构从事教学、讲学或科研活动取得的所得，符合税收协定规定条件的，可在缔约另一方享受税收协定规定期限的免税待遇。现就进一步完善税收协定教师和研究人员条款执行有关规定公告如下：

一、税收协定该条款所称"大学、学院、学校或其他政府承认的教育机构"，在我国是指实施学前教育、初等教育、中等教育、高等教育和特殊教育的学校，具体包括幼儿园、普通小学、成人小学、普通初中、职业初中、普通高中、成人高中、中专、成人中专、职业高中、技工学校、特殊教育学校、外籍人员子女学校、普通高校、高职（专科）院校和成人高等学校。培训机构不属于学校。

二、非居民纳税人需享受该条款协定待遇的，应按照《国家税务总局关于发布〈非居民纳税人享受税收协定待遇管理办法〉的公告》（国家税务总局公告2015年第60号，以下简称"60号公告"）的规定，向主管税务机关报送60号公告第七条规定的资料，包括有效期内的《外国专家证》或《外国人就业证》或《外国人工作许可证》的复印件。

三、本公告自发布之日起实施。本公告实施之前尚未处理的事项适用本公告。《国家税务总局关于明确我国对外签订税收协定中教师和研究人员条款适用范围的通知》（国税函〔1999〕37号）第一条，以及《国家税务总局关于执行税收协定教师条款的通知》（国税发〔1994〕153号）同时废止。

特此公告。

231 财政部 税务总局 保监会关于将商业健康保险个人所得税试点政策推广到全国范围实施的通知

2017 年 4 月 28 日　财税〔2017〕39 号

【全文有效】

各省、自治区、直辖市、计划单列市财政厅（局）、地方税务局、保监局，新疆生产建设兵团财务局：

自 2017 年 7 月 1 日起，将商业健康保险个人所得税试点政策推广到全国范围实施。现将有关问题通知如下：

一、关于政策内容

对个人购买符合规定的商业健康保险产品的支出，允许在当年（月）计算应纳税所得额时予以税前扣除，扣除限额为 2400 元/年（200 元/月）。单位统一为员工购买符合规定的商业健康保险产品的支出，应分别计入员工个人工资薪金，视同个人购买，按上述限额予以扣除。

2400 元/年（200 元/月）的限额扣除为个人所得税法规定减除费用标准之外的扣除。

二、关于适用对象

适用商业健康保险税收优惠政策的纳税人，是指取得工资薪金所得、连续性劳务报酬所得的个人，以及取得个体工商户生产经营所得、对企事业单位的承包承租经营所得的个体工商户业主、个人独资企业投资者、合伙企业合伙人和承包承租经营者。

三、关于商业健康保险产品的规范和条件

符合规定的商业健康保险产品，是指保险公司参照个人税收优惠型健康保险产品指引框架及示范条款（见附件）开发的、符合下列条件的健康保险产品：

（一）健康保险产品采取具有保障功能并设立有最低保证收益账户的万能险方式，包含医疗保险和个人账户积累两项责任。被保险人个人账户由其所投保的保险公司负责管理维护。

（二）被保险人为 16 周岁以上、未满法定退休年龄的纳税人群。保险公司不得因被保险人既往病史拒保，并保证续保。

（三）医疗保险保障责任范围包括被保险人医保所在地基本医疗保险基金支付范围内的自付费用及部分基本医疗保险基金支付范围外的费用，费用的报销范围、比例和额度由各保险公司根据具体产品特点自行确定。

（四）同一款健康保险产品，可依据被保险人的不同情况，设置不同的保险金额，具体保险金额下限由保监会规定。

（五）健康保险产品坚持"保本微利"原则，对医疗保险部分的简单赔付率低于规定比例的，保险公司要将实际赔付率与规定比例之间的差额部分返还到被保险人的个人账户。

根据目标人群已有保障项目和保障需求的不同，符合规定的健康保险产品共有三类，分别适用于：①对公费医疗或基本医疗保险报销后个人负担的医疗费用有报销意愿的人群；②对公费医疗或基本医疗保险报销后个人负担的特定大额医疗费用有报销意愿的人群；③未参加公费医疗或基本医疗保险，对个人负担的医疗费用有报销意愿的人群。

符合上述条件的个人税收优惠型健康保险产品，保险公司应按《保险法》规定程序上报保监会审批。

四、关于税收征管

（一）单位统一组织为员工购买或者单位和个人共同负担购买符合规定的商业健康保险产品，单位负担部分应当实名计入个人工资薪金明细清单，视同个人购买，并自购买产品次月起，在不超过 200 元/月的标准内按月扣除。一年内保费金额超过 2400 元的部分，不得税前扣除。以后年度续保时，按上述规定执行。个人自行退保时，应及时告知扣缴单位。个人相关退保信息保险公司应及时传递给税务机关。

（二）取得工资薪金所得或连续性劳务报酬所得的个人，自行购买符合规定的商业健康保险产品的，应当及时向代扣代缴单位提供保单凭证。扣缴单位自个人提交保单凭证的次月起，在不超过 200 元/月的标准内按月扣除。一年内保费金额超过 2400 元的部分，不得税前扣除。以后年度续保时，按上述规定执行。个人自行退保时，应及时告知扣缴义务人。

（三）个体工商户业主、企事业单位承包承租经营者、个人独资和合伙企业投资者自行购买符合条件的商业健康保险产品的，在不超过2400元/年的标准内据实扣除。一年内保费金额超过2400元的部分，不得税前扣除。以后年度续保时，按上述规定执行。

五、关于部门协作

商业健康保险个人所得税税前扣除政策涉及环节和部门多，各相关部门应密切配合，切实落实好商业健康保险个人所得税政策。

（一）财政、税务、保监部门要做好商业健康保险个人所得税优惠政策宣传解释，优化服务。税务、保监部门应建立信息共享机制，及时共享商业健康保险涉税信息。

（二）保险公司在销售商业健康保险产品时，要为购买健康保险的个人开具发票和保单凭证，载明产品名称及缴费金额等信息，作为个人税前扣除的凭据。保险公司要与商业健康保险信息平台保持实时对接，保证信息真实准确。

（三）扣缴单位应按照本通知及税务机关有关要求，认真落实商业健康保险个人所得税前扣除政策。

（四）保险公司或商业健康保险信息平台应向税务机关提供个人购买商业健康保险的相关信息，并配合税务机关做好相关税收征管工作。

六、关于实施时间

本通知自2017年7月1日起执行。自2016年1月1日起开展商业健康保险个人所得税政策试点的地区，自2017年7月1日起继续按本通知规定的政策执行。《财政部 国家税务总局 保监会关于开展商业健康保险个人所得税政策试点工作的通知》（财税〔2015〕56号）、《财政部 国家税务总局 保监会关于实施商业健康保险个人所得税政策试点的通知》（财税〔2015〕126号）同时废止。

附件：1. 个人税收优惠型健康保险产品指引框架（略）
2. 个人税收优惠型健康保险（万能型）A款示范条款（略）
3. 个人税收优惠型健康保险（万能型）B款示范条款（略）
4. 个人税收优惠型健康保险（万能型）C款示范条款（略）

232 财政部 税务总局 海关总署关于北京2022年冬奥会和冬残奥会税收政策的通知

2017年7月12日 财税〔2017〕60号

【全文有效】

各省、自治区、直辖市、计划单列市财政厅（局）、国家税务局、地方税务局，广东分署、各直属海关，新疆生产建设兵团财务局：

为支持发展奥林匹克运动，确保北京2022年冬奥会和冬残奥会顺利举办，现就有关税收政策通知如下：

一、对北京2022年冬奥会和冬残奥会组织委员会（以下简称"北京冬奥组委"）实行以下税收政策：

（一）对北京冬奥组委取得的电视转播权销售分成收入、国际奥委会全球合作伙伴计划分成收入（实物和资金），免征应缴纳的增值税。

（二）对北京冬奥组委市场开发计划取得的国内外赞助收入、转让无形资产（如标志）特许权收入和销售门票收入，免征应缴纳的增值税。

（三）对北京冬奥组委取得的与中国集邮总公司合作发行纪念邮票收入、与中国人民银行合作发行纪念币收入，免征应缴纳的增值税。

（四）对北京冬奥组委取得的来源于广播、互联网、电视等媒体收入，免征应缴纳的增值税。

（五）对外国政府和国际组织无偿捐赠用于北京2022年冬奥会的进口物资，免征进口关税和进口环节增值税。

（六）对以一般贸易方式进口，用于北京2022年冬奥会的体育场馆建设所需设备中与体育场馆设施固定不可分离的设备以及直接用于北京2022年冬奥会比赛用的消耗品，免征关税和进口环节增值税。享受免税政策的奥运会体育场馆建设进口设备及比赛用消耗品的范围、数量清单由北京冬奥组委汇总后报财政部商有关部门审核确定。

（七）对北京冬奥组委进口的其他特需物资，包括：国际奥委会或国际单项体育组织指定的，国内不能生产或性能不能满足需要的体育器材、医疗检测设备、安全保障设备、交通通信设备、技术设备，在运动会期间按暂准进口货物规定办理，运动会结束后留用或做变卖处理的，按有关规定办理正式进口手续，并照章缴纳进口税收，其中进口汽车以不低于新车90%的价格估价征税。上述暂准进口的商品范围、数量清单由北京冬奥组委汇总后报财政部商有关部门审核确定。

（八）对北京冬奥组委再销售所获捐赠物品和赛后出让资产取得收入，免征应缴纳的增值税、消费税和土地增值税。免征北京冬奥组委向分支机构划拨所获赞助物资应缴纳的增值税，北京冬奥组委向主管税务机关提供"分支机构"范围的证明文件，办理减免税备案。

（九）对北京冬奥组委使用的营业账簿和签订的各类合同等应税凭证，免征北京冬奥组委应缴纳的印花税。

（十）对北京冬奥组委免征应缴纳的车船税和新购车辆应缴纳的车辆购置税。

（十一）对北京冬奥组委免征应缴纳的企业所得税。

（十二）对北京冬奥组委委托加工生产的高档化妆品免征应缴纳的消费税。具体管理办法由税务总局另行规定。

（十三）对国际奥委会、国际单项体育组织和其他社会团体等从国外邮寄进口且不流入国内市场的、与北京2022年冬奥会有关的文件、书籍、音像、光盘，在合理数量范围内免征关税和进口环节增值税。合理数量的具体标准由海关总署确定。对奥运会场馆建设所需进口的模型、图纸、图板、电子文件光盘、设计说明及缩印本等规划设计方案，免征关税和进口环节增值税。

（十四）对北京冬奥组委取得的餐饮服务、住宿、租赁、介绍服务和收费卡收入，免征应缴纳的增值税。

（十五）对北京2022年冬奥会场馆及其配套设施建设占用耕地，免征耕地占用税。

（十六）根据中国奥委会、主办城市、国际奥委会签订的《北京2022年冬季奥林匹克运动会主办城市合同》（以下简称《主办城市合同》）规定，北京冬奥组委全面负责和组织举办北京2022年冬残奥会，其取得的北京2022年冬残奥会收入及其发生的涉税支出比照执行北京2022年冬奥会的税收政策。

二、对国际奥委会、中国奥委会、国际残疾人奥林匹克委员会、中国残奥委员会、北京冬奥会测试赛赛事组委会实行以下税收政策：

（一）对国际奥委会取得的与北京2022年冬奥会有关的收入免征增值税、消费税、企业所得税。

（二）对国际奥委会、中国奥委会签订的与北京2022年冬奥会有关的各类合同,免征国际奥委会和中国奥委会应缴纳的印花税。

(三)对国际奥委会取得的国际性广播电视组织转来的中国境内电视台购买北京2022年冬奥会转播权款项,免征应缴纳的增值税。

(四)对按中国奥委会、主办城市签订的《联合市场开发计划协议》和中国奥委会、主办城市、国际奥委会签订的《主办城市合同》规定,中国奥委会取得的由北京冬奥组委分期支付的收入、按比例支付的盈余分成收入免征增值税、消费税和企业所得税。

(五)对国际残奥委会取得的与北京2022年冬残奥会有关的收入免征增值税、消费税、企业所得税和印花税。

(六)对中国残奥委会根据《联合市场开发计划协议》取得的由北京冬奥组委分期支付的收入免征增值税、消费税、企业所得税和印花税。

(七)北京冬奥会测试赛赛事组委会取得的收入及发生的涉税支出比照执行北京冬奥组委的税收政策。

三、对北京2022年冬奥会、冬残奥会、测试赛参与者实行以下税收政策:

(一)对企业、社会组织和团体赞助、捐赠北京2022年冬奥会、冬残奥会、测试赛的资金、物资、服务支出,在计算企业应纳税所得额时予以全额扣除。

(二)企业根据赞助协议向北京冬奥组委免费提供的与北京2022年冬奥会、冬残奥会、测试赛有关的服务,免征增值税。免税清单由北京冬奥组委报财政部、税务总局确定。

(三)个人捐赠北京2022年冬奥会、冬残奥会、测试赛的资金和物资支出可在计算个人应纳税所得额时予以全额扣除。

(四)对财产所有人将财产(物品)捐赠给北京冬奥组委所书立的产权转移书据免征应缴纳的印花税。

(五)对受北京冬奥组委邀请的,在北京2022年冬奥会、冬残奥会、测试赛期间临时来华,从事奥运相关工作的外籍顾问以及裁判员等外籍技术官员取得的由北京冬奥组委、测试赛赛事组委会支付的劳务报酬免征增值税和个人所得税。

(六)对在北京2022年冬奥会、冬残奥会、测试赛期间裁判员等中方技术官员取得的由北京冬奥组委、测试赛赛事组委会支付的劳务报酬,免征应缴纳的增值税。

(七)对于参赛运动员因北京2022年冬奥会、冬残奥会、测试赛比赛获得的奖金和其他奖赏收入,按现行税收法律法规的有关规定征免应缴纳的个人所得税。

(八)在北京2022年冬奥会场馆(场地)建设、试运营、测试赛及冬奥会及冬残奥会期间,对用于北京2022年冬奥会场馆(场地)建设、运维的水资源,免征应缴纳的水资源税。

（九）免征北京 2022 年冬奥会、冬残奥会、测试赛参与者向北京冬奥组委无偿提供服务和无偿转让无形资产的增值税。

四、本通知自发布之日起执行。

233 财政部 税务总局 证监会关于继续执行沪港股票市场交易互联互通机制有关个人所得税政策的通知

2017年11月1日　财税〔2017〕78号

【全文有效】

各省、自治区、直辖市、计划单列市财政厅（局）、国家税务局、地方税务局，新疆生产建设兵团财务局，上海、深圳证券交易所，中国证券登记结算公司：

现就沪港股票市场交易互联互通机制（以下简称沪港通）有关个人所得税政策明确如下：

对内地个人投资者通过沪港通投资香港联交所上市股票取得的转让差价所得，自2017年11月17日起至2019年12月4日止，继续暂免征收个人所得税。

234 国家税务总局关于推广实施商业健康保险个人所得税政策有关征管问题的公告

2017年5月19日　国家税务总局公告2017年第17号

【全文有效】

为贯彻落实《财政部　税务总局　保监会关于将商业健康保险个人所得税试点政策推广到全国范围实施的通知》（财税〔2017〕39号，以下简称《通知》），现就有关征管问题公告如下：

一、取得工资薪金所得、连续性劳务报酬所得的个人，以及取得个体工商户的生产经营所得、对企事业单位的承包承租经营所得的个体工商户业主、个人独资企业投资者、合伙企业个人合伙人和承包承租经营者，对其购买符合规定的商业健康保险产品支出，可按照《通知》规定标准在个人所得税前扣除。

二、《通知》所称取得连续性劳务报酬所得，是指个人连续3个月以上（含3个月）为同一单位提供劳务而取得的所得。

三、有扣缴义务人的个人自行购买、单位统一组织为员工购买或者单位和个人共同负担购买符合规定的商业健康保险产品，扣缴义务人在填报《扣缴个人所得税报告表》或《特定行业个人所得税年度申报表》时，应将当期扣除的个人购买商业健康保险支出金额填至申报表"税前扣除项目"的"其他"列中（需注明商业健康保险扣除金额），并同时填报《商业健康保险税前扣除情况明细表》（见附件）。

其中，个人自行购买符合规定的商业健康保险产品的，应及时向扣缴义务人提供保单凭证，扣缴义务人应当依法为其税前扣除，不得拒绝。个人从中国境内两处或者两处以上取得工资薪金所得，且自行购买商业健康保险的，只能选择在其中一处扣除。

个人未续保或退保的，应于未续保或退保当月告知扣缴义务人终止商业健康保险税前扣除。

四、个体工商户业主、个人独资企业投资者、合伙企业个人合伙人和企事业单位承包承租经营者购买符合规定的商业健康保险产品支出，在年度申报填报《个人所得税生产经营所得纳税申报表（B表）》、享受商业健康保险税前扣除政策时，应将商业健康保险税前扣除金额填至"允许扣除的其他费用"行（需注明商业健康保险扣除金额），并同时填报《商业健康保险税前扣除情况明细表》。

实行核定征收的纳税人，应向主管税务机关报送《商业健康保险税前扣除情况明细表》，主管税务机关按程序相应调减其应纳税所得额或应纳税额。纳税人未续保或退保的，应当及时告知主管税务机关，终止商业健康保险税前扣除。

五、保险公司销售符合规定的商业健康保险产品，及时为购买保险的个人开具发票和保单凭证，并在保单凭证上注明税优识别码。

个人购买商业健康保险未获得税优识别码的，其支出金额不得税前扣除。

六、本公告所称税优识别码，是指为确保税收优惠商业健康保险保单的唯一性、真实性和有效性，由商业健康保险信息平台按照"一人一单一码"的原则对投保人进行校验后，下发给保险公司，并在保单凭证上打印的数字识别码。

七、本公告自 2017 年 7 月 1 日起施行。《国家税务总局关于实施商业健康保险个人所得税政策试点有关征管问题的公告》（国家税务总局公告 2015 年第 93 号）同时废止。

特此公告。

附件：商业健康保险税前扣除情况明细表（略）

235 财政部 税务总局 证监会关于支持原油等货物期货市场对外开放税收政策的通知

2018 年 3 月 13 日 财税〔2018〕21 号

【全文有效】

各省、自治区、直辖市、计划单列市财政厅（局）、国家税务局、地方税务局，新疆生产建设兵团财政局：

为支持原油等货物期货市场对外开放，现将有关税收政策通知如下：

一、对在中国境内未设立机构、场所的，或者虽设立机构、场所但取得的所得与其所设机构、场所没有实际联系的境外机构投资者（包括境外经纪机构），从事中国境内原油期货交易取得的所得（不含实物交割所得），暂不征收企业所得税；对境外经纪机构在境外为境外投资者提供中国境内原油期货经纪业务取得的佣金所得，不属于来源于中国境内的劳务所得，不征收企业所得税。

二、自原油期货对外开放之日起，对境外个人投资者投资中国境内原油期货取得的所得，三年内暂免征收个人所得税。

三、经国务院批准对外开放的其他货物期货品种，按照本通知规定的税收政策执行。

四、本通知自发布之日起施行。

236 财政部 税务总局 人力资源社会保障部 中国银行保险监督管理委员会 证监会关于开展个人税收递延型商业养老保险试点的通知

2018 年 4 月 2 日　财税〔2018〕22 号

【全文有效】

上海市、江苏省、福建省、厦门市财政厅（局）、地方税务局、人力资源社会保障厅（局）、银监局、证监局、保监局：

为贯彻落实党的十九大精神，推进多层次养老保险体系建设，对养老保险第三支柱进行有益探索，现就开展个人税收递延型商业养老保险试点有关问题通知如下：

一、关于试点政策

（一）试点地区及时间

自 2018 年 5 月 1 日起，在上海市、福建省（含厦门市）和苏州工业园区实施个人税收递延型商业养老保险试点。试点期限暂定一年。

（二）试点政策内容

对试点地区个人通过个人商业养老资金账户购买符合规定的商业养老保险产品的支出，允许在一定标准内税前扣除；计入个人商业养老资金账户的投资收益，暂不征收个人所得税；个人领取商业养老金时再征收个人所得税。具体规定如下：

1. 个人缴费税前扣除标准。取得工资薪金、连续性劳务报酬所得的个人，其缴纳的保费准予在申报扣除当月计算应纳税所得额时予以限额据实扣除，扣除限额按照当月工资薪金、连续性劳务报酬收入的 6% 和 1000 元孰低办法确定。取得个体工商户生产经营所得、对企事业单位的承包承租经营所得的个体工商户业主、个人独资企业投资者、合伙企业自然人合伙人和承包承租经营者，其缴纳的保费准予在申报扣除当年计算应纳税所得额时予以限额据实扣除，扣除限额按照不超过当年应税收入的6%和12000元孰低办法确定。

2. 账户资金收益暂不征税。计入个人商业养老资金账户的投资收益，在缴费期间暂不征收个人所得税。

3. 个人领取商业养老金征税。个人达到国家规定的退休年龄时，可按月或按年领取商业养老金，领取期限原则上为终身或不少于15年。个人身故、发生保险合同约定的全残或罹患重大疾病的，可以一次性领取商业养老金。

对个人达到规定条件时领取的商业养老金收入，其中25%部分予以免税，其余75%部分按照10%的比例税率计算缴纳个人所得税，税款计入"其他所得"项目。

（三）试点政策适用对象

适用试点税收政策的纳税人，是指在试点地区取得工资薪金、连续性劳务报酬所得的个人，以及取得个体工商户生产经营所得、对企事业单位的承包承租经营所得的个体工商户业主、个人独资企业投资者、合伙企业自然人合伙人和承包承租经营者，其工资薪金、连续性劳务报酬的个人所得税扣缴单位，或者个体工商户、承包承租单位、个人独资企业、合伙企业的实际经营地均位于试点地区内。

取得连续性劳务报酬所得，是指纳税人连续6个月以上（含6个月）为同一单位提供劳务而取得的所得。

（四）试点期间个人商业养老资金账户和信息平台

1. 个人商业养老资金账户是由纳税人指定的、用于归集税收递延型商业养老保险缴费、收益以及资金领取等的商业银行个人专用账户。该账户封闭运行，与居民身份证件绑定，具有唯一性。

2. 试点期间使用中国保险信息技术管理有限责任公司建立的信息平台（以下简称"中保信平台"）。个人商业养老资金账户在中保信平台进行登记，校验其唯一性。个人商业养老资金账户变更银行须经中保信平台校验后，进行账户结转，每年允许结转一次。中保信平台与税务系统、商业保险机构和商业银行对接，提供账户管理、信息查询、税务稽核、外部监管等基础性服务。

（五）试点期间商业养老保险产品及管理

个人商业养老保险产品按稳健型产品为主、风险型产品为辅的原则选择，采取名录方式确定。试点期间的产品是指由保险公司开发，符合"收益稳健、长期锁定、终身领取、精算平衡"原则，满足参保人对养老账户资金安全性、收益性和长期性管理要求的商业养老保险产品。具体商业养老保险产品指引由中国银行保险监督管理委员会提出，商财政部、人社部、税务总局后发布。

（六）试点期间税收征管

1. 关于缴费税前扣除。个人购买符合规定的商业养老保险产品、享受递延纳税优惠时，以中保信平台出具的税延养老扣除凭证为扣税凭据。取得工资、薪金所得和连续性劳务报酬所得的个人，应及时将相关凭证提供给扣缴单位。扣缴单位应按照本通知有关要求，认真落实个人税收递延型商业养老保险试点政策，为纳税人办理税前扣除有关事项。

个人在试点地区范围内从两处或者两处以上取得所得的，只能选择在其中一处享受试点政策。

2. 关于领取商业养老金时的税款征收。个人按规定领取商业养老金时，由保险公司代扣代缴其应缴的个人所得税。

二、试点期间其他相关准备工作

试点期间，中国银行保险监督管理委员会、证监会做好相关准备工作，完善养老账户管理制度，制定银行、公募基金类产品指引等相关规定，指导相关金融机构产品开发。做好中国证券登记结算有限责任公司信息平台（以下简称"中登公司平台"）与商业银行、税务等信息系统的对接准备工作。同时，由人社部、财政部牵头，联合税务总局、中国银行保险监督管理委员会、证监会等单位，共同研究建立第三支柱制度和管理服务信息平台。

试点结束后，根据试点情况，结合养老保险第三支柱制度建设的有关情况，有序扩大参与的金融机构和产品范围，将公募基金等产品纳入个人商业养老账户投资范围，相应将中登公司平台作为信息平台，与中保信平台同步运行。第三支柱制度和管理服务信息平台建成以后，中登公司平台、中保信平台与第三支柱制度和管理服务信息平台对接，实现养老保险第三支柱宏观监管。

三、部门协作

1. 信息平台应向税务机关提供个人税收递延型商业养老保险有关信息，并配合税务机关做好相关税收征管工作。

2. 保险公司在销售个人税收递延型商业养老保险产品时，应为购买商业养老保险产品的个人开具发票和保单凭证，载明产品名称及缴费金额等信息。保险公司与信息平台实时对接，保证信息真实准确。

3. 试点地区财政、人社、税务、金融监管等相关部门应各司其职，密切配合，认真组织落实本通知，并及时总结、动态评估试点经验。对实施过程中遇到的困难和问题，及时向财政部、人社部、税务总局和金融监管部门反映。

237 财政部 税务总局关于创业投资企业和天使投资个人有关税收政策的通知

2018年5月14日　财税〔2018〕55号

【全文有效】

各省、自治区、直辖市、计划单列市财政厅（局）、国家税务局、地方税务局，新疆生产建设兵团财政局：

为进一步支持创业投资发展，现就创业投资企业和天使投资个人有关税收政策问题通知如下：

一、税收政策内容

（一）公司制创业投资企业采取股权投资方式直接投资于种子期、初创期科技型企业（以下简称初创科技型企业）满2年（24个月，下同）的，可以按照投资额的70%在股权持有满2年的当年抵扣该公司制创业投资企业的应纳税所得额；当年不足抵扣的，可以在以后纳税年度结转抵扣。

（二）有限合伙制创业投资企业（以下简称合伙创投企业）采取股权投资方式直接投资于初创科技型企业满2年的，该合伙创投企业的合伙人分别按以下方式处理：

1. 法人合伙人可以按照对初创科技型企业投资额的70%抵扣法人合伙人从合伙创投企业分得的所得；当年不足抵扣的，可以在以后纳税年度结转抵扣。

2. 个人合伙人可以按照对初创科技型企业投资额的70%抵扣个人合伙人从合伙创投企业分得的经营所得；当年不足抵扣的，可以在以后纳税年度结转抵扣。

（三）天使投资个人采取股权投资方式直接投资于初创科技型企业满2年的，可以按照投资额的70%抵扣转让该初创科技型企业股权取得的应纳税所得额；当期不足抵扣的，可以在以后取得转让该初创科技型企业股权的应纳税所得额时结转抵扣。

天使投资个人投资多个初创科技型企业的,对其中办理注销清算的初创科技型企业,天使投资个人对其投资额的70%尚未抵扣完的,可自注销清算之日起36个月内抵扣天使投资个人转让其他初创科技型企业股权取得的应纳税所得额。

二、相关政策条件

(一)本通知所称初创科技型企业,应同时符合以下条件:

1. 在中国境内(不包括港、澳、台地区)注册成立、实行查账征收的居民企业;

2. 接受投资时,从业人数不超过200人,其中具有大学本科以上学历的从业人数不低于30%;资产总额和年销售收入均不超过3000万元;

3. 接受投资时设立时间不超过5年(60个月);

4. 接受投资时以及接受投资后2年内未在境内外证券交易所上市;

5. 接受投资当年及下一纳税年度,研发费用总额占成本费用支出的比例不低于20%。

(二)享受本通知规定税收政策的创业投资企业,应同时符合以下条件:

1. 在中国境内(不含港、澳、台地区)注册成立、实行查账征收的居民企业或合伙创投企业,且不属于被投资初创科技型企业的发起人;

2. 符合《创业投资企业管理暂行办法》(发展改革委等10部门令第39号)规定或者《私募投资基金监督管理暂行办法》(证监会令第105号)关于创业投资基金的特别规定,按照上述规定完成备案且规范运作;

3. 投资后2年内,创业投资企业及其关联方持有被投资初创科技型企业的股权比例合计应低于50%。

(三)享受本通知规定的税收政策的天使投资个人,应同时符合以下条件:

1. 不属于被投资初创科技型企业的发起人、雇员或其亲属(包括配偶、父母、子女、祖父母、外祖父母、孙子女、外孙子女、兄弟姐妹,下同),且与被投资初创科技型企业不存在劳务派遣等关系;

2. 投资后2年内,本人及其亲属持有被投资初创科技型企业股权比例合计应低于50%。

(四)享受本通知规定的税收政策的投资,仅限于通过向被投资初创科技型企业直接支付现金方式取得的股权投资,不包括受让其他股东的存量股权。

三、管理事项及管理要求

(一)本通知所称研发费用口径,按照《财政部 国家税务总局 科技部关于完善研究开发费用税前加计扣除政策的通知》(财税〔2015〕119号)等规定执行。

（二）本通知所称从业人数，包括与企业建立劳动关系的职工人员及企业接受的劳务派遣人员。从业人数和资产总额指标，按照企业接受投资前连续 12 个月的平均数计算，不足 12 个月的，按实际月数平均计算。

本通知所称销售收入，包括主营业务收入与其他业务收入；年销售收入指标，按照企业接受投资前连续 12 个月的累计数计算，不足 12 个月的，按实际月数累计计算。

本通知所称成本费用，包括主营业务成本、其他业务成本、销售费用、管理费用、财务费用。

（三）本通知所称投资额，按照创业投资企业或天使投资个人对初创科技型企业的实缴投资额确定。

合伙创投企业的合伙人对初创科技型企业的投资额，按照合伙创投企业对初创科技型企业的实缴投资额和合伙协议约定的合伙人占合伙创投企业的出资比例计算确定。合伙人从合伙创投企业分得的所得，按照《财政部 国家税务总局关于合伙企业合伙人所得税问题的通知》（财税〔2008〕159 号）规定计算。

（四）天使投资个人、公司制创业投资企业、合伙创投企业、合伙创投企业法人合伙人、被投资初创科技型企业应按规定办理优惠手续。

（五）初创科技型企业接受天使投资个人投资满 2 年，在上海证券交易所、深圳证券交易所上市的，天使投资个人转让该企业股票时，按照现行限售股有关规定执行，其尚未抵扣的投资额，在税款清算时一并计算抵扣。

（六）享受本通知规定的税收政策的纳税人，其主管税务机关对被投资企业是否符合初创科技型企业条件有异议的，可以转请被投资企业主管税务机关提供相关材料。对纳税人提供虚假资料，违规享受税收政策的，应按税收征管法相关规定处理，并将其列入失信纳税人名单，按规定实施联合惩戒措施。

四、执行时间

本通知规定的天使投资个人所得税政策自 2018 年 7 月 1 日起执行，其他各项政策自 2018 年 1 月 1 日起执行。执行日期前 2 年内发生的投资，在执行日期后投资满 2 年，且符合本通知规定的其他条件的，可以适用本通知规定的税收政策。

《财政部 税务总局关于创业投资企业和天使投资个人有关税收试点政策的通知》（财税〔2017〕38 号）自 2018 年 7 月 1 日起废止，符合试点政策条件的投资额可按本通知的规定继续抵扣。

238 财政部 税务总局 科技部关于科技人员取得职务科技成果转化现金奖励有关个人所得税政策的通知

2018年5月29日 财税〔2018〕58号

【全文有效】

各省、自治区、直辖市、计划单列市财政厅（局）、地方税务局、科技厅（委、局），新疆生产建设兵团财政局、科技局：

为进一步支持国家大众创业、万众创新战略的实施，促进科技成果转化，现将科技人员取得职务科技成果转化现金奖励有关个人所得税政策通知如下：

一、依法批准设立的非营利性研究开发机构和高等学校（以下简称非营利性科研机构和高校）根据《中华人民共和国促进科技成果转化法》规定，从职务科技成果转化收入中给予科技人员的现金奖励，可减按50%计入科技人员当月"工资、薪金所得"，依法缴纳个人所得税。

二、非营利性科研机构和高校包括国家设立的科研机构和高校、民办非营利性科研机构和高校。

三、国家设立的科研机构和高校是指利用财政性资金设立的、取得《事业单位法人证书》的科研机构和公办高校，包括中央和地方所属科研机构和高校。

四、民办非营利性科研机构和高校，是指同时满足以下条件的科研机构和高校：

（一）根据《民办非企业单位登记管理暂行条例》在民政部门登记，并取得《民办非企业单位登记证书》。

（二）对于民办非营利性科研机构，其《民办非企业单位登记证书》记载的业务范围应属于"科学研究与技术开发、成果转让、科技咨询与服务、科技成果评估"范围。对业务范围存在争议的，由税务机关转请县级（含）以上科技行政主管部门确认。

对于民办非营利性高校，应取得教育主管部门颁发的《民办学校办学许可证》，《民办学校办学许可证》记载学校类型为"高等学校"。

（三）经认定取得企业所得税非营利组织免税资格。

五、科技人员享受本通知规定税收优惠政策，须同时符合以下条件：

（一）科技人员是指非营利性科研机构和高校中对完成或转化职务科技成果作出重要贡献的人员。非营利性科研机构和高校应按规定公示有关科技人员名单及相关信息（国防专利转化除外），具体公示办法由科技部会同财政部、税务总局制定。

（二）科技成果是指专利技术（含国防专利）、计算机软件著作权、集成电路布图设计专有权、植物新品种权、生物医药新品种，以及科技部、财政部、税务总局确定的其他技术成果。

（三）科技成果转化是指非营利性科研机构和高校向他人转让科技成果或者许可他人使用科技成果。现金奖励是指非营利性科研机构和高校在取得科技成果转化收入3年（36个月）内奖励给科技人员的现金。

（四）非营利性科研机构和高校转化科技成果，应当签订技术合同，并根据《技术合同认定登记管理办法》，在技术合同登记机构进行审核登记，并取得技术合同认定登记证明。

非营利性科研机构和高校应健全科技成果转化的资金核算，不得将正常工资、奖金等收入列入科技人员职务科技成果转化现金奖励享受税收优惠。

六、非营利性科研机构和高校向科技人员发放现金奖励时，应按个人所得税法规定代扣代缴个人所得税，并按规定向税务机关履行备案手续。

七、本通知自2018年7月1日起施行。本通知施行前非营利性科研机构和高校取得的科技成果转化收入，自施行后36个月内给科技人员发放现金奖励，符合本通知规定的其他条件的，适用本通知。

239 财政部 税务总局关于2018年第四季度个人所得税减除费用和税率适用问题的通知

2018年9月7日　财税〔2018〕98号

【全文有效】

各省、自治区、直辖市、计划单列市财政厅（局），国家税务总局各省、自治区、直辖市、计划单列市税务局，新疆生产建设兵团财政局：

根据第十三届全国人大常委会第五次会议审议通过的《全国人民代表大会常务委员会关于修改〈中华人民共和国个人所得税法〉的决定》，现就2018年第四季度纳税人适用个人所得税减除费用和税率有关问题通知如下：

一、关于工资、薪金所得适用减除费用和税率问题

对纳税人在2018年10月1日（含）后实际取得的工资、薪金所得，减除费用统一按照5000元/月执行，并按照本通知所附个人所得税税率表一计算应纳税额。对纳税人在2018年9月30日（含）前实际取得的工资、薪金所得，减除费用按照税法修改前规定执行。

二、关于个体工商户业主、个人独资企业和合伙企业自然人投资者、企事业单位承包承租经营者的生产经营所得计税方法问题

（一）对个体工商户业主、个人独资企业和合伙企业自然人投资者、企事业单位承包承租经营者2018年第四季度取得的生产经营所得，减除费用按照5000元/月执行，前三季度减除费用按照3500元/月执行。

（二）对个体工商户业主、个人独资企业和合伙企业自然人投资者、企事业单位承包承租经营者2018年取得的生产经营所得，用全年应纳税所得额分别计算应纳前三季度税额和应纳第四季度税额，其中应纳前三季度税额按照税法修改前规定的税率和前三季度实际经营月份的权重计算，应纳第四季度税额按照本通知所附个人所得税税率表二（以下称税法修改后规定的税率）和第四季度实际

经营月份的权重计算。具体计算方法：

1. 月（季）度预缴税款的计算。

本期应缴税额 = 累计应纳税额 - 累计已缴税额

累计应纳税额 = 应纳 10 月 1 日以前税额 + 应纳 10 月 1 日以后税额

应纳 10 月 1 日以前税额 =（累计应纳税所得额 × 税法修改前规定的税率 - 税法修改前规定的速算扣除数）× 10 月 1 日以前实际经营月份数 ÷ 累计实际经营月份数

应纳 10 月 1 日以后税额 =（累计应纳税所得额 × 税法修改后规定的税率 - 税法修改后规定的速算扣除数）× 10 月 1 日以后实际经营月份数 ÷ 累计实际经营月份数

2. 年度汇算清缴税款的计算。

汇缴应补退税额 = 全年应纳税额 - 累计已缴税额

全年应纳税额 = 应纳前三季度税额 + 应纳第四季度税额

应纳前三季度税额 =（全年应纳税所得额 × 税法修改前规定的税率 - 税法修改前规定的速算扣除数）× 前三季度实际经营月份数 ÷ 全年实际经营月份数

应纳第四季度税额 =（全年应纳税所得额 × 税法修改后规定的税率 - 税法修改后规定的速算扣除数）× 第四季度实际经营月份数 ÷ 全年实际经营月份数

三、《财政部　国家税务总局关于调整个体工商户业主　个人独资企业和合伙企业自然人投资者个人所得税费用扣除标准的通知》（财税〔2011〕62 号）自 2018 年 10 月 1 日起废止

240 关于第七届世界军人运动会税收政策的通知

2018年11月5日 财税〔2018〕119号

【全文有效】

各省、自治区、直辖市、计划单列市财政厅（局），国家税务总局各省、自治区、直辖市、计划单列市税务局，海关总署广东分署、各直属海关，新疆生产建设兵团财政局：

为支持举办2019年武汉第七届世界军人运动会（以下简称武汉军运会），现就有关税收政策通知如下：

一、对武汉军运会执行委员会（以下简称执委会）实行以下税收政策

（一）对执委会取得的电视转播权销售分成收入、国际军事体育理事会（以下简称国际军体会）世界赞助计划分成收入（货物和资金），免征应缴纳的增值税。

（二）对执委会市场开发计划取得的国内外赞助收入、转让无形资产（如标志）特许权收入和销售门票收入，免征应缴纳的增值税。

（三）对执委会取得的与中国集邮总公司合作发行纪念邮票收入、与中国人民银行合作发行纪念币收入，免征应缴纳的增值税。

（四）对执委会取得的来源于广播、因特网、电视等媒体收入，免征应缴纳的增值税。

（五）对执委会赛后出让资产取得的收入，免征应缴纳的增值税、土地增值税。

（六）对执委会为举办武汉军运会进口的国际军体会或国际单项体育组织指定的，国内不能生产或性能不能满足需要的直接用于武汉军运会比赛的消耗品，免征关税、进口环节增值税和消费税。享受免税政策的进口比赛用消耗品的范围、数量清单，由执委会汇总后报财政部商有关部门审核确定。

（七）对执委会进口的其他特需物资，包括：国际军体会或国际单项体育组

织指定的、我国国内不能生产或性能不能满足需要的体育竞赛器材、医疗检测设备、安全保障设备、交通通信设备、技术设备,在武汉军运会期间按暂准进口货物规定办理,武汉军运会结束后复运出境的予以核销;留在境内或做变卖处理的,按有关规定办理正式进口手续,并照章缴纳关税、进口环节增值税和消费税。

二、对武汉军运会参与者实行以下税收政策

(一)对参赛运动员因武汉军运会比赛获得的奖金和其他奖赏收入,按现行税收法律法规的有关规定征免应缴纳的个人所得税。

(二)对企事业单位、社会团体和其他组织以及个人通过公益性社会团体或者县级以上人民政府及其部门捐赠武汉军运会的资金、物资支出,在计算企业和个人应纳税所得额时按现行税收法律法规的有关规定予以税前扣除。

(三)对财产所有人将财产(物品)捐赠给执委会所书立的产权转移书据免征应缴纳的印花税。

本通知自发布之日起执行。

241 财政部 国家税务总局关于易地扶贫搬迁税收优惠政策的通知

2018年11月29日 财税〔2018〕135号

【全文有效】

各省、自治区、直辖市、计划单列市财政厅（局），国家税务总局各省、自治区、直辖市、计划单列市税务局，新疆生产建设兵团财政局：

为贯彻落实《中共中央 国务院关于打赢脱贫攻坚战三年行动的指导意见》，助推易地扶贫搬迁工作，现将易地扶贫搬迁有关税收优惠政策通知如下：

一、关于易地扶贫搬迁贫困人口税收政策

（一）对易地扶贫搬迁贫困人口按规定取得的住房建设补助资金、拆旧复垦奖励资金等与易地扶贫搬迁相关的货币化补偿和易地扶贫搬迁安置住房（以下简称安置住房），免征个人所得税。

（二）对易地扶贫搬迁贫困人口按规定取得的安置住房，免征契税。

二、关于易地扶贫搬迁安置住房税收政策

（一）对易地扶贫搬迁项目实施主体（以下简称项目实施主体）取得用于建设安置住房的土地，免征契税、印花税。

（二）对安置住房建设和分配过程中应由项目实施主体、项目单位缴纳的印花税，予以免征。

（三）对安置住房用地，免征城镇土地使用税。

（四）在商品住房等开发项目中配套建设安置住房的，按安置住房建筑面积占总建筑面积的比例，计算应予免征的安置住房用地相关的契税、城镇土地使用税，以及项目实施主体、项目单位相关的印花税。

（五）对项目实施主体购买商品住房或者回购保障性住房作为安置住房房源的，免征契税、印花税。

三、其他相关事项

（一）易地扶贫搬迁项目、项目实施主体、易地扶贫搬迁贫困人口、相关安置住房等信息由易地扶贫搬迁工作主管部门确定。县级易地扶贫搬迁工作主管部门应当将上述信息及时提供给同级税务部门。

（二）本通知执行期限为 2018 年 1 月 1 日至 2020 年 12 月 31 日。自执行之日起的已征税款，除以贴花方式缴纳的印花税外，依申请予以退税。

242 财政部 税务总局 证监会关于个人转让全国中小企业股份转让系统挂牌公司股票有关个人所得税政策的通知

2018年11月30日　财税〔2018〕137号

【全文有效】

各省、自治区、直辖市、计划单列市财政厅（局），国家税务总局各省、自治区、直辖市、计划单列市税务局，新疆生产建设兵团财政局，全国中小企业股份转让系统有限责任公司，中国证券登记结算有限责任公司：

为促进全国中小企业股份转让系统（以下简称新三板）长期稳定发展，现就个人转让新三板挂牌公司股票有关个人所得税政策通知如下：

一、自2018年11月1日（含）起，对个人转让新三板挂牌公司非原始股取得的所得，暂免征收个人所得税。

本通知所称非原始股是指个人在新三板挂牌公司挂牌后取得的股票，以及由上述股票滋生的送、转股。

二、对个人转让新三板挂牌公司原始股取得的所得，按照"财产转让所得"，适用20%的比例税率征收个人所得税。

本通知所称原始股是指个人在新三板挂牌公司挂牌前取得的股票，以及在该公司挂牌前和挂牌后由上述股票滋生的送、转股。

三、2019年9月1日之前，个人转让新三板挂牌公司原始股的个人所得税，征收管理办法按照现行股权转让所得有关规定执行，以股票受让方为扣缴义务人，由被投资企业所在地税务机关负责征收管理。

自2019年9月1日（含）起，个人转让新三板挂牌公司原始股的个人所得税，以股票托管的证券机构为扣缴义务人，由股票托管的证券机构所在地主管税务机关负责征收管理。具体征收管理办法参照《财政部　国家税务总局证监会关于个人转让上市公司限售股所得征收个人所得税有关问题的通知》（财税〔2009〕167号）和《财政部　国家税务总局　证监会关于个人转让上市公司限售股所得征收个人所得税有关问题的补充通知》(财税〔2010〕70号)有关规定执行。

四、2018年11月1日之前,个人转让新三板挂牌公司非原始股,尚未进行税收处理的,可比照本通知第一条规定执行,已经进行相关税收处理的,不再进行税收调整。

五、中国证券登记结算公司应当在登记结算系统内明确区分新三板原始股和非原始股。中国证券登记结算公司、证券公司及其分支机构应当积极配合财政、税务部门做好相关工作。

243　财政部　税务总局　证监会关于继续执行内地与香港基金互认有关个人所得税政策的通知

2018 年 12 月 17 日　财税〔2018〕154 号

【全文有效】

各省、自治区、直辖市、计划单列市财政厅（局），新疆生产建设兵团财政局，国家税务总局各省、自治区、直辖市、计划单列市税务局，上海、深圳证券交易所，中国证券登记结算公司：

现就内地与香港基金互认有关个人所得税政策明确如下：

对内地个人投资者通过基金互认买卖香港基金份额取得的转让差价所得，自 2018 年 12 月 18 日起至 2019 年 12 月 4 日止，继续暂免征收个人所得税。

244　关于个人所得税法修改后有关优惠政策衔接问题的通知

2018年12月27日　财税〔2018〕164号

【全文有效】

各省、自治区、直辖市、计划单列市财政厅（局），国家税务总局各省、自治区、直辖市、计划单列市税务局，新疆生产建设兵团财政局：

为贯彻落实修改后的《中华人民共和国个人所得税法》，现将个人所得税优惠政策衔接有关事项通知如下：

一、关于全年一次性奖金、中央企业负责人年度绩效薪金延期兑现收入和任期奖励的政策

（一）居民个人取得全年一次性奖金，符合《国家税务总局关于调整个人取得全年一次性奖金等计算征收个人所得税方法问题的通知》（国税发〔2005〕9号）规定的，在2021年12月31日前，不并入当年综合所得，以全年一次性奖金收入除以12个月得到的数额，按照本通知所附按月换算后的综合所得税率表（以下简称月度税率表），确定适用税率和速算扣除数，单独计算纳税。计算公式为：

应纳税额＝全年一次性奖金收入×适用税率－速算扣除数

居民个人取得全年一次性奖金，也可以选择并入当年综合所得计算纳税。

自2022年1月1日起，居民个人取得全年一次性奖金，应并入当年综合所得计算缴纳个人所得税。

（二）中央企业负责人取得年度绩效薪金延期兑现收入和任期奖励，符合《国家税务总局关于中央企业负责人年度绩效薪金延期兑现收入和任期奖励征收个人所得税问题的通知》（国税发〔2007〕118号）规定的，在2021年12月31日前，参照本通知第一条第（一）项执行；2022年1月1日之后的政策另行明确。

二、关于上市公司股权激励的政策

（一）居民个人取得股票期权、股票增值权、限制性股票、股权奖励等股权激励（以下简称股权激励），符合《财政部 国家税务总局关于个人股票期权所得征收个人所得税问题的通知》（财税〔2005〕35号）、《财政部 国家税务总局关于股票增值权所得和限制性股票所得征收个人所得税有关问题的通知》（财税〔2009〕5号）、《财政部 国家税务总局关于将国家自主创新示范区有关税收试点政策推广到全国范围实施的通知》（财税〔2015〕116号）第四条、《财政部 国家税务总局关于完善股权激励和技术入股有关所得税政策的通知》（财税〔2016〕101号）第四条第（一）项规定的相关条件的，在2021年12月31日前，不并入当年综合所得，全额单独适用综合所得税率表，计算纳税。计算公式为：

应纳税额＝股权激励收入×适用税率－速算扣除数

（二）居民个人一个纳税年度内取得两次以上（含两次）股权激励的，应合并按本通知第二条第（一）项规定计算纳税。

（三）2022年1月1日之后的股权激励政策另行明确。

三、关于保险营销员、证券经纪人佣金收入的政策

保险营销员、证券经纪人取得的佣金收入，属于劳务报酬所得，以不含增值税的收入减除20%的费用后的余额为收入额，收入额减去展业成本以及附加税费后，并入当年综合所得，计算缴纳个人所得税。保险营销员、证券经纪人展业成本按照收入额的25%计算。

扣缴义务人向保险营销员、证券经纪人支付佣金收入时，应按照《个人所得税扣缴申报管理办法（试行）》（国家税务总局公告2018年第61号）规定的累计预扣法计算预扣税款。

四、关于个人领取企业年金、职业年金的政策

个人达到国家规定的退休年龄，领取的企业年金、职业年金，符合《财政部 人力资源社会保障部 国家税务总局关于企业年金 职业年金个人所得税有关问题的通知》（财税〔2013〕103号）规定的，不并入综合所得，全额单独计算应纳税款。其中按月领取的，适用月度税率表计算纳税；按季领取的，平均分摊计入各月，按每月领取额适用月度税率表计算纳税；按年领取的，适用综合所得税率表计算纳税。

个人因出境定居而一次性领取的年金个人账户资金，或个人死亡后，其指定的受益人或法定继承人一次性领取的年金个人账户余额，适用综合所得税率表计算纳税。对个人除上述特殊原因外一次性领取年金个人账户资金或余额的，适用

月度税率表计算纳税。

五、关于解除劳动关系、提前退休、内部退养的一次性补偿收入的政策

（一）个人与用人单位解除劳动关系取得一次性补偿收入（包括用人单位发放的经济补偿金、生活补助费和其他补助费），在当地上年职工平均工资3倍数额以内的部分，免征个人所得税；超过3倍数额的部分，不并入当年综合所得，单独适用综合所得税率表，计算纳税。

（二）个人办理提前退休手续而取得的一次性补贴收入，应按照办理提前退休手续至法定离退休年龄之间实际年度数平均分摊，确定适用税率和速算扣除数，单独适用综合所得税率表，计算纳税。计算公式：

应纳税额＝｛〔（一次性补贴收入÷办理提前退休手续至法定退休年龄的实际年度数）－费用扣除标准〕×适用税率－速算扣除数｝×办理提前退休手续至法定退休年龄的实际年度数

（三）个人办理内部退养手续而取得的一次性补贴收入，按照《国家税务总局关于个人所得税有关政策问题的通知》（国税发〔1999〕58号）规定计算纳税。

六、关于单位低价向职工售房的政策

单位按低于购置或建造成本价格出售住房给职工，职工因此而少支出的差价部分，符合《财政部　国家税务总局关于单位低价向职工售房有关个人所得税问题的通知》（财税〔2007〕13号）第二条规定的，不并入当年综合所得，以差价收入除以12个月得到的数额，按照月度税率表确定适用税率和速算扣除数，单独计算纳税。计算公式为：

应纳税额＝职工实际支付的购房价款低于该房屋的购置或建造成本价格的差额×适用税率－速算扣除数

七、关于外籍个人有关津补贴的政策

（一）2019年1月1日至2021年12月31日期间，外籍个人符合居民个人条件的，可以选择享受个人所得税专项附加扣除，也可以选择按照《财政部　国家税务总局关于个人所得税若干政策问题的通知》（财税〔1994〕20号）、《国家税务总局关于外籍个人取得有关补贴征免个人所得税执行问题的通知》（国税发〔1997〕54号）和《财政部　国家税务总局关于外籍个人取得港澳地区住房等补贴征免个人所得税的通知》（财税〔2004〕29号）规定，享受住房补贴、语言训练费、子女教育费等津补贴免税优惠政策，但不得同时享受。外籍个人一经选择，在一个纳税年度内不得变更。

（二）自 2022 年 1 月 1 日起，外籍个人不再享受住房补贴、语言训练费、子女教育费津补贴免税优惠政策，应按规定享受专项附加扣除。

八、除上述衔接事项外，其他个人所得税优惠政策继续按照原文件规定执行

九、本通知自 2019 年 1 月 1 日起执行。下列文件或文件条款同时废止

（一）《财政部　国家税务总局关于个人与用人单位解除劳动关系取得的一次性补偿收入征免个人所得税问题的通知》（财税〔2001〕157 号）第一条；

（二）《财政部　国家税务总局关于个人股票期权所得征收个人所得税问题的通知》（财税〔2005〕35 号）第四条第（一）项；

（三）《财政部　国家税务总局关于单位低价向职工售房有关个人所得税问题的通知》（财税〔2007〕13 号）第三条；

（四）《财政部　人力资源社会保障部　国家税务总局关于企业年金职业年金个人所得税有关问题的通知》（财税〔2013〕103 号）第三条第 1 项和第 3 项；

（五）《国家税务总局关于个人认购股票等有价证券而从雇主取得折扣或补贴收入有关征收个人所得税问题的通知》（国税发〔1998〕9 号）；

（六）《国家税务总局关于保险企业营销员（非雇员）取得的收入计征个人所得税问题的通知》（国税发〔1998〕13 号）；

（七）《国家税务总局关于个人因解除劳动合同取得经济补偿金征收个人所得税问题的通知》（国税发〔1999〕178 号）；

（八）《国家税务总局关于国有企业职工因解除劳动合同取得一次性补偿收入征免个人所得税问题的通知》（国税发〔2000〕77 号）；

（九）《国家税务总局关于调整个人取得全年一次性奖金等计算征收个人所得税方法问题的通知》（国税发〔2005〕9 号）第二条；

（十）《国家税务总局关于保险营销员取得佣金收入征免个人所得税问题的通知》（国税函〔2006〕454 号）；

（十一）《国家税务总局关于个人股票期权所得缴纳个人所得税有关问题的补充通知》（国税函〔2006〕902 号）第七条、第八条；

（十二）《国家税务总局关于中央企业负责人年度绩效薪金延期兑现收入和任期奖励征收个人所得税问题的通知》（国税发〔2007〕118 号）第一条；

（十三）《国家税务总局关于个人提前退休取得补贴收入个人所得税问题的公告》（国家税务总局公告 2011 年第 6 号）第二条；

（十四）《国家税务总局关于证券经纪人佣金收入征收个人所得税问题的公告》（国家税务总局公告 2012 年第 45 号）。

245 国家税务总局关于开展个人税收递延型商业养老保险试点有关征管问题的公告

2018年4月28日　国家税务总局公告2018年第21号

【全文有效】

为贯彻落实《财政部　税务总局　人力资源社会保障部　中国银行保险监督管理委员会　证监会关于开展个人税收递延型商业养老保险试点的通知》(财税〔2018〕22号,以下简称《通知》),现就个人税收递延型商业养老保险(以下简称"税延养老保险")试点政策有关征管问题公告如下:

一、缴费税前扣除环节

按照《通知》规定,试点地区内可享受税延养老保险税前扣除优惠政策的个人,凭中国保险信息技术管理有限责任公司相关信息平台出具的《个人税收递延型商业养老保险扣除凭证》(以下简称"税延养老扣除凭证"),办理税前扣除。

(一)取得工资薪金所得、连续性劳务报酬所得的个人

取得工资薪金所得、连续性劳务报酬所得的个人,其购买符合规定商业养老保险产品的支出享受税前扣除优惠时,应及时将税延养老扣除凭证提供给扣缴单位。扣缴单位应当按照《通知》规定,在个人申报扣除当月计算扣除限额并办理税前扣除。扣缴单位在填报《扣缴个人所得税报告表》或《特定行业个人所得税年度申报表》时,应当将当期可扣除金额填至"税前扣除项目"或"年税前扣除项目"栏"其他"列中(需注明税延养老保险),并同时填报《个人税收递延型商业养老保险税前扣除情况明细表》(见附件)。

个人因未及时提供税延养老扣除凭证而造成往期未扣除的,扣缴单位可追补至应扣除月份扣除,并按《通知》规定重新计算应扣缴税款,在收到扣除凭证的当月办理抵扣或申请退税。个人缴费金额发生变化、未续保或退保的,应当及时告知扣缴义务人重新计算或终止税延养老保险税前扣除。除个人提供资料不

全、信息不实等情形外,扣缴单位不得拒绝为纳税人办理税前扣除。

(二)取得个体工商户的生产经营所得、对企事业单位的承包承租经营所得的个人

取得个体工商户的生产经营所得、对企事业单位的承包承租经营所得的个体工商户业主、个人独资企业投资者、合伙企业自然人合伙人和承包承租经营者,其购买的符合规定的养老保险产品支出,在年度申报时,凭税延养老扣除凭证,在《通知》规定的扣除限额内据实扣除,并填报至《个人所得税生产经营所得纳税申报表(B表)》的"允许扣除的其他费用"行(需注明税延养老保险),同时填报《个人税收递延型商业养老保险税前扣除情况明细表》。

计算扣除限额时,个体工商户业主、个人独资企业投资者和承包承租经营者应税收入按照个体工商户、个人独资企业、承包承租的收入总额确定;合伙企业自然人合伙人应税收入按合伙企业收入总额乘以合伙人分配比例确定。

实行核定征收的,应当向主管税务机关报送《个人税收递延型商业养老保险税前扣除情况明细表》和税延养老扣除凭证,主管税务机关按程序相应调减其应纳税所得额或应纳税额。纳税人缴费金额发生变化、未续保或退保的,应当及时告知主管税务机关,重新核定应纳税所得额或应纳税额。

二、领取商业养老金征税环节

个人达到规定条件领取商业养老金时,保险公司按照《通知》规定代扣代缴"其他所得"项目(需注明税延养老保险)个人所得税,并在个人购买税延养老保险的机构所在地办理全员全额扣缴申报。

三、施行时间

本公告自 2018 年 5 月 1 日起施行。

特此公告。

附件:个人税收递延型商业养老保险税前扣除情况明细表(略)

246 国家税务总局关于科技人员取得职务科技成果转化现金奖励有关个人所得税征管问题的公告

2018年6月11日　国家税务总局公告2018年第30号

【全文有效】

为贯彻落实《财政部　税务总局　科技部关于科技人员取得职务科技成果转化现金奖励有关个人所得税政策的通知》（财税〔2018〕58号，以下简称《通知》），现就有关征管问题公告如下：

一、《通知》第五条第（三）项所称"三年（36个月）内"，是指自非营利性科研机构和高校实际取得科技成果转化收入之日起36个月内。非营利性科研机构和高校分次取得科技成果转化收入的，以每次实际取得日期为准。

二、非营利性科研机构和高校向科技人员发放职务科技成果转化现金奖励（以下简称"现金奖励"），应于发放之日的次月15日内，向主管税务机关报送《科技人员取得职务科技成果转化现金奖励个人所得税备案表》（见附件）。单位资质材料（《事业单位法人证书》《民办学校办学许可证》《民办非企业单位登记证书》等）、科技成果转化技术合同、科技人员现金奖励公示材料、现金奖励公示结果文件等相关资料自行留存备查。

三、非营利性科研机构和高校向科技人员发放现金奖励，在填报《扣缴个人所得税报告表》时，应将当期现金奖励收入金额与当月工资、薪金合并，全额计入"收入额"列，同时将现金奖励的50%填至《扣缴个人所得税报告表》"免税所得"列，并在备注栏注明"科技人员现金奖励免税部分"字样，据此以"收入额"减除"免税所得"以及相关扣除后的余额计算缴纳个人所得税。

四、本公告自2018年7月1日起施行。

特此公告。

附件：科技人员取得职务科技成果转化现金奖励个人所得税备案表（略）

247 国家税务总局关于创业投资企业和天使投资个人税收政策有关问题的公告

2018 年 7 月 30 日　国家税务总局公告 2018 年第 43 号

【全文有效】

为贯彻落实《财政部　税务总局关于创业投资企业和天使投资个人有关税收政策的通知》（财税〔2018〕55 号，以下简称《通知》），现就创业投资企业和天使投资个人税收政策有关问题公告如下：

一、相关政策执行口径

（一）《通知》第一条所称满 2 年是指公司制创业投资企业（以下简称"公司制创投企业"）、有限合伙制创业投资企业（以下简称"合伙创投企业"）和天使投资个人投资于种子期、初创期科技型企业（以下简称"初创科技型企业"）的实缴投资满 2 年，投资时间从初创科技型企业接受投资并完成工商变更登记的日期算起。

（二）《通知》第二条第（一）项所称研发费用总额占成本费用支出的比例，是指企业接受投资当年及下一纳税年度的研发费用总额合计占同期成本费用总额合计的比例。

（三）《通知》第三条第（三）项所称出资比例，按投资满 2 年当年年末各合伙人对合伙创投企业的实缴出资额占所有合伙人全部实缴出资额的比例计算。

（四）《通知》所称从业人数及资产总额指标，按照初创科技型企业接受投资前连续 12 个月的平均数计算，不足 12 个月的，按实际月数平均计算。具体计算公式如下：

月均数 =（月初数 + 月末数）÷2

接受投资前连续 12 个月平均数 = 接受投资前连续 12 个月平均数之和 ÷12

（五）法人合伙人投资于多个符合条件的合伙创投企业，可合并计算其可抵扣的投资额和分得的所得。当年不足抵扣的，可结转以后纳税年度继续抵扣；当年抵扣后有结余的，应按照企业所得税法的规定计算缴纳企业所得税。

所称符合条件的合伙创投企业既包括符合《通知》规定条件的合伙创投企业，也包括符合《国家税务总局关于有限合伙制创业投资企业法人合伙人企业所得税有关问题的公告》（国家税务总局公告 2015 年第 81 号）规定条件的合伙创投企业。

二、办理程序和资料

（一）企业所得税

1. 公司制创投企业和合伙创投企业法人合伙人在年度申报享受优惠时，按照《国家税务总局关于发布修订后的〈企业所得税优惠政策事项办理办法〉的公告》（国家税务总局公告 2018 年第 23 号）的规定办理有关手续。

2. 合伙创投企业的法人合伙人符合享受优惠条件的，合伙创投企业应在投资初创科技型企业满 2 年的年度以及分配所得的年度终了后及时向法人合伙人提供《合伙创投企业法人合伙人所得分配情况明细表》（附件 1）。

（二）个人所得税

1. 合伙创投企业个人合伙人：

（1）合伙创投企业的个人合伙人符合享受优惠条件的，合伙创投企业应在投资初创科技型企业满 2 年的年度终了后 3 个月内，向合伙创投企业主管税务机关办理备案手续，备案时应报送《合伙创投企业个人所得税投资抵扣备案表》（附件 2），同时将有关资料留存备查（备查资料同公司制创投企业）。合伙企业多次投资同一初创科技型企业的，应按年度分别备案。

（2）合伙创投企业应在投资初创科技型企业满 2 年后的每个年度终了后 3 个月内，向合伙创投企业主管税务机关报送《合伙创投企业个人所得税投资抵扣情况表》（附件 3）。

（3）个人合伙人在个人所得税年度申报时，应将当年允许抵扣的投资额填至《个人所得税生产经营所得纳税申报表（B 表）》"允许扣除的其他费用"栏，并同时标明"投资抵扣"字样。

2. 天使投资个人：

（1）投资抵扣备案。天使投资个人应在投资初创科技型企业满 24 个月的次月 15 日内，与初创科技型企业共同向初创科技型企业主管税务机关办理备案手续。备案时应报送《天使投资个人所得税投资抵扣备案表》（附件 4）。被投资企业符合初创科技型企业条件的有关资料留存企业备查，备查资料包括初创科技型企业接受现金投资时的投资合同（协议）、章程、实际出资的相关证明材料，以及被投资企业符合初创科技型企业条件的有关资料。多次投资同一初创科技型企业的，应分次备案。

（2）投资抵扣申报。①天使投资个人转让未上市的初创科技型企业股权，按照《通知》规定享受投资抵扣税收优惠时，应于股权转让次月15日内，向主管税务机关报送《天使投资个人所得税投资抵扣情况表》（附件5）。同时，天使投资个人还应一并提供投资初创科技型企业后税务机关受理的《天使投资个人所得税投资抵扣备案表》。

其中，天使投资个人转让初创科技型企业股权需同时抵扣前36个月内投资其他注销清算初创科技型企业尚未抵扣完毕的投资额的，申报时应一并提供注销清算企业主管税务机关受理并注明注销清算等情况的《天使投资个人所得税投资抵扣备案表》，以及前期享受投资抵扣政策后税务机关受理的《天使投资个人所得税投资抵扣情况表》。

接受投资的初创科技型企业，应在天使投资个人转让股权纳税申报时，向扣缴义务人提供相关信息。

②天使投资个人投资初创科技型企业满足投资抵扣税收优惠条件后，初创科技型企业在上海证券交易所、深圳证券交易所上市的，天使投资个人在转让初创科技型企业股票时，有尚未抵扣完毕的投资额的，应向证券机构所在地主管税务机关办理限售股转让税款清算，抵扣尚未抵扣完毕的投资额。清算时，应提供投资初创科技型企业后税务机关受理的《天使投资个人所得税投资抵扣备案表》和《天使投资个人所得税投资抵扣情况表》。

（3）被投资企业发生个人股东变动或者个人股东所持股权变动的，应在次月15日内向主管税务机关报送含有股东变动信息的《个人所得税基础信息表（A表）》。对天使投资个人，应在备注栏标明"天使投资个人"字样。

（4）天使投资个人转让股权时，扣缴义务人、天使投资个人应将当年允许抵扣的投资额填至《扣缴个人所得税报告表》或《个人所得税自行纳税申报表（A表）》"税前扣除项目"的"其他"栏，并同时标明"投资抵扣"字样。

（5）天使投资个人投资的初创科技型企业注销清算的，应及时持《天使投资个人所得税投资抵扣备案表》到主管税务机关办理情况登记。

三、其他事项

1. 税务机关在公司制创投企业、合伙创投企业合伙人享受优惠政策后续管理中，对初创科技型企业是否符合规定条件有异议的，可以转请初创科技型企业主管税务机关提供相关资料，主管税务机关应积极配合。

2. 创业投资企业、合伙创投企业合伙人、天使投资个人、初创科技型企业提供虚假情况、故意隐瞒已投资抵扣情况或采取其他手段骗取投资抵扣，不缴或者少缴应纳税款的，按税收征管法有关规定处理。

四、施行时间

本公告天使投资个人所得税有关规定自 2018 年 7 月 1 日起施行，其他所得税规定自 2018 年 1 月 1 日起施行。施行日期前 2 年内发生的投资，适用《通知》规定的税收政策的，按本公告规定执行。

《国家税务总局关于创业投资企业和天使投资个人税收试点政策有关问题的公告》（国家税务总局公告 2017 年第 20 号）自 2018 年 7 月 1 日起废止，符合试点政策条件的投资额可按本公告规定继续办理抵扣。

248 国家税务总局关于将个人所得税《税收完税证明》（文书式）调整为《纳税记录》有关事项的公告

2018年12月5日　国家税务总局公告2018年第55号

【全文有效】

　　为配合个人所得税制度改革，进一步落实国务院减证便民要求，优化纳税服务，国家税务总局决定将个人所得税《税收完税证明》（文书式）调整为《纳税记录》。现将有关事项公告如下：

　　一、从2019年1月1日起，纳税人申请开具税款所属期为2019年1月1日（含）以后的个人所得税缴（退）税情况证明的，税务机关不再开具《税收完税证明》（文书式），调整为开具《纳税记录》（具体内容及式样见附件）；纳税人申请开具税款所属期为2018年12月31日（含）以前个人所得税缴（退）税情况证明的，税务机关继续开具《税收完税证明》（文书式）。

　　二、纳税人2019年1月1日以后取得应税所得并由扣缴义务人向税务机关办理了全员全额扣缴申报，或根据税法规定自行向税务机关办理纳税申报的，不论是否实际缴纳税款，均可以申请开具《纳税记录》。

　　三、纳税人可以通过电子税务局、手机APP申请开具本人的个人所得税《纳税记录》，也可到办税服务厅申请开具。

　　四、纳税人可以委托他人持下列证件和资料到办税服务厅代为开具个人所得税《纳税记录》：

　　（一）委托人及受托人有效身份证件原件；

　　（二）委托人书面授权资料。

　　五、纳税人对个人所得税《纳税记录》存在异议的，可以向该项记录中列明的税务机关申请核实。

　　六、税务机关提供个人所得税《纳税记录》的验证服务，支持通过电子税务局、手机APP等方式进行验证。具体验证方法见个人所得税《纳税记录》中的相关说明。

　　七、本公告自2019年1月1日起施行。

　　特此公告。

249 国家税务总局关于全面实施新个人所得税法若干征管衔接问题的公告

2018 年 12 月 27 日　　国家税务总局公告 2018 年第 56 号

【全文有效】

为贯彻落实新修改的《中华人民共和国个人所得税法》（以下简称"新个人所得税法"），现就全面实施新个人所得税法后扣缴义务人对居民个人工资、薪金所得，劳务报酬所得，稿酬所得，特许权使用费所得预扣预缴个人所得税的计算方法，对非居民个人上述四项所得扣缴个人所得税的计算方法，公告如下：

一、居民个人预扣预缴方法

扣缴义务人向居民个人支付工资、薪金所得，劳务报酬所得，稿酬所得，特许权使用费所得时，按以下方法预扣预缴个人所得税，并向主管税务机关报送《个人所得税扣缴申报表》（见附件1）。年度预扣预缴税额与年度应纳税额不一致的，由居民个人于次年3月1日至6月30日向主管税务机关办理综合所得年度汇算清缴，税款多退少补。

（一）扣缴义务人向居民个人支付工资、薪金所得时，应当按照累计预扣法计算预扣税款，并按月办理全员全额扣缴申报。

具体计算公式如下：

本期应预扣预缴税额 =（累计预扣预缴应纳税所得额 × 预扣率 − 速算扣除数）− 累计减免税额 − 累计已预扣预缴税额

累计预扣预缴应纳税所得额 = 累计收入 − 累计免税收入 − 累计减除费用 − 累计专项扣除 − 累计专项附加扣除 − 累计依法确定的其他扣除

其中：累计减除费用，按照5000元/月乘以纳税人当年截至本月在本单位的任职受雇月份数计算。

上述公式中，计算居民个人工资、薪金所得预扣预缴税额的预扣率、速算扣除数，按《个人所得税预扣率表一》（见附件2）执行。

（二）扣缴义务人向居民个人支付劳务报酬所得、稿酬所得、特许权使用费

所得,按次或者按月预扣预缴个人所得税。具体预扣预缴方法如下:

劳务报酬所得、稿酬所得、特许权使用费所得以收入减除费用后的余额为收入额。其中,稿酬所得的收入额减按百分之七十计算。

减除费用:劳务报酬所得、稿酬所得、特许权使用费所得每次收入不超过四千元的,减除费用按八百元计算;每次收入四千元以上的,减除费用按百分之二十计算。

应纳税所得额:劳务报酬所得、稿酬所得、特许权使用费所得,以每次收入额为预扣预缴应纳税所得额。劳务报酬所得适用百分之二十至百分之四十的超额累进预扣率(见附件2《个人所得税预扣率表二》),稿酬所得、特许权使用费所得适用百分之二十的比例预扣率。

劳务报酬所得应预扣预缴税额=预扣预缴应纳税所得额×预扣率-速算扣除数
稿酬所得、特许权使用费所得应预扣预缴税额=预扣预缴应纳税所得额×20%

二、非居民个人扣缴方法

扣缴义务人向非居民个人支付工资、薪金所得,劳务报酬所得,稿酬所得和特许权使用费所得时,应当按以下方法按月或者按次代扣代缴个人所得税:

非居民个人的工资、薪金所得,以每月收入额减除费用五千元后的余额为应纳税所得额;劳务报酬所得、稿酬所得、特许权使用费所得,以每次收入额为应纳税所得额,适用按月换算后的非居民个人月度税率表(见附件2《个人所得税税率表三》)计算应纳税额。其中,劳务报酬所得、稿酬所得、特许权使用费所得以收入减除百分之二十的费用后的余额为收入额。稿酬所得的收入额减按百分之七十计算。

非居民个人工资、薪金所得,劳务报酬所得,稿酬所得,特许权使用费所得应纳税额=应纳税所得额×税率-速算扣除数

本公告自2019年1月1日起施行。

特此公告。

附件:1.《个人所得税扣缴申报表》及填表说明
2. 个人所得税税率表及预扣率表

250 国家税务总局关于自然人纳税人识别号有关事项的公告

2018 年 12 月 17 日　国家税务总局公告 2018 年第 59 号

【全文有效】

根据新修改的《中华人民共和国个人所得税法》，为便利纳税人办理涉税业务，现就自然人纳税人识别号有关事项公告如下：

一、自然人纳税人识别号，是自然人纳税人办理各类涉税事项的唯一代码标识。

二、有中国公民身份号码的，以其中国公民身份号码作为纳税人识别号；没有中国公民身份号码的，由税务机关赋予其纳税人识别号。

三、纳税人首次办理涉税事项时，应当向税务机关或者扣缴义务人出示有效身份证件，并报送相关基础信息。

四、税务机关应当在赋予自然人纳税人识别号后告知或者通过扣缴义务人告知纳税人其纳税人识别号，并为自然人纳税人查询本人纳税人识别号提供便利。

五、自然人纳税人办理纳税申报、税款缴纳、申请退税、开具完税凭证、纳税查询等涉税事项时应当向税务机关或扣缴义务人提供纳税人识别号。

六、本公告所称"有效身份证件"，是指：

（一）纳税人为中国公民且持有有效《中华人民共和国居民身份证》（以下简称"居民身份证"）的，为居民身份证。

（二）纳税人为华侨且没有居民身份证的，为有效的《中华人民共和国护照》和华侨身份证明。

（三）纳税人为港澳居民的，为有效的《港澳居民来往内地通行证》或《中华人民共和国港澳居民居住证》。

（四）纳税人为台湾居民的，为有效的《台湾居民来往大陆通行证》或《中华人民共和国台湾居民居住证》。

（五）纳税人为持有有效《中华人民共和国外国人永久居留身份证》（以下

简称永久居留证）的外籍个人的，为永久居留证和外国护照；未持有永久居留证但持有有效《中华人民共和国外国人工作许可证》（以下简称工作许可证）的，为工作许可证和外国护照；其他外籍个人，为有效的外国护照。

本公告自2019年1月1日起施行。

特此公告。

251 国家税务总局关于发布《个人所得税专项附加扣除操作办法（试行）》的公告

2018年12月21日　国家税务总局公告2018年第60号

【全文有效】

为贯彻落实新修改的《中华人民共和国个人所得税法》和《国务院关于印发个人所得税专项附加扣除暂行办法的通知》（国发〔2018〕41号），国家税务总局制定了《个人所得税专项附加扣除操作办法（试行）》。现予以发布，自2019年1月1日起施行。

特此公告。

附件：个人所得税专项附加扣除信息表及填表说明

国家税务总局
2018年12月21日

个人所得税专项附加扣除操作办法（试行）

第一章　总　则

第一条　为了规范个人所得税专项附加扣除行为，切实维护纳税人合法权益，根据新修改的《中华人民共和国个人所得税法》及其实施条例、《中华人民共和国税收征收管理法》及其实施细则、《国务院关于印发个人所得税专项附加扣除暂行办法的通知》（国发〔2018〕41号）的规定，制定本办法。

第二条　纳税人享受子女教育、继续教育、大病医疗、住房贷款利息或者住房租金、赡养老人专项附加扣除的，依照本办法规定办理。

第二章 享受扣除及办理时间

第三条 纳税人享受符合规定的专项附加扣除的计算时间分别为：

（一）子女教育。学前教育阶段，为子女年满3周岁当月至小学入学前一月。学历教育，为子女接受全日制学历教育入学的当月至全日制学历教育结束的当月。

（二）继续教育。学历（学位）继续教育，为在中国境内接受学历（学位）继续教育入学的当月至学历（学位）继续教育结束的当月，同一学历（学位）继续教育的扣除期限最长不得超过48个月。技能人员职业资格继续教育、专业技术人员职业资格继续教育，为取得相关证书的当年。

（三）大病医疗。为医疗保障信息系统记录的医药费用实际支出的当年。

（四）住房贷款利息。为贷款合同约定开始还款的当月至贷款全部归还或贷款合同终止的当月，扣除期限最长不得超过240个月。

（五）住房租金。为租赁合同（协议）约定的房屋租赁期开始的当月至租赁期结束的当月。提前终止合同（协议）的，以实际租赁期限为准。

（六）赡养老人。为被赡养人年满60周岁的当月至赡养义务终止的年末。

前款第一项、第二项规定的学历教育和学历（学位）继续教育的期间，包含因病或其他非主观原因休学但学籍继续保留的休学期间，以及施教机构按规定组织实施的寒暑假等假期。

第四条 享受子女教育、继续教育、住房贷款利息或者住房租金、赡养老人专项附加扣除的纳税人，自符合条件开始，可以向支付工资、薪金所得的扣缴义务人提供上述专项附加扣除有关信息，由扣缴义务人在预扣预缴税款时，按其在本单位本年可享受的累计扣除额办理扣除；也可以在次年3月1日至6月30日内，向汇缴地主管税务机关办理汇算清缴申报时扣除。

纳税人同时从两处以上取得工资、薪金所得，并由扣缴义务人办理上述专项附加扣除的，对同一专项附加扣除项目，一个纳税年度内，纳税人只能选择从其中一处扣除。

享受大病医疗专项附加扣除的纳税人，由其在次年3月1日至6月30日内，自行向汇缴地主管税务机关办理汇算清缴申报时扣除。

第五条 扣缴义务人办理工资、薪金所得预扣预缴税款时，应当根据纳税人报送的《个人所得税专项附加扣除信息表》（以下简称《扣除信息表》，见附件）为纳税人办理专项附加扣除。

纳税人年度中间更换工作单位的，在原单位任职、受雇期间已享受的专项附加扣除金额，不得在新任职、受雇单位扣除。原扣缴义务人应当自纳税人离职不再发放工资薪金所得的当月起,停止为其办理专项附加扣除。

第六条 纳税人未取得工资、薪金所得,仅取得劳务报酬所得、稿酬所得、特许权使用费所得需要享受专项附加扣除的,应当在次年 3 月 1 日至 6 月 30 日内,自行向汇缴地主管税务机关报送《扣除信息表》,并在办理汇算清缴申报时扣除。

第七条 一个纳税年度内,纳税人在扣缴义务人预扣预缴税款环节未享受或未足额享受专项附加扣除的,可以在当年内向支付工资、薪金的扣缴义务人申请在剩余月份发放工资、薪金时补充扣除,也可以在次年 3 月 1 日至 6 月 30 日内,向汇缴地主管税务机关办理汇算清缴时申报扣除。

第三章 报送信息及留存备查资料

第八条 纳税人选择在扣缴义务人发放工资、薪金所得时享受专项附加扣除的,首次享受时应当填写并向扣缴义务人报送《扣除信息表》;纳税年度中间相关信息发生变化的,纳税人应当更新《扣除信息表》相应栏次,并及时报送给扣缴义务人。

更换工作单位的纳税人,需要由新任职、受雇扣缴义务人办理专项附加扣除的,应当在入职的当月,填写并向扣缴义务人报送《扣除信息表》。

第九条 纳税人次年需要由扣缴义务人继续办理专项附加扣除的,应当于每年 12 月份对次年享受专项附加扣除的内容进行确认,并报送至扣缴义务人。纳税人未及时确认的,扣缴义务人于次年 1 月起暂停扣除,待纳税人确认后再行办理专项附加扣除。

扣缴义务人应当将纳税人报送的专项附加扣除信息,在次月办理扣缴申报时一并报送至主管税务机关。

第十条 纳税人选择在汇算清缴申报时享受专项附加扣除的,应当填写并向汇缴地主管税务机关报送《扣除信息表》。

第十一条 纳税人将需要享受的专项附加扣除项目信息填报至《扣除信息表》相应栏次。填报要素完整的,扣缴义务人或者主管税务机关应当受理;填报要素不完整的,扣缴义务人或者主管税务机关应当及时告知纳税人补正或重新填报。纳税人未补正或重新填报的,暂不办理相关专项附加扣除,待纳税人补正或重新填报后再行办理。

第十二条 纳税人享受子女教育专项附加扣除,应当填报配偶及子女的姓名、身份证件类型及号码、子女当前受教育阶段及起止时间、子女就读学校以及本人与配偶之间扣除分配比例等信息。

纳税人需要留存备查资料包括:子女在境外接受教育的,应当留存境外学校录取通知书、留学签证等境外教育佐证资料。

第十三条 纳税人享受继续教育专项附加扣除,接受学历(学位)继续教育的,应当填报教育起止时间、教育阶段等信息;接受技能人员或者专业技术人员职业资格继续教育的,应当填报证书名称、证书编号、发证机关、发证(批准)时间等信息。

纳税人需要留存备查资料包括:纳税人接受技能人员职业资格继续教育、专业技术人员职业资格继续教育的,应当留存职业资格相关证书等资料。

第十四条 纳税人享受住房贷款利息专项附加扣除,应当填报住房权属信息、住房坐落地址、贷款方式、贷款银行、贷款合同编号、贷款期限、首次还款日期等信息;纳税人有配偶的,填写配偶姓名、身份证件类型及号码。

纳税人需要留存备查资料包括:住房贷款合同、贷款还款支出凭证等资料。

第十五条 纳税人享受住房租金专项附加扣除,应当填报主要工作城市、租赁住房坐落地址、出租人姓名及身份证件类型和号码或者出租方单位名称及纳税人识别号(社会统一信用代码)、租赁起止时间等信息;纳税人有配偶的,填写配偶姓名、身份证件类型及号码。

纳税人需要留存备查资料包括:住房租赁合同或协议等资料。

第十六条 纳税人享受赡养老人专项附加扣除,应当填报纳税人是否为独生子女、月扣除金额、被赡养人姓名及身份证件类型和号码、与纳税人关系;有共同赡养人的,需填报分摊方式、共同赡养人姓名及身份证件类型和号码等信息。

纳税人需要留存备查资料包括:约定或指定分摊的书面分摊协议等资料。

第十七条 纳税人享受大病医疗专项附加扣除,应当填报患者姓名、身份证件类型及号码、与纳税人关系、与基本医保相关的医药费用总金额、医保目录范围内个人负担的自付金额等信息。

纳税人需要留存备查资料包括:大病患者医药服务收费及医保报销相关票据原件或复印件,或者医疗保障部门出具的纳税年度医药费用清单等资料。

第十八条 纳税人应当对报送的专项附加扣除信息的真实性、准确性、完整性负责。

第四章 信息报送方式

第十九条 纳税人可以通过远程办税端、电子或者纸质报表等方式,向扣缴义务人或者主管税务机关报送个人专项附加扣除信息。

第二十条 纳税人选择纳税年度内由扣缴义务人办理专项附加扣除的,按下列规定办理:

(一)纳税人通过远程办税端选择扣缴义务人并报送专项附加扣除信息的,

扣缴义务人根据接收的扣除信息办理扣除。

（二）纳税人通过填写电子或者纸质《扣除信息表》直接报送扣缴义务人的，扣缴义务人将相关信息导入或者录入扣缴端软件，并在次月办理扣缴申报时提交给主管税务机关。《扣除信息表》应当一式两份，纳税人和扣缴义务人签字（章）后分别留存备查。

第二十一条　纳税人选择年度终了后办理汇算清缴申报时享受专项附加扣除的，既可以通过远程办税端报送专项附加扣除信息，也可以将电子或者纸质《扣除信息表》（一式两份）报送给汇缴地主管税务机关。

报送电子《扣除信息表》的，主管税务机关受理打印，交由纳税人签字后，一份由纳税人留存备查，一份由税务机关留存；报送纸质《扣除信息表》的，纳税人签字确认、主管税务机关受理签章后，一份退还纳税人留存备查，一份由税务机关留存。

第二十二条　扣缴义务人和税务机关应当告知纳税人办理专项附加扣除的方式和渠道，鼓励并引导纳税人采用远程办税端报送信息。

第五章　后续管理

第二十三条　纳税人应当将《扣除信息表》及相关留存备查资料，自法定汇算清缴期结束后保存五年。

纳税人报送给扣缴义务人的《扣除信息表》，扣缴义务人应当自预扣预缴年度的次年起留存五年。

第二十四条　纳税人向扣缴义务人提供专项附加扣除信息的，扣缴义务人应当按照规定予以扣除，不得拒绝。扣缴义务人应当为纳税人报送的专项附加扣除信息保密。

第二十五条　扣缴义务人应当及时按照纳税人提供的信息计算办理扣缴申报，不得擅自更改纳税人提供的相关信息。

扣缴义务人发现纳税人提供的信息与实际情况不符，可以要求纳税人修改。纳税人拒绝修改的，扣缴义务人应当向主管税务机关报告，税务机关应当及时处理。

除纳税人另有要求外，扣缴义务人应当于年度终了后两个月内，向纳税人提供已办理的专项附加扣除项目及金额等信息。

第二十六条　税务机关定期对纳税人提供的专项附加扣除信息开展抽查。

第二十七条　税务机关核查时，纳税人无法提供留存备查资料，或者留存备查资料不能支持相关情况的，税务机关可以要求纳税人提供其他佐证；不能提供其他佐证材料，或者佐证材料仍不足以支持的，不得享受相关专项附加扣除。

第二十八条　税务机关核查专项附加扣除情况时，可以提请有关单位和个人协助核查，相关单位和个人应当协助。

第二十九条　纳税人有下列情形之一的，主管税务机关应当责令其改正；情形严重的，应当纳入有关信用信息系统，并按照国家有关规定实施联合惩戒；涉及违反税收征管法等法律法规的，税务机关依法进行处理：

（一）报送虚假专项附加扣除信息；

（二）重复享受专项附加扣除；

（三）超范围或标准享受专项附加扣除；

（四）拒不提供留存备查资料；

（五）税务总局规定的其他情形。

纳税人在任职、受雇单位报送虚假扣除信息的，税务机关责令改正的同时，通知扣缴义务人。

第三十条　本办法自2019年1月1日起施行。

252 国家税务总局关于发布《个人所得税扣缴申报管理办法（试行）》的公告

2018 年 12 月 21 日　国家税务总局公告 2018 年第 61 号

【全文有效】

为贯彻落实新修改的《中华人民共和国个人所得税法》及其实施条例，国家税务总局制定了《个人所得税扣缴申报管理办法（试行）》，现予以发布，自 2019 年 1 月 1 日起施行。

特此公告。

附件：个人所得税税率表及预扣率表

国家税务总局
2018 年 12 月 21 日

个人所得税扣缴申报管理办法（试行）

第一条　为规范个人所得税扣缴申报行为，维护纳税人和扣缴义务人合法权益，根据《中华人民共和国个人所得税法》及其实施条例、《中华人民共和国税收征收管理法》及其实施细则等法律法规的规定，制定本办法。

第二条　扣缴义务人，是指向个人支付所得的单位或者个人。扣缴义务人应当依法办理全员全额扣缴申报。

全员全额扣缴申报，是指扣缴义务人应当在代扣税款的次月十五日内，向主管税务机关报送其支付所得的所有个人的有关信息、支付所得数额、扣除事项和数额、扣缴税款的具体数额和总额以及其他相关涉税信息资料。

第三条　扣缴义务人每月或者每次预扣、代扣的税款，应当在次月十五日内缴入国库，并向税务机关报送《个人所得税扣缴申报表》。

第四条　实行个人所得税全员全额扣缴申报的应税所得包括：

（一）工资、薪金所得；

（二）劳务报酬所得；

（三）稿酬所得；

（四）特许权使用费所得；

（五）利息、股息、红利所得；

（六）财产租赁所得；

（七）财产转让所得；

（八）偶然所得。

第五条　扣缴义务人首次向纳税人支付所得时，应当按照纳税人提供的纳税人识别号等基础信息，填写《个人所得税基础信息表（A 表）》，并于次月扣缴申报时向税务机关报送。

扣缴义务人对纳税人向其报告的相关基础信息变化情况，应当于次月扣缴申报时向税务机关报送。

第六条　扣缴义务人向居民个人支付工资、薪金所得时，应当按照累计预扣法计算预扣税款，并按月办理扣缴申报。

累计预扣法，是指扣缴义务人在一个纳税年度内预扣预缴税款时，以纳税人在本单位截至当前月份工资、薪金所得累计收入减除累计免税收入、累计减除费用、累计专项扣除、累计专项附加扣除和累计依法确定的其他扣除后的余额为累计预扣预缴应纳税所得额，适用个人所得税预扣率表一（见附件），计算累计应预扣预缴税额，再减除累计减免税额和累计已预扣预缴税额，其余额为本期应预扣预缴税额。余额为负值时，暂不退税。纳税年度终了后余额仍为负值时，由纳税人通过办理综合所得年度汇算清缴，税款多退少补。

具体计算公式如下：

本期应预扣预缴税额 =（累计预扣预缴应纳税所得额 × 预扣率 − 速算扣除数）− 累计减免税额 − 累计已预扣预缴税额

累计预扣预缴应纳税所得额 = 累计收入 − 累计免税收入 − 累计减除费用 − 累计专项扣除 − 累计专项附加扣除 − 累计依法确定的其他扣除

其中：累计减除费用，按照 5000 元/月乘以纳税人当年截至本月在本单位的任职受雇月份数计算。

第七条　居民个人向扣缴义务人提供有关信息并依法要求办理专项附加扣除的，扣缴义务人应当按照规定在工资、薪金所得按月预扣预缴税款时予以扣除，不得拒绝。

第八条　扣缴义务人向居民个人支付劳务报酬所得、稿酬所得、特许权使用费所得时，应当按照以下方法按次或者按月预扣预缴税款：

劳务报酬所得、稿酬所得、特许权使用费所得以收入减除费用后的余额为收入额；其中，稿酬所得的收入额减按百分之七十计算。

减除费用：预扣预缴税款时，劳务报酬所得、稿酬所得、特许权使用费所得每次收入不超过四千元的，减除费用按八百元计算；每次收入四千元以上的，减除费用按收入的百分之二十计算。

应纳税所得额：劳务报酬所得、稿酬所得、特许权使用费所得，以每次收入额为预扣预缴应纳税所得额，计算应预扣预缴税额。劳务报酬所得适用个人所得税预扣率表二（见附件），稿酬所得、特许权使用费所得适用百分之二十的比例预扣率。

居民个人办理年度综合所得汇算清缴时，应当依法计算劳务报酬所得、稿酬所得、特许权使用费所得的收入额，并入年度综合所得计算应纳税款，税款多退少补。

第九条　扣缴义务人向非居民个人支付工资、薪金所得，劳务报酬所得，稿酬所得和特许权使用费所得时，应当按照以下方法按月或者按次代扣代缴税款：

非居民个人的工资、薪金所得，以每月收入额减除费用五千元后的余额为应纳税所得额；劳务报酬所得、稿酬所得、特许权使用费所得，以每次收入额为应纳税所得额，适用个人所得税税率表三（见附件）计算应纳税额。劳务报酬所得、稿酬所得、特许权使用费所得以收入减除百分之二十的费用后的余额为收入额，其中，稿酬所得的收入额减按百分之七十计算。

非居民个人在一个纳税年度内税款扣缴方法保持不变，达到居民个人条件时，应当告知扣缴义务人基础信息变化情况，年度终了后按照居民个人有关规定办理汇算清缴。

第十条　扣缴义务人支付利息、股息、红利所得，财产租赁所得，财产转让所得或者偶然所得时，应当依法按次或者按月代扣代缴税款。

第十一条　劳务报酬所得、稿酬所得、特许权使用费所得，属于一次性收入的，以取得该项收入为一次；属于同一项目连续性收入的，以一个月内取得的收入为一次。

财产租赁所得，以一个月内取得的收入为一次。

利息、股息、红利所得，以支付利息、股息、红利时取得的收入为一次。

偶然所得，以每次取得该项收入为一次。

第十二条　纳税人需要享受税收协定待遇的，应当在取得应税所得时主动向扣缴义务人提出，并提交相关信息、资料，扣缴义务人代扣代缴税款时按照享受税收协定待遇有关办法办理。

第十三条　支付工资、薪金所得的扣缴义务人应当于年度终了后两个月内，向纳税人提供其个人所得和已扣缴税款等信息。纳税人年度中间需要提供上述信息的，扣缴义务人应当提供。

纳税人取得除工资、薪金所得以外的其他所得，扣缴义务人应当在扣缴税款后，及时向纳税人提供其个人所得和已扣缴税款等信息。

第十四条 扣缴义务人应当按照纳税人提供的信息计算税款、办理扣缴申报，不得擅自更改纳税人提供的信息。

扣缴义务人发现纳税人提供的信息与实际情况不符的，可以要求纳税人修改。纳税人拒绝修改的，扣缴义务人应当报告税务机关，税务机关应当及时处理。

纳税人发现扣缴义务人提供或者扣缴申报的个人信息、支付所得、扣缴税款等信息与实际情况不符的，有权要求扣缴义务人修改。扣缴义务人拒绝修改的，纳税人应当报告税务机关，税务机关应当及时处理。

第十五条 扣缴义务人对纳税人提供的《个人所得税专项附加扣除信息表》，应当按照规定妥善保存备查。

第十六条 扣缴义务人应当依法对纳税人报送的专项附加扣除等相关涉税信息和资料保密。

第十七条 对扣缴义务人按照规定扣缴的税款，按年付给百分之二的手续费。不包括税务机关、司法机关等查补或者责令补扣的税款。

扣缴义务人领取的扣缴手续费可用于提升办税能力、奖励办税人员。

第十八条 扣缴义务人依法履行代扣代缴义务，纳税人不得拒绝。纳税人拒绝的，扣缴义务人应当及时报告税务机关。

第十九条 扣缴义务人有未按照规定向税务机关报送资料和信息、未按照纳税人提供信息虚报虚扣专项附加扣除、应扣未扣税款、不缴或少缴已扣税款、借用或冒用他人身份等行为的，依照《中华人民共和国税收征收管理法》等相关法律、行政法规处理。

第二十条 本办法相关表证单书式样，由国家税务总局另行制定发布。

第二十一条 本办法自2019年1月1日起施行。《国家税务总局关于印发〈个人所得税全员全额扣缴申报管理暂行办法〉的通知》（国税发〔2005〕205号）同时废止。

253 国家税务总局关于个人所得税自行纳税申报有关问题的公告

2018年12月21日　国家税务总局公告2018年第62号

【全文有效】

根据新修改的《中华人民共和国个人所得税法》及其实施条例，现就个人所得税自行纳税申报有关问题公告如下：

一、取得综合所得需要办理汇算清缴的纳税申报

取得综合所得且符合下列情形之一的纳税人，应当依法办理汇算清缴：

（一）从两处以上取得综合所得，且综合所得年收入额减除专项扣除后的余额超过6万元；

（二）取得劳务报酬所得、稿酬所得、特许权使用费所得中一项或者多项所得，且综合所得年收入额减除专项扣除的余额超过6万元；

（三）纳税年度内预缴税额低于应纳税额；

（四）纳税人申请退税。

需要办理汇算清缴的纳税人，应当在取得所得的次年3月1日至6月30日内，向任职、受雇单位所在地主管税务机关办理纳税申报，并报送《个人所得税年度自行纳税申报表》。纳税人有两处以上任职、受雇单位的，选择向其中一处任职、受雇单位所在地主管税务机关办理纳税申报；纳税人没有任职、受雇单位的，向户籍所在地或经常居住地主管税务机关办理纳税申报。

纳税人办理综合所得汇算清缴，应当准备与收入、专项扣除、专项附加扣除、依法确定的其他扣除、捐赠、享受税收优惠等相关的资料，并按规定留存备查或报送。

纳税人取得综合所得办理汇算清缴的具体办法，另行公告。

二、取得经营所得的纳税申报

个体工商户业主、个人独资企业投资者、合伙企业个人合伙人、承包承租经

营者个人以及其他从事生产、经营活动的个人取得经营所得,包括以下情形:

(一)个体工商户从事生产、经营活动取得的所得,个人独资企业投资人、合伙企业的个人合伙人来源于境内注册的个人独资企业、合伙企业生产、经营的所得;

(二)个人依法从事办学、医疗、咨询以及其他有偿服务活动取得的所得;

(三)个人对企业、事业单位承包经营、承租经营以及转包、转租取得的所得;

(四)个人从事其他生产、经营活动取得的所得。

纳税人取得经营所得,按年计算个人所得税,由纳税人在月度或季度终了后15日内,向经营管理所在地主管税务机关办理预缴纳税申报,并报送《个人所得税经营所得纳税申报表(A表)》。在取得所得的次年3月31日前,向经营管理所在地主管税务机关办理汇算清缴,并报送《个人所得税经营所得纳税申报表(B表)》;从两处以上取得经营所得的,选择向其中一处经营管理所在地主管税务机关办理年度汇总申报,并报送《个人所得税经营所得纳税申报表(C表)》。

三、取得应税所得,扣缴义务人未扣缴税款的纳税申报

纳税人取得应税所得,扣缴义务人未扣缴税款的,应当区别以下情形办理纳税申报:

(一)居民个人取得综合所得的,按照本公告第一条办理。

(二)非居民个人取得工资、薪金所得,劳务报酬所得,稿酬所得,特许权使用费所得的,应当在取得所得的次年6月30日前,向扣缴义务人所在地主管税务机关办理纳税申报,并报送《个人所得税自行纳税申报表(A表)》。有两个以上扣缴义务人均未扣缴税款的,选择向其中一处扣缴义务人所在地主管税务机关办理纳税申报。

非居民个人在次年6月30日前离境(临时离境除外)的,应当在离境前办理纳税申报。

(三)纳税人取得利息、股息、红利所得,财产租赁所得,财产转让所得和偶然所得的,应当在取得所得的次年6月30日前,按相关规定向主管税务机关办理纳税申报,并报送《个人所得税自行纳税申报表(A表)》。

税务机关通知限期缴纳的,纳税人应当按照期限缴纳税款。

四、取得境外所得的纳税申报

居民个人从中国境外取得所得的,应当在取得所得的次年3月1日至6月30日内,向中国境内任职、受雇单位所在地主管税务机关办理纳税申报;在中国境

内没有任职、受雇单位的,向户籍所在地或中国境内经常居住地主管税务机关办理纳税申报;户籍所在地与中国境内经常居住地不一致的,选择其中一地主管税务机关办理纳税申报;在中国境内没有户籍的,向中国境内经常居住地主管税务机关办理纳税申报。

纳税人取得境外所得办理纳税申报的具体规定,另行公告。

五、因移居境外注销中国户籍的纳税申报

纳税人因移居境外注销中国户籍的,应当在申请注销中国户籍前,向户籍所在地主管税务机关办理纳税申报,进行税款清算。

(一)纳税人在注销户籍年度取得综合所得的,应当在注销户籍前,办理当年综合所得的汇算清缴,并报送《个人所得税年度自行纳税申报表》。尚未办理上一年度综合所得汇算清缴的,应当在办理注销户籍纳税申报时一并办理。

(二)纳税人在注销户籍年度取得经营所得的,应当在注销户籍前,办理当年经营所得的汇算清缴,并报送《个人所得税经营所得纳税申报表(B表)》。从两处以上取得经营所得的,还应当一并报送《个人所得税经营所得纳税申报表(C表)》。尚未办理上一年度经营所得汇算清缴的,应当在办理注销户籍纳税申报时一并办理。

(三)纳税人在注销户籍当年取得利息、股息、红利所得,财产租赁所得,财产转让所得和偶然所得的,应当在注销户籍前,申报当年上述所得的完税情况,并报送《个人所得税自行纳税申报表(A表)》。

(四)纳税人有未缴或者少缴税款的,应当在注销户籍前,结清欠缴或未缴的税款。纳税人存在分期缴税且未缴纳完毕的,应当在注销户籍前,结清尚未缴纳的税款。

(五)纳税人办理注销户籍纳税申报时,需要办理专项附加扣除、依法确定的其他扣除的,应当向税务机关报送《个人所得税专项附加扣除信息表》《商业健康保险税前扣除情况明细表》《个人税收递延型商业养老保险税前扣除情况明细表》等。

六、非居民个人在中国境内从两处以上取得工资、薪金所得的纳税申报

非居民个人在中国境内从两处以上取得工资、薪金所得的,应当在取得所得的次月15日内,向其中一处任职、受雇单位所在地主管税务机关办理纳税申报,并报送《个人所得税自行纳税申报表(A表)》。

七、纳税申报方式

纳税人可以采用远程办税端、邮寄等方式申报,也可以直接到主管税务机关申报。

八、其他有关问题

（一）纳税人办理自行纳税申报时，应当一并报送税务机关要求报送的其他有关资料。首次申报或者个人基础信息发生变化的，还应报送《个人所得税基础信息表（B表)》。

本公告涉及的有关表证单书，由国家税务总局统一制定式样，另行公告。

（二）纳税人在办理纳税申报时需要享受税收协定待遇的，按照享受税收协定待遇有关办法办理。

九、施行时间

本公告自 2019 年 1 月 1 日起施行。

特此公告。

254 财政部 税务总局 发展改革委 证监会关于创业投资企业个人合伙人所得税政策问题的通知

2019年1月10日 财税〔2019〕8号

【全文有效】

各省、自治区、直辖市、计划单列市财政厅（局）、发展改革委、证券监督管理机构，国家税务总局，各省、自治区、直辖市、计划单列市税务局，新疆生产建设兵团财政局、发展改革委：

为进一步支持创业投资企业（含创投基金，以下统称创投企业）发展，现将有关个人所得税政策问题通知如下：

一、创投企业可以选择按单一投资基金核算或者按创投企业年度所得整体核算两种方式之一，对其个人合伙人来源于创投企业的所得计算个人所得税应纳税额。

本通知所称创投企业，是指符合《创业投资企业管理暂行办法》（发展改革委等10部门令第39号）或者《私募投资基金监督管理暂行办法》（证监会令第105号）关于创业投资企业（基金）的有关规定，并按照上述规定完成备案且规范运作的合伙制创业投资企业（基金）。

二、创投企业选择按单一投资基金核算的，其个人合伙人从该基金应分得的股权转让所得和股息红利所得，按照20%税率计算缴纳个人所得税。

创投企业选择按年度所得整体核算的，其个人合伙人应从创投企业取得的所得，按照"经营所得"项目、5%~35%的超额累进税率计算缴纳个人所得税。

三、单一投资基金核算，是指单一投资基金（包括不以基金名义设立的创投企业）在一个纳税年度内从不同创业投资项目取得的股权转让所得和股息红利所得按下述方法分别核算纳税：

（一）股权转让所得。单个投资项目的股权转让所得，按年度股权转让收入扣除对应股权原值和转让环节合理费用后的余额计算，股权原值和转让环节合理费用的确定方法，参照股权转让所得个人所得税有关政策规定执行；单一投资基金的股权转让所得,按一个纳税年度内不同投资项目的所得和损失相互抵减后的余额计算,余额大于或等于零的,即确认为该基金的年度股权转让所得;余额小于零的,该基金年度股权转让所得按零计算且不能跨年结转。

个人合伙人按照其应从基金年度股权转让所得中分得的份额计算其应纳税额,并由创投企业在次年3月31日前代扣代缴个人所得税。如符合《财政部 税务总局关于创业投资企业和天使投资个人有关税收政策的通知》(财税〔2018〕55号)规定条件的,创投企业个人合伙人可以按照被转让项目对应投资额的70%抵扣其应从基金年度股权转让所得中分得的份额后再计算其应纳税额,当期不足抵扣的,不得向以后年度结转。

(二)股息红利所得。单一投资基金的股息红利所得,以其来源于所投资项目分配的股息、红利收入以及其他固定收益类证券等收入的全额计算。

个人合伙人按照其应从基金股息红利所得中分得的份额计算其应纳税额,并由创投企业按次代扣代缴个人所得税。

(三)除前述可以扣除的成本、费用之外,单一投资基金发生的包括投资基金管理人的管理费和业绩报酬在内的其他支出,不得在核算时扣除。

本条规定的单一投资基金核算方法仅适用于计算创投企业个人合伙人的应纳税额。

四、创投企业年度所得整体核算,是指将创投企业以每一纳税年度的收入总额减除成本、费用以及损失后,计算应分配给个人合伙人的所得。如符合《财政部 税务总局关于创业投资企业和天使投资个人有关税收政策的通知》(财税〔2018〕55号)规定条件的,创投企业个人合伙人可以按照被转让项目对应投资额的70%抵扣其可以从创投企业应分得的经营所得后再计算其应纳税额。年度核算亏损的,准予按有关规定向以后年度结转。

按照"经营所得"项目计税的个人合伙人,没有综合所得的,可依法减除基本减除费用、专项扣除、专项附加扣除以及国务院确定的其他扣除。从多处取得经营所得的,应汇总计算个人所得税,只减除一次上述费用和扣除。

五、创投企业选择按单一投资基金核算或按创投企业年度所得整体核算后,3年内不能变更。

六、创投企业选择按单一投资基金核算的,应当在按照本通知第一条规定完成备案的30日内,向主管税务机关进行核算方式备案;未按规定备案的,视同选择按创投企业年度所得整体核算。2019年1月1日前已经完成备案的创投企业,选择按单一投资基金核算的,应当在2019年3月1日前向主管税务机关进行核算方式备案。创投企业选择一种核算方式满3年需要调整的,应当在满3年的次年1月31日前,重新向主管税务机关备案。

七、税务部门依法开展税收征管和后续管理工作，可转请发展改革部门、证券监督管理部门对创投企业及其所投项目是否符合有关规定进行核查，发展改革部门、证券监督管理部门应当予以配合。

八、本通知执行期限为 2019 年 1 月 1 日起至 2023 年 12 月 31 日止。

255 财政部 税务总局 退役军人部关于进一步扶持自主就业退役士兵创业就业有关税收政策的通知

2019年2月2日　财税〔2019〕21号

【全文有效】

　　各省、自治区、直辖市、计划单列市财政厅（局）、退役军人事务厅（局），国家税务总局各省、自治区、直辖市、计划单列市税务局，新疆生产建设兵团财政局：

　　为进一步扶持自主就业退役士兵创业就业，现将有关税收政策通知如下：

　　一、自主就业退役士兵从事个体经营的，自办理个体工商户登记当月起，在3年（36个月，下同）内按每户每年12000元为限额依次扣减其当年实际应缴纳的增值税、城市维护建设税、教育费附加、地方教育附加和个人所得税。限额标准最高可上浮20%，各省、自治区、直辖市人民政府可根据本地区实际情况在此幅度内确定具体限额标准。

　　纳税人年度应缴纳税款小于上述扣减限额的，减免税额以其实际缴纳的税款为限；大于上述扣减限额的，以上述扣减限额为限。纳税人的实际经营期不足1年的，应当按月换算其减免税限额。换算公式为：减免税限额=年度减免税限额÷12×实际经营月数。城市维护建设税、教育费附加、地方教育附加的计税依据是享受本项税收优惠政策前的增值税应纳税额。

　　二、企业招用自主就业退役士兵，与其签订1年以上期限劳动合同并依法缴纳社会保险费的，自签订劳动合同并缴纳社会保险当月起，在3年内按实际招用人数予以定额依次扣减增值税、城市维护建设税、教育费附加、地方教育附加和企业所得税优惠。定额标准为每人每年6000元，最高可上浮50%，各省、自治区、直辖市人民政府可根据本地区实际情况在此幅度内确定具体定额标准。

　　企业按招用人数和签订的劳动合同时间核算企业减免税总额，在核算减免税总额内每月依次扣减增值税、城市维护建设税、教育费附加和地方教育附加。企业实际应缴纳的增值税、城市维护建设税、教育费附加和地方教育附加小于核算减免税总额的,以实际应缴纳的增值税、城市维护建设税、教育费附加和地方教育附加为限;实际应缴纳的增值税、城市维护建设税、教育费附加和地方教育附加大于核算减免税总额的,以核算减免税总额为限。

纳税年度终了,如果企业实际减免的增值税、城市维护建设税、教育费附加和地方教育附加小于核算减免税总额,企业在企业所得税汇算清缴时以差额部分扣减企业所得税。当年扣减不完的,不再结转以后年度扣减。

自主就业退役士兵在企业工作不满1年的,应当按月换算减免税限额。计算公式为:企业核算减免税总额=Σ每名自主就业退役士兵本年度在本单位工作月份÷12×具体定额标准。

城市维护建设税、教育费附加、地方教育附加的计税依据是享受本项税收优惠政策前的增值税应纳税额。

三、本通知所称自主就业退役士兵是指依照《退役士兵安置条例》(国务院中央军委令第608号)的规定退出现役并按自主就业方式安置的退役士兵。

本通知所称企业是指属于增值税纳税人或企业所得税纳税人的企业等单位。

四、自主就业退役士兵从事个体经营的,在享受税收优惠政策进行纳税申报时,注明其退役军人身份,并将《中国人民解放军义务兵退出现役证》《中国人民解放军士官退出现役证》或《中国人民武装警察部队义务兵退出现役证》《中国人民武装警察部队士官退出现役证》留存备查。

企业招用自主就业退役士兵享受税收优惠政策的,将以下资料留存备查:

1. 招用自主就业退役士兵的《中国人民解放军义务兵退出现役证》《中国人民解放军士官退出现役证》或《中国人民武装警察部队义务兵退出现役证》《中国人民武装警察部队士官退出现役证》;

2. 企业与招用自主就业退役士兵签订的劳动合同(副本),为职工缴纳的社会保险费记录;

3. 自主就业退役士兵本年度在企业工作时间表(见附件)。

五、企业招用自主就业退役士兵既可以适用本通知规定的税收优惠政策,又可以适用其他扶持就业专项税收优惠政策的,企业可以选择适用最优惠的政策,但不得重复享受。

六、本通知规定的税收政策执行期限为2019年1月1日至2021年12月31日。纳税人在2021年12月31日享受本通知规定税收优惠政策未满3年的,可继续享受至3年期满为止。《财政部 税务总局 民政部关于继续实施扶持自主就业退役士兵创业就业有关税收政策的通知》(财税〔2017〕46号)自2019年1月1日起停止执行。

退役士兵以前年度已享受退役士兵创业就业税收优惠政策满3年的,不得再享受本通知规定的税收优惠政策；以前年度享受退役士兵创业就业税收优惠政策未满3年且符合本通知规定条件的，可按本通知规定享受优惠至3年期满。

各地财政、税务、退役军人事务部门要加强领导、周密部署，把扶持自主就业退役士兵创业就业工作作为一项重要任务，主动做好政策宣传和解释工作，加强部门间的协调配合，确保政策落实到位。同时，要密切关注税收政策的执行情况，对发现的问题及时逐级向财政部、税务总局、退役军人部反映。

附件：自主就业退役士兵本年度在企业工作时间表（略）

256 财政部 税务总局 人力资源社会保障部 国务院扶贫办关于进一步支持和促进重点群体创业就业有关税收政策的通知

2019年2月2日 财税〔2019〕22号

【全文有效】

各省、自治区、直辖市、计划单列市财政厅（局）、人力资源社会保障厅（局）、扶贫办，国家税务总局各省、自治区、直辖市、计划单列市税务局，新疆生产建设兵团财政局、人力资源社会保障局、扶贫办：

为进一步支持和促进重点群体创业就业，现将有关税收政策通知如下：

一、建档立卡贫困人口、持《就业创业证》（注明"自主创业税收政策"或"毕业年度内自主创业税收政策"）或《就业失业登记证》（注明"自主创业税收政策"）的人员，从事个体经营的，自办理个体工商户登记当月起，在3年（36个月，下同）内按每户每年12000元为限额依次扣减其当年实际应缴纳的增值税、城市维护建设税、教育费附加、地方教育附加和个人所得税。限额标准最高可上浮20%，各省、自治区、直辖市人民政府可根据本地区实际情况在此幅度内确定具体限额标准。

纳税人年度应缴纳税款小于上述扣减限额的，减免税额以其实际缴纳的税款为限；大于上述扣减限额的，以上述扣减限额为限。

上述人员具体包括：1. 纳入全国扶贫开发信息系统的建档立卡贫困人口；2. 在人力资源社会保障部门公共就业服务机构登记失业半年以上的人员；3. 零就业家庭、享受城市居民最低生活保障家庭劳动年龄内的登记失业人员；4. 毕业年度内高校毕业生。高校毕业生是指实施高等学历教育的普通高等学校、成人高等学校应届毕业的学生；毕业年度是指毕业所在自然年，即1月1日至12月31日。

二、企业招用建档立卡贫困人口，以及在人力资源社会保障部门公共就业服务机构登记失业半年以上且持《就业创业证》或《就业失业登记证》(注明"企业吸纳税收政策")的人员,与其签订1年以上期限劳动合同并依法缴纳社会保险费的,自签订劳动合同并缴纳社会保险当月起,在3年内按实际招用人数予以定额依次扣减增值税、城市维护建设税、教育费附加、地方教育附加和企业所得税优惠。定额标准为每人每年6000元,最高可上浮30%,各省、自治区、直辖市人民政府可根据本地区实际情况在此幅度内确定具体定额标准。城市维护建设税、教育费附加、地方教育附加的计税依据是享受本项税收优惠政策前的增值税应纳税额。

按上述标准计算的税收扣减额应在企业当年实际应缴纳的增值税、城市维护建设税、教育费附加、地方教育附加和企业所得税税额中扣减,当年扣减不完的,不得结转下年使用。

本通知所称企业是指属于增值税纳税人或企业所得税纳税人的企业等单位。

三、国务院扶贫办在每年1月15日前将建档立卡贫困人口名单及相关信息提供给人力资源社会保障部、税务总局,税务总局将相关信息转发给各省、自治区、直辖市税务部门。人力资源社会保障部门依托全国扶贫开发信息系统核实建档立卡贫困人口身份信息。

四、企业招用就业人员既可以适用本通知规定的税收优惠政策,又可以适用其他扶持就业专项税收优惠政策的,企业可以选择适用最优惠的政策,但不得重复享受。

五、本通知规定的税收政策执行期限为2019年1月1日至2021年12月31日。纳税人在2021年12月31日享受本通知规定税收优惠政策未满3年的,可继续享受至3年期满为止。《财政部 税务总局 人力资源社会保障部关于继续实施支持和促进重点群体创业就业有关税收政策的通知》(财税〔2017〕49号)自2019年1月1日起停止执行。

本通知所述人员,以前年度已享受重点群体创业就业税收优惠政策满3年的,不得再享受本通知规定的税收优惠政策;以前年度享受重点群体创业就业税收优惠政策未满3年且符合本通知规定条件的,可按本通知规定享受优惠至3年期满。

各地财政、税务、人力资源社会保障部门、扶贫办要加强领导、周密部署,把大力支持和促进重点群体创业就业工作作为一项重要任务,主动做好政策宣传和解释工作,加强部门间的协调配合,确保政策落实到位。同时,要密切关注税收政策的执行情况,对发现的问题及时逐级向财政部、税务总局、人力资源社会保障部、国务院扶贫办反映。

257　关于粤港澳大湾区个人所得税优惠政策的通知

2019年3月14日　财税〔2019〕31号

【全文有效】

广东省、深圳市财政厅（局），国家税务总局广东省、深圳市税务局：

为支持粤港澳大湾区建设，现就大湾区有关个人所得税优惠政策通知如下：

一、广东省、深圳市按内地与香港个人所得税税负差额，对在大湾区工作的境外（含港澳台，下同）高端人才和紧缺人才给予补贴，该补贴免征个人所得税。

二、在大湾区工作的境外高端人才和紧缺人才的认定和补贴办法，按照广东省、深圳市的有关规定执行。

三、本通知适用范围包括广东省广州市、深圳市、珠海市、佛山市、惠州市、东莞市、中山市、江门市和肇庆市等大湾区珠三角九市。

四、本通知自2019年1月1日起至2023年12月31日止执行。《财政部　国家税务总局关于广东横琴新区个人所得税优惠政策的通知》（财税〔2014〕23号）、《财政部　国家税务总局关于深圳前海深港现代服务业合作区个人所得税优惠政策的通知》（财税〔2014〕25号）自2019年1月1日起废止。

258 关于在中国境内无住所的个人居住时间判定标准的公告

2019 年 3 月 14 日　　财政部　税务总局公告 2019 年第 34 号

【全文有效】

为贯彻落实修改后的《中华人民共和国个人所得税法》和《中华人民共和国个人所得税法实施条例》，现将在中国境内无住所的个人（以下称无住所个人）居住时间的判定标准公告如下：

一、无住所个人一个纳税年度在中国境内累计居住满 183 天的，如果此前六年在中国境内每年累计居住天数都满 183 天而且没有任何一年单次离境超过 30 天，该纳税年度来源于中国境内、境外所得应当缴纳个人所得税；如果此前六年的任一年在中国境内累计居住天数不满 183 天或者单次离境超过 30 天，该纳税年度来源于中国境外且由境外单位或者个人支付的所得，免予缴纳个人所得税。

前款所称此前六年，是指该纳税年度的前一年至前六年的连续六个年度，此前六年的起始年度自 2019 年（含）以后年度开始计算。

二、无住所个人一个纳税年度内在中国境内累计居住天数，按照个人在中国境内累计停留的天数计算。在中国境内停留的当天满 24 小时的，计入中国境内居住天数，在中国境内停留的当天不足 24 小时的，不计入中国境内居住天数。

三、本公告自 2019 年 1 月 1 日起施行。

259 关于非居民个人和无住所居民个人有关个人所得税政策的公告

2019年3月14日 财政部 税务总局公告2019年第35号

【全文有效】

为贯彻落实修改后的《中华人民共和国个人所得税法》（以下称税法）和《中华人民共和国个人所得税法实施条例》（以下称实施条例），现将非居民个人和无住所居民个人（以下统称无住所个人）有关个人所得税政策公告如下：

一、关于所得来源地

（一）关于工资薪金所得来源地的规定

个人取得归属于中国境内（以下称境内）工作期间的工资薪金所得为来源于境内的工资薪金所得。境内工作期间按照个人在境内工作天数计算，包括其在境内的实际工作日以及境内工作期间在境内、境外享受的公休假、个人休假、接受培训的天数。在境内、境外单位同时担任职务或者仅在境外单位任职的个人，在境内停留的当天不足24小时的，按照半天计算境内工作天数。

无住所个人在境内、境外单位同时担任职务或者仅在境外单位任职，且当期同时在境内、境外工作的，按照工资薪金所属境内、境外工作天数占当期公历天数的比例计算确定来源于境内、境外工资薪金所得的收入额。境外工作天数按照当期公历天数减去当期境内工作天数计算。

（二）关于数月奖金以及股权激励所得来源地的规定

无住所个人取得的数月奖金或者股权激励所得按照本条第（一）项规定确定所得来源地的，无住所个人在境内履职或者执行职务时收到的数月奖金或者股权激励所得，归属于境外工作期间的部分，为来源于境外的工资薪金所得；无住所个人停止在境内履约或者执行职务离境后收到的数月奖金或者股权激励所得，对属于境内工作期间的部分，为来源于境内的工资薪金所得。具体计算方法为：数月奖金或者股权激励乘以数月奖金或者股权激励所属工作期间境内工作天数与所属工作期间公历天数之比。

无住所个人一个月内取得的境内外数月奖金或者股权激励包含归属于不同期间的多笔所得的,应当先分别按照本公告规定计算不同归属期间来源于境内的所得,然后再加总计算当月来源于境内的数月奖金或者股权激励收入额。

本公告所称数月奖金是指一次取得归属于数月的奖金、年终加薪、分红等工资薪金所得,不包括每月固定发放的奖金及一次性发放的数月工资。本公告所称股权激励包括股票期权、股权期权、限制性股票、股票增值权、股权奖励以及其他因认购股票等有价证券而从雇主取得的折扣或者补贴。

(三)关于董事、监事及高层管理人员取得报酬所得来源地的规定

对于担任境内居民企业的董事、监事及高层管理职务的个人(以下统称高管人员),无论是否在境内履行职务,取得由境内居民企业支付或者负担的董事费、监事费、工资薪金或者其他类似报酬(以下统称高管人员报酬,包含数月奖金和股权激励),属于来源于境内的所得。

本公告所称高层管理职务包括企业正、副(总)经理、各职能总师、总监及其他类似公司管理层的职务。

(四)关于稿酬所得来源地的规定

由境内企业、事业单位、其他组织支付或者负担的稿酬所得,为来源于境内的所得。

二、关于无住所个人工资薪金所得收入额计算

无住所个人取得工资薪金所得,按以下规定计算在境内应纳税的工资薪金所得的收入额(以下称工资薪金收入额):

(一)无住所个人为非居民个人的情形

非居民个人取得工资薪金所得,除本条第(三)项规定以外,当月工资薪金收入额分别按照以下两种情形计算:

1. 非居民个人境内居住时间累计不超过90天的情形。

在一个纳税年度内,在境内累计居住不超过90天的非居民个人,仅就归属于境内工作期间并由境内雇主支付或者负担的工资薪金所得计算缴纳个人所得税。当月工资薪金收入额的计算公式如下(公式一):

当月工资薪金收入额=当月境内外工资薪金总额×(当月境内支付工资薪金数额÷当月境内外工资薪金总额)×(当月工资薪金所属工作期间境内工作天数÷当月工资薪金所属工作期间公历天数)

本公告所称境内雇主包括雇用员工的境内单位和个人以及境外单位或者个人在境内的机构、场所。凡境内雇主采取核定征收所得税或者无营业收入未征收所得税的,无住所个人为其工作取得工资薪金所得,不论是否在该境内雇主会计账

簿中记载，均视为由该境内雇主支付或者负担。本公告所称工资薪金所属工作期间的公历天数，是指无住所个人取得工资薪金所属工作期间按公历计算的天数。

本公告所列公式中当月境内外工资薪金包含归属于不同期间的多笔工资薪金的，应当先分别按照本公告规定计算不同归属期间工资薪金收入额，然后再加总计算当月工资薪金收入额。

2. 非居民个人境内居住时间累计超过90天不满183天的情形。

在一个纳税年度内，在境内累计居住超过90天但不满183天的非居民个人，取得归属于境内工作期间的工资薪金所得，均应当计算缴纳个人所得税；其取得归属于境外工作期间的工资薪金所得，不征收个人所得税。当月工资薪金收入额的计算公式如下（公式二）：

当月工资薪金收入额 = 当月境内外工资薪金总额 ×（当月工资薪金所属工作期间境内工作天数 ÷ 当月工资薪金所属工作期间公历天数）

（二）无住所个人为居民个人的情形

在一个纳税年度内，在境内累计居住满183天的无住所居民个人取得工资薪金所得，当月工资薪金收入额按照以下规定计算：

1. 无住所居民个人在境内居住累计满183天的年度连续不满六年的情形。

在境内居住累计满183天的年度连续不满六年的无住所居民个人，符合实施条例第四条优惠条件的，其取得的全部工资薪金所得，除归属于境外工作期间且由境外单位或者个人支付的工资薪金所得部分外，均应计算缴纳个人所得税。工资薪金所得收入额的计算公式如下（公式三）：

当月工资薪金收入额 = 当月境内外工资薪金总额 × [1 -（当月境外支付工资薪金数额 ÷ 当月境内外工资薪金总额）×（当月工资薪金所属工作期间境外工作天数 ÷ 当月工资薪金所属工作期间公历天数）]

2. 无住所居民个人在境内居住累计满183天的年度连续满六年的情形。

在境内居住累计满183天的年度连续满六年后，不符合实施条例第四条优惠条件的无住所居民个人，其从境内、境外取得的全部工资薪金所得均应计算缴纳个人所得税。

（三）无住所个人为高管人员的情形

无住所居民个人为高管人员的，工资薪金收入额按照本条第（二）项规定计算纳税。非居民个人为高管人员的，按照以下规定处理：

1. 高管人员在境内居住时间累计不超过90天的情形。

在一个纳税年度内，在境内累计居住不超过90天的高管人员，其取得由境内雇主支付或者负担的工资薪金所得应当计算缴纳个人所得税；不是由境内雇主支付或者负担的工资薪金所得，不缴纳个人所得税。当月工资薪金收入额为当月境内支付或者负担的工资薪金收入额。

2. 高管人员在境内居住时间累计超过 90 天不满 183 天的情形。

在一个纳税年度内，在境内居住累计超过 90 天但不满 183 天的高管人员，其取得的工资薪金所得，除归属于境外工作期间且不是由境内雇主支付或者负担的部分外，应当计算缴纳个人所得税。当月工资薪金收入额计算适用本公告公式三。

三、关于无住所个人税款计算

（一）关于无住所居民个人税款计算的规定

无住所居民个人取得综合所得，年度终了后，应按年计算个人所得税；有扣缴义务人的，由扣缴义务人按月或者按次预扣预缴税款；需要办理汇算清缴的，按照规定办理汇算清缴，年度综合所得应纳税额计算公式如下（公式四）：

年度综合所得应纳税额 =（年度工资薪金收入额 + 年度劳务报酬收入额 + 年度稿酬收入额 + 年度特许权使用费收入额 − 减除费用 − 专项扣除 − 专项附加扣除 − 依法确定的其他扣除）× 适用税率 − 速算扣除数

无住所居民个人为外籍个人的，2022 年 1 月 1 日前计算工资薪金收入额时，已经按规定减除住房补贴、子女教育费、语言训练费等八项津补贴的，不能同时享受专项附加扣除。

年度工资薪金、劳务报酬、稿酬、特许权使用费收入额分别按年度内每月工资薪金以及每次劳务报酬、稿酬、特许权使用费收入额合计数额计算。

（二）关于非居民个人税款计算的规定

1. 非居民个人当月取得工资薪金所得，以按照本公告第二条规定计算的当月收入额，减去税法规定的减除费用后的余额，为应纳税所得额，适用本公告所附按月换算后的综合所得税率表（以下称月度税率表）计算应纳税额。

2. 非居民个人一个月内取得数月奖金，单独按照本公告第二条规定计算当月收入额，不与当月其他工资薪金合并，按 6 个月分摊计税，不减除费用，适用月度税率表计算应纳税额，在一个公历年度内，对每一个非居民个人，该计税办法只允许适用一次。计算公式如下（公式五）：

当月数月奖金应纳税额 = [（数月奖金收入额 ÷ 6）× 适用税率 − 速算扣除数] × 6

3. 非居民个人一个月内取得股权激励所得，单独按照本公告第二条规定计算当月收入额，不与当月其他工资薪金合并，按 6 个月分摊计税（一个公历年度内的股权激励所得应合并计算），不减除费用，适用月度税率表计算应纳税额，计算公式如下（公式六）：

当月股权激励所得应纳税额=[(本公历年度内股权激励所得合计额÷6)×适用税率-速算扣除数]×6-本公历年度内股权激励所得已纳税额

4. 非居民个人取得来源于境内的劳务报酬所得、稿酬所得、特许权使用费所得,以税法规定的每次收入额为应纳税所得额,适用月度税率表计算应纳税额。

四、关于无住所个人适用税收协定

按照我国政府签订的避免双重征税协定、内地与香港、澳门签订的避免双重征税安排(以下称税收协定)居民条款规定为缔约对方税收居民的个人(以下称对方税收居民个人),可以按照税收协定及财政部、税务总局有关规定享受税收协定待遇,也可以选择不享受税收协定待遇计算纳税。除税收协定及财政部、税务总局另有规定外,无住所个人适用税收协定的,按照以下规定执行:

(一)关于无住所个人适用受雇所得条款的规定

1. 无住所个人享受境外受雇所得协定待遇。

本公告所称境外受雇所得协定待遇,是指按照税收协定受雇所得条款规定,对方税收居民个人在境外从事受雇活动取得的受雇所得,可不缴纳个人所得税。

无住所个人为对方税收居民个人,其取得的工资薪金所得可享受境外受雇所得协定待遇的,可不缴纳个人所得税。工资薪金收入额计算适用本公告公式二。

无住所居民个人为对方税收居民个人的,可在预扣预缴和汇算清缴时按前款规定享受协定待遇;非居民个人为对方税收居民个人的,可在取得所得时按前款规定享受协定待遇。

2. 无住所个人享受境内受雇所得协定待遇。

本公告所称境内受雇所得协定待遇,是指按照税收协定受雇所得条款规定,在税收协定规定的期间内境内停留天数不超过183天的对方税收居民个人,在境内从事受雇活动取得受雇所得,不是由境内居民雇主支付或者代其支付的,也不是由雇主在境内常设机构负担的,可不缴纳个人所得税。

无住所个人为对方税收居民个人,其取得的工资薪金所得可享受境内受雇所得协定待遇的,可不缴纳个人所得税。工资薪金收入额计算适用本公告公式一。

无住所居民个人为对方税收居民个人的,可在预扣预缴和汇算清缴时按前款规定享受协定待遇;非居民个人为对方税收居民个人的,可在取得所得时按前款规定享受协定待遇。

(二)关于无住所个人适用独立个人劳务或者营业利润条款的规定

本公告所称独立个人劳务或者营业利润协定待遇,是指按照税收协定独立个人劳务或者营业利润条款规定,对方税收居民个人取得的独立个人劳务所得或者营业利润符合税收协定规定条件的,可不缴纳个人所得税。

无住所居民个人为对方税收居民个人,其取得的劳务报酬所得、稿酬所得可享受独立个人劳务或者营业利润协定待遇的,在预扣预缴和汇算清缴时,可不缴纳个人所得税。

非居民个人为对方税收居民个人,其取得的劳务报酬所得、稿酬所得可享受独立个人劳务或者营业利润协定待遇的,在取得所得时可不缴纳个人所得税。

(三)关于无住所个人适用董事费条款的规定

对方税收居民个人为高管人员,该个人适用的税收协定未纳入董事费条款,或者虽然纳入董事费条款但该个人不适用董事费条款,且该个人取得的高管人员报酬可享受税收协定受雇所得、独立个人劳务或者营业利润条款规定待遇的,该个人取得的高管人员报酬可不适用本公告第二条第(三)项规定,分别按照本条第(一)项、第(二)项规定执行。

对方税收居民个人为高管人员,该个人取得的高管人员报酬按照税收协定董事费条款规定可以在境内征收个人所得税的,应按照有关工资薪金所得或者劳务报酬所得规定缴纳个人所得税。

(四)关于无住所个人适用特许权使用费或者技术服务费条款的规定

本公告所称特许权使用费或者技术服务费协定待遇,是指按照税收协定特许权使用费或者技术服务费条款规定,对方税收居民个人取得符合规定的特许权使用费或者技术服务费,可按照税收协定规定的计税所得额和征税比例计算纳税。

无住所居民个人为对方税收居民个人,其取得的特许权使用费所得、稿酬所得或者劳务报酬所得可享受特许权使用费或者技术服务费协定待遇的,可不纳入综合所得,在取得当月按照税收协定规定的计税所得额和征税比例计算应纳税额,并预扣预缴税款。年度汇算清缴时,该个人取得的已享受特许权使用费或者技术服务费协定待遇的所得不纳入年度综合所得,单独按照税收协定规定的计税所得额和征税比例计算年度应纳税额及补退税额。

非居民个人为对方税收居民个人,其取得的特许权使用费所得、稿酬所得或者劳务报酬所得可享受特许权使用费或者技术服务费协定待遇的,可按照税收协定规定的计税所得额和征税比例计算应纳税额。

五、关于无住所个人相关征管规定

(一)关于无住所个人预计境内居住时间的规定

无住所个人在一个纳税年度内首次申报时,应当根据合同约定等情况预计一个纳税年度内境内居住天数以及在税收协定规定的期间内境内停留天数,按照预计情况计算缴纳税款。实际情况与预计情况不符的,分别按照以下规定处理:

1. 无住所个人预先判定为非居民个人，因延长居住天数达到居民个人条件的，一个纳税年度内税款扣缴方法保持不变，年度终了后按照居民个人有关规定办理汇算清缴，但该个人在当年离境且预计年度内不再入境的，可以选择在离境之前办理汇算清缴。

2. 无住所个人预先判定为居民个人，因缩短居住天数不能达到居民个人条件的，在不能达到居民个人条件之日起至年度终了 15 天内，应当向主管税务机关报告，按照非居民个人重新计算应纳税额，申报补缴税款，不加收税收滞纳金。需要退税的，按照规定办理。

3. 无住所个人预计一个纳税年度境内居住天数累计不超过 90 天，但实际累计居住天数超过 90 天的，或者对方税收居民个人预计在税收协定规定的期间内境内停留天数不超过 183 天，但实际停留天数超过 183 天的，待达到 90 天或者 183 天的月度终了后 15 天内，应当向主管税务机关报告，就以前月份工资薪金所得重新计算应纳税款，并补缴税款，不加收税收滞纳金。

（二）关于无住所个人境内雇主报告境外关联方支付工资薪金所得的规定

无住所个人在境内任职、受雇取得来源于境内的工资薪金所得，凡境内雇主与境外单位或者个人存在关联关系，将本应由境内雇主支付的工资薪金所得，部分或者全部由境外关联方支付的，无住所个人可以自行申报缴纳税款，也可以委托境内雇主代为缴纳税款。无住所个人未委托境内雇主代为缴纳税款的，境内雇主应当在相关所得支付当月终了后 15 天内向主管税务机关报告相关信息，包括境内雇主与境外关联方对无住所个人的工作安排、境外支付情况以及无住所个人的联系方式等信息。

六、施行时间

本公告自 2019 年 1 月 1 日起施行，非居民个人 2019 年 1 月 1 日后取得所得，按原有规定多缴纳税款的，可以依法申请办理退税。下列文件或者文件条款于 2019 年 1 月 1 日废止：

1.《财政部　税务总局关于对临时来华人员按实际居住日期计算征免个人所得税若干问题的通知》[（88）财税外字第 059 号]；

2.《国家税务总局关于在境内无住所的个人取得工资薪金所得纳税义务问题的通知》（国税发〔1994〕148 号）；

3.《财政部　国家税务总局关于在华无住所的个人如何计算在华居住满五年问题的通知》（财税字〔1995〕98 号）；

4.《国家税务总局关于在中国境内无住所的个人计算缴纳个人所得税若干具体问题的通知》（国税函发〔1995〕125 号）第一条、第二条、第三条、第四条；

5.《国家税务总局关于在中国境内无住所的个人缴纳所得税涉及税收协定若干问题的通知》(国税发〔1995〕155号);

6.《国家税务总局关于在中国境内无住所的个人取得奖金征税问题的通知》(国税发〔1996〕183号);

7.《国家税务总局关于三井物产(株)大连事务所外籍雇员取得数月奖金确定纳税义务问题的批复》(国税函〔1997〕546号);

8.《国家税务总局关于外商投资企业和外国企业对境外企业支付其雇员的工资薪金代扣代缴个人所得税问题的通知》(国税发〔1999〕241号);

9.《国家税务总局关于在中国境内无住所个人取得不在华履行职务的月份奖金确定纳税义务问题的通知》(国税函〔1999〕245号);

10.《国家税务总局关于在中国境内无住所个人以有价证券形式取得工资薪金所得确定纳税义务有关问题的通知》(国税函〔2000〕190号);

11.《国家税务总局关于在境内无住所的个人执行税收协定和个人所得税法若干问题的通知》(国税发〔2004〕97号);

12.《国家税务总局关于调整个人取得全年一次性奖金等计算征收个人所得税方法问题的通知》(国税发〔2005〕9号)第六条;

13.《国家税务总局关于在境内无住所个人计算工资薪金所得缴纳个人所得税有关问题的批复》(国税函〔2005〕1041号);

14.《国家税务总局关于在中国境内担任董事或高层管理职务无住所个人计算个人所得税适用公式的批复》(国税函〔2007〕946号)。

特此公告。

附件:按月换算后的综合所得税率表

按月换算后的综合所得税率表

级数	全月应纳税所得额	税率	速算扣除数
1	不超过3000元的	3%	0
2	超过3000元至12000元的部分	10%	210
3	超过12000元至25000元的部分	20%	1410
4	超过25000元至35000元的部分	25%	2660
5	超过35000元至55000元的部分	30%	4410
6	超过55000元至80000元的部分	35%	7160
7	超过80000元的部分	45%	15160

260　国家税务总局关于修订个人所得税申报表的公告

2019年1月31日　国家税务总局公告2019年第7号

【全文有效】

根据《中华人民共和国个人所得税法》及其实施条例等相关税收法律法规规定，为保障综合与分类相结合的个人所得税制顺利实施，现将修订后的个人所得税有关申报表予以发布，自2019年1月1日起施行。

《国家税务总局关于发布个人所得税申报表的公告》（国家税务总局公告2013年第21号）附件1至附件5、《国家税务总局关于发布生产经营所得及减免税事项有关个人所得税申报表的公告》（国家税务总局公告2015年第28号）附件1至附件3、《国家税务总局关于全面实施新个人所得税法若干征管衔接问题的公告》（国家税务总局公告2018年第56号）附件1同时废止。

特此公告。

附件：
1. 个人所得税基础信息表（A表）（B表）（略）
2. 个人所得税扣缴申报表（略）
3. 个人所得税自行纳税申报表（A表）（略）
4. 个人所得税年度自行纳税申报表（略）
5. 个人所得税经营所得纳税申报表（A表）（B表）（C表）（略）
6. 合伙制创业投资企业单一投资基金核算方式备案表（略）
7. 单一投资基金核算的合伙制创业投资企业个人所得税扣缴申报表（略）

261 国家税务总局 人力资源社会保障部 国务院扶贫办 教育部关于实施支持和促进重点群体创业就业有关税收政策具体操作问题的公告

2019年2月26日　国家税务总局公告2019年第10号

【全文有效】

为贯彻落实《财政部　税务总局　人力资源社会保障部　国务院扶贫办关于进一步支持和促进重点群体创业就业有关税收政策的通知》（财税〔2019〕22号）精神，现就具体操作问题公告如下：

一、重点群体个体经营税收政策

（一）申请

1. 建档立卡贫困人口从事个体经营的，向主管税务机关申报纳税时享受优惠。

2. 登记失业半年以上的人员，零就业家庭、享受城市居民最低生活保障家庭劳动年龄的登记失业人员，以及毕业年度内高校毕业生，可持《就业创业证》（或《就业失业登记证》，下同）、个体工商户登记执照（未完成"两证整合"的还须持《税务登记证》）向创业地县以上（含县级，下同）人力资源社会保障部门提出申请。县以上人力资源社会保障部门应当按照财税〔2019〕22号文件的规定，核实其是否享受过重点群体创业就业税收优惠政策。对符合财税〔2019〕22号文件规定条件的人员在《就业创业证》上注明"自主创业税收政策"或"毕业年度内自主创业税收政策"。

（二）税款减免顺序及额度

重点群体从事个体经营的，按照财税〔2019〕22号文件第一条的规定，在年度减免税限额内，依次扣减增值税、城市维护建设税、教育费附加、地方教育附加和个人所得税。城市维护建设税、教育费附加、地方教育附加的计税依据是享受本项税收优惠政策前的增值税应纳税额。

纳税人的实际经营期不足 1 年的，应当以实际月数换算其减免税限额。换算公式为：减免税限额 = 年度减免税限额 ÷ 12 × 实际经营月数。

纳税人实际应缴纳的增值税、城市维护建设税、教育费附加、地方教育附加和个人所得税小于减免税限额的，以实际应缴纳的增值税、城市维护建设税、教育费附加、地方教育附加和个人所得税税额为限；实际应缴纳的增值税、城市维护建设税、教育费附加、地方教育附加和个人所得税大于减免税限额的，以减免税限额为限。

（三）税收减免管理

登记失业半年以上的人员，零就业家庭、城市低保家庭的登记失业人员，以及毕业年度内高校毕业生享受本项税收优惠的，由其留存《就业创业证》（注明"自主创业税收政策"或"毕业年度内自主创业税收政策"）备查，建档立卡贫困人口无须留存资料备查。

二、企业招用重点群体税收政策

（一）申请

享受招用重点群体就业税收优惠政策的企业，持下列材料向县以上人力资源社会保障部门递交申请：

1. 招用人员持有的《就业创业证》（建档立卡贫困人口不需提供）。

2. 企业与招用重点群体签订的劳动合同（副本），企业依法为重点群体缴纳的社会保险记录。通过内部信息共享、数据比对等方式审核的地方，可不再要求企业提供缴纳社会保险记录。

县以上人力资源社会保障部门接到企业报送的材料后，重点核实以下情况：

1. 招用人员是否属于享受税收优惠政策的人员范围，以前是否已享受过重点群体创业就业税收优惠政策。

2. 企业是否与招用人员签订了 1 年以上期限劳动合同，并依法为招用人员缴纳社会保险。

核实后，对持有《就业创业证》的重点群体，在其《就业创业证》上注明"企业吸纳税收政策"；对符合条件的企业核发《企业吸纳重点群体就业认定证明》。

招用人员发生变化的，应向人力资源社会保障部门办理变更申请。

本公告所称企业是指属于增值税纳税人或企业所得税纳税人的企业等单位。

（二）税款减免顺序及额度

1. 纳税人按本单位招用重点群体的人数及其实际工作月数核算本单位减免

税总额,在减免税总额内每月依次扣减增值税、城市维护建设税、教育费附加和地方教育附加。城市维护建设税、教育费附加、地方教育附加的计税依据是享受本项税收优惠政策前的增值税应纳税额。

纳税人实际应缴纳的增值税、城市维护建设税、教育费附加和地方教育附加小于核算的减免税总额的,以实际应缴纳的增值税、城市维护建设税、教育费附加、地方教育附加为限;实际应缴纳的增值税、城市维护建设税、教育费附加和地方教育附加大于核算的减免税总额的,以核算的减免税总额为限。纳税年度终了,如果纳税人实际减免的增值税、城市维护建设税、教育费附加和地方教育附加小于核算的减免税总额,纳税人在企业所得税汇算清缴时,以差额部分扣减企业所得税。当年扣减不完的,不再结转以后年度扣减。

享受优惠政策当年,重点群体人员工作不满1年的,应当以实际月数换算其减免税总额。

减免税总额=∑每名重点群体人员本年度在本企业工作月数÷12×具体定额标准

2. 第2年及以后年度当年新招用人员、原招用人员及其工作时间按上述程序和办法执行。计算每名重点群体人员享受税收优惠政策的期限最长不超过36个月。

(三) 税收减免管理

企业招用重点群体享受本项优惠的,由企业留存以下材料备查:

1. 享受税收优惠政策的登记失业半年以上的人员,零就业家庭、城市低保家庭的登记失业人员,以及毕业年度内高校毕业生的《就业创业证》(注明"企业吸纳税收政策")。

2. 县以上人力资源社会保障部门核发的《企业吸纳重点群体就业认定证明》。

3. 《重点群体人员本年度实际工作时间表》(见附件)。

三、凭《就业创业证》享受上述优惠政策的人员,按以下规定申领《就业创业证》

1. 失业人员在常住地公共就业服务机构进行失业登记,申领《就业创业证》。对其中的零就业家庭、城市低保家庭的登记失业人员,公共就业服务机构应在其《就业创业证》上予以注明。

2. 毕业年度内高校毕业生在校期间凭学生证向公共就业服务机构申领《就业创业证》,或委托所在高校就业指导中心向公共就业服务机构代为申领《就业创业证》;毕业年度内高校毕业生离校后可凭毕业证直接向公共就业服务机构按规定申领《就业创业证》。

四、税收优惠政策管理

1. 严格各项凭证的审核发放。任何单位或个人不得伪造、涂改、转让、出租相关凭证，违者将依法予以惩处；对出借、转让《就业创业证》的人员，主管人力资源社会保障部门要收回其《就业创业证》并记录在案；对采取上述手段已经获取减免税的企业和个人，主管税务机关要追缴其已减免的税款，并依法予以处理。

2.《就业创业证》采用实名制，限持证者本人使用。创业人员从事个体经营的，《就业创业证》由本人保管；被用人单位招用的，享受税收优惠政策期间，证件由用人单位保管。《就业创业证》由人力资源社会保障部统一样式，各省、自治区、直辖市人力资源社会保障部门负责印制，作为审核劳动者就业失业状况和享受政策情况的有效凭证。

3.《企业吸纳重点群体就业认定证明》由人力资源社会保障部统一样式，各省、自治区、直辖市人力资源社会保障部门统一印制，统一编号备案，相关信息由当地人力资源社会保障部门按需提供给税务部门。

4. 县以上人力资源社会保障、税务部门及扶贫办要建立劳动者就业信息交换和协查制度。人力资源社会保障部建立全国《就业创业证》查询系统（http://jyjc.mohrss.gov.cn），供各级人力资源社会保障、财政、税务部门查询《就业创业证》信息。国务院扶贫办建立全国统一的全国扶贫开发信息系统，供各级扶贫办、人力资源社会保障、财政、税务部门查询建档立卡贫困人口身份等相关信息。

5. 各级税务机关对《就业创业证》或建档立卡贫困人口身份有疑问的，可提请同级人力资源社会保障部门、扶贫办予以协查，同级人力资源社会保障部门、扶贫办应根据具体情况规定合理的工作时限，并在时限内将协查结果通报提请协查的税务机关。

五、施行时间

本公告自 2019 年 1 月 1 日起施行。《国家税务总局　财政部　人力资源社会保障部　教育部　民政部关于继续实施支持和促进重点群体创业就业有关税收政策具体操作问题的公告》（国家税务总局公告 2017 年第 27 号）同时废止。

特此公告。

附件：重点群体人员本年度实际工作时间表（样表）（略）

262 财政部 税务总局关于铁路债券利息收入所得税政策的公告

2019年4月16日 财政部 税务总局公告2019年第57号

为支持国家铁路建设,现就投资者取得中国铁路总公司发行的铁路债券利息收入有关所得税政策公告如下:

一、对企业投资者持有2019~2023年发行的铁路债券取得的利息收入,减半征收企业所得税。

二、对个人投资者持有2019~2023年发行的铁路债券取得的利息收入,减按50%计入应纳税所得额计算征收个人所得税。税款由兑付机构在向个人投资者兑付利息时代扣代缴。

三、铁路债券是指以中国铁路总公司为发行和偿还主体的债券,包括中国铁路建设债券、中期票据、短期融资券等债务融资工具。

特此公告。

263 关于公共租赁住房税收优惠政策的公告

2019年4月15日 财政部 税务总局公告2019年第61号

为继续支持公共租赁住房（以下称公租房）建设和运营，现将有关税收优惠政策公告如下：

一、对公租房建设期间用地及公租房建成后占地，免征城镇土地使用税。在其他住房项目中配套建设公租房，按公租房建筑面积占总建筑面积的比例免征建设、管理公租房涉及的城镇土地使用税。

二、对公租房经营管理单位免征建设、管理公租房涉及的印花税。在其他住房项目中配套建设公租房，按公租房建筑面积占总建筑面积的比例免征建设、管理公租房涉及的印花税。

三、对公租房经营管理单位购买住房作为公租房，免征契税、印花税；对公租房租赁双方免征签订租赁协议涉及的印花税。

四、对企事业单位、社会团体以及其他组织转让旧房作为公租房房源，且增值额未超过扣除项目金额20%的，免征土地增值税。

五、企事业单位、社会团体以及其他组织捐赠住房作为公租房，符合税收法律法规规定的，对其公益性捐赠支出在年度利润总额12%以内的部分，准予在计算应纳税所得额时扣除，超过年度利润总额12%的部分，准予结转以后三年内在计算应纳税所得额时扣除。

个人捐赠住房作为公租房，符合税收法律法规规定的，对其公益性捐赠支出未超过其申报的应纳税所得额30%的部分，准予从其应纳税所得额中扣除。

六、对符合地方政府规定条件的城镇住房保障家庭从地方政府领取的住房租赁补贴，免征个人所得税。

七、对公租房免征房产税。对经营公租房所取得的租金收入，免征增值税。公租房经营管理单位应单独核算公租房租金收入，未单独核算的，不得享受免征增值税、房产税优惠政策。

八、享受上述税收优惠政策的公租房是指纳入省、自治区、直辖市、计划单列市人民政府及新疆生产建设兵团批准的公租房发展规划和年度计划，或者市、县人民政府批准建设（筹集），并按照《关于加快发展公共租赁住房的指导意见》（建保〔2010〕87号）和市、县人民政府制定的具体管理办法进行管理的公租房。

九、纳税人享受本公告规定的优惠政策，应按规定进行免税申报，并将不动产权属证明、载有房产原值的相关材料、纳入公租房及用地管理的相关材料、配套建设管理公租房相关材料、购买住房作为公租房相关材料、公租房租赁协议等留存备查。

十、本公告执行期限为2019年1月1日至2020年12月31日。

264　关于非居民个人和无住所居民个人有关个人所得税政策问题的解答

1. 问：无住所个人（不含高管人员）取得工资薪金所得，如何划分境内所得和境外所得？

答：个人所得税法实施条例第三条第（一）项规定，因任职、受雇、履约等在境内提供劳务取得的所得属于来源于境内的所得。

无住所个人流动性强，可能在境内、境外同时担任职务，分别取得收入，为明确境内、境外工资薪金所得划分问题，《财政部 税务总局关于非居民个人和无住所居民个人有关个人所得税政策的公告》（财政部 税务总局公告2019年第35号，以下简称《公告》）规定，个人取得归属于境内工作期间的工资薪金所得为来源于境内的工资薪金所得。境内工作期间按照个人在境内工作天数计算，境外工作天数按照当期公历天数减去当期境内工作天数计算。无住所个人在境内、境外单位同时担任职务或者仅在境外单位任职，且当期同时在境内、境外工作的，按照工资薪金所属境内、境外工作天数占当期公历天数的比例，计算确定来源于境内、境外工资薪金所得的收入额。

另需说明，境内工作天数与在境内实际居住的天数并不是同一个概念。《公告》规定，境内工作天数包括其在境内的实际工作日以及境内工作期间在境内、境外享受的公休假、个人休假、接受培训的天数。无住所个人未在境外单位任职的，无论其是否在境外停留，都不计算境外工作天数。

2. 问：高管人员取得报酬，如何划分境内所得和境外所得？

答：按照个人所得税法实施条例规定，因任职、受雇、履约等在境内提供劳务取得的所得属于境内所得，但对担任董事、监事、高层管理职务的无住所个人（以下称高管人员），其境内所得判定的规则与一般无住所雇员不同。高管人员参与公司决策和监督管理，工作地点流动性较大，不宜简单按照工作地点划分境内和境外所得。对此，《公告》规定，高管人员取得由境内居民企业支付或负担的报酬，不论其是否在境内履行职务，均属于来源于境内的所得，应在境内缴税。对高管人员取得不是由境内居民企业支付或者负担的报酬，仍需按照任职、受雇、履约地点划分境内、境外所得。

3. 问：无住所个人取得数月奖金、股权激励所得，如何划分境内所得和境外所得？

答：数月奖金是指无住所个人一次取得归属于数月的奖金（包括全年奖金）、年终加薪、分红等工资薪金所得，不包括每月固定发放的奖金及一次性发放的数月工资。

股权激励包括股票期权、股权期权、限制性股票、股票增值权、股权奖励以及其他因认购股票等有价证券而从雇主取得的折扣或补贴。

数月奖金和股权激励属于工资薪金所得，无住所个人取得数月奖金、股权激励，均应按照工资薪金所得来源地判定规则划分境内和境外所得。《公告》针对数月奖金和股权激励的特殊情形，在工资薪金所得来源地判定规则基础上，进一步细化规定：

一是无住所个人在境内履职或者执行职务时，收到的数月奖金或者股权激励所得，如果是归属于境外工作期间的所得，仍为来源于境外的工资薪金所得。

二是无住所个人停止在境内履约或执行职务离境后，收到归属于其在境内工作期间的数月奖金或股权激励所得，仍为来源于境内的所得。

三是无住所个人一个月内从境内、境外单位取得多笔数月奖金或者股权激励所得，且数月奖金或者股权激励分别归属于不同期间的，应当按照每笔数月奖金或者股权激励的归属期间，分别计算每笔数月奖金或者股权激励的收入额后，然后再加总计算当月境内数月奖金或股权激励收入额。

需要说明的是，高管人员取得的数月奖金、股权激励，按照高管人员工资薪金所得的规则，划分境内、境外所得。

举例：A先生为无住所个人，2020年1月，A先生同时取得2019年第四季度（公历天数92天）奖金和全年奖金。假设A先生取得季度奖金20万元，对应境内工作天数为46天；取得全年奖金50万元，对应境内工作天数为73天。两笔奖金分别由境内公司、境外公司各支付一半。（不考虑税收协定因素）

2020年度，A先生在中国境内居住天数不超过90天，为非居民个人，A先生仅就境内支付的境内所得，计算在境内应计税的收入。A先生当月取得数月奖金在境内应计税的收入额为：

$$20 \times \frac{1}{2} \times \frac{46}{92} + 50 \times \frac{1}{2} \times \frac{73}{365} = 10（万元）$$

4. 问：无住所个人取得工资薪金所得，如何计算在境内应计税的收入额？

答：根据所得来源地规则，无住所个人取得的工资薪金所得，可分为境内和境外工资薪金所得；在此基础上，根据支付地不同，境内工资薪金所得可进一步分为境内雇主支付或负担（以下称境内支付）和境外雇主支付（以下称境外支付）所得；境外工资薪金所得也可分为境内支付和境外支付的所得。综上，无住所个人工资薪金所得可以划分为境内支付的境内所得、境外支付的境内所得、境内支付的境外所得、境外支付的境外所得四个部分。

无住所个人根据其在境内居住时间的长短，确定工资薪金所得纳税义务范围。例如，境内居住不超过90天的无住所个人取得的工资薪金所得，仅就境内支付的境内所得计算应纳税额；居住超过90天不满183天的无住所个人取得的工薪所得，应就全部境内所得（包括境内支付和境外支付）计算应纳税额。

个人所得税法修改前，无住所个人取得工资薪金所得，采取"先税后分"方法计算应纳税额，即先按纳税人从境内和境外取得的全部工资薪金所得计算应纳税额，再根据境内外工作时间及境内外收入支付比例，对税额进行划分，计算确定应纳税额。

个人所得税法修改后，无住所居民个人的工资薪金所得应并入综合所得，不再单独计算税额，难以继续采取"先税后分"的方法，《公告》将计税方法调整为"先分后税"，即先根据境内外工作时间及境内外收入支付比例，对工资薪金收入额进行划分，计算在境内应计税的工资薪金收入额，再据此计算应纳税额。计税方法调整后，无住所个人仅就其在境内应计税的收入额确定适用税率，降低了适用税率和税负，计税方法更加合理。

无住所个人境内计税的工资薪金收入额的计算，具体分为以下四种情况：

情况一：无住所个人在境内居住不超过90天的，其取得由境内支付的境内工作期间工资薪金收入额为在境内应计税的工资薪金收入额。

情况二：无住所个人在境内居住时间累计超过90天不满183天的，其取得全部境内所得（包括境内支付和境外支付）为在境内应计税的工资薪金收入额。

情况三：无住所个人在境内居住累计满183天的年度连续不满六年的，符合实施条例第四条规定优惠条件的，境外支付的境外所得不计入在境内应计税的工资薪金收入额，免予缴税；全部境内所得（包括境内支付和境外支付）和境内支付的境外所得为在境内应计税的工资薪金收入额。

情况四：无住所个人在境内居住累计满183天的年度连续满六年后，不符合实施条例第四条规定优惠条件的，其从境内、境外取得的全部工资薪金所得均计入在境内应计税的工资薪金收入额。

对于无住所个人一个月内取得多笔对应不同归属工作期间的工资薪金所得的，应当按照每笔工资薪金所得的归属期间，分别计算每笔工资薪金在境内应计税的收入额，再加总计算为当月工资薪金收入额。

税收协定另有规定的，可以按照税收协定的规定办理。

5. 问：无住所个人为高管人员的，取得工资薪金所得如何计算在境内应计税的收入额？

答：《公告》规定，高管人员取得境内支付或负担的工资薪金所得，不论其是否在境内履行职务，均属于来源于境内的所得。高管人员为居民个人的，其工资薪金在境内应计税的收入额的计算方法与其他无住所居民个人一致；高管人员为非居民个人的，取得由境内居民企业支付或负担的工资薪金所得，其在境内应计税的工资薪金收入额的计算方法，与其他非居民个人不同，具体如下：

情况一：高管人员一个纳税年度在境内居住时间不超过90天的，将境内支付全部所得都计入境内计税的工资薪金收入额。

情况二：高管人员一个纳税年度在境内累计居住超过90天不满183天的，就其境内支付的全部所得以及境外支付的境内所得计入境内计税的工资薪金收入额。

税收协定另有规定的，可以按照税收协定的规定办理。

6. 问：无住所居民个人取得综合所得，如何计算缴税？

答：《公告》规定，无住所居民个人取得综合所得，年度终了后，应将年度工资薪金收入额、劳务报酬收入额、稿酬收入额、特许权使用费收入额汇总，计算缴纳个人所得税。需要办理汇算清缴的，依法办理汇算清缴。

无住所居民个人在计算综合所得收入额时，可以享受专项附加扣除。其中，无住所居民个人为外籍个人的，2022年1月1日前计算工资薪金收入额时，可以选择享受住房补贴、子女教育费、语言训练费等八项津补贴优惠政策，也可以选择享受专项附加扣除政策，但二者不可同时享受。

7. 问：非居民个人取得数月奖金或股权激励，如何计算个人所得税？

答：按照个人所得税法规定，非居民个人取得工资薪金所得，按月计算缴纳个人所得税。其取得数月奖金或股权激励，如果也按月征税，可能存在税负畸高的问题，从公平合理的角度出发，应允许数月奖金和股权激励在一定期间内分摊计算纳税。考虑到非居民个人在一个年度内境内累计停留时间不超过183天，即最长约为6个月，因此，《公告》规定，非居民个人取得数月奖金或股权激励，允许在6个月内分摊计算税额。既降低了税负，也简便易行。

非居民个人取得数月奖金的，应按照《公告》规定计算境内计税的工资薪金收入额，不与当月其他工资薪金收入合并，按6个月分摊，不减除费用，适用月度税率表计算应纳税额。分摊计税方法，每个非居民个人每一纳税年度只能使用一次。

非居民个人取得股权激励的，应按照《公告》规定计算境内计税的工资薪金收入额，不与当月其他工资薪金收入合并，按6个月分摊，不减除费用，适用月度税率表计算应纳税额。非居民个人在一个纳税年度内取得多笔股权激励所得的，应当合并计算纳税。

无住所居民个人取得全年一次性奖金或股权激励所得的，按照《财政部税务总局关于个人所得税法修改后有关优惠政策衔接问题的通知》（财税〔2018〕164号）的有关规定执行。

举例：B先生为无住所个人，2020年在境内居住天数不满90天，2020年1月，B先生取得境内支付的股权激励所得40万元，其中归属于境内工作期间的所得为12万元，2020年5月，取得境内支付的股权激励所得70万元，其中归属于境内工作期间的所得为18万元，计算B先生在境内股权激励所得的纳税情况。（不考虑税收协定因素）

2020年1月，B先生应纳税额 = ［（120000÷6）×20% - 1410］×6
= 15540（元）

2020年5月，B先生应纳税额 = ｛［（120000 + 180000）÷6）×30% - 4410｝×6 - 15540 = 48000（元）

8. 问：无住所个人如何享受税收协定的待遇？

答：《公告》规定，无住所个人按照税收协定（包括内地与香港、澳门签订的税收安排）居民条款为缔约对方税收居民（以下简称对方税收居民）的，即使其按照税法规定为中国税收居民，也可以按照税收协定的规定，选择享受税收协定条款的优惠待遇。主要优惠待遇包括：

一是境外受雇所得协定待遇。根据税收协定中受雇所得条款，对方税收居民个人在境外从事受雇活动取得的受雇所得，可不缴纳个人所得税，仅将境内所得计入境内计税的工资薪金收入额，计算缴纳个人所得税。

二是境内受雇所得协定待遇。根据税收协定中受雇所得条款，对方税收居民个人在税收协定规定的期间内境内停留天数不超过183天的，从事受雇活动取得受雇所得，只将境内支付的境内所得计入境内计税的工资薪金收入额，计算缴纳个人所得税。

三是独立个人劳务或者营业利润协定待遇。根据税收协定中独立个人劳务或者营业利润条款，对方税收居民取得独立个人劳务所得或者营业利润，符合税收协定规定条件的，可不缴纳个人所得税。

四是董事费条款规定。对方税收居民为高管人员，取得的董事费、监事费、工资薪金及其他类似报酬，应优先适用税收协定董事费条款相关规定。如果对方税收居民不适用董事费条款的，应按照税收协定中受雇所得（非独立个人劳务）、独立个人劳务或营业利润条款的规定处理。

五是特许权使用费或者技术服务费协定待遇。根据税收协定中特许权使用费条款或者技术服务费条款，对方税收居民取得特许权使用费或技术服务费，应按不超过税收协定规定的计税所得额和征税比例计算纳税。《公告》规定，无住所居民个人在根据税收协定的居民条款被判定为对方税收居民,并选择享受协定待遇时,可按照税收协定规定的计税所得额和征税比例单独计算应纳税额,不并入综合所得计算纳税。

按照国内税法判定为居民个人的,可以在预扣预缴和汇算清缴时按规定享受协定待遇,按照国内税法判定为非居民个人的,可以在取得所得时享受协定待遇。

9. 问:年度首次申报时,无住所个人如何判定是居民个人还是非居民个人?

答:年度首次申报时,无住所个人在境内的实际居住天数不满 183 天,暂时无法确定其为居民个人还是非居民个人。为降低纳税人的税收遵从成本,《公告》赋予无住所个人预先选择税收居民身份的权利。具体是,无住所个人在一个纳税年度内首次申报时,应当根据合同约定等情况自行判定是居民个人或非居民个人,并按照有关规定进行申报。当预计情况与实际情况不符的,无住所个人再按照《公告》规定进行调整。

10. 问:无住所个人在境内任职,取得由境外单位支付的工资薪金所得,境内雇主应履行什么义务?

答:无住所个人在境内任职、受雇取得的工资薪金所得,有的是由其境内雇主的境外关联方支付的。在此情况下,尽管境内雇主不是工资薪金的直接支付方,为便于纳税遵从,根据《公告》的有关规定,无住所个人可以选择在一个纳税年度内自行申报缴纳税款,或者委托境内雇主代为缴纳税款。对于无住所个人未委托境内雇主代为缴纳税款的,境内雇主负有报告义务,应当在相关所得支付当月终了后 15 日内向主管税务机关报告相关信息。

无住所个人选择委托境内雇主代为缴纳税款的,境内雇主应当比照《个人所得税扣缴申报管理办法(试行)》(国家税务总局公告 2018 年第 61 号)第六条和第九条有关规定计算应纳税款,填写《个人所得税扣缴申报表》,并于相关所得支付当月终了后 15 日内向主管税务机关办理纳税申报。无住所个人选择自行申报缴纳税款的,应当比照《个人所得税扣缴申报管理办法(试行)》(国家税务总局公告 2018 年第 61 号)第九条有关规定计算应纳税款,填写《个人所得税自行纳税申报表(A 表)》,并于取得相关所得当月终了后 15 日内向其境内雇主的主管税务机关办理自行纳税申报。

11. 问:在中国境内有住所个人的"住所"是如何判定的?

答:税法上所称"住所"是一个特定概念,不等同于实物意义上的住房。按照个人所得税法实施条例第二条规定,在境内有住所的个人,是指因户籍、家庭、经济利益关系而在境内习惯性居住的个人。习惯性居住是判定纳税人是居民个人还是非居民个人的一个法律意义上的标准,并不是指实际的居住地或者在某一个特定时期内的居住地。对于因学习、工作、探亲、旅游等原因而在境外居住，在这些原因消除后仍然回到中国境内居住的个人，则中国为该纳税人的习惯性居住地，即该个人属于在中国境内有住所。

对于境外个人仅因学习、工作、探亲、旅游等原因而在中国境内居住，待上述原因消除后该境外个人仍然回到境外居住的，其习惯性居住地不在境内，即使该境外个人在境内购买住房，也不会被认定为境内有住所的个人。

第三部分 目前尚未废止但未列入本书的税收政策目录

第三部分 目前尚未废止但未列入本书的税收政策目录

序号	标题	发文日期	文号
1	财政部 税务总局关于外籍人员在中国居住期间临时离境缴纳个人所得税问题的批复	1981年7月18日	（1981）财税外字第66号
2	财政部 税务总局关于纳税义务人申报个人所得税应提供证明资料问题的通知	1986年2月14日	（1986）财税外字第27号
3	财政部 税务总局关于对外籍职员的在华住房费准予扣除计算纳税的通知	1988年1月20日	（1988）财税外字第21号
4	国家税务局关于税收协定独立个人劳务条款执行解释问题的通知	1990年6月12日	国税函发〔1990〕第609号
5	国家税务总局 文化部 国家体委关于来我国从事文艺演出及体育表演收入应严格依照税法规定征税的通知	1993年9月20日	国税发〔1993〕89号
6	国家税务总局 海洋石油税务管理局关于中国海洋石油总公司取得的服务收入征税问题的通知	1994年5月16日	国税油发〔1994〕11号
7	财政部 国家税务总局关于银行部门以超过国家利率支付给储户的揽储奖金征收个人所得税问题的批复	1995年7月6日	财税字〔1995〕64号
8	国家税务总局关于外商投资企业和外国企业及外籍个人的外币收入如何折合成人民币计算缴纳税款问题的通知	1995年4月13日	国税发〔1995〕70号
9	国家税务总局关于做好武装警察部队干部工资薪金收入应纳个人所得税征收管理的通知	1996年5月23日	国税发〔1996〕87号
10	国家税务总局关于税收协定中有关确定雇主问题的通知	1997年7月30日	国税发〔1997〕124号
11	国家税务总局关于济南西门子变压器有限公司外籍雇员缴纳个人所得税问题的批复	1997年6月2日	国税函〔1997〕333号
12	国家税务总局关于建筑安装业个人所得税有关问题的批复	1997年9月19日	国税函〔1997〕524号
13	国家税务总局关于利息、股息、红利所得征税问题的通知	1997年12月10日	国税函〔1997〕656号
14	国家税务总局涉外税务管理司关于在中国境内无住所的个人取得的奖金征税问题的批复	1997年11月6日	国税外函〔1997〕61号
15	国家税务总局关于个人发售幸运彩票取得所得征收个人所得税问题的批复	1998年2月10日	国税函〔1998〕84号

续表

序号	标题	发文日期	文号
16	国家税务总局关于农场职工个人提供农用机械服务取得所得征收个人所得税问题的批复	1998年2月10日	国税函〔1998〕85号
17	国家税务总局关于文峪金矿矿区内生产经营单位和个人若干税收问题的批复	1998年2月13日	国税函〔1998〕111号
18	国家税务总局关于惠民县昌兴隆良种鸡繁育场征收个人所得税问题的批复	1998年3月31日	国税函〔1998〕171号
19	国家税务总局关于个人取得的奖金收入征收个人所得税问题的批复	1998年5月13日	国税函〔1998〕293号
20	国家税务总局涉外税务管理司关于境外雇主支付其雇员的退职费征收个人所得税问题的批复	1998年12月2日	国税外函〔1998〕21号
21	国家税务总局关于做好储蓄存款利息所得个人所得税代扣代缴义务人登记工作的紧急通知	1999年10月8日	国税发〔1999〕188号
22	国家税务总局关于明确我国对外签订税收协定中教师和研究人员条款适用范围的通知	1999年1月15日	国税函〔1999〕37号
23	国家税务总局关于加强个人股东账户资金利息所得个人所得税征收管理工作的通知	1999年10月25日	国税函〔1999〕697号
24	国家税务总局关于《国家税务总局关于外籍个人和港澳台居民个人储蓄存款利息所得个人所得税有关问题的通知》的补充通知	2000年2月17日	国税发〔2000〕31号
25	国家税务总局关于明确单位或个人为纳税义务人的劳务报酬所得代付税款计算公式对应税率表的通知	2000年11月24日	国税发〔2000〕192号
26	国家税务总局关于盈余公积金转增股本征收个人所得税问题的批复	2000年7月14日	国税函〔2000〕539号
27	国家税务总局关于行政机关、事业单位工资发放方式改革后扣缴个人所得税问题的通知	2001年2月21日	国税发〔2001〕19号
28	国家税务总局 中国人民银行关于修改储蓄存款利息所得个人所得税扣缴报告表和汇总报表的通知	2002年1月15日	国税发〔2002〕7号
29	国家税务总局关于强化律师事务所等中介机构投资者个人所得税查账征收的通知	2002年9月29日	国税发〔2002〕123号
30	国家税务总局关于提高增值税和营业税起征点后加强个人所得税征收管理工作的通知	2003年7月1日	国税发〔2003〕80号

续表

序号	标题	发文日期	文号
31	国家税务总局关于加强企业债券利息个人所得税代扣代缴工作的通知	2003年6月6日	国税函〔2003〕612号
32	财政部 国家税务总局关于严格执行个人所得税费用扣除标准和不征税项目的通知	2004年2月6日	财税〔2004〕40号
33	国家税务总局关于进一步落实税收优惠政策、促进农民增加收入的通知	2004年1月20日	国税发〔2004〕13号
34	国家税务总局关于货物运输业若干税收问题的通知	2004年7月8日	国税发〔2004〕88号
35	国家税务总局关于第四届孙平化日本学学术奖励基金获奖奖金收入免征个人所得税的通知	2004年7月23日	国税函〔2004〕917号
36	财政部 国家税务总局 中国人民银行关于股息红利个人所得税退库的补充通知	2005年6月24日	财库〔2005〕187号
37	国家税务总局 国家外汇管理局关于个人财产对外转移提交税收证明或者完税凭证有关问题的通知	2005年1月31日	国税发〔2005〕13号
38	财政部 国家税务总局关于行政机关和事业单位做好个人所得税代扣代缴工作的通知	2006年1月24日	财税〔2006〕9号
39	国家税务总局 国家邮政局关于开具寄送个人所得税完税证明有关问题的通知	2006年2月20日	国税发〔2006〕30号
40	国家税务总局关于做好受理年所得12万元以上纳税人自行纳税申报工作的通知	2006年11月6日	国税发〔2006〕164号
41	关于贯彻落实国务院进一步加强就业再就业工作通知若干问题的意见	2006年1月20日	劳社部发〔2006〕6号
42	国家税务总局关于加强外籍人员个人所得税档案资料管理的通知	2006年1月23日	国税函〔2006〕58号
43	国家税务总局关于在地方税务局征管软件中增设个人所得税房屋转让所得项目的补充通知	2006年9月30日	国税函〔2006〕893号
44	国家税务总局关于明确年所得12万元以上自行纳税申报口径的通知	2006年12月15日	国税函〔2006〕1200号
45	国家税务总局 中国人民银行 中国银监会关于储蓄存款利息所得个人所得税税率调整后扣缴报告表有关问题的通知	2007年7月30日	国税发〔2007〕89号

续表

序号	标题	发文日期	文号
46	国家税务总局关于进一步推进个人所得税全员全额扣缴申报管理工作的通知	2007 年 8 月 14 日	国税发〔2007〕97 号
47	国家税务总局关于取消促进科技成果转化暂不征收个人所得税审核权有关问题的通知	2007 年 8 月 1 日	国税函〔2007〕833 号
48	国家税务总局关于外籍个人和港澳台居民个人储蓄存款利息所得适用协定税率有关问题的补充通知	2007 年 8 月 7 日	国税函〔2007〕872 号
49	国家税务总局关于修改年所得12万元以上个人自行纳税申报表的通知	2007 年 11 月 2 日	国税函〔2007〕1087 号
50	国家税务总局关于个人所得税代扣代缴软件技术支持服务有关问题的通告	2008 年 3 月 14 日	国家税务总局通告 2008 年第 1 号
51	国家税务总局关于个人向地震灾区捐赠有关个人所得税征管问题的通知	2008 年 5 月 21 日	国税发〔2008〕55 号
52	国家税务总局关于印发"个人所得税纳税申报表（适用于年所得12万元以上的纳税人申报）"（中英文对照版）的通知	2008 年 3 月 10 日	国税函〔2008〕227 号
53	关于做好对储蓄存款利息所得暂免征收个人所得税工作的通知	2008 年 10 月 9 日	国税函〔2008〕826 号
54	国家税务总局关于做好证券市场个人投资者证券交易结算资金利息所得免征个人所得税工作的通知	2008 年 10 月 30 日	国税函〔2008〕870 号
55	国家税务总局关于加强个人工资薪金所得与企业的工资费用支出比对问题的通知	2009 年 5 月 15 日	国税函〔2009〕259 号
56	财政部 海关总署 国家税务总局关于支持舟曲灾后恢复重建有关税收政策问题的通知	2010 年 12 月 29 日	财税〔2010〕107 号
57	财政部关于印发"公益事业捐赠票据使用管理暂行办法"的通知	2010 年 11 月 28 日	财综〔2010〕112 号
58	国家税务总局关于《内地和澳门特别行政区关于对所得避免双重征税和防止偷漏税的安排》议定书生效执行的公告	2010 年 10 月 8 日	国家税务总局公告 2010 年第 15 号
59	国家税务总局关于《中华人民共和国政府和芬兰共和国政府对所得避免双重征税和防止偷漏税的协定》及议定书生效执行的公告	2010 年 11 月 29 日	国家税务总局公告 2010 年第 22 号

第三部分　目前尚未废止但未列入本书的税收政策目录

续表

序号	标题	发文日期	文号
60	国家税务总局关于做好限售股转让所得个人所得税征收管理工作的通知	2010年1月15日	国税发〔2010〕8号
61	国家税务总局关于进一步加强高收入者个人所得税征收管理的通知	2010年5月31日	国税发〔2010〕54号
62	国家税务总局关于进一步做好个人所得税完税凭证开具工作的通知	2010年6月28日	国税发〔2010〕63号
63	国家税务总局关于印发《〈中华人民共和国政府和新加坡共和国政府关于对所得避免双重征税和防止偷漏税的协定〉及议定书条文解释》的通知	2010年7月26日	国税发〔2010〕75号
64	国家税务总局关于限售股转让所得个人所得税征缴有关问题的通知	2010年1月18日	国税函〔2010〕23号
65	国家税务总局关于农村信用社省级联合社收取服务费有关企业所得税税务处理问题的通知	2010年2月22日	国税函〔2010〕80号
66	国家税务总局关于明天小小科学家奖金免征个人所得税问题的通知	2010年11月10日	国税函〔2010〕538号
67	中华人民共和国个人所得税法实施条例	2011年7月19日	国务院令第600号
68	国家税务总局关于《中华人民共和国政府和土库曼斯坦政府对所得避免双重征税和防止偷漏税的协定》及议定书生效执行的公告	2011年1月30日	国家税务总局公告2011年第10号
69	国家税务总局关于贯彻执行修改后的个人所得税法有关问题的公告	2011年7月29日	国家税务总局公告2011年第46号
70	国家税务总局关于切实加强高收入者个人所得税征管的通知	2011年4月15日	国税发〔2011〕50号
71	国家税务总局办公厅关于印发《修订后的个人所得税法及其实施条例有关问题宣传口径》的通知	2011年8月5日	国税办发〔2011〕95号
72	国家税务总局关于全国职工优秀技术创新成果奖奖金免征个人所得税的通知	2011年1月5日	国税函〔2011〕10号
73	国家税务总局关于明天小小科学家奖金免征个人所得税问题的通知	2011年6月24日	国税函〔2011〕337号

续表

序号	标题	发文日期	文号
74	财政部　海关总署　国家税务总局关于支持芦山地震灾后恢复重建有关税收政策问题的通知	2013年9月30日	财税〔2013〕58号
75	国家税务总局关于发布个人所得税申报表的公告	2013年4月27日	国家税务总局公告2013年第21号
76	国家税务总局关于做好企业年金职业年金个人所得税征收管理工作的通知	2013年12月27日	税总发〔2013〕143号
77	国家税务总局关于杜邦中国集团有限公司以前年度补充养老金计算缴纳个人所得税问题的批复	2013年1月4日	税总函〔2013〕23号
78	国家税务总局关于发布生产经营所得及减免税事项有关个人所得税申报表的公告	2015年4月30日	国家税务总局公告2015年第28号
79	国家税务总局关于进一步简化和规范个人无偿赠予或受赠不动产免征营业税、个人所得税所需证明资料的公告	2015年11月10日	国家税务总局公告2015年第75号
80	国家税务总局关于做好非货币性资产投资个人所得税政策贯彻落实工作的通知	2015年4月8日	税总函〔2015〕195号
81	国家税务总局关于严格按照5000元费用减除标准执行税收政策的公告	2018年11月2日	国家税务总局公告2018年第51号
82	国家税务总局关于做好个人所得税改革过渡期政策贯彻落实的通知	2018年9月7日	税总函〔2018〕484号
83	国家税务总局关于明确《税收完税证明》（文书式）开具管理有关事项的通知	2018年12月5日	税总函〔2018〕628号
84	国家税务总局关于发挥涉税专业服务作用　助力个人所得税改革有关事项的通知	2018年12月29日	税总函〔2018〕687号

后　记

2018年我国对《个人所得税法》进行了大的修订，2019年是新的《个人所得税法》全面实施的元年。目前，与新的《个人所得税法》有关的配套文件也已基本落地。我们整理1980年《个人所得税法》正式实施至今的有关个人所得税法规、文件，其目的在于为广大税务干部、财务人员、纳税人提供一个法规的汇总，方便大家学习、查阅。

我国个人所得税法在1980年第五届全国人大第三次会议通过的基础上，1993年第八届人大常委会第四次会议修订时吸纳了原《城乡个体工商业户所得税暂行条例》和《个人收入调节税暂行条例》部分内容，后续又多次对储蓄利息征税、对费用扣除标准调整，逐步完善。21世纪以来，我国对个人所得税的征管不断加强，个人所得税收入逐年增长，个人所得税目前已经成为我国第三大税种，在筹集财政资金、调节收入分配等方面发挥了重要作用。未来，我国将进一步提高直接税的比重，因此我们有理由相信，在不久的将来，个人所得税在我国税收收入中的占比将进一步提高。

2018年修订后的《个人所得税法》很重要的一点变化就是将居民个人的工资薪金、劳务报酬、稿酬、特许权使用费所得合并为"综合所得"按年汇算清缴，自此，我国的个人所得税开始向"综合所得"实质性迈进。未来，国家对个人所得税的征管还将进一步完善，而广大纳税人也需要进一步转变税商思维，提高税收遵从度。

本书在编辑的过程中得到了广东德赛集团、湖南湘翔财税、四川弘阳财税、广东德方信事务所众多同事以及家人的大力支持，在此深表谢忱。另外，本书能够顺利出版，也离不开经济管理出版社相关人员付出的辛勤劳动，在此一并感谢。

关于《目前尚未废止但未列入本书的税收政策目录》的相关政策具体内容，请关注"个人所得税研究所"公众号，在"个人所得税法规汇编"菜单下载。

作者单位介绍

　　湖南湘翔税务师事务所有限责任公司成立于2015年3月，是一家从事税务代理、税收筹划、税务咨询等涉税业务的专业机构。公司拥有一批财税、审计、经济管理方面的专业人士，擅长纳税筹划、纳税自查辅导、涉税风险评估及其防范、税企争议沟通与协调。公司致力于打造一支具有多元化知识结构、专家化业务技能、职业化工作技巧、现代化高级人才的服务团队，竭诚为纳税人排忧解难，为构建和谐税收提供一流质量、一流效率、一流信誉和一流服务而不懈努力。公司2016年获"湖南省优秀税务师事务所"称号。

　　四川弘阳税务师事务所有限责任公司成立于2006年1月，在成都、巴中、平昌、通江、南江、恩阳等地均设有长驻机构，并与北京中税税务师事务所合资成立了四川中税弘阳税务师事务所有限公司。公司现有员工51人，其中：注册税务师20人，注册会计师3人，资产评估师2人，会计师16人。其服务范围主要有涉税鉴证、税务咨询（顾问）、纳税筹划、财务拓管、涉税代理等业务，已经形成了立体的服务渠道、一体化的服务系统，成为四川省内具有规模、品牌、影响力的财税专业服务团队；2007年在全国首届"注税杯"注册税务师知识大赛获得全国总决赛团体三等奖；2011年获四川省注册税务师行业特别贡献奖获奖单位；2014年获"全省最佳税务师事务所"称号。

　　广东德方信会计师事务所成立于2011年9月，旗下同业经营的有税务师事务所、资产评估事务所、管理咨询公司等，现有员工80多人，注册会计师、注册税务师、资产评估师20多人。2018年在东莞市93家会计师事务所中综合排名第三，是全省百强事务所，为企事业单位提供了税务及审计服务为主，同时也承担了大量的财政专项资金检查、政府资助审核、税务机关涉税稽查审核等业务。为适应税制改革的需要，事务所于2018年专门成立个人所得税研究中心，致力于个人所得税研究，为企业和个人提供个人所得税筹划及咨询服务。

　　东莞市东城会计学会成立于2015年5月，是在东莞市财政厅和东莞市会计学会的领导下，以财会理论研究、学术交流、总结经验、人才培训等为业务范围的社会团体。